蔡仲之命

【原文】

惟周公位冢宰，正百公，群叔流言。乃致辟管叔于商；囚蔡叔于郭邻，以车七乘；降霍叔于庶人，三年不齿。蔡仲克庸祇德，周公以为卿士。叔卒，乃命诸王，邦之蔡。

王若曰："小子胡！惟尔率德改行，克慎厥猷，肆予命尔侯于东土。往即乃封，敬哉！尔尚盖前人之愆，惟忠惟孝。尔乃迈迹自身，克勤无怠，以垂宪乃后。率乃祖文王之彝训，无若尔考之违王命！皇天无亲，惟德是辅。民心无常，惟惠之怀。为善不同，同归于治；为恶不同，同归于乱。尔其戒哉！

"慎厥初，惟厥终，终以不困。不惟厥终，终以困穷。

"懋乃攸绩，睦乃四邻，以蕃王室，以和兄弟，康济小民。

"率自中，无作聪明乱旧章；详乃视听，罔以侧言改厥度：则予一人汝嘉。"

王曰："呜呼！小子胡，汝往哉！无荒弃朕命！"

【译文】

周公位居大宰、统帅百官的时候，几个弟弟对他散布流言。周公于是在商地杀了管叔；囚禁了蔡叔，用七辆车把他送到郭邻；把霍叔降为庶人，三年不许录用。蔡仲能够经常重视德行，周公任用他为卿士。蔡叔死后，周公便告诉成王封蔡仲于蔡国。

成王这样说："年轻的姬胡！你遵循祖德改变你父亲的行为，能够谨守臣子之道，所以我任命你到东土去做诸侯。你前往你的封地，要警慎呀！你当掩盖前人的罪过，思忠思孝。你要使自身迈步前进，能够勤劳不怠，用以留下模范给你的后代。你要遵循你祖父文王的常训，不要像你的父亲那样违背天命！

"皇天无亲无疏，只辅助有德的人；民心没有常主，只是怀念仁爱之主。做善事虽然各不相同，都会达到安治；做恶事虽然各不相同，都会走向动乱。你要警戒呀！

"谨慎对待事物的开初，也要考虑它的终局，终局因此不会困窘；不考虑它的终局，终将困穷。勉力做你所行的事，和睦你的四邻，以保卫周王室，以和谐兄弟之邦，而使百姓安居成业。要循用中道，不要自作聪明扰乱旧章。要审慎你的视听，不要因片面之言改变法度。这样，我就会赞美你。"

成王说："啊！年轻的姬胡。你去吧！不要废弃我的教导！"

多方

【原文】

惟五月丁亥，王来自奄，至于宗周。周公曰。

王若曰："猷告尔四国多方惟尔殷侯尹民，我惟大降尔命，尔罔不知。洪惟图天之命，弗永寅念于祀，惟帝降格于夏。有夏诞厥逸，不肯戚言于民，乃大淫昏，不克终日劝于帝之迪。乃尔攸闻。厥图帝之命，不克开于民之丽，乃大降罚，崇乱有夏，因甲于内乱。不克灵承于旅，罔丕惟进之恭，洪舒于民。亦惟有夏之民，叨懫日钦，劓割夏邑。天惟时求民主，乃大降显休命于成汤，刑殄有夏。惟天不畀纯，乃惟以尔多方之义民，不克永于多享；惟夏之恭多士，大不克明保享于民；乃胥惟虐于民，至于百为，大不克开。乃惟成汤克以尔多方简代夏作民主。慎厥丽乃劝；厥民刑用劝。以至于帝乙，罔不明德慎罚，亦克用劝。要囚，殄戮多罪，亦克用劝。开释无辜，亦克用劝。今至于尔辟，弗克以尔多方享天之命。呜呼！"

王若曰："诰告尔多方，非天庸释有夏，非天庸释有殷，乃惟尔辟以尔多方大淫，图天之命，屑有辞。乃惟有夏，图厥政，不集于享；天降时丧，有邦间之。乃惟尔商后王，逸厥逸，图厥政，不蠲烝，天惟降时丧。惟圣罔念作狂，惟狂克念作圣。天惟五年须暇汤之子孙，诞作民主，罔可念听。天惟求尔多方，大动以威，开厥顾天，惟尔多方罔堪顾之。惟我周王灵承于旅，克堪用德，惟典神天。天惟式教我用休，简畀殷命，尹尔多方。今我曷敢多诰，我惟大降尔四国民命。尔曷不忱裕之于尔多方？尔曷不夹介乂我周王，享天之命？今尔尚宅尔宅，畋尔田，尔曷不惠王熙天之命？尔乃迪屡不静，尔心未爱，尔乃不大宅天命，尔乃屑播天命，尔乃自作不典，图忱于正。我惟时其教告之，我惟时其战要囚之。至于再，至于三，乃有不用我降尔命，我乃其大罚殛之。非我有周秉德不康宁，乃惟尔自速辜。"

王曰："呜呼！猷告尔有方多士暨殷多士：今尔奔走臣我监五祀，越惟有胥伯小大多正，尔罔不克臬。自作不和，尔惟和哉；尔室不睦，尔惟和哉。尔邑克明，尔惟克勤乃事。尔尚不忌于凶德，亦则以穆穆在乃位。克阅于乃邑谋介尔，乃自时洛邑，尚永力畋尔田。天惟畀矜尔，我有周惟其大介赉尔，迪简在王庭，尚尔事，有服在大僚。"

王曰：呜呼！多士，尔不克劝忱我命，尔亦则惟不克享，凡民惟曰不享。尔乃惟逸惟颇，大远王命，则惟尔多方探天之威，我则致天之罚，离逖尔土。"

王曰："我不惟多诰，我惟祗告尔命。"

又曰："时惟尔初，不克敬于和，则无我怨。"

【译文】

五月丁亥这天，成王从奄地回来，到了宗周。

周公说："成王这样说：告诉你们四国、各国诸侯以及你们众诸侯国治民的长官。我给你们大下教令，你们不可昏昏不闻。夏桀夸大天命，不常重视祭祀，上帝就对夏国降下了严正的命令。夏桀大肆逸乐，不肯恤问人民，竟然大行淫乱，不能一天力行上帝的教导，这些是你们所听说过的。夏桀夸大天命，不能明白老百姓归附的道理，就大肆杀戮，大乱夏国。夏桀因习于让妇人治理政事，不能很好地顺从民众，无时不贪取财物，大害于人民。也由于夏民贪婪、忿戾的风气一天天盛行，残害了夏国。上天于是寻求人民之主，就大下光明美好的使命给成汤，命令成汤消灭夏国。

"上天不赐给众位诸侯，就是因为那时各国首长不能常常劝导人民，夏国的官员太不懂得保护和劝导人民，竟然都对人民施行暴虐，至于各种工作都不能开展；就是因为成汤能由你们各国邦君的选择，代替夏桀做了君主。

"他慎施教令，是劝勉；他惩罚罪人，也是劝勉；从成汤到帝乙，没有人不宣明德教，慎施刑罚，也能够用来劝勉；他们监禁、杀死重大罪犯，也能够用来劝勉；他们释放无罪的人，也能够用来劝勉。

"现在到了你们的君王，不能够和你们各国邦君享受上天的大命，很可悲啊！"

王这样说："告诉你们各位邦君，不是上天要舍弃夏国，也不是上天要舍弃殷国。就因为你们夏、殷的君王和你们各国诸侯大肆淫佚。夸大天命，安逸而又懈怠，就因为夏桀谋划政事，不在于劝勉，于是上天降下了这亡国大祸，诸侯成汤代替了他；就因为你们殷商的后王安于他们的逸乐生活，谋划政事不美好，于是上天降下这亡国大祸。

"圣人不思考就会变成狂人，狂人能够思考就能变成圣人。上帝用五年时间等待夏的子孙，让他们继续做万民之君主，没有人能够思考和听从天意。上帝又寻求你们众诸侯国，大降灾异，启发你们众国顾念天意，你们众国也没有人能顾念它。只有我们周王善于顺从民众，能用明德，善待神、天。上帝就改用休祥指导我们，表明授予伟大的使命，治理众国诸侯。

"现在我怎么敢重复告诫而已，我当特别发布给你们四国臣民的教令。你们为什么不劝导各国臣民？你们为什么不帮助善良，助我周王共享天命呢？现在你们还住在你们的住处，整治你们的田地，你们为什么不顺从周王宣扬上帝的大命呢？

"你们竟然屡次教导还不安定，你们内心不顺。你们竟然不考虑天命，你们竟然完全抛弃天命，你们竟然自作不法，图谋攻击长官。我因此教导过你们，我因此讨伐你们，囚禁你们，至于再，至于三。假如还有人不用我发布给你们的命令，那么我就要重重惩罚他们！这不是我们周国执行德教不安静，只是你们自己招致了罪过！"

王说："告诉你们各国官员和殷国的官员，到现在你们奔走效劳臣服我侯国已经五年了，所有的徭役赋税和大大小小的政事，你们没有不能遵守法规的。

"自己造成了不和睦,你们也应该和睦起来!你们的家庭不和睦,你们也应该和睦起来!你们的城邑能够清明,你们算是能够勤于你们的职事。你们或许不被坏人教唆,也就可以好好地处在你们的位置上,能够留在你们的城邑里谋求美好的生活。

"你们如果用这个洛邑,还长久尽力耕作你们的田地,上天会怜悯你们。我们周国会大好地赏赐你们,把你们引进选拔到朝廷来;努力做好你们的职事,又将让你们担任重要官职。"

王说:"啊!官员们,如果你们不能努力信从我的教命,你们也就不能享有禄位,老百姓也将认为你们不能享有禄位。你们如果放荡邪恶,大弃王命,那就是你们众国试探上天的威严,我就要施行上天的惩罚,使你们离开你们的土地。"

王说:"我不想重复地说了,我只是认真地把天命告诉你们。"

王又说:"好好地谋划你们的开始吧!若不能恭敬与和睦,那么你们就不要怨我了。"

立政

【原文】

周公若曰:"拜手稽首,告嗣天子王矣!用咸戒于王曰王左右常伯、常任、准人、缀衣、虎贲。"

周公曰:"呜呼!休兹知恤鲜哉!古之人迪惟有夏,乃有室大竞,吁俊尊上帝、迪知忱恂于九德之行。乃敢告教厥后曰:拜手稽首后矣。曰:宅乃事,宅乃牧,宅乃准,兹惟后矣。谋面用丕训德,则乃宅人,兹乃三宅无义民。桀德惟乃弗,作往任,是惟暴德罔后。亦越成汤,陟丕厘上帝之耿命。乃用三有宅,克即宅,曰三有俊,克即俊。严惟丕式,克用三宅三俊。其在商邑,用协于厥邑;其在四方,用丕式见德。呜呼!其在受德暋,惟羞刑暴德之人,同于厥邦,乃惟庶习逸德之人,同于厥政。帝钦罚之,乃伻我有夏,式商受命,奄甸万姓。

"亦越文王、武王,克知三有宅心,灼见三有俊心,以敬事上帝,立民长伯。立政:任人、准夫、牧,作三事;虎贲、缀衣、趣马、小尹、左右携仆、百司、庶府;大都、小伯、艺人、表臣百司、太史、尹伯、庶常吉士;司徒、司马、司空、亚旅;夷、微、卢烝、三亳、阪尹。文王惟克厥宅心,乃克立兹常事、司、牧人,以克俊有德。文王罔攸兼于庶言、庶狱、庶慎,惟有司之牧夫,是训用违。庶狱庶慎,文王罔敢知于兹。亦越武王,率惟敉功,不敢替厥义德,率惟谋从容德,以并受此丕丕基。

"呜呼!孺子王矣,继自今我其立政:立事、准人、牧夫。我其克灼知厥若,丕乃俾乱,相我受民。和我庶狱庶慎,时则勿有间之,自一话一言。我则末惟成德之彦,以乂我受民。

"呜呼！予旦已受人之徽言，咸告孺子王矣！继自今文子文孙，其勿误于庶狱庶慎，惟正是乂之。自古商人，亦越我周文王立政：立事、牧夫、准人，则克宅之；克由绎之，兹乃俾乂。国则罔有立政用憸人，不训于德，是罔显在厥世。继自今立政，其勿以憸人，其惟吉士，用劢相我国家。今文子文孙孺子王矣，其勿误于庶狱，惟有司之牧夫。其克诘尔戎兵，以陟禹之迹，方行天下，至于海表，罔有不服，以觐文王之耿光，以扬武王之大烈。

"呜呼！继自今后王立政，其惟克用常人。"

周公若曰："太史、司寇苏公，式敬尔由狱，以长我王国。兹式有慎，以列用中罚。"

【译文】

周公这样说："跪拜叩头，报告继承天子的王。"周公率群臣共同劝诫成王与王左右常伯、常任、准人、缀衣和虎贲。

周公说："啊！美好的时候就知道忧虑的人，很少啊！古代的人只有夏禹，他的卿大夫很强，夏王还呼吁他们长久地尊重上帝的教导，使他们知道诚实地相信九德的准则。夏的大臣于是敢于告诉他们的君王道：'跪拜叩头了，君王啊！'夏臣说：'考察你的常任、常伯、准人，这样，才称得上君王啊！以貌取人，不依循德行，假若这样考察人，这就三宅没有贤人了。'

"夏桀登上帝位，他不用往日任用官员的法则，于是只用些暴虐的人，终于无后。

"到了成汤登上帝位，大受上帝的明命，他选用事、牧、准三宅的官，都能就三宅的职位，选用三宅的属官，也能就其属官之位。他敬念上帝选用官员的大法，能够任用各级官员，他在商都，用这些官员和协都城的臣民，他在天下四方，用这种大法显扬他的圣德。

"啊！在商王纣登上帝位，强行把罪人和暴虐的人聚集在他的国家里；竟然用众多亲幸和失德的人，共同治理他的政事。上帝重重地惩罚他，就使我们周王代替商纣王接受上天的大命，安抚治理天下万民。

"到了文王、武王，他们能够知道三宅的思想，还能清楚地看到三宅部属的思想，用敬奉上帝的诚心，为老百姓建立官长。设立的官职是：任人、准夫、牧作为三事；有虎贲、缀衣、趣马、小尹、左右携仆以及百司庶府；有大小邦国的君主、艺人，外臣百官；有太史、尹伯；他们都是祥善的人。诸侯国的官员有司徒、司马、司空、亚旅；设立夷、微、卢各国的君主；还设立了商和夏的旧都管理官员。

"文王因能够知道三宅的思想，就能设立这些常事、司牧官员，而且能够是俊彦有德的。文王不兼管各种教令。各种狱讼案件和各种敕戒，用和不用只顺从主管官员和牧民的人；对于各种狱讼案件和各种敕戒，文王不敢过问这些。到了武王，完成了文王的事业，不敢放弃文王的善德，谋求顺从文王宽容的美德，因此，文王和武王共同接受了这伟大的王业。

"啊！您现在已是君王了。从今以后，我们要设立官员，设立事、准人、牧夫，我们要能明白了解他们的优点，才能让他们治理政事。管理我们所接受的人民，平治我们各种狱讼和各种敕戒的事务，这些事务我们不可代替。虽然一话一言，我们终要谋于贤德的人，来治理我们的老百姓。

"啊！我姬旦把前人的美言全都告诉君王了。从今以后，继承的贤子贤孙，可不要在各种狱讼和各种敕戒上耽误，这些事只让主管官员去治理。

"从古时的商代先王到我们的周文王设立官员，设立事、牧夫、准人，就是能够考察他们，能够扶持他们，这样才让他们治理，国事就没有失误。假如设立官员，任用贪利奸佞的人，不依循于德行，于是君王终世都会没有光彩。从今以后设立官员，可不要任用贪利奸佞的小人，要任用善良贤能的人，用来努力治理我们的国家。

"现在，贤明的子孙，您已做君王了！可不要在各种狱讼案件上耽误，只让主管官员和牧夫去治理。您要能够治理好军队，步着大禹的足迹，遍行天下，直至海外，没有人不服从。以此显扬文王的光辉，继续武王的大业。啊！从今以后，继位君王设立官员，要能够任用常人。"

周公这样说："太史！司寇苏公规定要认真地处理狱讼案件，使我们的王国长治久安。现在规定更要敬慎，依据常例，使用中罚。"

周官

【原文】

惟周王抚万邦，巡侯甸，四征弗庭，绥厥兆民。六服群辟，罔不承德。归于宗周，董正治官，王曰：

"若昔大猷，制治于未乱，保邦于未危。"曰："唐、虞稽古，建官惟百，内有百揆四岳，外有州牧侯伯；庶政惟和，万国咸宁。夏商官倍，亦克用乂。明王立政，不惟其官，惟其人。

"今予小子祗勤于德，夙夜不逮，仰惟前代时若，训迪厥官。立太师、太傅、太保，兹惟三公：论道经邦，燮理阴阳。官不必备，惟其人。少师、少傅、少保，曰三孤：贰公弘化，寅亮天地，弼予一人。冢宰掌邦治，统百官，均四海。司徒掌邦教，敷五典，扰兆民。宗伯掌邦礼，治神人，和上下。司马掌邦政，统六师，平邦国。司寇掌邦禁，诘奸慝，刑暴乱。司空掌邦土，居四民，时地利。六卿分职，各率其属，以倡九牧，阜成兆民。六年，五服一朝。又六年，王乃时巡，考制度于四岳；诸侯各朝于方岳，大明黜陟。"

王曰:"呜呼!凡我有官君子,钦乃攸司,慎乃出令;令出惟行,弗惟反;以公灭私,民其允怀。学古入官,议事以制,政乃不迷。其尔典常作之师,无以利口乱厥官。蓄疑败谋,怠忽荒政。不学墙面,莅事惟烦。戒尔卿士!功崇惟志,业广惟勤。惟克果断,乃罔后艰。位不期骄,禄不期侈。恭俭惟德,无载尔伪。作德心逸日休,作伪心劳日拙。居宠思危,罔不惟畏,弗畏入畏。推贤让能,庶官乃和,不和政厖。举能其官,惟尔之能;称匪其人,惟尔不任。"

王曰:"呜呼!三事暨大夫:敬尔有官,乱尔有政,以佑乃辟;永康兆民,万邦惟无斁!"

【译文】

周成王安抚万国,巡视侯服、甸服等诸侯,四方征讨不来朝见的诸侯,以安定天下的老百姓。六服的诸侯,无人不奉承他的德教。成王回到王都丰邑,又督导整顿治事的官员。

成王说:"顺从往日的大法。要在未乱的时候制定政教,在未危的时候安定国家。尧舜稽考古代制度,建立官职一百。内有百揆和四岳,外有州牧和侯伯。各种政策适合。天下万国都安宁。夏代和商代,官数增加一倍,也能用来治理。明王设立官员,不考虑他的官员之多,而考虑要得到贤人。现在我小子恭勤施行德政,起早睡晚只怕来不及。仰思顺从前代,指导我们的官制。

周成王,选自《三才图会》。

"设立太师、太傅、太保,这是三公。他们讲明治道,治理国家,调和阴阳。三公的官不必齐备,要考虑适当的人。

"设立少师、少傅、少保,叫做三孤。他们协助三公弘扬教化,敬明天地的事,辅助我一人。

"冢宰主管国家的治理,统帅百官,调剂四海。司徒主管国家的教育,传布五常的教训,使万民和顺。宗伯主管国家的典礼,治理神和人的感通,调和上下尊卑的关系。司马主管国家的军政,统率六师,平服邦国。司寇主管国家的法禁,治理奸恶的人,刑杀暴乱之徒。司空主管国家的土地,安置士农工商,依时发展地利。六卿分管职事,各自统率他的属官,以倡导九州之牧,大力安定兆民。

"六年,五服诸侯来朝见一次。又隔六年,王便依时巡视,到四岳校正制度。诸侯各在所属的方岳来朝见，王对诸侯普遍讲明升降赏罚。"

成王说："啊！凡我的各级官长，要认真对待你们所管理的工作，慎重对待你们发布的命令。命令发出了就要实行，不要违抗。用公正消除私情，人民将会信任归服。先学古代治法再入仕途。议论政事依据法制，政事就不会错误。你们要用周家常法作为法则，不要以巧言干扰你的官员。蓄疑不决，必定败坏计谋，怠惰忽略，必定废弃政事。不学习好像向墙站着，临事就会烦乱。

"告诉你们各位卿士：功高由于有志，业大由于勤劳。能够果敢决断，就没有后来的艰难。居官不当骄傲，享禄不当奢侈，恭和俭是美德啊！不要行使诈伪，行德就心逸而日美，作伪就心劳而日拙。处于尊宠要想到危辱，无事不当敬畏，不知敬畏，就会进入可畏的境地。推举贤明而让能者，众官就会和谐；众官不和，政事就杂乱了。推举能者在其官位，是你们的贤能；所举不是那种人，是你们不能胜任。"

君陈

【原文】

王若曰："君陈！惟尔令德孝恭，惟孝友于兄弟，克施有政。命汝尹兹东郊，敬哉！

"昔周公师保万民，民怀其德。往慎乃司兹！率厥常，懋昭周公之训，惟民其乂！

"我闻曰：'至治馨香，感于神明。黍稷非馨，明德惟馨。'尔尚式时周公之猷训，惟日孜孜，无敢逸豫！

"凡人未见圣，若不克见；既见圣，亦不克由圣。尔其戒哉！尔惟风，下民惟草。

"图厥政，莫或不艰。有废有兴，出入自尔师虞；庶言同则绎。

"尔有嘉谋嘉猷，则入告尔后于内；尔乃顺之于外，曰：'斯谋斯猷，惟我后之德。'呜呼！臣人咸若，时惟良显哉！"

王曰："君陈！尔惟弘周公丕训，无依势作威，无倚法以削。宽而有制，从容以和。殷民在辟，予曰'辟'，尔惟勿辟；予曰'宥'，尔惟勿宥：惟厥中。有弗若于汝政，弗化于汝训，辟以止辟，乃辟。狃于奸宄，败常乱俗，三细不宥。

"尔无忿疾于顽，无求备于一夫。必有忍，其乃有济；有容，德乃大。简厥修，亦简其或不修；进厥良，以率其或不良。惟民生厚，因物有迁；违上所命，从厥攸好。尔克敬典在德，时乃罔不变，允升于大猷。惟予一人膺受多福，其尔之休，终有辞于永世！"

【译文】

成王这样说："君陈！你有孝顺恭敬的美德。因为你孝顺父母，又友爱兄弟，就能够移来从政了。我命令你治理东郊成周，你要敬慎呀！从前周公做万民的师保，人民怀念他的美德。你前往，要慎重对待你的职务！现在遵循周公的常道，勉力宣扬周公的教导，人民就会安定。

"我听说：至治之世的馨香，感动神明；黍稷的香气，不是远闻的香气，明德才是远闻的香气。你要履行这一周公的教训，日日孜孜不倦，不要安逸享乐！凡人未见到圣道，好像不能见到一样，盼望见到；已经见到圣道，又不能遵行圣人的教导；你要戒惧呀！你是风，百姓是草，草随风而动啊！谋划殷民的政事，无有不难的；有废除，有兴办，要反复同众人商讨，大家议论相同，才能施行。你有好谋好言，就要进入宫内告诉你的君主，你于是在外面顺从君主，并且说：'这样的好谋，这样的好言，是我们君主的美德。'啊！臣下都像这样，就良好啊！"

成王说："君陈！你当弘扬周公的大训！不要倚势造作威恶，不要倚法侵害人民。要宽大而有法制，从容而又和谐。殷民有陷入刑法的，我说处罚，你不要处罚；我说赦免，你也不要赦免；要考虑刑法的适中。有人不顺从你的政事，不接受你的教训，处罚可以制止别人犯法，才处罚。惯于奸宄犯法，破坏常法，败坏风俗，这三项中的小罪，也不宽宥。你不要忿恨愚钝无知的人，不要对一人求全责备。一定要有所忍耐，那才能有成；有所宽容，德才算是大。鉴别善良的，也鉴别有不善良的；进用那些贤良的人，来勉励那些有所不良的人。

"民性敦厚，又依外物而有改移；往往违背上级的教命，顺从上级的喜好。你能够敬重常法和省察自己的德行，这些人就不会不变。真的升到大顺的境地，我将享受大福，你的美名，终将永远被人赞扬。"

顾命

【原文】

惟四月哉生魄，王不怿。甲子，王乃洮颒水，相被冕服，凭玉几。乃同召太保奭、芮伯、彤伯、毕公、卫侯、毛公、师氏、虎臣、百尹、御事。王曰："呜呼！疾大渐，惟几，病日臻，既弥留，恐不获誓言嗣，兹予审训命汝。昔君文王、武王，宣重光，奠丽陈教，则肄肄不违，用克达殷，集大命。在后之侗，敬迓天威，嗣守文武大训，无敢昏逾。今天降疾，殆弗兴弗悟，尔尚明时朕言，用敬保元子钊，弘济于艰难，柔远能迩，安劝小大庶邦，思夫人自乱于威仪，尔无以钊冒贡于非几。"

兹既受命，还，出缀衣于庭。越翼日乙丑，王崩。太保命仲桓、南宫毛，俾爰齐侯吕伋，以二干戈虎贲百人，逆子钊于南门之外，延入翼室，恤宅宗。丁卯，命作册度。越七日癸酉，伯相命士须材。

狄设黼扆缀衣，牖间南向，敷重篾席、黼纯，华玉仍几。西序东向，敷重厎席、缀纯，文贝仍几。东序西向，敷重丰席、画纯，雕玉仍几。西夹南向，敷重笋席、玄纷纯，漆仍几。越玉五重、陈宝、赤刀、大训、弘璧、琬、琰，在西序。大玉、夷玉、天球、河图，在东序。胤之舞衣、大贝、鼖鼓，在西房。兑之戈、和之弓、垂之竹矢，在东房。大辂在宾阶面，缀辂在阼阶面，先辂在左塾之前，次辂在右塾之前。

二人雀弁，执惠，立于毕门之内；四人綦弁，执戈上刃，夹两阶戺；一人冕，执刘，立于东堂；一人冕，执钺，立于西堂；一人冕，执戣，立于东垂；一人冕，执瞿，立于西垂；一人冕，执锐，立于侧阶。

王麻冕黼裳，由宾阶隮。卿士、邦君，麻冕蚁裳，入即位。太保、太史、太宗，皆麻冕彤裳。太保承介圭，上宗奉同瑁，由阼阶隮；太史秉书，由宾阶隮，御王册命。曰："皇后凭玉几，道扬末命：命汝嗣训，临君周邦，率循大卞，燮和天下，用答扬文武之光训。"

王再拜，兴，答曰："眇眇予末小子，其能而乱四方，以敬忌天威？"乃受同，王三宿、三祭、三咤。上宗曰："飨。"太保受同，降，盥，以异同秉璋以酢，授宗人同，拜，王答拜。太保受同，祭、哜、宅，授宗人同，拜，王答拜。太保降，收。诸侯出庙门俟。

【译文】

四月，月亮新现光明，成王生了病。甲子这天，成王洗了头发洗了脸，太仆给王戴上王冠，披上朝服，王靠着玉几。于是会见朝臣，成王召见太保奭、芮伯、彤伯、毕公、卫侯、毛公、师氏、虎臣、百官的首长以及办事官员。

王说："啊！我的病大进，有危险，病倒的日子到了。已经是临终时刻，恐怕不能郑重地讲后嗣的事了，现在，我详细地训告你们。过去，我们的先君文王、武王，放出日月般的光辉，制定所施，发布教令，臣民都努力奉行，不敢违背，因而能够讨伐殷商，成就我周国的大命。

"后来，幼稚的我，认真奉行天威，继续遵守文王、武王的伟大教导，不敢昏乱变更。如今上天降下重病，几乎不能起床不能说话了。你们要勉力接受我的话，认真保护我的大儿子姬钊大渡艰难，要柔服远方，亲善近邻，安定、教导大小各国。要想到众人必用礼法自治，你们不可使姬钊冒犯以陷于非法啊！"

群臣已经接受教命，就退回来，拿出成王的朝服放在王庭。到了第二天乙丑日，成王逝世了。

太保命令仲桓和南宫毛跟从齐侯吕伋，二人分别拿着干戈，率领一百名勇士，到南门外迎接太子钊。请太子钊进入侧室，做忧居的主人。丁卯这天，命令作册制定丧礼。到了第七天癸酉，召公命令官员布置各种器物。

狄人陈设斧纹屏风和先王的礼服。门窗间朝南的位置，铺设双层竹席，饰着黑白相间的丝织花边，陈设彩玉，用无饰的几案。在西墙朝东的位置，铺设双层细竹篾

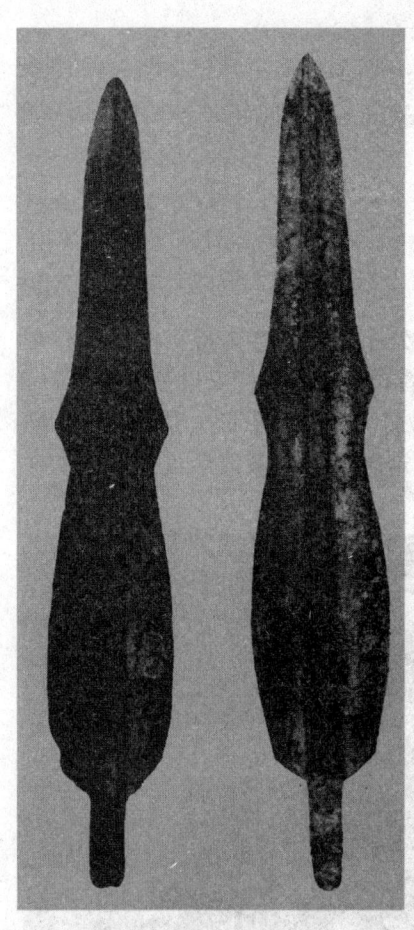

周代曲刃铜剑

席，饰着彩色的花边，陈设花贝壳，用无饰的几案。在东墙朝西的位置，铺设双层莞席，饰着绘有云气的花边，陈设雕刻的玉器，用无饰的几案。在堂的西边夹室朝南的位置，铺设双层青竹篾席，饰着黑丝绳连缀的花边，陈设漆器，用无饰的几案。

越玉五种、宝刀、赤刀、大训、大璧、琬、琰，陈列在西墙向东的席前。大玉、夷玉、天球、河图，陈列在东墙向西的席前。胤制作的舞衣、大贝壳、大军鼓，陈列在西房。兑制作的戈、和制作的弓、垂制作的竹矢，陈列在东房。

王的玉车放置在西阶前，金车放置在东阶前，象车放在门左侧堂屋的前面，木车放在门右侧堂屋的前面。

二人戴着赤黑色的礼帽，执三角矛，站在祖庙门里边。四人戴着青黑色的礼帽，执着戈，戈刃向前，夹着台阶对面站在台阶两旁。一人戴着礼帽，拿着大斧，站立在东堂的前面。一人戴着礼帽，拿着大斧，站立在西堂的前面。一人戴着礼帽，拿着三锋矛，站立在东堂外边。一人戴着礼帽，拿着三锋矛，站立在西堂外边。还有一人戴着礼帽，拿着矛，站立在北堂北面的台阶上。

王戴着麻制的礼帽，穿着绣有斧形花纹的礼服，从西阶上来。卿士和众诸侯戴着麻制的礼帽，穿着黑色礼服，进入中庭各就各位。太保、太史、太宗都戴着麻制的礼帽，穿着红色礼服。太保捧着大圭，太宗捧着酒杯和瑁，从东阶上来。太史拿着策书，从西阶走上来，进献策书给康王。太史说："大王靠着玉几，宣布他临终的教命，命令您继承文王、武王的大训，治理领导周国，遵守大法，协和天下，以宣扬文王、武王的光明教训。"王再拜，然后起来，回答说："我这个微末的小子，怎么能协和治理天下以敬畏天威啊？"

王接受了酒杯和瑁。王前进三次，祭酒三次，奠酒三次。太宗说："请喝酒！"王喝酒后，太保接过酒杯，走下堂，洗手，又登上堂，用另外一种酒杯自斟自饮作答，然后把酒杯交给宗人，对王下拜。王也回拜。太保又从宗人那里接过酒杯，祭酒，尝酒，奠酒，然后把酒杯交给宗人，又拜。王又回拜。太保走下堂，行礼结束。诸侯卿士们都走出祖庙门，等候康王视朝。

康王之诰

【原文】

　　王出在应门之内。太保率西方诸侯入应门左,毕公率东方诸侯入应门右,皆布乘黄朱。宾称奉圭兼币,曰:"一二臣卫,敢执壤奠。"皆再拜稽首。王义嗣德,答拜。

　　太保暨芮伯咸进,相揖,皆再拜稽首,曰:"敢敬告天子:皇天改大邦殷之命,惟周文武诞受羑若,克恤西土。惟新陟王毕协赏罚,戡定厥功,用敷遗后人休。今王敬之哉!张皇六师,无坏我高祖寡命。"

　　王若曰:"庶邦侯甸男卫!惟予一人钊报诰:昔君文武丕平富,不务咎,厎至齐信,用昭明于天下;则亦有熊罴之士、不二心之臣,保乂王家,用端命于上帝。皇天用训厥道,付畀四方。乃命建侯树屏,在我后之人。今予一二伯父,尚胥暨顾,绥尔先公之臣服于先王。虽尔身在外,乃心罔不在王室,用奉恤厥若,无遗鞠子羞!"

　　群公既皆听命,相揖,趋出。王释冕,反,丧服。

周康王姬钊,选自《三才图会》。

【译文】

　　王走出祖庙,来到应门内。太保召公率领西方的诸侯进入应门左侧,毕公率领东方的诸侯进入应门的右侧,他们都穿着绣有花纹的礼服和黄朱色的韨。赞礼的官员传呼进献命圭和贡物,诸侯走上前,说:"一二个王室的护卫向王奉献土产。"诸侯都再拜叩头。王依礼辞谢,然后升位答拜。

　　太保召公和芮伯同走向前,互相作揖后,同向王再拜叩头。他们说:"恭敬地禀告天子,伟大的天帝更改了大国殷的命运,我们周国的文王、武王大受福祥,能够安定西方。新逝世的成王,赏罚完全合宜,能够成就文、武的功业,因此把幸福普遍地留给我们后人。现在王要敬慎啊!要加强王朝的六军,不要败坏我们高祖的大命!"

　　王这样说:"侯、甸、男、卫的各位诸侯!现在我姬钊答复你们的教导。先君文王、武王很公平，仁厚而不滥施刑罚，致力实行中信，因而光辉普照天下。还有像熊罴一样勇武的将士，忠贞不渝的大臣，安定治理我们的国家，因此，才被上帝加以任命。

"上天顺从先王的治理之道，把天下交给先王。先王于是命令分封诸侯，树立藩卫，眷顾我们后代子孙。现在，我们几位伯父希望你们互相爱护顾念，继续如你们的祖先臣服于先王。虽然你们身在朝廷之外，你们的心不可不在王室，要辅助我得到吉祥，不要把羞辱留给我！"

众位大臣都听完了命令，互相作揖，快步走出。康王脱去吉服，返回居丧的侧室，穿上丧服。

毕命

【原文】

惟十有二年六月，庚午朏。越三日壬申，王朝步自宗周，至于丰，以成周之众，命毕公保釐东郊。王若曰：

"呜呼！父师：惟文王武王敷大德于天下，用克受殷命。惟周公左右先王，绥定厥家，毖殷顽民，迁于洛邑，密迩王室，式化厥训。既历三纪，世变风移，四方无虞，予一人以宁。

"道有升降，政由俗革。不臧厥臧，民罔攸劝。惟公懋德，克勤小物；弼亮四世，正色率下，罔不祗师言。嘉绩多于先王，予小子垂拱仰成。"

王曰："呜呼！父师：今予祗命公以周公之事，往哉！旌别淑慝，表厥宅里。（彰）〔章〕善瘅恶，树之风声。弗率训典，殊厥井疆，俾克畏慕。申画郊圻，慎固封守，以康四海。政贵有恒，辞尚体要，不惟好异。商俗靡靡，利口惟贤，馀风未殄。公其念哉！

"我闻曰：世禄之家，鲜克由礼；以荡陵德，实悖天道，敝化奢丽，万世同流。兹殷庶士，席宠惟旧，怙侈灭义；服美于人，骄淫矜侉：将由恶终。虽收放心，闲之惟艰。资富能训，惟以永年；惟德惟义，时乃大训。不由古训，于何其训？"

王曰："呜呼！父师：邦之安危，惟兹殷士。不刚不柔，厥德允修。惟周公克慎厥始，惟君陈克和厥中，惟公克成厥终。三后协心，同底于道。道洽政治，泽润生民。四夷左衽，罔不咸赖。予小子永膺多福！

"公其惟时成周建无穷之基，亦有无穷之闻。子孙训其成式，惟乂。呜呼！罔曰弗克，惟既厥心。罔曰民寡，惟慎厥事。钦若先王成烈，以休于前政！"

【译文】

康王十二年六月庚午日，月亮新放光明。到第三天壬申日，康王早晨从镐京行到丰邑，把成周的民众，命令给太师毕公使他安治东郊。

康王这样说："啊！父师。文王武王行大德于天下，因此能够承受殷的王命，代理殷王。周公辅助先王安定国家，告诫殷商顽民，迁徙到洛邑，使他们接近王室，用此改变他们的礼教。自从迁徙以来，已经过了三纪。人世变化，风俗转移，今四方没有忧患，我因此感到安宁。治道有起有落，政教也随着风俗改革，若不善用贤能，人民将无所劝勉仰慕。我公盛德，不但能勤小事，而且辅助过四代，严正地率领下属，臣下没有人不敬重师训。你的美好功绩被先王所重视，我小子只是垂衣拱手仰仗成功罢了。"

康王说："啊！父师。现在我把周公的重任敬托给公，我公前往吧！我公当识别善和恶，标志善人所居之里，表彰善良，疾恨邪恶，树立好的风气。有不遵循教训和常法的，就变更他的井居田界，使他能够畏惧和敬慕。又要重新画出郊圻的境界，认真加固封疆守备，以安定四海。为政贵在有常，言辞崇尚体实简要，不宜好异。商地旧俗喜好奢靡，以巧辩为贤，馀风至今没有断绝，我公要考虑呀！

"我听说：世代享有禄位的人家，很少能够遵守礼法。他们以放荡之心，轻蔑德义，实在是悖乱天道。腐败的风俗崇尚奢侈华丽，万世相同。如今殷商众士，处在宠位已经很久，凭仗强大，忽视德义，穿着华美过人。他们骄恣矜夸，将会以恶自终。虽然收敛了放恣之心，但防闲他们还是难事。资财富足而能顺从，可以长久。行德行义，这就大顺了；若不用古训教导，到何时才会顺从呢？"

康王说："啊！父师。我国的安危，就在于这些殷商众士。不刚不柔，那样的教化就真好。开初，周公能够谨慎对待；中间，君陈能够使他们和谐；最后，我公当能够成功。三君合心，共同致力于教导，教导普遍了，政事治理了，就能润泽到生民。四方各族被发左衽的人民，都会受到福利，我小子也会长受大福。我公要以这个成周，建立无穷的基业，也会有无穷的美名。后世子孙顺从我公的成法，天下就安定了。啊！不要说不能，当尽自己的心；不要说百姓少，当慎行政事。认真治理好先王的大业，使它比前人的政绩更美好吧！"

君牙

【原文】

王若曰："呜呼！君牙：惟乃祖乃父，世笃忠贞，服劳王家，厥有成绩，纪于太常。惟予小子，嗣守文、武、成、康遗绪；亦惟先（正）〔王〕之臣，克左右乱四方。心之忧危，若蹈虎尾，涉于春冰。今命尔予翼，作股肱心膂；缵乃旧服，无忝祖考。弘敷五典，式和民则；尔身克正，罔敢弗正？民心罔中，惟尔之中。夏暑雨，小民惟曰怨咨；冬祁寒，小民亦惟曰怨咨：厥惟艰哉！思其艰以图其易，民乃宁。

"呜呼！丕显哉，文王谟！丕承哉，武王烈！启佑我后人，咸以正罔缺。尔惟敬明乃训，用奉若于先王，对扬文武之光命，追配于前人！"

王若曰："君牙！乃惟由先正旧典时式，民之治乱在兹。率乃祖考之攸行，昭乃辟之有乂。"

【译文】

穆王这样说："啊！君牙。你的祖父和你的父亲，世世淳厚忠正；服劳于王家，很有成绩，记录在画有日月的旗子上。我小子继守文、武、成、康的遗业，也想先王的臣子能够辅助我治理四方。我心里的忧虑危惧，就像踩着虎尾和走着春天的冰。

"现在我命令你辅助我，做我的心腹重臣。要继续你旧日的行事，不要累及你的祖考！普遍传布五常的教育，用为和谐人民的准则。你自身能正，人民不敢不正；民心没有标准，只考虑你的标准。夏天大热大雨，小民只是怨恨嗟叹；冬天大寒，小民也只是怨恨嗟叹。是艰难呀！你要想到他们的艰难，因而谋求那些治理的办法，人民才会安宁。啊！光明呀！我们文王的谋略；相承呀！我们武王的功业。它可以启示佑助我们后人，使我们都依从正道而无邪缺。你当不懈地宣扬你的五教，以此恭顺于先王。你当报答颂扬文王、武王光明的教导，追求并美于前人。"

穆王这样说："君牙！你当奉行先正的旧典善法，人民治乱的关键，就在这里。你当遵循你祖父的行为，赞助你君主的治道。"

冏命

【原文】

王若曰："伯冏！惟予弗克于德，嗣先人，宅丕后，怵惕惟厉；中夜以兴，思免厥愆。

"昔在文、武，聪明齐圣。小大之臣咸怀忠良，其侍御仆从罔匪正人，以旦夕承弼厥辟。出入起居，罔有不钦；发号施令，罔有不臧。下民（祇）〔祗〕若，万邦咸休。惟予一人无良，实赖左右前后有位之士匡其不及，绳愆纠谬，格其非心，俾克绍先烈。

"今予命汝作大正，正于群仆侍御之臣，懋乃后德，交修不逮。慎简乃僚，无以巧言令色、便辟侧媚，其惟吉士。仆臣正，厥后克正；仆臣谀，厥后自圣：后德惟臣，不德惟臣。尔无昵于憸人充耳目之官，迪上以非先王之典。非人其吉，惟货其吉，若时瘝厥官，惟尔大弗克（袛）〔祗〕厥辟，惟予汝辜！"

王曰："呜呼！钦哉！永弼乃后于彝宪！"

【译文】

穆王这样说："同同！我不优于道德。继承先人处在大君的位置，戒惧会有危险，甚至半夜起来，想法子避免过失。

"从前在文王、武王的时候，他们聪明、通达、圣明，小臣大臣都怀着忠良之心。他们的侍御近臣，没有人不是正人，用他们早晚侍奉辅佐他们的君主，所以君主出入起居，没有不敬慎的事；发号施令，也没有不好的。百姓敬重顺从君主的命令，天下万国也都喜欢。

"我没有好的德行，实在要依赖左右前后的官员，匡正我的不到之处。纠正过失和错误，端正我不正确的思想，使我能够继承先王的功业。

"今天我任命你做太仆长，领导群仆、侍御的臣子。你要勉励你的君主增修德行，共同医治我不够的地方。你要慎重选择你的部属，不要任用巧言令色、阿谀不端的人，要都是贤良正士。仆侍近臣都正，他们的君主才能正；仆侍近臣谄媚，他们的君主就会自以为圣明。君主有德，由于臣下，君主失德，也由于臣下。你不要亲近小人，充当我的视听之官，不要引导君上违背先王之法。不是贤人最善，只是货财最善，像这样，就会败坏我们的官职，就是你大不能敬重你的君主；我将惩罚你。"

穆王说："啊！要认真呀！要长久用常法辅助你的君主。"

吕刑

【原文】

惟吕命王享国百年，耄，荒度作《刑》以诘四方。

王曰："若古有训：蚩尤惟始作乱，延及于平民，罔不寇贼、鸱义、奸宄、夺攘、矫虔。苗民弗用灵，制以刑，惟作五虐之刑曰法。杀戮无辜，爰始淫为劓、刵、椓、黥，越兹丽刑，并制罔差有辞。民兴胥渐，泯泯棼棼，罔中于信，以覆诅盟。虐威庶戮方告无辜于上。上帝监民，罔有馨香德刑，发闻惟腥。

"皇帝哀矜庶戮之不辜，报虐以威，遏绝苗民，无世在下。乃命重黎绝地天通，罔有降格。群后之逮在下，明明棐常，鳏寡无盖。

"皇帝清问下民，鳏寡有辞于苗，德威惟畏，德明惟明。乃命三后恤功于民：伯夷降典，折民惟刑；禹平水土，主名山川；稷降播种，农殖嘉谷。三后成功，惟殷于民。

爰制百姓于刑之中，以教祗德。穆穆在上，明明在下，灼于四方，罔不惟德之勤。故乃明于刑之中，率乂于民棐彝。典狱，非讫于威，惟讫于富。敬忌，罔有择言在身。惟克天德，自作元命，配享在下。"

王曰："嗟！四方司政典狱，非尔惟作天牧？今尔何监？非时伯夷播刑之迪？其今尔何惩？惟时苗民匪察于狱之丽。罔择吉人，观于五刑之中，惟时庶威夺货，断制五刑以乱无辜，上帝不蠲，降咎于苗，苗民无辞于罚，乃绝厥世。"

王曰："呜呼！念之哉！伯父、伯兄、仲叔、季弟、幼子、童孙，皆听朕言，庶有格命。今尔罔不由慰日勤，尔罔或戒不勤。天齐于民，俾我一日。非终惟终，在人。尔尚敬逆天命，以奉我一人。虽畏勿畏，虽休勿休，惟敬五刑，以成三德。一人有庆，兆民赖之，其宁惟永。"

王曰："吁！来，有邦有土，告尔祥刑。在今尔安百姓，何择非人，何敬非刑，何度非及？

"两造具备，师听五辞；五辞简孚，正于五刑。五刑不简，正于五罚。五罚不服，正于五过。五过之疵，惟官、惟反、惟内、惟货、惟来。其罪惟均，其审克之。

"五刑之疑有赦；五罚之疑有赦。其审克之。简孚有众，惟貌有稽。无简不听。具严天威。

"墨辟疑赦，其罚百锾，阅实其罪。劓辟疑赦，其罚惟倍，阅实其罪。剕辟疑赦，其罚倍差，阅实其罪。宫辟疑赦，其罚六百锾，阅实其罪。大辟疑赦，其罚千锾，阅实其罪。墨罚之属千，劓罚之属千，剕罚之属五百，宫罚之属三百，大辟之罚其属二百，五刑之属三千。上下比罪，无僭乱辞，勿用不行，惟察惟法，其审克之。上刑适轻下服，下刑适重上服。轻重诸罚有权。刑罚世轻世重，惟齐非齐，有伦有要。

"罚惩非死，人极于病。非佞折狱，惟良折狱，罔非在中。察辞于差，非从惟从，哀敬折狱。明启刑书胥占，咸庶中正。其刑其罚，其审克之，狱成而孚。输而孚。其刑上备，有并两刑。"

王曰："呜呼！敬之哉！官伯族姓，朕言多惧。朕敬于刑，有德惟刑。今天相民，作配在下，明清于单辞。民之乱，罔不中听狱之两辞，无或私家于狱之两辞。狱货非宝，惟府辜功，报以庶尤。永畏惟罚，非天不中，惟人在命。天罚不极，庶民罔有令政在于天下。"

王曰："呜呼！嗣孙，今往何监非德于民之中？尚明听之哉！哲人惟刑，无疆之辞，属于五极，咸中有庆。受王嘉师，监于兹祥刑。"

【译文】

吕侯被命为卿时，穆王在位很久，年纪老了，还是大力谋求制定刑法，来禁戒天下。

王说："古代有遗训，蚩尤开始作乱，扩大到平民百姓。无不寇掠贼害，冒没不正，内外作乱，争夺窃盗，诈骗强取。苗民不遵守政令，而用刑罚来制服，制定了五种酷刑以为常法。杀害无罪的人，开始放肆使用劓、刖、椓、黥等刑罚。于是，施行杀戮，抛弃法制，不减免无罪的人。

"苗民互相欺诈，纷纷乱乱，没有忠和信，以致背叛誓约。受了虐刑的和一些被侮辱的都向上帝申告自己无罪。上帝考察苗民，没有芬芳的德政，刑法所发散的只有腥气。颛顼皇帝哀怜众多被害的人没有罪过，就用威罚处置暴虐的人，制止和消灭行虐的苗民，使他们没有世嗣留在下国。又命令重和黎，禁止地民和天神相互感通，使他们不能升降来往。高辛、尧、舜相继在下，都显用贤德的人扶持常道，于是孤苦之人没有壅蔽之苦了。

"尧皇帝明知下民和孤寡有对苗民的怨言。又明知贤人所惩罚的，人都畏服，贤人所尊重的，人都尊重。于是命令三位大臣慎重为民治事。伯夷颁布法典，用刑律制服人民；大禹平治水土，主管名山大川；后稷下去指导播种，努力种植好谷。三后成功了，就富厚了老百姓。士师又用公正的刑罚制御百官，教导臣民敬重德行。

"尧皇帝恭敬在上，三位大臣努力在下，光照四方，没有人不勤行德政，所以能勉力于刑罚的公平，遵循它治理老百姓以扶持常道。主管刑罚的官，不是终于作威，而是终于仁厚。又敬、又戒，自身没有坏的言论。他们肩负上天仁爱的美德，自己造就了好命，所以配天在下享有禄位。"

王说："啊！四方的诸侯们，不是你们做上天的治民官吗？现在，你们要重视什么呢？难道不是这伯夷施行刑罚的方法吗？现在你们要惩戒什么呢？就是这苗民不详察狱事的施行，不选择善良的人，监察五刑的公正；就是这苗民任用虚张威势、掠夺财物的人，裁决五刑，乱罚无罪，上帝不加赦免，降灾给苗民，苗民对上帝的惩罚无话可说，于是断绝了他们的后嗣。"

王说："啊！你们要记住这个教训啊！伯父、伯兄、仲叔、季弟以及年幼的子孙们，都听从我的话，或许会享有好命。如今你们没有人不喜慰说勤劳了，你们没有谁制止自己不勤劳。上帝治理下民，暂时任用我们，不成与成，完全在人。你们可要恭敬地接受天命，来辅助我！虽然遇到可怕的事，不要害怕；虽然可以休息，也不要休息。希望慎用五刑，养成这三种德行。一人办了好事，万民都受益，国家的安宁就会长久了。"

王说："啊！来吧！诸侯国君和各位大臣，我告诉你们要善用刑法。如今你们安定百姓，要选择什么呢，不是吉人吗？要敬慎什么呢，不正是刑罚吗？要考虑什么呢，不就是判断适宜吗？

"原告和被告都来齐了，法官就审查五刑的讼辞；如果讼辞核实可信，就用五刑来处理。如果用五刑处理不能核实，就用五罚来处理；如果用五罚处理也不可从，就用五过来处理。五过的弊端：是法官畏权势，是报恩怨，是谄媚内亲，是索取贿赂，是受人请求。发现上述弊端，他们的罪就与罪犯相同，你们必须详细察实啊！

"根据五刑定罪的疑案有赦免的，根据五罚定罪的疑案有赦免的，要详细察实啊！要从众人中核实验证，审理案件也要有共同办案的人。没有核实不能治罪，应当共同敬畏上天的威严。

"判处墨刑感到可疑,可以从轻处治,罚金一百锾,要核实其罪行。判处劓刑感到可疑,可以从轻处治,罚金二百锾,要核实其罪行。判处剕刑感到可疑,可以从轻处治,罚金五百锾,要核实其罪行。判处宫刑感到可疑,可以从轻处治,罚金六百锾,要核实其罪行。判处死刑感到可疑,可以从轻处治,罚金一千锾,要核实其罪行。墨罚的条目有一千,劓罚的条目有一千,剕罚的条目有五百,宫罚的条目有三百,死罪的刑罚,其条目有二百。五种刑罚的条目共有三千。

"要上下比较其罪行,不要错乱供辞,不要采取已经废除的法律,应当明察,应当依法,要核实啊!上刑宜于减轻,就下一等处治,下刑宜于加重,就上一等处治。各种刑罚的轻重有些灵活性。刑罚时轻时重,相同或不相同,都有它的道理和要求。

"刑罚不是置人死地,但受刑罚的人感到比重病还痛苦。不是巧辩的人审理案件,而是善良的人审理案件,就没有不公正合理的。从矛盾处考察真情,不服从的犯人也会服从。怀着哀怜的心情判决诉讼案件,明白地检查刑书,互相斟酌,都要谋求公正。当刑当罚,要详细察实啊!要做到案件判定了,人们信服;改变判决,人们也信服。刑罚贵在慎重,又可合并两种罪行,只罚一种。"

王说:"啊,敬慎啊!诸侯国君以及同姓官员们,对我的话要多多戒惧。我重视刑罚,有德于老百姓的也是刑罚。如今上天扶助老百姓,你们在下面作天之配,应当明察一面之辞,老百姓的治理,无不在于公正地审理双方的诉讼辞,不要对诉讼双方的诉辞贪图私利啊!狱讼接受贿赂不是好事,那是获罪的事,我将以众罪论处这些人。永远可畏的是上天的惩罚,不是天道不公平,只是人们自己终结天命。上天的惩罚不加到他们身上,在天下众民就不会有美好的政治了。"

王说:"啊!子孙们,从今以后,你们明察什么呢?难道不是行德吗?对于老百姓案情的判决,要明察啊!治理老百姓要运用刑罚,使无穷无尽的讼辞合于五刑,都能公正适当,就有福庆。你们接受治理王家的好百姓,可要明察这种祥刑啊!"

文侯之命

【原文】

王若曰:"父义和!丕显文武,克慎明德,昭升于上,敷闻在下。惟时上帝,集厥命于文王。亦惟先正,克左右昭事厥辟,越小大谋猷罔不率从,肆先祖怀在位。呜呼!闵予小子嗣,造天丕愆,殄资泽于下民,侵戎我国家纯。即我御事,罔或耆寿俊在厥服,予则罔克。曰惟祖惟父,其伊恤朕躬。呜呼!有绩予一人永绥在位。父义和!汝克昭乃显祖,汝肇刑文武,用会绍乃辟,追孝于前文人。汝多修,扞我于艰,若汝予嘉。"

王曰："父义和！其归视尔师，宁尔邦。用赍尔秬鬯一卣，彤弓一，彤矢百，卢弓一，卢矢百，马四匹。父往哉！柔远能迩，惠康小民，无荒宁。简恤尔都，用成尔显德。"

【译文】

王这样说："族父义和啊！伟大光明的文王和武王，能够慎重行德，德辉升到上天，名声传播在下土，于是上帝降下那福命给文王、武王。也因为先前的公卿大夫能够辅佐、指导、服事他们的君主，对于君主的大小谋略无不遵从，所以先祖能够安然在位。

"啊！不幸我这年轻人继承王位，遭到了上天的大责罚。没有福利德泽施给老百姓，侵犯我国家的人很多。现在我的治事大臣，没有老成人长期在职，我诚不能胜任。我意谓：'祖辈和父辈的诸侯国君，会忧念我。'啊哈！您果然促成我长安在王位了。

"族父义和啊！您能够光耀您的显祖唐叔，您努力制御文武百官，因会合诸侯延续了您的君主，追好于文王和武王。您很好，在困难的时候保卫了我，像您这样，我很赞美！"

王说："族父义和啊！要回去治理您的臣民，安定您的国家。现在我赐给您黑黍香酒一卣；红色的弓一张，红色的箭一百支；黑色的弓一张，黑色的箭一百支；四匹马。

"您回去吧！安抚远方，亲善近邻，爱护安定老百姓，不要荒废政事，贪图安逸。大力安定您的国家，以成就您显著的德行。"

费誓

【原文】

公曰："嗟！人无哗，听命！徂兹淮夷、徐戎并兴。善敹乃甲胄，敿乃干，无敢不吊！备乃弓矢，锻乃戈矛，砺乃锋刃，无敢不善！

"今惟淫舍牿牛马，杜乃擭，敜乃阱，无敢伤牿。牿之伤，汝则有常刑。马牛其风，臣妾逋逃，勿敢越逐。祗复之，我商赉汝。乃越逐不复，汝则有常刑。无敢寇攘，逾垣墙、窃马牛、诱臣妾，汝则有常刑。

"甲戌，我惟征徐戎。峙乃糗粮，无敢不逮，汝则有大刑。鲁人三郊三遂，峙乃桢干。甲戌，我惟筑。无敢不供，汝则有无馀刑，非杀？鲁人三郊三遂，峙乃刍茭，无敢不多，汝则有大刑。"

【译文】

　　公说："喂！大家不要喧哗，听取我的命令。现今淮夷、徐戎同时起来作乱。好好缝缀你们的军服头盔，系连你们的盾牌，不许不好！准备你们的弓箭，锻炼你们的戈矛，磨利你们的锋刃，不许不好！

　　"现在要大放圈中的牛马，掩盖你们捕兽的工具，填塞你们捕兽的陷阱，不许伤害牛马！伤害了牛马，你们就要受到常刑！

　　"牛马走失了，男女奴仆逃跑了，不许离开队伍去追赶！得到了的，要恭敬送还原主，我会赏赐你们。如果你们离开队伍去追赶，或者不归还原主，你们就要受到常刑！不许抢夺掠取，跨过围墙，偷窃马牛，骗取别人的男女奴仆；这样，你们都要受到常刑！

　　"甲戌这天，我们征伐徐戎。准备你们的干粮，不许不到；不到，你们就要受到死刑！我们鲁国三郊三遂的人，要准备你们的筑墙工具。甲戌这天，我们要修筑营垒，不许不供给；如果不供给，你们将受到终身不释放的刑罚，只是不杀头。我们鲁国三郊三遂的人，要准备你们的生草料和干草料，不许不够；如果不够，你们就要受到死刑！"

秦誓

【原文】

　　公曰："嗟！我士，听无哗。予誓告汝群言之首。

　　"古人有言曰：'民讫自若是多盘，责人斯无难，惟受责俾如流，是惟艰哉！'我心之忧，日月逾迈，若弗云来。惟古之谋人，则曰未就予忌；惟今之谋人，姑将以为亲。虽则云然，尚猷询兹黄发，则罔所愆。

　　"番番良士，旅力既愆，我尚有之。仡仡勇夫，射御不违，我尚不欲。惟截截善谝言，俾君子易辞，我皇多有之。

　　"昧昧我思之，如有一介臣，断断猗，无他技，其心休休焉，其如有容。人之有技，若己有之；人之彦圣，其心好之，不啻如自其口出。是能容之，以保我子孙黎民，亦职有利哉！人之有技，冒疾以恶之；人之彦圣而违之，俾不达。是不能容，以不能保我子孙黎民，亦曰殆哉！

　　"邦之杌陧，曰由一人。邦之荣怀，亦尚一人之庆。"

【译文】

　　穆公说："啊！我的官员们，听着，不要喧哗！我有重要的话告诉你们。

"古人有话说：'人只顺从自己，就会多出差错。责备别人不是难事，受到别人责备，听从它如流水一样地顺畅，这就困难啊！'我心里的忧虑，在于时间过去，就不回来啊！

"往日的谋臣，我却说'未能顺从我的意志'；现在的谋臣，我将要以他们为亲人。虽说这样，还是要请教黄发老人，才没有失误。

"白发苍苍的良士，体力已经衰了，我还亲近他们。强壮勇猛的武士，射箭和驾车都不错，我还不大喜爱。只是那些浅薄善辩的人，使君子容易疑惑，我大多亲近他们！

"我暗暗思量着，如果有一个官员，诚实专一而没有别的技能，他的胸怀宽广而能容人。别人有能力，好像自己的一样。别人美好明哲，他的心里喜欢他，又超过了他口头的称道。这样能够容人，用来保护我的子孙众民，也当有利啊！

"别人有能力就妒忌，就厌恶。别人美好明哲，却阻挠使他不顺利。这样不能宽容人，用来不能保护我的子孙众民，也很危险啊！

"国家的危险不安，由于一人，国家的繁荣安定，也还是一人的善良啊！"

诗经

【导读】

　　《诗经》是我国第一部先秦乐歌总集，早在两千五百年前就已汇辑成书，它是我国诗歌发展史的光辉开端。先秦时期，它本称《诗》或《诗三百》，汉代统治者"独尊儒术"，《诗》被儒生们作为经典之一加以传习，所以始有《诗经》之名。它的创作年代，大约是从周初叶至春秋中叶，即公元前十一世纪至公元前六世纪之间。正是奴隶社会和由奴隶社会向封建社会过渡的时代。

　　《诗经》包括风、雅、颂。风即《国风》，大多数是抒情诗，少数是社会诗，内容或反映古代人民的劳动生活，或控诉奴隶社会的黑暗腐朽，或反映古代人民对待战争的态度，反映古代人民的爱情生活与妇女的不幸命运。从多侧面表达了人民的思想感情，具有一定的人民性。雅分《小雅》、《大雅》，大都是奴隶主贵族上层社会举行各种典礼或宴会所用的乐歌，其

《诗经》书影

内容或反映人民疾苦，贬斥黑暗政治，或表现爱情及妇女问题，或反映农业生产与畜牧生产，或表现周民族的发展演化。《雅》诗虽然大多是奴隶主贵族的作品，但因某些诗从不同角度反映了社会生活图景和各阶层的思想意识，在形式上也达到了四言诗的成熟阶段，所以有一定的认识价值与审美意义。《颂》诗基本是周天子及诸侯用于宗庙祭典的舞曲、祭歌与颂歌。

　　《诗经》在艺术形式方面采用了赋、比、兴的手法。赋即敷陈其事，直接表达某一事物或人物的言行情志，也可称为直陈法。比就是比拟、比喻，以物比物，以人比物，以物比人。它是我国诗歌史上更为重要的思维形式与表现技巧。兴主要通过联想与想象，借景抒情，托物起兴。《诗经》常有比、兴联用之例，兴而比，比而兴，往往是二者互补共振，相得益彰。《诗经》中所有的歌词本来都是可以演唱的，很多章句具有一唱三叹的特色。在诗歌中大量运用了双声、叠韵、重言、叠字、叠句、叠章的方式，反复咏叹，使诗句节奏分明，音韵铿锵，和谐婉转，有浓重的韵律美。《诗经》的内容与形式都达到了空前的境界，对后世文学创作产生过深远的影响。

风

周南

关雎

【原文】

关关雎鸠，在河之洲。
窈窕淑女，君子好逑。
参差荇菜，左右流之。
窈窕淑女，寤寐求之。
求之不得，寤寐思服。
悠哉悠哉，辗转反侧。
参差荇菜，左右采之。
窈窕淑女，琴瑟友之。
参差荇菜，左右芼之。
窈窕淑女，钟鼓乐之。

【译文】

雎鸠关关相对唱，双栖河里小岛上。
纯洁美丽好姑娘，真是我的好对象。
长长短短鲜荇菜，左手右手顺流采。
纯洁美丽好姑娘，醒着相思梦里爱。
追求姑娘难实现，醒来梦里意常牵。
一片深情悠悠长，翻来覆去难成眠。
长长短短荇菜鲜，左手采来右手拣。
纯洁美丽好姑娘，弹琴奏瑟表爱怜。

长长短短鲜荇菜，左手右手拣拣开。
纯洁美丽好姑娘，敲钟打鼓娶过来。

葛覃

【原文】

葛之覃兮，施于中谷；
维叶萋萋。黄鸟于飞，
集于灌木；其鸣喈喈。
葛之覃兮，施于中谷；
维叶莫莫。是刈是濩，
为絺为绤；服之无斁。
言告师氏，言告言归。
薄污我私，薄浣我衣。
害浣害否，归宁父母。

【译文】

葛藤枝儿长又长，蔓延到，谷中央；
叶子青青盛又旺。黄雀飞，来回忙，
歇在丛生小树上；叫喳喳，在歌唱。
葛藤枝儿长又长，蔓延到，谷中央；
叶子青青密又旺。割了煮，自家纺，
细布粗布制新装；穿不厌，旧衣裳。
告诉咱家老保姆，回娘家，去望望。
搓呀揉呀洗衣裳，脏衣衫，洗清爽。
别把衣服全泡上，要回家，看爹娘。

卷耳

【原文】

采采卷耳，不盈顷筐。
嗟我怀人，寘彼周行。

桃鸠图，宋赵佶绘，（日）东京国立博物馆藏。

陟彼崔嵬，我马虺隤。
我姑酌彼金罍，维以不永怀。
陟彼高冈，我马玄黄。
我姑酌彼兕觥，维以不永伤。
陟彼砠矣，我马瘏矣。
我仆痡矣，云何吁矣。

【译文】

采呀采呀卷耳菜，不满小小一浅筐。
心中想念我丈夫，浅筐搁在大道旁。
登上高高土石山，我马跑得腿发软。
姑且酌满铜酒杯，莫叫心中长相念。
登上高高山脊梁，马儿病得黑又黄。
姑且酌满犀角杯，莫叫心中长悲伤。
登上那座乱石冈，马儿病倒躺一旁。
仆人累得跟不上，心中怎不添忧伤！

樛木

【原文】

南有樛木，葛藟累之。
乐只君子，福履绥之。
南有樛木，葛藟荒之。
乐只君子，福履将之。
南有樛木，葛藟萦之。
乐只君子，福履成之。

【译文】

南边弯弯树枝桠，野葡萄藤攀缘它。
先生结婚真快乐，上天降福赐给他。
南边弯弯树枝桠，野葡萄藤掩盖它。
先生结婚真快乐，上天降福保佑他。
南边弯弯树枝桠，野葡萄藤旋绕它。
先生结婚真快乐，上天降福成全他。

螽斯

【原文】

螽斯羽，诜诜兮。
宜尔子孙，振振兮。
螽斯羽，薨薨兮。
宜尔子孙，绳绳兮。
螽斯羽，揖揖兮。
宜尔子孙，蛰蛰兮。

【译文】

蝗虫展翅膀，群集在一方。
你们多子又多孙，繁盛振奋聚一堂。

蝗虫展翅膀，嗡嗡飞得忙。
你们多子又多孙，永远群处在一堂。
蝗虫展翅膀，紧聚在一方。
你们多子又多孙，安静和睦在一堂。

桃夭

【原文】

桃之夭夭，灼灼其华。
之子于归，宜其室家。
桃之夭夭，有蕡其实。
之子于归，宜其家室。
桃之夭夭，其叶蓁蓁。
之子于归，宜其家人。

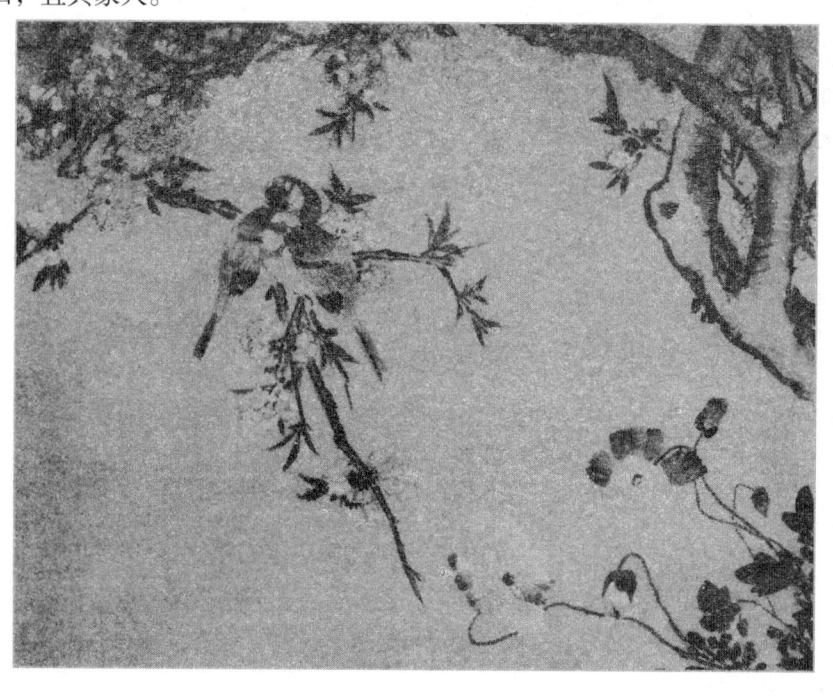

桃花双禽图，清颜岳绘，南京博物院藏。

【译文】

茂盛桃树嫩枝桠，绽开鲜艳粉红花。

这位姑娘要出嫁，和顺对待您夫家。
茂盛桃树枝桠嫩，桃子结得红润润。
这位姑娘嫁出门，待您丈夫要和顺。
茂盛桃树嫩枝桠，叶儿密密发光华。
这位姑娘要出嫁，和顺对待您全家。

兔罝

【原文】

肃肃兔罝，椓之丁丁。
赳赳武夫，公侯干城。
肃肃兔罝，施于中逵。
赳赳武夫，公侯好仇。
肃肃兔罝，施于中林。
赳赳武夫，公侯腹心。

【译文】

繁密整齐大兔网，铮铮打桩张地上。
武士英姿雄赳赳，公侯卫国好屏障。
繁密整齐大兔网，四通八达道上放。
武士英姿雄赳赳，公侯助手真好样。
繁密整齐大兔网，郊外林中多布放。
武士英姿雄赳赳，公侯心腹保国防。

芣苢

【原文】

采采芣苢，薄言采之。
采采芣苢，薄言有之。
采采芣苢，薄言掇之。
采采芣苢，薄言捋之。
采采芣苢，薄言袺之。

采采芣苢，薄言襭之。

【译文】

车前草哟采呀采，快点把它采些来。
车前草哟采呀采，快点把它采得来。
车前草哟采呀采，快点把它拾起来。
车前草哟采呀采，快点把籽捋下来。
车前草哟采呀采，快点把它揣起来。
车前草哟采呀采，快点把它兜回来。

汉广

【原文】

南有乔木，不可休思。
汉有游女，不可求思。
汉之广矣，不可泳思。
江之永矣，不可方思。
翘翘错薪，言刈其楚。
之子于归，言秣其马。
汉之广矣，不可泳思。
江之永矣，不可方思。
翘翘错薪，言刈其蒌。
之子于归，言秣其驹。
汉之广矣，不可泳思。
江之永矣，不可方思。

【译文】

南方有树高又长，不可歇息少荫凉。
姑娘游玩汉水旁，要想追求没指望。
好比汉水宽又广，不能游过河那方。
好比江水长又长，划着筏子难来往。
乱柴杂草长得高，砍下荆条当烛烧。
姑娘有朝能嫁我，喂饱马儿接她到。
好比汉水宽又广，不能游过河那方。

好比江水长又长,划着筏子难来往。
乱柴杂草长得高,割下蒌蒿当烛烧。
姑娘有朝能嫁我,喂饱马驹接她到。
好比汉水宽又广,不能游过河那方。
好比江水长又长,划着筏子难来往。

汝坟

【原文】

遵彼汝坟,伐其条枚。
未见君子,惄如调饥。
遵彼汝坟,伐其条肄。
既见君子,不我遐弃。
鲂鱼赪尾,王室如毁。
虽则如毁,父母孔迩。

【译文】

沿着汝堤走一遭,砍下树枝当柴烧。
好久没见我丈夫,就像早饥心里焦。
沿着汝堤走一遭,砍下嫩枝当柴烧,
好像已见我丈夫,幸而没有将我抛。
鲂鱼红尾多疲劳,官家虐政像火烧。
即使王事急如火,爹娘还在莫忘掉。

麟之趾

【原文】

麟之趾,振振公子。
于嗟麟兮!
麟之定,振振公姓。
于嗟麟兮!
麟之角,振振公族。

于嗟麟兮！

麟趾贻休，清焦秉贞绘，北京故宫博物馆藏。

【译文】

麒麟蹄儿不踢人，振奋有为的公子。
哎呀你是麒麟啊！
麒麟额头不撞人，振奋有为的公孙。
哎呀你是麒麟啊！
麒麟角儿不触人，振奋有为的公族。
哎呀你是麒麟啊！

召南

鹊巢

【原文】

维鹊有巢，维鸠居之。
之子于归，百两御之。

维鹊有巢，维鸠方之。
之子于归，百两将之。
维鹊有巢，维鸠盈之。
之子于归，百两成之。

【译文】

喜鹊树上把窝搭，八哥来住它的家。
这位姑娘要出嫁，百辆车子来接她。
喜鹊树上把窝搭，八哥同住这个家。
这位姑娘要出嫁，百辆车子保卫她。
喜鹊树上窝搭成，住满八哥喜盈门。
这位姑娘要出嫁，车队迎来好成婚。

采蘩

【原文】

于以采蘩？于沼于沚。
于以用之？公侯之事。
于以采蘩？于涧之中。
于以用之？公侯之宫。
被之僮僮，夙夜在公。
被之祁祁，薄言还归。

【译文】

要采白蒿到哪方？在那池里在那塘。
什么地方要用它？为替公侯养蚕忙。
要采白蒿到哪里？山间潺潺溪流里。
什么地方要用它？送到公侯蚕室里。
蚕妇发髻高高耸，日夜养蚕无闲空。
蚕妇发髻像云霞，蚕事完毕快回家。

草虫

【原文】

喓喓草虫，趯趯阜螽。
未见君子，忧心忡忡。
亦既见止，亦既觏止，
我心则降。
陟彼南山，言采其蕨。

草虫图，元钱选绘。

未见君子，忧心惙惙。
亦既见止，亦既觏止，
我心则说。
陟彼南山，言采其薇。
未见君子，我心伤悲。
亦既见止，亦既觏止，
我心则夷。

【译文】

秋来蝈蝈喓喓叫，蚱蜢蹦蹦又跳跳。
长久不见夫君面，忧思愁绪心头搅。
我们已经相见了，我们已经相聚了，
心儿放下再不焦。
登到那座南山上，采集蕨菜春日长。
长久不见夫君面，忧思愁绪心发慌。
我们已经相见了，我们已经相聚了，
心儿欢欣又舒畅。
登到那座南山上，采集薇菜春日长。

长久不见夫君面,忧思愁绪心悲伤。
我们已经相见了,我们已经相聚了,
心儿平静又安详。

采蘋

【原文】

于以采蘋?南涧之滨。
于以采藻?于彼行潦。
于以盛之?维筐及筥。
于以湘之?维锜及釜。
于以奠之?宗室牖下。
谁其尸之?有齐季女。

【译文】

哪儿采浮蘋?南山溪水边。
哪儿采水藻?沟水、积水间。
盛它用什么?方筐和圆筥。
煮它用什么?没脚、三脚锅。
祭品放哪儿?宗庙天窗下。
是谁在主祭?虔诚女娇娃。

甘棠

【原文】

蔽芾甘棠,勿翦勿伐,
召伯所茇。
蔽芾甘棠,勿翦勿败,
召伯所憩。
蔽芾甘棠,勿翦勿拜,
召伯所说。

【译文】

棠梨茂密又高大,不要剪它别砍它,
召伯曾住这树下。
棠梨茂密又高大,不要剪它别毁它,
召伯曾息这树下。
棠梨茂密又高大,不要剪它别拔它,
召伯曾歇这树下。

行露

【原文】

厌浥行露,岂不夙夜?
谓行多露。
谁谓雀无角?何以穿我屋?
谁谓女无家?何以速我狱?
虽速我狱,室家不足。
谁谓鼠无牙?何以穿我墉?
谁谓女无家?何以速我讼?
虽速我讼,亦不女从。

【译文】

道上露水湿漉漉,难道不愿赶夜路?
只怕道上沾满露!
谁说麻雀没有嘴?凭啥啄穿我的房?
谁说你家没婆娘?凭啥逼我上公堂?
虽然要挟打官司,逼婚理由太荒唐!
谁说老鼠没有牙?凭啥打洞穿我墙?
谁说你家没婆娘?凭啥逼我上公堂?
虽然要挟打官司,也不嫁你强暴郎!

羔羊

【原文】

羔羊之皮，素丝五纪。
退食自公，委蛇委蛇。
羔羊之革，素丝五緎。
委蛇委蛇，自公退食。
羔羊之缝，素丝五总。
委蛇委蛇，退食自公。

【译文】

穿了一身羔皮袍，白丝交叉缝又绕。
吃饱喝足下朝来，摇摇摆摆多逍遥。
穿了一身羔皮袍，白丝交叉缝又绕。
大摇大摆下朝来，吃饱喝足往家跑。
穿了一身羔皮袍，白丝交叉缝又绕。
吃饱喝足摇又摆，下得朝来往家跑。

殷其雷

【原文】

殷其雷，在南山之阳。
何斯违斯？莫敢或遑。
振振君子，归哉归哉！
殷其雷，在南山之侧。
何斯违斯？莫敢遑息。
振振君子，归哉归哉！
殷其雷，在南山之下。
何斯违斯？莫或遑处。
振振君子，归哉归哉！

【译文】

雷声雷声响轰轰,响在南山向阳峰。
为啥这时离开家?忙得不敢有闲空。
我的丈夫真勤奋,快快回来乐相逢。
雷声轰轰震四方,响在南边大山旁。
为啥这时离家走?不敢稍停实在忙。
我的丈夫真勤奋,快快回来聚一堂。
雷声轰轰震耳响,响在南山山下方。
为啥这时离家门?不敢稍住那样忙。
我的丈夫真勤奋,快快回来乐而康。

摽有梅

【原文】

摽有梅,其实七兮。
求我庶士,迨其吉兮。
摽有梅,其实三兮。
求我庶士,迨其今兮。
摽有梅,顷筐塈之。
求我庶士,迨其谓之。

【译文】

梅子渐渐落了地,树上十成留七成。
追求我吧年轻人,趁着吉日再定情。
梅子纷纷落了地,树上只有三成稀。
追求我的年轻人,趁着今儿定婚期。
梅子个个落了地,手拿畚箕来拾取。
追求我的年轻人,趁着仲春好同居。

小星

【原文】

嘒彼小星,三五在东。
肃肃宵征,夙夜在公。
寔命不同!
嘒彼小星,维参与昴。
肃肃宵征,抱衾与裯。
寔命不犹!

【译文】

小小星星闪微光,三三五五在东方。
急急匆匆赶夜路,早早晚晚为公忙。
命运不同徒自伤!
小小星星闪微光,参星昴星挂天上。
急急匆匆赶夜路,抱着棉被和床帐。
人家命运比我强!

江有汜

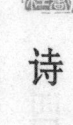

【原文】

江有汜。之子归,
不我以。不我以,
其后也悔。
江有渚。之子归,
不我与。不我与,
其后也处。
江有沱。之子归,
不我过。不我过,
其啸也歌。

【译文】

江水长长有支流，新人嫁来分两头，
你不要我使人愁。今日虽然不要我，
将来后悔又来求。
江水宽宽有沙洲，新人嫁来分两头，
你不爱我使人愁。今日虽然不爱我，
将来想聚又来求。
江水长长有沱流，新人嫁来分两头，
你不找我使人愁。不找我呀心烦闷，
唱着哭着消我忧。

野有死麇

【原文】

野有死麇，白茅包之。
有女怀春，吉士诱之。
林有朴樕，野有死鹿。
白茅纯束，有女如玉。
"舒而脱脱兮！无感我帨兮！
无使尨也吠！"

【译文】

猎来小鹿撂荒郊，洁白茅草将它包。
有位姑娘春心动，小伙上前把话挑。
砍下朴樕当烛烧，打死小鹿在荒郊。
白茅捆扎当礼物，如玉姑娘接受了。
"轻轻慢慢别着忙！别掀围裙别莽撞！
别惹狗儿叫汪汪！"

何彼秾矣

【原文】

何彼秾矣？唐棣之华。
曷不肃雝？王姬之车。
何彼秾矣？华如桃李。
平王之孙，齐侯之子。
其钓维何？维丝伊缗。
齐侯之子，平王之孙。

【译文】

怎么那样浓艳漂亮？像唐棣花儿一样。
怎么气氛欠肃穆安详？王姬出嫁的车辆。
怎么那样的浓艳漂亮？像桃李花开一样。
天子平王的外孙，齐侯的女儿做新娘。
钓鱼是用什么绳？是用丝线来做成。
她是齐侯的女儿，天子平王的外孙。

驺虞

【原文】

彼茁者葭，壹发五豝。
于嗟乎驺虞！
彼茁者蓬，壹发五豵。
于嗟乎驺虞！

【译文】

密密一片芦苇丛，一群母猪被射中。
哎呀这位猎手真神勇！
密密一片蓬蒿草，一群小猪被射倒。
哎呀这位猎手本领高！

邶风

柏舟

【原文】

汎彼柏舟，亦汎其流。
耿耿不寐，如有隐忧。
微我无酒，以敖以游。
我心匪鉴，不可以茹。
亦有兄弟，不可以据。
薄言往愬，逢彼之怒。
我心匪石，不可转也。
我心匪席，不可卷也。
威仪棣棣，不可选也。
忧心悄悄，愠于群小。
觏闵既多，受侮不少。
静言思之，寤辟有摽。
日居月诸，胡迭而微？
心之忧矣，如匪浣衣。
静言思之，不能奋飞。

【译文】

飘飘荡荡柏木舟，随着河水任漂流。
两眼炯炯不成眠，多少烦恼积心头。
不是无酒来消愁，不是无处可遨游。
我心不是青铜镜，难把人面清清照。
娘家虽有亲兄弟，谁知他们难依靠。
勉强回家叹苦经，见他发怒心烦恼。
我心不像石一块，任人搬东又搬西。
我心不是席一条，哪能打开又卷起。

仪容娴静品行端，优点哪个数得齐。
愁思重重心头绕，群小怨我众口咬。
横遭陷害已多次，身受侮辱更不少。
仔仔细细想一想，梦醒痛苦把胸敲。
红太阳啊明月亮，为啥老是没光芒？
心头烦恼除不尽，就像没洗脏衣裳。
仔仔细细想一想，不能展翅飞天上。

绿衣

【原文】

绿兮衣兮，绿衣黄里。
心之忧矣，曷维其已！
绿兮衣兮，绿衣黄裳。
心之忧矣，曷维其亡！
绿兮丝兮，女所治兮。
我思古人，俾无訧兮！
絺兮绤兮，凄其以风。
我思古人，实获我心！

【译文】

绿色衣啊绿色衣，外面绿色黄夹里。
穿上绿衣心忧伤，不知何时停怀忆！
绿色衣啊绿色衣，上穿绿衣下黄裳。
穿上绿衣心忧伤，旧情深深怎相忘！
绿色衣啊绿色丝，丝丝是你亲手织。
想起我的亡妻啊，遇事劝我无差失。
夏布粗啊夏布细，穿上风凉又爽气。
想起我的亡妻啊，样样都合我心意。

燕燕

【原文】

燕燕于飞,差池其羽。
之子于归,远送于野。
瞻望弗及,泣涕如雨。
燕燕于飞,颉之颃之。
之子于归,远于将之。
瞻望弗及,伫立以泣。
燕燕于飞,下上其音。
之子于归,远送于南。
瞻望弗及,实劳我心。
仲氏任只,其心塞渊。
终温且惠,淑慎其身。
先君之思,以勖寡人。

【译文】

燕燕双双飞天上,参差不齐展翅膀。
这位姑娘要出嫁,送到郊外远地方。
遥望背影渐消失,泪珠滚滚雨一样!
燕子双双飞天上,高高低低追逐忙。
这位姑娘要出嫁,送她不嫌路途长。
遥望背影渐消失,凝神久立泪汪汪!
燕子双双飞天上,上上下下呢喃唱。
这位姑娘要出嫁,送她向南路茫茫。
遥望背影渐消失,离愁别恨断人肠!
二妹为人可信任,心地诚实虑事深。
性格温柔又和顺,修身善良又谨慎。
常说"莫忘先君爱",淳淳劝勉感我心!

日月

【原文】

日居月诸！照临下土。
乃如之人兮，逝不古处。
胡能有定？宁不我顾。
日居月诸！下土是冒。
乃如之人兮，逝不相好。
胡能有定？宁不我报。
日居月诸！出自东方。
乃如之人兮，德音无良。
胡能有定？俾也可忘。
日居月诸！东方自出。
父兮母兮，畜我不卒。
胡能有定？报我不述！

【译文】

太阳啊，月亮啊！光辉普照大地上。
天下竟有这种人，会把故居恩爱忘。
为何不念夫妻情？为何不想进我房？
太阳啊，月亮啊！光辉普照大地上。
天下竟有这种人，绝情不和我来往。
为何不念夫妻情？为何使我守空房？
太阳啊，月亮啊！日月光辉出东方。
天下竟有这种人，名誉扫地丧天良。
为何不念夫妻情？使我真该把他忘。
太阳啊，月亮啊！东方升起亮堂堂。
我的爹啊我的娘！丈夫爱我不久长。
为何不念夫妻情？我也不愿诉衷肠！

终风

【原文】

终风且暴,顾我则笑。
谑浪笑敖,中心是悼。
终风且霾,惠然肯来。
莫往莫来,悠悠我思。
终风且曀,不日有曀。
寤言不寐,愿言则嚏。
曀曀其阴,虺虺其雷。
寤言不寐,愿言则怀。

【译文】

大风既起狂又暴,对我侮弄嘻嘻笑。
调戏取笑太放荡,想想悲伤心烦恼。
大风既起尘飞扬,他可顺心来我房?
如今竟然不来往,绵绵相思不能忘。
大风既起日无光,顷刻又阴晴无望。
夜半独语难入梦,愿他喷嚏知我想。
天色阴沉暗无光,雷声隐隐天边响。
夜半独语难入梦,愿他悔悟将我想。

击鼓

【原文】

击鼓其镗,踊跃用兵。
土国城漕,我独南行。
从孙子仲,平陈与宋。
不我以归,忧心有忡。
爰居爰处?爰丧其马?
于以求之?于林之下。

"死生契阔",与子成说。
执子之手,与子偕老。
于嗟阔兮,不我活兮。
于嗟洵兮,不我信兮。

【译文】

战鼓擂得咚咚响,官兵踊跃练刀枪。
别人修路筑漕城,我独从军去南方。
跟随将军孙子仲,调停纠纷陈与宋。
常驻戍地不让归,思妻愁绪心忡忡。
住哪儿啊息何方?马儿丢失何处藏?
去到哪里找我马?丛林深处大树旁。
"生死永远不分离",对你誓言记心里。
我曾紧紧握你手,和你到老在一起。
可叹重重隔关山,不让我们重相见!
可叹悠悠长别离,不让我们守誓言!

击鼓图,汉画像石。

凯风

【原文】

凯风自南,吹彼棘心。
棘心夭夭,母氏劬劳。
凯风自南,吹彼棘薪。
母氏圣善,我无令人。
爰有寒泉,在浚之下。
有子七人,母氏劳苦。
睍睆黄鸟,载好其音。
有子七人,莫慰母心。

【译文】

和风吹来自南方,吹在枣树红心上。
枣树红心嫩又壮,我娘辛苦善教养。
和风南方吹过来,枣树成长好当柴。
我娘人好又明理,我们兄弟不成材。

寒泉清冷把暑消,源头出自浚县郊。
儿子七个不算少,却累我娘独辛劳。
宛转黄雀清和音,歌声吱吱真好听。
我娘儿子有七个,不能安慰亲娘心。

雄雉

【原文】

雄雉于飞,泄泄其羽。
我之怀矣,自诒伊阻。
雄雉于飞,下上其音。
展矣君子,实劳我心。
瞻彼日月,悠悠我思。
道之云远,曷云能来?
百尔君子,不知德行。
不忮不求,何用不臧?

【译文】

雄雉起飞向远方,拍拍翅膀真舒畅。
心中怀念我夫君,自找离愁空忧伤!
雄雉起飞向远方,忽高忽低咯咯唱。
我的夫君确实好,苦思苦想心难放。
远望太阳和月亮,我的相思长又长!
相隔道路太遥远,何时回到我身旁?
天下"君子"一个样,不知道德和修养。
你不损人又不贪,走到哪里不顺当。

匏有苦叶

【原文】

匏有苦叶,济有深涉。
深则厉,浅则揭。

雉,选自《吴友如画宝》。

有瀰济盈，有鷕雉鸣。
济盈不濡轨，雉鸣求其牡。
雝雝鸣雁，旭日始旦。
士如归妻，迨冰未泮。
招招舟子，人涉卬否。
人涉卬否，卬须我友。

【译文】

枯叶葫芦腰间收，济水渡口深水流。
水深和着衣裳趟，水浅提起下衣走。
济水涨起满盈盈，水边野鸡吆吆鸣。
水满不湿车轴头，野鸡唱歌求配偶。
大雁嘎嘎相对唱，初升太阳放光芒。
郎若有心娶新娘，要趁今冬冰未烊。
船夫招手把客揽，别人上船我留岸。
别人上船我留岸，我等情郎来结伴。

谷风

【原文】

习习谷风，以阴以雨。
黾勉同心，不宜有怒。
采葑采菲，无以下体？
德音莫违，"及尔同死"。
行道迟迟，中心有违。
不远伊迩，薄送我畿。
谁谓荼苦？其甘如荠。
宴尔新昏，如兄如弟。
泾以渭浊，湜湜其沚。
宴尔新昏，不我屑以。
毋逝我梁，毋发我笱。
我躬不阅，遑恤我后。
就其深矣，方之舟之。
就其浅矣，泳之游之。

何有何亡，黾勉求之。
凡民有丧，匍匐救之。
不我能慉，反以我为仇。
既阻我德，贾用不售。
昔育恐育鞫，及尔颠覆。
既生既育，比予于毒。
我有旨蓄，亦以御冬。
宴尔新昏，以我御穷。
有洸有溃，既诒我肄。
不念昔者，伊余来塈。

【译文】

飒飒山谷起大风，天阴雨暴来半空。
夫妻勉力结同心，不该怒骂不相容。
萝卜地瓜当菜吃，难道要叶不要根。
甜言蜜语莫忘记："和你到死永不分。"
走出家门慢吞吞，脚步向前心不忍。
不求远送望近送，谁知只送到房门。
谁说荼菜苦无比？在我吃来甜似荠。
你有新人多快乐，两口亲热像兄弟。
渭水入泾泾水浑，泾水虽浑底下清。
你有新人多快乐，诬我不洁又不清。
别到我的鱼坝去，别把鱼篓胡乱提。
今日我已不见容，往后事情难顾及。
好比河水深悠悠，那就撑筏划小舟。
好比河水浅清清，那就游泳把水泅。
家里有这没有那，尽心尽力为你求。
邻居出了灾难事，伏着爬着也去救。
你不爱我倒也罢，不该把我当冤仇。
一片好意遭拒绝，好像货物难脱手。
以前生活困又穷，共渡难关苦重重。
如今生计有好转，翻脸比我像毒虫。
我有腌的美咸菜，贮藏起来度寒冬。
你有新人多快乐，拿我旧妻挡困穷。
粗声恶气打又骂，还要逼我做苦工。
不念昔日情绵绵，一片恩爱将我宠。

式微

【原文】

式微,式微,胡不归?
微君之故,胡为乎中露!
式微,式微,胡不归?
微君之躬,胡为乎泥中!

【译文】

日光渐暗天色灰,为啥有家去不回?
不是君主差事苦,哪会夜露湿我腿?
日光渐暗天色灰,为啥有家去不回?
不是君主养贵体,哪会夜间踩泥水?

旄丘

【原文】

旄丘之葛兮,何诞之节兮?
叔兮伯兮!何多日也?
何其处也?必有与也。
何其久也?必有以也。
狐裘蒙戎,匪车不东。
叔兮伯兮!靡所与同。
琐兮尾兮!流离之子。
叔兮伯兮!褎如充耳。

【译文】

葛藤长在山坡上,枝节怎么那样长?
叔叔啊,伯伯啊!为啥好久不帮忙?
为啥躲在家里边,定要等谁才露面?
为啥拖拉这么久,定有原因在其间。

身穿狐裘毛蓬松，他坐车子不向东。
叔叔啊，伯伯啊！你我感情不相同。
我们渺小又卑贱，我们流亡望人怜。
叔叔啊，伯伯啊！趾高气扬听不见。

简兮

【原文】

简兮简兮，方将《万舞》。
日之方中，在前上处。
硕人俣俣，公庭《万舞》。
有力如虎，执辔如组。
左手执籥，右手秉翟。
赫如渥赭，公言"锡爵"。
山有榛，隰有苓。
云谁之思？西方美人。
彼美人兮，西方之人兮！

【译文】

敲起鼓来咚咚响，《万舞》演出将开场。
太阳高高正中央，舞师排在最前行。
身材高大真魁梧，公庭前面演《万舞》。
扮成武士力如虎，手执缰绳赛丝组。
左手握着笛儿吹，右手挥起野鸡尾，
脸儿通红像染色，卫公叫赏酒满杯。
榛树生在高山顶，低洼地里有草苓。
是谁占领我的心？是那健美西方人。
美人美人难忘怀，他是西方来的人！

泉水

【原文】

毖彼泉水，亦流于淇。

有怀于卫,靡日不思。
娈彼诸姬,聊与之谋。
出宿于泲,饮饯于祢。
女子有行,远父母兄弟。
问我诸姑,遂及伯姊。
出宿于干,饮饯于言。
载脂载舝,还车言迈。
遄臻于卫,不瑕有害。
我思肥泉,兹之永叹。
思须于漕,我心悠悠。
驾言出游,以写我忧。

【译文】

泉水涌涌流不息,毕竟流到淇水里。
想起卫国我故乡,没有一天不惦记。
同来姊妹多美好,且和他们共商议。
想起当初宿在泲,喝酒饯行在祢邑。
姑娘出嫁到别国,远离父母和兄弟。
临行问候姑姑们,还有大姊别忘记。
如能回家宿干地,喝酒饯行在言邑。
涂好轴油插上键,回车归家走得快。
只想快快回国去,想必看看没啥害!
心儿飞到肥泉头,声声长叹阵阵忧。
心儿飞向须和漕,绵绵相思盼重游。
驾起车子出门去,借此消我心中愁。

北门

【原文】

出自北门,忧心殷殷。
终窭且贫,莫知我艰。
已焉哉!
天实为之,谓之何哉!
王事适我,政事一埤益我。

我入自外，室人交遍讁我。
已焉哉！
天实为之，谓之何哉！
王事敦我，政事一埤遗我。
我入自外，室人交遍摧我。
已焉哉！
天实为之，谓之何哉！

【译文】

一路走出城北门，心里隐隐含忧患。
既无排场又穷酸，有谁了解我艰难。
既然这样啦，老天存心摆布我，
叫我怎么办！
王室差事扔给我，政事全都推给我。
忙了一天回家来，家人个个骂我呆。
既然这样啦，总是老天的安排，
叫我也无奈！
王室差事逼迫我，政事全盘压着我。
忙了一天回到家，家人个个骂我傻。
既然这样啦，老天存心安排下，
我有啥办法！

北风

【原文】

北风其凉，雨雪其雱。
惠而好我，携手同行。
其虚其邪？既亟只且！
北风其喈，雨雪其霏。
惠而好我，携手同归。
其虚其邪？既亟只且！
莫赤匪狐，莫黑匪乌。
惠而好我，携手同车。
其虚其邪？既亟只且！

【译文】

北风吹来冰冰凉,漫天雪花任飞扬。
赞同我的好伙伴,携手同路齐逃亡。
哪能犹豫慢吞吞?事已紧急大祸降!
北风刮得寒凛凛,雪花漫天下纷纷。
赞同我的好伙伴,携手同去安乐村。
哪能犹豫慢吞吞?事已紧急大祸临!
天下赤狐尽狡狯,天下乌鸦一般黑!
赞同我的好伙伴,携手同车结成队。
哪能犹豫慢吞吞?事已紧急莫后悔!

静女

【原文】

静女其姝,俟我于城隅。
爱而不见,搔首踟蹰。
静女其娈,贻我彤管。
彤管有炜,说怿女美。
自牧归荑,洵美且异。
匪女之为美,美人之贻。

【译文】

善良姑娘真美丽,等我城楼去幽会。
故意藏着逗人找,惹我搔头又徘徊。
善良姑娘真漂亮,送我彤管情意长。
红管鲜红光闪闪,越看越爱心欢畅。
郊外送茅表情爱,嫩茅确实美得怪。
不是嫩茅有多美,只因美人送它来。

新台

【原文】

新台有泚，河水㳖㳖。
燕婉之求，籧篨不鲜。
新台有洒，河水浼浼。
燕婉之求，籧篨不殄。
鱼网之设，鸿则离之。
燕婉之求，得此戚施。

【译文】

河上新台真辉煌，水面一片白茫茫。
本想嫁个美男子，碰上丑汉虾蟆样。
河上新台真高敞，水面一片平荡荡。
本想嫁个美男子，碰上虾蟆没好相。
想得大鱼把网张，谁知虾蟆进了网。
本想嫁个美男子，碰上虾蟆四不像。

二子乘舟

【原文】

二子乘舟，泛泛其景。
愿言思子，中心养养。
二子乘舟，泛泛其逝。
愿言思子，不瑕有害？

【译文】

两人同坐小船上，飘飘荡荡向远方。
每当想起你们俩，心里不安多忧伤。
两人同坐小船上，飘飘荡荡往远方。
每当想起你们俩，此行是否遭祸殃？

鄘风

柏舟

【原文】

汎彼柏舟,在彼中河。
髧彼两髦,实维我仪;之死矢靡它。
母也天只,不谅人只!
汎彼柏舟,在彼河侧。
髧彼两髦,实维我特;之死矢靡慝。
母也天只,不谅人只!

【译文】

柏木小船漂荡荡,一漂漂到河中央。
额前垂发少年郎,是我心中好对象;
到死誓不变心肠。我的爹啊我的娘!
为何对我不体谅!
柏木小船漂荡荡,一漂漂到河岸旁。
额前垂发少年郎,处处和我配得上;
誓死不会变主张。我的爹啊我的娘!
为何对我不体谅!

墙有茨

【原文】

墙有茨,不可埽也。
中冓之言,不可道也!
所可道也,言之丑也!

墙有茨，不可襄也。
中冓之言，不可详也！
所可详也，言之长也！
墙有茨，不可束也。
中冓之言，不可读也！
所可读也，言之辱也！

【译文】

墙上蒺藜爬，不可扫掉它。
宫廷悄悄话，不可乱拉呱！
还能说什么？说来太丑啦！
蒺藜爬满墙，难以一扫光。
宫廷悄悄话，不可仔细讲！
还能说什么？说来话太长！
墙上蒺藜生，除也除不尽。
宫廷悄悄话，宣扬可不行！
还能说什么？说来难为情！

君子偕老

【原文】

君子偕老，副笄六珈。
委委佗佗，如山如河，
象服是宜。子之不淑，
云如之何？
玼兮玼兮，其之翟也。
鬒发如云，不屑髢也。
玉之瑱也，象之揥也。
扬且之皙也。胡然而天也？
胡然而帝也？
瑳兮瑳兮，其之展也。
蒙彼绉絺，是绁袢也。
子之清扬，扬且之颜也。
展如之人兮，邦之媛也。

【译文】

君王爱妻亲又和，玉簪步摇珠颗颗。
仪态万方移莲步，静如高山动如河，
灿烂画袍身段合。只是行为不端正，
对她还能说什么！
文采翟衣真鲜艳，画羽礼服耀人眼。
黑发密密似乌云，不用假发更天然。
美玉充耳垂两边，象牙簪子插发间，
俊俏白皙好脸面。莫非尘世出天仙？
莫非帝子降人间？
文采展衣真艳丽，轻纱薄绢会客衣。
罩上绉罗如蝉翼，透明内衣世上稀。
看她眉目多清秀，看她容颜多美丽。
但是如此盛装女，天香国色差淑仪。

桑中

【原文】

爰采唐矣？沫之乡矣。
云谁之思？美孟姜矣。
期我乎桑中，要我乎上宫，
送我乎淇之上矣。
爰采麦矣？沫之北矣。
云谁之思？美孟弋矣。
期我乎桑中，要我乎上宫，
送我乎淇之上矣。
爰采葑矣？沫之东矣。
云谁之思？美孟庸矣。
期我乎桑中，要我乎上宫，
送我乎淇之上矣。

【译文】

采集女萝去哪方？在那卫国朝歌乡。

鹌鹑，天津杨柳青年画。

我的心中想念谁？漂亮大姊本姓姜。
约我等待在桑中，邀我相会在上宫，
淇水口上远相送。
采集麦子去哪里？朝歌北面旧邶地。
我的心中想念谁？漂亮大姊本姓弋。
约我等待在桑中，邀我相会在上宫，
淇水口上远相送。
采集萝卜去哪垅？朝歌东头旧名沫。
我的心中想念谁？漂亮大姐本姓庸。
约我等待在桑中，邀我相会在上宫，
淇水口上远相送。

鹑之奔奔

【原文】

鹑之奔奔，鹊之彊彊。
人之无良，我以为兄。
鹊之彊彊，鹑之奔奔。
人之无良，我以为君。

【译文】

鹌鹑尚且双双飞,喜鹊也知对对配。
这人鸟鹊都不如,我还把他当长辈。
喜鹊尚且对对配,鹌鹑也知双双飞。
这人鸟鹊都不如,反而占着国君位。

定之方中

【原文】

定之方中,作于楚宫。
揆之以日,作于楚室。
树之榛栗,椅桐梓漆,
爰伐琴瑟。
升彼虚矣,以望楚矣。
望楚与堂,景山与京;
降观于桑。卜云其吉,
终焉允臧。
灵雨既零,命彼倌人:
星言夙驾,说于桑田。
匪直也人,秉心塞渊。
骒牝三千。

【译文】

冬月定星照天中,建设楚丘筑新宫。
按照日影测方向,营照住宅兴土功。
房前屋后种榛栗,加上梓漆和椅桐,
成材伐作琴瑟用。
登上漕邑废墟望,楚丘地势细端详。
看好楚丘和堂邑,遍历高丘和山冈,
下到田里看蚕桑。占卜征兆很吉祥,
结果良好真妥当。
好雨落过乌云散,叫起管车小马倌。
天晴早早把车赶,歇在桑田查生产。

既为百姓也为国，用心踏实又深远，
良马三千可备战。

蝃蝀

【原文】

蝃蝀在东，莫之敢指。
女子有行，远父母兄弟。
朝隮于西，崇朝其雨。
女子有行，远兄弟父母。
乃如之人也，怀昏姻也。
大无信也，不知命也！

【译文】

东方出现美人虹，没人敢指怕遭凶。
这位女子要出嫁，远离父母和弟兄。
清晨西方彩虹长，阴雨不停一早上。
女子自己找丈夫，远离兄弟父母乡。
就是这样一个人，破坏礼教乱婚姻。
什么贞洁全不讲，父母之命也不听。

相鼠

【原文】

相鼠有皮，人而无仪。
人而无仪，不死何为？
相鼠有齿，人而无止。
人而无止，不死何俟？
相鼠有体，人而无礼。
人而无礼，胡不遄死？

【译文】

请看老鼠还有皮，这人行为没威仪。

既然行为没威仪,为啥还不命归西?
请看老鼠还有齿,这人行为没节止。
既然行为没节止,还等什么不去死?
请看老鼠还有体,这人行为不守礼。
既然行为不守礼,就该快死何迟疑?

干旄

【原文】

孑孑干旄,在浚之郊。
素丝纰之,良马四之。
彼姝者子,何以畀之?
孑孑干旟,在浚之都。
素丝组之,良马五之。
彼姝者子,何以予之?
孑孑干旌,在浚之城。
素丝祝之,良马六之。
彼姝者子,何以告之?

【译文】

招贤旗子高高飘,插在车后到浚郊。
旗边镶着白丝线,好马四匹礼不少。
那位忠顺贤才士,用啥才能去应招?
招贤旗子高高飘,驾车浚邑近郊跑。
旗边镶着白丝线,好马五匹礼不少。
那位忠顺贤才士,用啥办法去应招?
招贤旗子高高飘,车马向着浚城跑。
旗边镶着白丝线,好马六匹礼不少。
那位忠顺贤才士,用啥建议去应招?

载驰

【原文】

载驰载驱,归唁卫侯。
驱马悠悠,言至于漕。
大夫跋涉,我心则忧。
既不我嘉,不能旋反。
视尔不臧,我思不远。
既不我嘉,不能旋济。
视尔不臧,我思不闷。
陟彼阿丘,言采其蝱。
女子善怀,亦各有行。
许人尤之,众稚且狂。
我行其野,芃芃其麦。
控于大邦,谁因谁极?
大夫君子,无我有尤。
百尔所思,不如我所之。

【译文】

赶着马车快快走,回国慰问我卫侯。
挥鞭驱马路悠悠,望见漕邑城门楼。
许国大夫急急来,知他来意我心忧。
对我归卫都摇头,我可不能往回走。
比起你们没良策,我的计划近可求。
对我归卫都反对,决不渡河再回头。
比起你们没良策,我的计划有效果。
登上那边高山冈,采来贝母治忧伤。
女子虽然多想家,自有道理和主张。
许国大夫反对我,既是幼稚又愚妄。
走在祖国田野上,麦苗蓬勃长得旺。
赶快奔告求大国,依靠齐人来救亡!
许国大夫众高官,不要再把我阻挡。
你们纵有百条计,不如我跑这一趟!

卫风

淇奥

【原文】

瞻彼淇奥,绿竹猗猗。
有匪君子,如切如磋,
如琢如磨。瑟兮僩兮,
赫兮咺兮。有匪君子,
终不可谖兮。
瞻彼淇奥,绿竹青青。
有匪君子,充耳琇莹,
会弁如星。瑟兮僩兮,
赫兮咺兮。有匪君子,
终不可谖兮。
瞻彼淇奥,绿竹如箦。
有匪君子,如金如锡,
如圭如璧。宽兮绰兮,
猗重较兮。善戏谑兮,
不为虐兮。

【译文】

河湾头淇水流过,看绿竹多么婀娜。
美君子文采风流,似象牙经过切磋,
似美玉经过琢磨。你看他庄严威武,
你看他光明磊落。美君子文采风流,
常记住永不泯没。
河湾头淇水流清,看绿竹一片菁菁。
美君子文采风流,充耳垂宝石晶莹,
帽上玉亮如明星。你看他威武庄严,

你看他磊落光明。美君子文采风流，
我永远牢记心铭。
河湾头淇水流急，看绿竹层层密密。
美君子文采风流，论才学精如金锡，
论德行洁如圭璧。你看他宽厚温柔，
你看他登车凭倚。爱谈笑说话风趣，
不刻薄待人平易。

考槃

【原文】

考槃在涧，硕人之宽。
独寐寤言，永矢弗谖。
考槃在阿，硕人之薖。
独寐寤歌，永矢弗过。
考槃在陆，硕人之轴。
独寐寤宿，永矢弗告。

【译文】

敲着盘儿溪谷旁，贤人心胸自宽敞。
独睡独醒独说话，这种乐趣誓不忘。
敲着盘儿在山坡，贤人自有安乐窝。
独睡独醒独唱歌，发誓跟人不结伙。
敲着盘儿在高原，兜兜圈子真悠闲。
独睡独醒独自躺，此中乐趣不能言。

硕人

【原文】

硕人其颀，衣锦褧衣。
齐侯之子，卫侯之妻，
东宫之妹，邢侯之姨，

谭公维私。
手如柔荑，肤如凝脂，
领如蝤蛴，齿如瓠犀，
螓首蛾眉。
巧笑倩兮，美目盼兮。
硕人敖敖，说于农郊。
四牡有骄，朱幩镳镳，
翟茀以朝。
大夫夙退，无使君劳。
河水洋洋，北流活活。
施罛濊濊，鳣鲔发发，
葭菼揭揭。
庶姜孽孽，庶士有朅。

【译文】

高高身材一美女，身穿锦服罩单衣。
她本齐侯千金女，嫁给卫侯做娇妻，
本是太子同胞妹，邢侯称她小姨子，
谭公原是她姊婿。
细如白茅嫩手指，皮肤润泽似冻脂，
脖颈白皙像蝤蛴，牙比瓜子还整齐，
额角方正蛾眉细。
嫣然巧笑两酒窝，秋水一泓转眼时。
美人身材长得高，停车休息在近郊。
四匹雄马肥又壮，马嚼边上飘红绡，
雉羽采车来上朝。
大夫朝毕请早退，别教卫君太辛劳。
河水一片白茫茫，哗哗奔流向北方。
撒开渔网呼呼响，鳣鲔泼泼跳进网，
芦荻高高排成行。
陪嫁姑娘个子长，随从媵臣好雄壮！

氓

【原文】

氓之蚩蚩，抱布贸丝。

匪来贸丝，来即我谋。
送子涉淇，至于顿丘。
匪我愆期，子无良媒。
将子无怒，秋以为期。
乘彼垝垣，以望复关。
不见复关，泣涕涟涟。
既见复关，载笑载言。
尔卜尔筮，体无咎言。
以尔车来，以我贿迁。
桑之未落，其叶沃若。
于嗟鸠兮！无食桑葚。
于嗟女兮！无与士耽。
士之耽兮，犹可说也。
女之耽兮，不可说也。
桑之落矣，其黄而陨。
自我徂尔，三岁食贫。
淇水汤汤，渐车帷裳。
女也不爽，士贰其行。
士也罔极，二三其德。
三岁为妇，靡室劳矣。
夙兴夜寐，靡有朝矣。
言既遂矣，至于暴矣。
兄弟不知，咥其笑矣。
静言思之，躬自悼矣。
及尔偕老，老使我怨。
淇则有岸，隰则有泮。
总角之宴，言笑晏晏。
信誓旦旦，不思其反。
反是不思，亦已焉哉！

【译文】

流浪小伙笑嘻嘻，抱着布匹来换丝。
不是真心来换丝，找我商量婚姻事。
送你渡过淇水去，直到顿丘才告辞。
并非我想拖日子，你我良媒来联系。
请你不要发脾气，深秋时节作婚期。

登上那堵残土墙，遥望复关盼情郎。
望穿秋水人不见，心中焦急泪汪汪。
既见郎从复关来，有笑有说心欢畅。
龟甲蓍草你去占，卦没凶兆求神帮。
拉着你的车子来，把我嫁妆往上装。
桑叶未落密又繁，柔嫩润泽真好看。
唉呀斑鸠小鸟儿，见了桑葚别嘴馋。
唉呀年轻姑娘们，见了男人别胡缠。
男人要把女人缠，说甩就甩他不管。
女人若是恋男人，撒手摆脱难上难。
桑叶萎谢飘落净，枯黄憔悴任凋零。
自从我到你家来，多年吃苦受寒贫。
淇水滔滔送我回，溅湿车帷冷冰冰。
我做妻子没过错，是你男人太无情。
真真假假没定准，三心两意话难凭。
结婚多年守妇道，我把家事一肩挑。
起早睡晚勤操作，累死累活非一朝。
家业有成已安定，面目渐改施残暴。
兄弟不知我处境，见我回家哈哈笑。
静思默想苦难言，只有独自暗伤悼。
与你偕老当年话，如今老了我怨他。
淇水虽宽有堤岸，沼泽虽阔有边涯。
回想年少未嫁时，一言一笑多温雅。
海誓山盟还在耳，谁料翻脸变冤家。
违背誓言你不顾，那就从此算了吧！

竹竿

【原文】

籊籊竹竿，以钓于淇。
岂不尔思？远莫致之。
泉源在左，淇水在右。
女子有行，远兄弟父母。
淇水在右，泉源在左。

巧笑之瑳，佩玉之傩。
淇水滺滺，桧楫松舟。
驾言出游，以写我忧。

【译文】

竹竿竹竿细又长，当年钓鱼淇水上。
难道旧游我不想？路途遥远难还乡。
左边呀，泉源头；右边呀，淇水流。
姑娘出嫁别故国，远离家人怎不愁。
右边呀，淇水流；左边呀，泉源头。
巧笑露齿少年游，行动佩玉有节奏。
淇水悠悠照样流，桧桨松舟也依旧。
只好驾车且出游，聊除心里思乡愁。

芄兰

【原文】

芄兰之支，童子佩觿。
虽则佩觿，能不我知。
容兮遂兮，垂带悸兮。
芄兰之叶，童子佩韘。
虽则佩韘，能不我甲。
容兮遂兮，垂带悸兮。

【译文】

芄兰枝上尖荚垂，儿童挂着解结锥。
虽然挂着解结锥，可他不解我是谁。
大摇大摆佩玉响，东晃西荡大带垂。
芄兰枝上叶弯弯，儿童佩韘不像样。
虽然佩带玉扳指，不愿亲我把话讲。
大摇大摆佩玉响，垂带晃荡净装腔。

河广

【原文】

谁谓河广？一苇杭之。
谁谓宋远？跂予望之。
谁谓河广？曾不容刀。
谁谓宋远？曾不崇朝。

【译文】

谁说黄河广又广？一条苇筏就能航。
谁说宋国远又远？踮起脚跟就在望。
谁说黄河宽又宽？一条小船容纳难。
谁说宋国远又远？不用一朝到对岸。

伯兮

【原文】

伯兮朅兮，邦之桀兮。
伯也执殳，为王前驱。
自伯之东，首如飞蓬。
岂无膏沐？谁适为容？
其雨其雨，杲杲出日。
愿言思伯，甘心首疾。
焉得谖草？言树之背。
愿言思伯，使我心痗。

【译文】

阿哥壮健又威风，他是国家真英雄。
阿哥手执丈二殳，保卫君王打先锋。
自从哥哥去征东，无心梳发像飞蓬。
难道没有润发油？讨谁欢心去美容！
好比久旱把雨盼，偏偏晴天日头灿。

魂牵梦萦想哥回，想得头痛心口颤！
哪儿去找忘忧草？找来种到后院中。
魂牵梦萦想哥回，心病难治意难通。

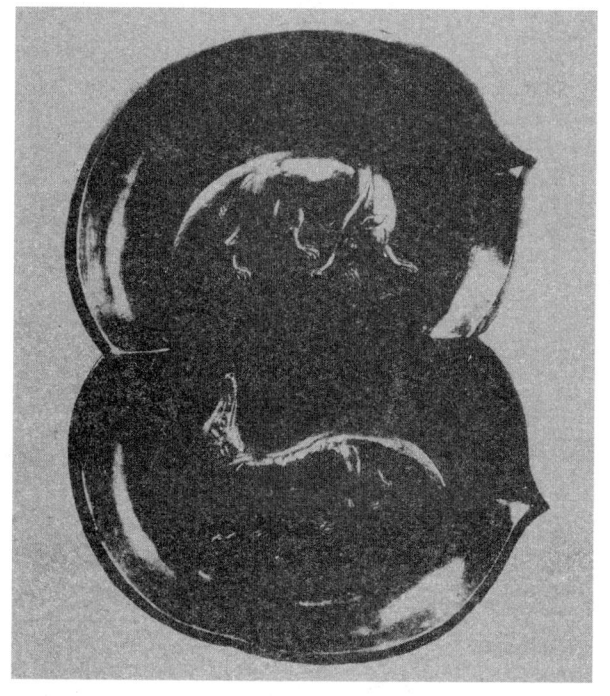

唐鎏金双狐狸纹银盘

有狐

【原文】

有狐绥绥，在彼淇梁。
心之忧矣，之子无裳。
有狐绥绥，在彼淇厉。
心之忧矣，之子无带。
有狐绥绥，在彼淇侧。
心之忧矣，之子无服。

【译文】

狐狸缓缓走，淇水石桥上。
心里真忧愁，这人没衣裳。

狐狸缓缓走,淇水岸边濑。
心里真忧愁,这人没腰带。
狐狸缓缓走,在那淇水边。
心里真忧愁,这人没衣衫。

木瓜

【原文】

投我以木瓜,报之以琼琚。
匪报也,永以为好也!
投我以木桃,报之以琼瑶。
匪报也,永以为好也!
投我以木李,报之以琼玖。
匪报也,永以为好也!

【译文】

送我一只大木瓜,我拿佩玉报答她。
不是仅仅为报答,表示永远爱着她。
送我一只大木桃,我拿美玉来还报。
不是仅仅为还报,表示和她永远好。
送我一只大木李,我拿宝石还报你。
不是仅仅为还礼,表示爱你爱到底。

王风

黍离

【原文】

彼黍离离,彼稷之苗。

行迈靡靡，中心摇摇。
知我者，谓我心忧；
不知我者，谓我何求。
悠悠苍天，此何人哉？
彼黍离离，彼稷之穗。
行迈靡靡，中心如醉。
知我者，谓我心忧；
不知我者，谓我何求。
悠悠苍天，此何人哉！
彼黍离离，彼稷之实。
行迈靡靡，中心如噎。
知我者，谓我心忧；
不知我者，谓我何求。
悠悠苍天，此何人哉？

【译文】

看那小米满田畴，高粱抽苗绿油油。
远行在即难迈步，无限愁思郁心头。
知心人说我心烦忧，
局外人当我啥要求。
遥远的老天啊，是谁害我离家走！
看那小米满田畴，高粱穗儿低下头。
远行在即难迈步，心中恍惚像醉酒。
知心人说我心烦忧，
局外人当我啥要求。
遥远的老天啊，是谁害我离家走！
看那小米满田畴，高粱结实不胜收。
远行在即难迈步，心口如噎真难受。
知心人说我心烦忧，
局外人当我啥要求。
遥远的老天啊，是谁害我离家走？

君子于役

【原文】

君子于役,不知其期,曷至哉?
鸡栖于埘,日之夕矣,羊牛下来。
君子于役,如之何勿思!
君子于役,不日不月,曷其有佸?
鸡栖于桀,日之夕矣,羊牛下括。
君子于役,苟无饥渴?

【译文】

夫君服役去远方,没年没月心忧伤,不知何时回家乡?
鸡儿纷纷奔回窝,西天暮霭遮夕阳,牛羊下坡进栏忙。
夫君服役去远方,叫我怎不苦苦想!
夫君服役去远方,没日没月别离长,何日团圆聚一堂?
鸡儿纷纷上木桩,西天暮霭遮夕阳,牛羊下坡聚拢忙。
夫君服役去远方,也许不致饿肚肠?

君子阳阳

【原文】

君子阳阳,左执簧,
右招我由房。其乐只且!
君子陶陶,左执翿,
右招我由敖。其乐只且!

【译文】

舞师得意喜洋洋,左手握着大笙簧,
右手招我奏"由房"。快快乐乐舞一场!
舞师得意乐陶陶,左手举起鸟羽摇,
右手招我奏"由敖"。快快乐乐共舞蹈!

扬之水

【原文】

扬之水，不流束薪。
彼其之子，不与我戍申。
怀哉怀哉！曷月予还归哉？
扬之水，不流束楚。
彼其之子，不与我戍甫。
怀哉怀哉！曷月予还归哉？
扬之水，不流束蒲。
彼其之子，不与我戍许。
怀哉怀哉！曷月予还归哉？

【译文】

河水慢慢流过来，水小难漂一捆柴。
想起我那意中人，我守申国她难来。
日思夜想丢不开，哪月回家没法猜。
小河浅水缓缓流，一捆荆条漂不走。
想起我那意中人，不能同我把甫守。
日思夜想丢不开，何时回家相聚首？
河水缓缓流向东，一束蒲柳漂不动。
想起我那意中人，不能来许意难通。
日思夜想丢不开，何时我能回家中？

中谷有蓷

【原文】

中谷有蓷，暵其乾矣。
有女仳离，嘅其叹矣。
嘅其叹矣，遇人之艰难矣！
中谷有蓷，暵其脩矣。

有女仳离，条其啸矣。
条其啸矣，遇人之不淑矣！
中谷有蓷，暵其湿矣。
有女仳离，啜其泣矣。
啜其泣矣，何嗟及矣！

【译文】

山谷长着益母草，天旱不雨草枯焦。
有位女子被遗弃，抚胸长叹心苦恼。
抚胸长叹心苦恼，嫁人嫁得太糟糕！
益母草长山谷间，天旱不雨草晒干。
有位女子被遗弃，唉声长叹心里酸。
唉声长叹心里酸，不幸嫁个负心汉！
益母草长山谷中，天旱草枯地裂缝。
有位女子被遗弃，呜咽悲泣心伤痛。
呜咽悲泣心伤痛，后悔莫及叹也空。

兔爰

【原文】

有兔爰爰，雉离于罗。
我生之初，尚无为。
我生之后，逢此百罹，尚寐无吪。
有兔爰爰，雉离于罦。
我生之初，尚无造。
我生之后，逢此百忧，尚寐无觉。
有兔爰爰，雉离于罿。
我生之初，尚无庸。
我生之后，逢此百凶，尚寐无聪。

【译文】

狡兔自由又自在，野鸡落进网里来。
当我初生那时候，没有战争没有灾。
偏偏在我出生后，倒霉事儿成了堆，但愿长睡口不开。

狡兔自由又自在，野鸡落进网里来。
当我初生那时候，没有迁都没有灾。
偏偏在我出生后，百般晦气连着来，但愿长睡眼不开。
狡兔自由又自在，野鸡落进网里来。
当我初生那时候，没有劳役没有灾。
偏偏在我出生后，百样坏事上门来，但愿长睡两耳塞。

葛藟

【原文】

绵绵葛藟，在河之浒。
终远兄弟，谓他人父。
谓他人父，亦莫我顾！
绵绵葛藟，在河之涘。
终远兄弟，谓他人母。
谓他人母，亦莫我有！
绵绵葛藟，在河之漘。
终远兄弟，谓他人昆。
谓他人昆，亦莫我闻！

【译文】

野葡萄藤绵绵长，攀在河边小树上。
离别亲人去远方，喊人阿爸求帮忙。
阿爸阿爸连声唤，没人理睬独彷徨！
野葡萄藤绵绵长，攀在河滨小树上。
离别亲人去他乡，喊人阿妈求帮忙。
阿妈阿妈连声喊，没人亲近徒悲伤！
野葡萄藤绵绵长，攀在河岸小树上。
离别亲人到异乡，喊人阿哥求帮忙。
阿哥阿哥连声喊，没人救助空流亡！

采葛

【原文】

彼采葛兮，一日不见，如三月兮！
彼采萧兮，一日不见，如三秋兮！
彼采艾兮，一日不见，如三岁兮！

【译文】

那位姑娘去采葛，只有一天没见着，好像三月久相隔！
那位姑娘去采萧，只有一天没见到，像隔三秋受煎熬！
姑娘采艾去田间，只有一天没会面，好像隔了整三年！

大车

【原文】

大车槛槛，毳衣如菼。
岂不尔思？畏子不敢。
大车啍啍，毳衣如璊。
岂不尔思？畏子不奔。
榖则异室，死则同穴。
谓予不信，有如皦日！

【译文】

大车驶过声坎坎，毛衣青翠色如菼。
难道是我不想你？怕你犹豫还不敢。
大车驶过慢吞吞，毛衣殷红色如璊。
难道是我不想你，怕你犹豫不私奔。
活着不能同房住，死后但愿同圹埋。
别说我话难凭信，天上太阳作证来！

丘中有麻

【原文】

丘中有麻，彼留子嗟。
彼留子嗟，将其来施（施）。
丘中有麦，彼留子国。
彼留子国，将其来食。
丘中有李，彼留之子。
彼留之子，贻我佩玖。

【译文】

山坡上面种着麻，刘家小伙名子嗟。
刘家小伙名子嗟，请他帮忙来我家。
山坡上面种着麦，那位子国是他爸。
那位子国是他爸，请他吃饭来我家。
山坡上面种着李，刘家小伙就是他，
刘家小伙就是他，送我佩玉想成家。

郑风

缁衣

【原文】

缁衣之宜兮，敝，予又改为兮。
适子之馆兮，还，予授子之粲兮。
缁衣之好兮，敝，予又改造兮。
适子之馆兮，还，予授子之粲兮。
缁衣之席兮，敝，予又改作兮。

适子之馆兮，还，予授子之粲兮。

【译文】

黑色朝服多合样，破了我再做衣裳。
你去官署把事办，回来给你试新装。
黑色朝服多美好，破了我再缝一套。
你去官署把公干，回来给你穿新袍。
黑色朝服大又宽，破了我再做一番。
你到官署去办事，回来给你新衣穿。

将仲子

【原文】

将仲子兮，无逾我里，
无折我树杞。岂敢爱之？
畏我父母。仲可怀也，
父母之言，亦可畏也。
将仲子兮，无逾我墙，
无折我树桑。岂敢爱之？
畏我诸兄。仲可怀也，
诸兄之言，亦可畏也。
将仲子兮，无逾我园，
无折我树檀。岂敢爱之？
畏人之多言。仲可怀也，
人之多言，亦可畏也。

【译文】

二哥请你听我讲！不要翻越我里墙，
别把杞树来压伤。哪敢吝惜这些树？
只怕我的爹和娘。二哥叫我好牵挂，
只是爹娘要责骂，心里想想有点怕！
二哥请你听我讲！不要翻过我院墙，
别伤墙边种的桑。哪敢吝惜这些树？
怕我兄长要张扬。二哥叫我好牵挂，

只是兄长要责骂，想想心里有点怕！
二哥请你听我讲！不要翻我后园墙，
别让檀树受了伤。哪敢吝惜这些树？
怕人多嘴舌头长。二哥叫我好牵挂，
只是别人要多话，想想心里有点怕！

叔于田

【原文】

叔于田，巷无居人。
岂无居人？不如叔也，洵美且仁。
叔于狩，巷无饮酒。
岂无饮酒？不如叔也，洵美且好。
叔适野，巷无服马。
岂无服马？不如叔也。洵美且武。

【译文】

三哥打猎出了门，巷里空空不见人。
并非真的没住人，能比三哥有几人？他真漂亮又谦逊。
三哥出去冬猎了，巷里不见喝酒佬。
并非没有喝酒佬，三哥样样比人高，他真漂亮又和好。
三哥打猎到田野，巷里不见人驾马。
并非别人不会驾，而是技术不如他，英俊威武人人夸。

大叔于田

【原文】

叔于田，乘乘马。
执辔如组，两骖如舞。
叔在薮，火烈具举。
襢裼暴虎，献于公所。
"将叔无狃，戒其伤女！"

狩猎人物图，明赵雍绘，（美）圣路易斯美术馆藏。

叔于田，乘乘黄。
两服上襄，两骖雁行。
叔在薮，火烈具扬。
叔善射忌，又良御忌，
抑磬控忌，抑纵送忌。
叔于田，乘乘鸨。
两服齐首，两骖如手。
叔在薮，火烈具阜。
叔马慢忌，叔发罕忌，
抑释掤忌，抑鬯弓忌。

【译文】

三郎打猎登征途，驾起四马真英武。
手提缰绳如丝组，骖马整齐像跳舞。
三郎驾车在林薮，猎火齐起截兽路。
赤膊空拳打老虎，打来献到郑公府。
"三郎请勿太大意，提防老虎伤肌肤。"
三郎出猎真雄壮，驾起四马毛色黄。
两匹服马首高昂，骖马整齐像雁行。
三郎驾车草地上，猎火熊熊把兽挡。

拉弓能穿百步杨,驾车能驶万里疆。
忽而勒马急停车,忽而纵马四蹄扬。
三郎打猎郊外游,四匹花马跑不休。
中央服马头并头,两旁骖马像双手。
三郎驾车在草泽,猎火熊熊风飕飕。
马儿走得慢悠悠,箭儿少发无禽兽。
解下箭筒揭开盖,强弓装进袋里头。

清人

【原文】

清人在彭,驷介旁旁。
二矛重英,河上乎翱翔。
清人在消,驷介麃麃。
二矛重乔,河上乎逍遥。
清人在轴,驷介陶陶。
左旋右抽,中军作好。

【译文】

清邑军队守彭庄,驷马披甲真强壮。
两矛装饰重缨络,河边闲游多欢畅。
清邑军队守在消,驷马披甲威风骄。
两矛装饰野鸡毛,河边闲逛多逍遥。
清邑军队守在轴,驷马披甲如风跑。
身子左转右抽刀,将军练武姿态好。

羔裘

【原文】

羔裘如濡,洵直且侯。
彼其之子,舍命不渝。
羔裘豹饰,孔武有力。

彼其之子,邦之司直。
羔裘晏兮,三英粲兮。
彼其之子,邦之彦兮。

【译文】

身穿柔滑羊皮袄,为人正直又美好。
他是这样一个人,肯舍生命保节操。
羔裘袖口饰豹皮,为人威武有毅力。
他是这样一个人,国家司直有名气。
羔羊皮袄光又鲜,三道豹皮色更妍。
他是这样一个人,国之模范正华年。

遵大路

【原文】

遵大路兮,掺执子之袪兮。
无我恶兮,不寁故也!
遵大路兮,掺执子之手兮。
无我魗兮,不寁好也!

【译文】

沿着大路跟你走,手儿拉住你袖口。
求你不要讨厌我,多年相伴别分手!
沿着大路跟你走,手儿拉住你的手。
求你不要嫌我丑,多年相好别弃丢!

女曰鸡鸣

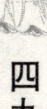

【原文】

女曰:"鸡鸣。"士曰:"昧旦。"
"子兴视夜,明星有烂。"
"将翱将翔,弋凫与雁。"

"弋言加之，与子宜之。
宜言饮酒，与子偕老。
琴瑟在御，莫不静好。"
"知子之来之，杂佩以赠之；
知子之顺之，杂佩以问之；
知子之好之，杂佩以报之。"

【译文】

女说"雄鸡叫得欢"，男说"黎明天还暗"。
"你快起来看夜色，启明星儿光闪闪。"
"我要出去走一走，射些野鸭和飞雁。"
"射中野鸭野味香，为你做菜请你尝。
就菜下酒相对饮，白头到老百年长。
弹琴鼓瑟乐陶陶，夫妻美满心欢畅。"
"你的体贴我了解，送你杂佩志不忘。
你的温顺我懂得，送你杂佩表情长。
你的爱恋我心知，送你杂佩诉衷肠。"

有女同车

【原文】

有女同车，颜如舜华。
将翱将翔，佩玉琼琚。
彼美孟姜，洵美且都！
有女同行，颜如舜英。
将翱将翔，佩玉将将。
彼美孟姜，德音不忘！

【译文】

姑娘和我同乘车，脸儿好像木槿花。
我们在外同遨游，美玉佩环身上挂。
姜家美丽大姑娘，确实漂亮又文雅！
姑娘和我同路行，脸像槿花红莹莹。
我们在外同游玩，身上佩玉响丁丁。

落叶飘零,日本浮世绘。

姜家美丽大姑娘,美好品德永光明!

山有扶苏

【原文】

山有扶苏,隰有荷华。
不见子都,乃见狂且。
山有乔松,隰有游龙。
不见子充,乃见狡童。

【译文】

山顶大树多枝桠,低洼地里开荷花。
不见子都美男子,遇见个疯癫大傻瓜。

山顶松树高又大，低洼地里开荭花。
不见子充好男儿，遇见个滑头小冤家。

萚兮

【原文】

萚兮萚兮，风其吹女。
叔兮伯兮，倡予和女。
萚兮萚兮，风其漂女。
叔兮伯兮，倡予要女。

【译文】

枯叶枯叶往下掉，风儿吹你轻飘飘。
叔呀伯呀大家来，我先唱来你和调。
枯叶枯叶往下掉，风儿吹你舞飘飘。
叔呀伯呀大家来，我唱你和约明朝。

狡童

【原文】

彼狡童兮，不与我言兮。
维子之故，使我不能餐兮。
彼狡童兮，不与我食兮。
维子之故，使我不能息兮。

【译文】

那个小伙太狡猾，不肯和我再说话。
为了你这小冤家，害我茶饭咽不下！
那个小伙耍手腕，不肯和我同吃饭。
为了你这小冤家，害我胸闷气难喘！

褰裳

【原文】

子惠思我,褰裳涉溱。
子不我思,岂无他人?
狂童之狂也且!
子惠思我,褰裳涉洧。
子不我思,岂无他士?
狂童之狂也且!

【译文】

你若爱我想念我,提起衣裳趟溱河。
你若变心不想我,难道再没多情哥?
看你那疯癫样儿傻呵呵!
你若爱我想念我,提起衣裳趟洧河。
你若变心不想我,难道再没年少哥?
看你那疯癫样儿傻呵呵!

丰

【原文】

子之丰兮,俟我乎巷兮。
悔予不送兮!
子之昌兮,俟我乎堂兮。
悔予不将兮!
衣锦褧衣,裳锦褧裳。
叔兮伯兮,驾予与行。
裳锦褧裳,衣锦褧衣。
叔兮伯兮,驾予与归。

【译文】

想你丰满美颜容,"亲迎"等我在巷中。

后悔我家不相送！
想你身体多魁伟，"亲迎"等我在堂内。
后悔当初没相随！
锦缎衣裳身上穿，以披绉纱白罩衫。
大叔大伯请再来，驾车接我同归还！
身披罩衫白绉纱，锦缎衣裳灿如霞。
大叔大伯请再来，驾车接我到你家！

东门之墠

【原文】

东门之墠，茹藘在阪。
其室则迩，其人甚远。
东门之栗，有践家室。
岂不尔思？子不我即。

【译文】

东门郊外广场大，土坡开着红茜花。
你家离得这么近，人儿仿佛在天涯。
东门郊外栗树下，那里有个好人家。
难道我不想念你？你不亲近为了啥！

风雨

【原文】

风雨凄凄，鸡鸣喈喈。
既见君子，云胡不夷？
风雨潇潇，鸡鸣胶胶。
既见君子，云胡不瘳？
风雨如晦，鸡鸣不已。
既见君子，云胡不喜？

风雨鸡鸣，徐悲鸿绘。

【译文】

凄风苦雨天气凉，雄鸡喔喔声断肠。
丈夫忽然回家来，我心哪会不安畅？
急风骤雨沙沙响，雄鸡喔喔报晓唱。
丈夫忽然回家来，害啥相思心不慌？
风雨交加日无光，雄鸡报晓不停唱。
丈夫忽然回家来，哪会不乐心花放？

子衿

【原文】

青青子衿，悠悠我心。

纵我不往，子宁不嗣音？
青青子佩，悠悠我思。
纵我不往，子宁不来？
挑兮达兮，在城阙兮。
一日不见，如三月兮。

【译文】

你的衣领色青青，我心惦记总不停。
纵然我没去找你，怎么不给我音讯？
你的佩带色青青，我心思念总不停。
纵然我没去找你，怎么不来真扫兴！
独自徘徊影随形，城门楼上久久等。
只有一天没见面，好像隔了三月整。

扬之水

【原文】

扬之水，不流束楚。
终鲜兄弟，维予与女。
无信人之言，人实迂女。
扬之水，不流束薪。
终鲜兄弟，维予二人。
无信人之言，人实不信。

【译文】

河水悠悠没有劲，哪能漂散一捆荆。
我家兄弟本很少，只有你我结同心。
不要轻听别人话，人家骗你你别信。
河水悠悠流过来，哪能漂散一捆柴。
我家兄弟本很少，你我两人最关怀。
不要轻信别人话，人家挑拨你别睬。

出其东门

【原文】

出其东门,有女如云。
虽则如云,匪我思存。
缟衣綦巾,聊乐我员。
出其闉阇,有女如荼。
虽则如荼,匪我思且。
缟衣茹藘,聊可与娱。

【译文】

出了东城门,女子多如云。
虽然多如云,不是意中人。
白衣绿巾妻,相爱又相亲。
出了外城郭,如花女子多。
虽然如花多,不在我心窝。
白衣红巾妻,家庭乐呵呵。

野有蔓草

【原文】

野有蔓草,零露漙兮。
有美一人,清扬婉兮。
邂逅相遇,适我愿兮。
野有蔓草,零露瀼瀼。
有美一人,婉如清扬。
邂逅相遇,与子偕臧。

【译文】

野外蔓草碧连天,露珠落上颗颗圆。
有位美人姗姗来,眉清目秀好容颜。

今日路上巧相遇，情意绵绵合我愿。
野外蔓草绿成茵，露水浓浓多晶莹。
有位美人姗姗来，眉清目秀千种情。
不期而会缘分好，你欢我乐喜盈盈。

溱洧

【原文】

溱与洧，方涣涣兮。
士与女，方秉蕳兮。
女曰："观乎？"
士曰："既且。"
"且往观乎？"
洧之外，洵訏且乐。
维士与女，伊其相谑，赠之以勺药。
溱与洧，浏其清矣。
士与女，殷其盈矣。
女曰："观乎？"
士曰："既且。"
"且往观乎？"
洧之外，洵訏且乐。
维士与女，伊其将谑，赠之以勺药。

【译文】

溱水流、洧水淌，三月冰融水流畅。
小伙子、小姑娘，手拿兰草驱不祥。
妹说："咱们去看看？"
哥说："我已去一趟。"
"陪我再去又何妨？"洧水外、河岸旁，确实好玩又宽广。
男男女女喜洋洋，相互调笑心花放，送支芍药表情长。
溱水流、洧水淌，三月河水清亮亮。
小伙子、小姑娘，人山人海闹嚷嚷。
妹说："咱们去看看？"
哥说："我已去一趟。"

"陪我再去又何妨？"洧水外、河岸旁，确实好玩又宽广。
男男女女喜洋洋，相互调笑心花放，送支芍药表情长。

齐风

鸡鸣

【原文】

"鸡既鸣矣，朝既盈矣。"
"匪鸡则鸣，苍蝇之声。"
"东方明矣，朝既昌矣。"
"匪东方则明，月出之光。
虫飞薨薨，甘与子同梦。"
"会且归矣，无庶予子憎。"

【译文】

"你听公鸡喔喔叫，大家都已去早朝。"
"不是什么公鸡叫，那是苍蝇在喧闹。"
"你瞧东方已发亮，朝会已经挤满堂。"
"不是什么东方亮，那是一片明月光。
虫声嗡嗡催人睡，但愿一齐入梦乡。"
"朝会人们快回啦，别招人厌说短长。"

还

【原文】

子之还兮，遭我乎峱之间兮。
并驱从两肩兮，揖我谓我儇兮。
子之茂兮，遭我乎峱之道兮。

并驱从两牡兮，揖我谓我好兮。
子之昌兮，遭我乎狃之阳兮。
并驱从两狼兮，揖我谓我臧兮。

【译文】

猎技敏捷数你优，与我相遇狃山头。
并马追赶两大猪，作揖夸我好身手。
你的猎技多漂亮，遇我狃山小道上。
并马追赶两雄兽，作揖夸我手段强。
看你膀大腰又粗，遇我狃山向阳坡。
并驱两狼劲头足，作揖夸我打得多。

著

【原文】

俟我于著乎而，充耳以素乎而，
尚之以琼华乎而！
俟我于庭乎而，充耳以青乎而，
尚之以琼莹乎而！
俟我于堂乎而，充耳以黄乎而，
尚之以琼英乎而！

【译文】

新郎等我屏风前，帽边"充耳"白丝线，
美玉闪闪光照面！
新郎等我院中央，帽边"充耳"青丝长，
美玉闪闪真漂亮！
新郎等我在厅堂，帽边"充耳"丝线黄，
美玉闪闪增容光！

东方之日

【原文】

东方之日兮，彼姝者子，
在我室兮。在我室兮，
履我即兮。
东方之月兮，彼姝者子，
在我闼兮。在我闼兮，
履我发兮。

【译文】

太阳升起在东方，有位漂亮好姑娘，
来到我家进我房。来到我家进我房，
踩我膝头诉衷肠。
月亮升起在东方，有位漂亮好姑娘，
来到门内进我房。来到门内进我房，
踩我脚儿表情长。

东方未明

【原文】

东方未明，颠倒衣裳。
颠之倒之，自公召之。
东方未晞，颠倒裳衣。
倒之颠之，自公令之。
折柳樊圃，狂夫瞿瞿。
不能辰夜，不夙则莫。

【译文】

东方没露一线光，丈夫颠倒穿衣裳。
为啥颠倒穿衣裳？因为公家召唤忙。

东方未明天还黑,丈夫颠倒穿裳衣。
为啥颠倒穿裳衣?因为公家命令急。
折柳编篱将我防,临走还要瞪眼望。
夜里不能陪伴我,早出晚归太无常。

南山

【原文】

南山崔崔,雄狐绥绥。
鲁道有荡,齐子由归。
既曰归止,曷又怀止?
葛屦五两,冠緌双止。
鲁道有荡,齐子庸止。
既曰庸止,曷又从止?
蓺麻如之何?衡从其亩。
取妻如之何?必告父母。
既曰告止,曷又鞠止?
析薪如之何?匪斧不克。
取妻如之何?匪媒不得。
既曰得止,曷又极止?

【译文】

巍巍南山高又大,雄狐步子慢慢跨。
鲁国大道平坦坦,文姜由这去出嫁。
既然她已嫁鲁侯,为啥你还想着她?
葛鞋两只双双放,帽带一对垂颈下。
鲁国大道平坦坦,文姜从这去出嫁。
既然她已嫁鲁侯,为啥你又盯上她?
农家怎样种大麻?田垅横直有定法。
青年怎样娶妻子?必定先要告爹妈。
告了爹妈娶妻子,为啥还要放纵她?
想劈木柴靠什么?不用斧头没办法。
想娶妻子靠什么?没有媒人别想她。
既然妻子娶到手,为啥让她到娘家?

甫田

【原文】

无田甫田,维莠骄骄。
无思远人,劳心忉忉!
无田甫田,维莠桀桀。
无思远人,劳心怛怛!
婉兮娈兮,总角丱兮。
未幾见兮,突而弁兮!

【译文】

主子大田别去种,野草茂盛一丛丛。
远方人儿别想他,见不到他心伤痛!
主子大田别去耪,野草长得那么旺。
远方人儿别想他,见不到他徒忧伤!
少小年纪多姣好,两束头发像羊角。
不久倘能见到他,突然戴上成人帽!

卢令

【原文】

卢令令,其人美且仁。
卢重环,其人美且鬈。
卢重鋂,其人美且偲。

【译文】

黑狗儿颈环铃铃响,那人儿和气又漂亮。
黑狗儿颈上环套环,那人儿漂亮又勇敢。
黑狗儿颈上套两环,那人儿漂亮有才干。

敝笱

【原文】

敝笱在梁，其鱼鲂鳏。
齐子归止，其从如云。
敝笱在梁，其鱼鲂鱮。
齐子归止，其从如雨。
敝笱在梁，其鱼唯唯。
齐子归止，其从如水。

【译文】

破笼摆在鱼梁上，鳊鱼鲲鱼心不慌。
文姜回齐没人管，随从多得云一样。
破笼摆在鱼梁上，鳊鱼鲢鱼心不慌。
文姜回齐没人管，随从多得雨一样。
破笼摆在鱼梁上，鱼儿游来又游往。
文姜回齐没人管，随从多得水一样。

载驱

【原文】

载驱薄薄，簟茀朱鞹。
鲁道有荡，齐子发夕。
四骊济济，垂辔沵沵。
鲁道有荡，齐子岂弟。
汶水汤汤，行人彭彭。
鲁道有荡，齐子翱翔。
汶水滔滔，行人儦儦。
鲁道有荡，齐子游敖。

【译文】

大车奔驰轧轧响，竹帘红盖好气象。

鲁道宽阔又平坦，哀姜从早拖到晚。
四匹黑马多美壮，柔软缰绳垂两旁。
鲁道平坦接新娘，哀姜动身天已亮。
汶水浩浩又荡荡，路人如潮争观望。
鲁道平坦又宽广，哀姜迟嫁在游逛。
汶水哗哗翻大浪，路人来来又往往。
鲁道平坦接新娘，哀姜迟嫁在游荡。

猗嗟

【原文】

猗嗟昌兮！颀而长兮，
抑若扬兮。美目扬兮，
巧趋跄兮。射则臧兮！
猗嗟名兮！美目清兮，
仪既成兮。终日射侯，
不出正兮。展我甥兮！
猗嗟娈兮！清扬婉兮，
舞则选兮。射则贯兮，
四矢反兮。以御乱兮！

【译文】

生来多美貌啊！身材高又高啊，
漂亮额角宽啊。美目向人瞟啊，
舞步多巧妙啊。射艺真正好啊！
长得多精神啊！美目如水清啊，
准备已完成啊。打靶一天整啊，
箭箭射得准啊。不愧我外甥啊！
美貌令人赞啊！秀眉扬俊眼啊，
舞有节奏感啊。箭箭都射穿啊，
连中一个点啊。有力抗外患啊！

魏风

葛屦

【原文】

纠纠葛屦，可以履霜？
掺掺女手，可以缝裳？
要之襋之，好人服之。
好人提提，宛然左辟，
佩其象揥。维是褊心，
是以为刺。

【译文】

葛编凉鞋麻绳缠，穿它怎能踏寒霜？
缝衣女手纤纤细，用它怎能做衣裳？
提起衣带和衣领，请那美人试新装。
美人不睬偏装腔，扭转身子闪一旁，
插上簪子自梳妆。这个女子狭心肠，
作诗刺她理应当。

汾沮洳

【原文】

彼汾沮洳，言采其莫。
彼其之子，美无度。
美无度，殊异乎公路。
彼汾一方，言采其桑。
彼其之子，美如英。

美如英,殊异乎公行。
彼汾一曲,言采其藚。
彼其之子,美如玉。
美如玉,殊异乎公族。

【译文】

汾水岸边湿地上,采来莫菜水汪汪。
就是那位采菜人,美得简直没法讲。
美得简直没法讲,他和"公路"大两样。
汾水岸边斜坡上,桑叶青青采撷忙。
就是那位采桑人,美得好像花一样。
美得好像花一样,他和"公行"不相像。
汾水河边曲岸旁,采那泽泻浅水上。
就是那位采桑人,美如冠玉真漂亮。
美如冠玉真漂亮,他和"公族"不一样。

园有桃

【原文】

园有桃,其实之肴。
心之忧矣,我歌且谣。
不知我者,谓我士也骄。
"彼人是哉,子曰何其。"
心之忧矣,其谁知之?
其谁知之,盖亦勿思!
园有棘,其实之食。
心之忧矣,聊以行国。
不知我者,谓我士也罔极。
"彼人是哉,子曰何其。"
心之忧矣,其谁知之?
其谁知之,盖亦勿思!

【译文】

园里有株桃,采食桃子也能饱。

穷愁潦倒心忧伤,聊除烦闷唱歌谣。
有人并不了解我,说我先生太骄傲。
"朝廷政策可没错,你又为啥多唠叨?"
穷愁潦倒心忧伤,谁能了解我苦恼?
既然无人了解我,何不把它全抛掉!
园里有株枣,采食枣子也能饱。
穷愁潦倒心忧伤,聊除烦闷去游遨。
有人并不了解我,说我先生违常道。
"朝廷政策可没错,你又为啥多唠叨!"
穷愁潦倒心忧伤,谁能了解我苦恼?
既然无人了解我,何不把它全忘掉!

陟岵

【原文】

陟彼岵兮,瞻望父兮。
父曰:"嗟!予子行役,夙夜无已。
上慎旃哉,犹来无止!"
陟彼屺兮,瞻望母兮。
母曰:"嗟!予季行役,夙夜无寐。
上慎旃哉,犹来无弃!"
陟彼冈兮,瞻望兄兮。
兄曰:"嗟!予弟行役,夙夜必偕。
上慎旃哉,犹来无死!"

【译文】

登上青山冈,远远把爹望。
好像听见我爹讲:"孩子啊,
早夜服役你太忙!当心身体保安康,
回来吧,别滞留远方!"
登上青山冈,遥望我亲娘。
好像听见亲娘讲:"宝贝啊,
日夜没睡太凄怆!当心身体保安康,
回来吧,莫抛弃亲娘!"

登上高山冈，远远望兄长。
好像听见哥哥讲："兄弟啊，
早夜服役人尽伤！当心身体保安康，
回来吧，休埋骨异乡！"

桑州，明沈周绘。

十亩之间

【原文】

十亩之间兮，桑者闲闲兮。
行与子还兮。
十亩之外兮，桑者泄泄兮。
行与子逝兮。

【译文】

宅间十亩绿桑园，采桑姑娘已空闲。
走吧，咱们一道回家转。
宅外十亩绿桑林，采桑姑娘一群群。
走吧，咱们一道回家门。

伐檀

【原文】

坎坎伐檀兮，置之河之干兮，
河水清且涟猗。
不稼不穑，胡取禾三百廛兮？
不狩不猎，胡瞻尔庭有县貆兮？
彼君子兮，不素餐兮！
坎坎伐辐兮，置之河之侧兮，
河水清且直猗。
不稼不穑，胡取禾三百亿兮？
不狩不猎，胡瞻尔庭有县特兮？
彼君子兮，不素食兮！
坎坎伐轮兮，置之河之漘兮，
河水清且沦猗。
不稼不穑，胡取禾三百囷兮？
不狩不猎，胡瞻尔庭有县鹑兮？
彼君子兮，不素飧兮！

【译文】

砍伐檀树响叮当，放在河边堤岸上，
河水清清起波浪。不下种子不收割，
为啥粮食堆满仓？不拿弓箭不打猎，
为啥猪獾挂院墙？那些大人老爷们，
不是白白吃闲粮！
叮叮当当檀树砍，为做车辐放河边，
河水清清波浪坦。不下种子不收割，
为啥聚谷百亿万？不拿弓箭不打猎，
为啥大兽挂你院？那些大人老爷们，
不是白白吃干饭！
砍起檀树声坎坎，为做车轮放河边，

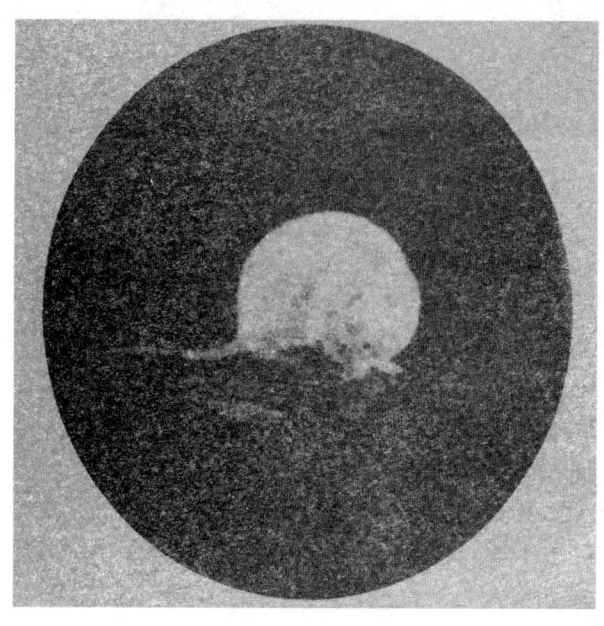

瓜鼠图，明朱瞻基绘。

河水清清微波展。不下种子不收割,
为啥粮囤都冒尖?不拿弓箭不打猎,
为啥鹌鹑挂你院?那些大人老爷们,
不是白白吃熟饭!

硕鼠

【原文】

硕鼠硕鼠,无食我黍!
三岁贯女,莫我肯顾。
逝将去女,适彼乐土。
乐土乐土,爰得我所。
硕鼠硕鼠,无食我麦!
三岁贯女,莫我肯德。
逝将去女,适彼乐国。
乐国乐国,爰得我直。
硕鼠硕鼠,无食我苗!
三岁贯女,莫我肯劳。
逝将去女,适彼乐郊。
乐郊乐郊,谁之永号?

【译文】

大老鼠呀大老鼠,不要吃我种的黍!
多年辛苦养活你,我的生活从不顾。
发誓从此离开你,去那理想新乐土。
新乐土呀新乐土,才是安居好去处。
大老鼠呀大老鼠,不要吃我大麦粒!
多年辛苦养活你,从来不见你感激。
发誓从此离开你,去那理想新乐邑。
新乐邑呀新乐邑,劳动价值归自己。
大老鼠呀大老鼠,不要吃我种的苗!
多年辛苦养活你,从来不见你慰劳。
发誓从此离开你,去那理想新乐郊。
新乐郊呀新乐郊,有谁去过徒长号?

唐风

蟋蟀

【原文】

蟋蟀在堂,岁聿其莫。
今我不乐,日月其除。
无已大康,职思其居。
"好乐无荒",良士瞿瞿。
蟋蟀在堂,岁聿其逝。
今我不乐,日月其迈。
无已大康,职思其外。
"好乐无荒",良士蹶蹶。
蟋蟀在堂,役车其休。
今我不乐,日月其慆。
无已大康,职思其忧。
"好乐无荒",良士休休。

【译文】

蟋蟀进房天气寒,岁月匆匆近年关。
今不及时去寻乐,光阴一去不复返。
过度安乐也不好,还是要把工作干。
"不荒正业又娱乐",贤士警语记心间。
蟋蟀进房天气寒,一年匆匆将过完。
今不及时去行乐,光阴一去再不还。
过度安乐也不好,分外事儿也要干。
"不荒正业又娱乐",贤士勤快是模范。
蟋蟀进房天气寒,出差车儿将回转。
今不及时去寻乐,光阴一去再不还。
过度安乐也不好,战争可忧莫小看。

"不荒正业又娱乐",贤士爱国真好汉。

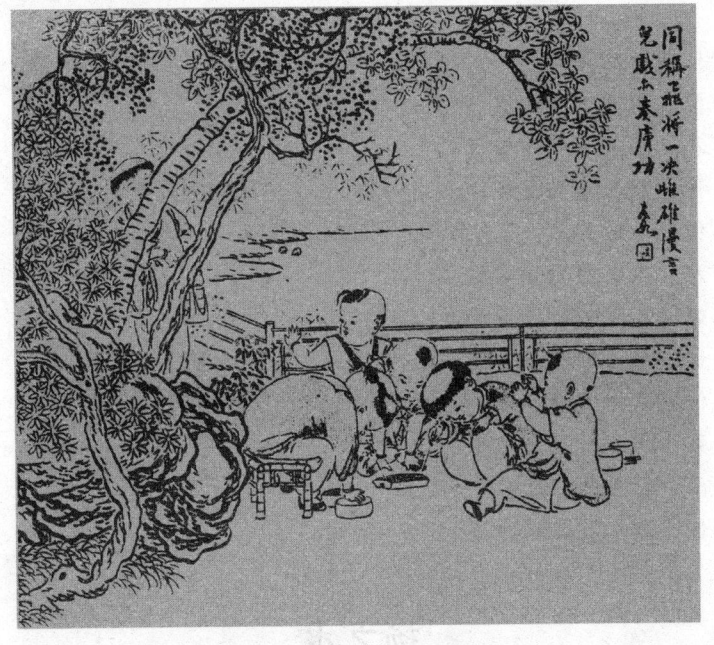

斗蟋蟀,选自《吴友如画宝》。

山有枢

【原文】

山有枢,隰有榆。
子有衣裳,弗曳弗娄。
子有车马,弗驰弗驱。
宛其死矣,他人是愉。
山有栲,隰有杻。
子有廷内,弗洒弗扫。
子有钟鼓,弗鼓弗考。
宛其死矣,他人是保。
山有漆,隰有栗。
子有酒食,何不日鼓瑟?
且以喜乐,且以永日。
宛其死矣,他人入室。

【译文】

山上刺榆长,低地白榆香。
你有衣来又有裳,不穿不着放在箱。
你有车来又有马,不乘不骑闲置放。
有朝眼闭腿一伸,别人享受喜洋洋。
山上栲树长,低地杻树香。
你有院来又有房,不去打扫随它脏。
你有钟来又有鼓,不敲不打没音响。
有朝眼闭腿一伸,空为别人省一场。
山上漆树长,低地栗树香。
你有美酒和好菜,何不奏乐又宴享?
姑且用它来寻乐,姑且用它度时光。
有朝眼闭腿一伸,别人就要进你房。

扬之水

【原文】

扬之水,白石凿凿。
素衣朱襮,从子于沃。
既见君子,云何不乐?
扬之水,白石皓皓。
素衣朱绣,从子于鹄。
既见君子,云何其忧?
扬之水,白石粼粼。
我闻有命,不敢以告人!

【译文】

河水悠悠缓慢行,水底白石多鲜明。
身穿白衫红衣领,跟他一道到沃城。
一同拜见曲沃君,怎不高兴笑盈盈?
河水悠悠缓慢行,水底白石多洁净。
身穿白衫绣衣领,跟他一道到鹄城。
一同拜见曲沃君,还有什么不高兴?

河水悠悠缓慢行，水底白石多晶莹。
听说将有政变令，严守机密不告人！

椒聊

【原文】

椒聊之实，蕃衍盈升。
彼其之子，硕大无朋。
椒聊且，远条且。
椒聊之实，蕃衍盈匊。
彼其之子，硕大且笃。
椒聊且，远条且。

【译文】

花椒串串挂树上，结子繁盛满升量。
这位妇人子孙多，身材高大称无双。
花椒一囊囊，远闻扑鼻香。
花椒串串已成熟，结子繁盛捧不够。
这位妇人子孙多，身材高大又肥厚。
花椒一兜兜，远远暗香透。

绸缪

【原文】

绸缪束薪，三星在天。
今夕何夕，见此良人？
子兮子兮，如此良人何？
绸缪束刍，三星在隅。
今夕何夕，见此邂逅？
子兮子兮，如此邂逅何？
绸缪束楚，三星在户。
今夕何夕，见此粲者？

子兮子兮，如此粲者何？

【译文】

捆捆柴草紧紧缠，黄昏星星天上闪。
今天夜里啥日子，见这郎君欢不欢？
新娘子啊新娘子，你把丈夫怎么办？
把把草料密密缠，星儿遥遥天边闪。
今天夜里啥日子，两口心里甜不甜？
新娘子啊新官人，你把爱人怎么办？
束束薪条细细缠，星儿低低门外闪。
今天夜里啥日子，见这美人恋不恋？
叫新郎啊问新郎，你把美人怎么办？

杕杜

【原文】

有杕之杜，其叶湑湑。
独行踽踽。岂无他人？
不如我同父。嗟行之人，
胡不比焉？人无兄弟，
胡不佽焉？
有杕之杜，其叶菁菁。
独行睘睘。岂无他人？
不如我同姓。嗟行之人，
胡不比焉？人无兄弟，
胡不佽焉？

【译文】

一株杜梨虽孤零，还有叶子密密生。
独自行走冷清清，难道没人同路行？
不如同胞骨肉亲。可叹处处陌路人，
为何不来近我身？有人生来没兄弟，
为何不肯怜我贫？
一株杜梨虽孤零，还有叶子青又青。

独自行走苦伶仃,难道没人同路行?
不如同胞骨肉亲。可叹处处陌路人,
为何不来近我身?有人生来没兄弟,
为何不肯怜我贫?

羔裘

【原文】

羔裘豹祛,自我人居居。
岂无他人?维子之故。
羔裘豹褎,自我人究究。
岂无他人?维子之好。

【译文】

羔袍袖口镶豹毛,对我傲慢气焰高。
难道没有别的人?非要同你才相好?
羔袍豹袖显贵人,态度恶劣气焰盛。
难道没有别人爱?非同你好就不成?

柳鸦芦雁,宋赵佶绘,上海博物馆藏。

鸨羽

【原文】

肃肃鸨羽,集于苞栩。
王事靡盬,不能蓺稷黍,父母何怙?
悠悠苍天,曷其有所?
肃肃鸨翼,集于苞棘。
王事靡盬,不能蓺黍稷,父母何食?
悠悠苍天,曷其有极?
肃肃鸨行,集于苞桑。
王事靡盬,不能蓺稻粱,父母何尝?
悠悠苍天,曷其有常?

【译文】

大雁沙沙展翅膀,落在丛丛栎树上。
国王差事做不完,不能在家种黍粱,
爹娘生活靠谁养?老天爷啊老天爷!
何时才能回家乡?
大雁沙沙拍翅膀,落在丛丛酸枣上。
国王差事做不完,不能在家种黍粱,
爹娘吃饭哪来粮?老天爷啊老天爷,
劳役何日能收场?
大雁沙沙飞成行,落在密密桑树上。
国王差事做不完,不能在家种稻粱,
可怜爹娘吃啥粮?老天爷啊老天爷!
何时生活能正常?

无衣

【原文】

岂曰无衣七兮?

不如子之衣,
安且吉兮!
岂曰无衣六兮?
不如子之衣,
安且燠兮!

【译文】

难道说我今天缺衣少穿?
叹只叹都不是你的针线,
怎比得你做的舒坦美观!
难道说我今天缺衣少穿?
叹只叹都不是旧日衣冠,
怎比得你做的舒服温暖!

有杕之杜

【原文】

有杕之杜,生于道左。
彼君子兮,噬肯适我?
中心好之,曷饮食之?
有杕之杜,生于道周。
彼君子兮,噬肯来游?
中心好之,曷饮食之?

【译文】

一株杜梨独自开,长在左边道路外。
不知我那心上人,可肯到我这里来?
心里既然爱着他,何不请他喝一杯?
一株杜梨独自开,长在右边道路外。
不知我那心中人,可肯出门看我来?
心里既然爱着他,何不请他喝一杯?

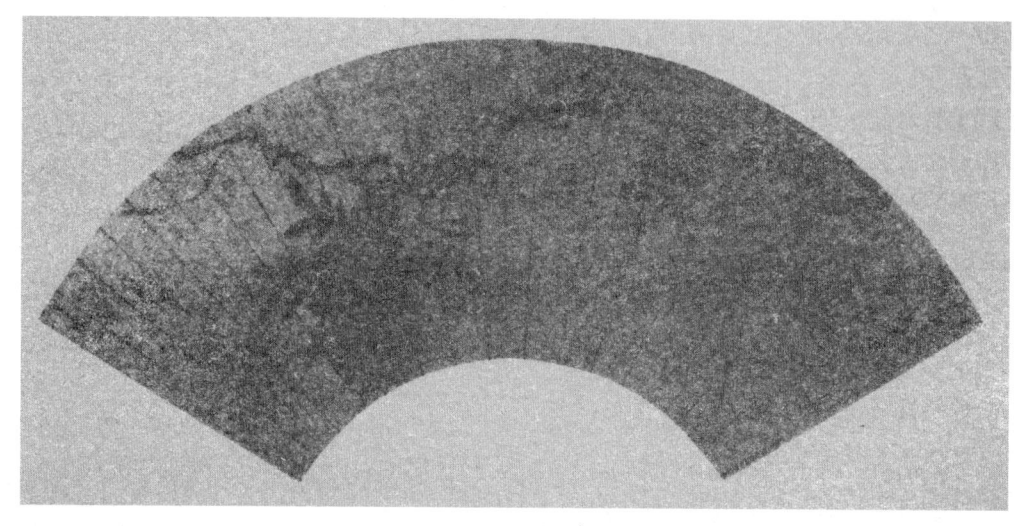

紫藤图，清昊熙载绘，北京故宫博物院藏。

葛生

【原文】

葛生蒙楚，蔹蔓于野。
予美亡此，谁与？独处。
葛生蒙棘，蔹蔓于域。
予美亡此，谁与？独息。
角枕粲兮，锦衾烂兮。
予美亡此，谁与？独旦。
夏之日，冬之夜。
百岁之后，归于其居。
冬之夜，夏之日。
百岁之后，归于其室。

【译文】

葛藤爬满荆树上，蔹草蔓延野外长。
我爱已离人间去，谁人伴我守空房！
葛藤爬满枣树上，蔹草蔓延墓地旁。
我爱已离人间去，谁人伴我睡空房！
角枕鲜丽作陪葬，锦被敛尸闪闪光。

我爱已离人间去，谁人伴我熬天亮！
夏日炎炎白昼长，寒冬凛冽夜漫漫。
但愿有朝我死后，到你坟里再相伴！
寒冬凛冽夜漫漫，夏日炎炎白昼长。
但愿有朝我死后，到你坟中永相伴！

采苓

【原文】

采苓采苓，首阳之巅。
人之为言，苟亦无信。
舍旃舍旃，苟亦无然。
人之为言，胡得焉！
采苦采苦，首阳之下。
人之为言，苟亦无与。
舍旃舍旃，苟亦无然。
人之为言，胡得焉！
采葑采葑，首阳之东。
人之为言，苟亦无从。
舍旃舍旃，苟亦无然。
人之为言，胡得焉！

【译文】

采甘草呀采甘草，在那首阳山顶找。
有人专爱造谣言，千万别信那一套。
别理他呀别睬他，那些全都不可靠。
有人专爱造谣言，啥也捞不到！
采苦菜呀到处跑，在那首阳山下找。
有人喜欢说谎话，千万别跟他一道。
别理他呀别睬他，那些全都不可靠。
有人喜欢说谎话，啥也得不到！
采芜菁呀路迢迢，首阳山东仔细瞧。
有人爱说欺诈话，千万不要跟他跑。
别理他呀别睬他，那些全都不可靠。

有人爱说欺诳话，啥也骗不到！

秦风

车邻

【原文】

有车邻邻，有马白颠。
未见君子，寺人之令。
阪有漆，隰有栗。
既见君子，并坐鼓瑟。
今者不乐，逝者其耋。
阪有桑，隰有杨。
既见君子，并坐鼓簧。
"今者不乐，逝者其亡！"

【译文】

车儿驶过响玲玲，驾车马儿白额顶。
为啥不见君王面，只因寺人没传令。
山坡上面漆树种，低洼地里栗成丛。
总算见到君王面，并坐弹瑟喜相逢。
现在及时不行乐，将来转眼成老翁。
山坡上面有绿桑，低洼地里长水杨。
总算见到君王面，并排坐着吹笙簧。
现在及时不行乐，将来转眼见阎王。

驷驖

【原文】

驷驖孔阜，六辔在手。

公之媚子，从公于狩。
奉时辰牡，辰牡孔硕。
公曰"左之"，舍拔则获。
游于北园，四马既闲。
輶车鸾镳，载猃歇骄。

【译文】

四匹黑马壮又肥，六根缰绳手里垂。
公爷宠爱赶车人，跟他一起去打围。
兽官放出应时兽，应时野兽个个肥。
公爷喊声"朝左射"，箭发野兽应声坠。
猎罢再去游北园，驾轻就熟马悠闲。
车儿轻快銮铃响，猎狗息在车中间。

小戎

【原文】

小戎俴收，五楘梁辀。
游环胁驱，阴靷鋈续。
文茵畅毂，驾我骐馵。
言念君子，温其如玉。
在其板屋，乱我心曲。
四牡孔阜，六辔在手。
骐駵是中，騧骊是骖。
龙盾之合，鋈以觼軜。
言念君子，温其在邑。
方何为期？胡然我念之？
俴驷孔群，厹矛鋈錞。
蒙伐有苑，虎韔镂膺。
交韔二弓，竹闭绲縢。
言念君子，载寝载兴。
厌厌良人，秩秩德音。

【译文】

战车轻小车厢浅，五根皮条缠车辕。

环儿扣儿马具全，拉车皮带穿铜圈。
虎皮垫座车毂长，花马驾车他执鞭。
想起夫君好人儿，人品温和玉一般。
如今从军去西戎，搅得我心烦又乱。
四匹马儿肥又大，六根缰绳手里拿。
青马红马在中间，黄马黑马两边驾。
画龙盾牌双双合，白铜绳环对对拉。
想念夫君好人儿，从军戎地性和洽。
何时才能凯旋归？叫我怎么不想他！
四马协调铁甲轻，酋矛杆柄套铜镎。
新漆盾牌画毛羽，虎皮弓袋刻花纹。
两弓交叉袋中放，正弓竹柲绳捆紧。
想念夫君好人儿，忽睡忽起不安心。
夫君温和又安静，彬彬有礼好名声。

蒹葭

【原文】

蒹葭苍苍，白露为霜。
所谓伊人，在水一方。
溯洄从之，道阻且长。
溯游从之，宛在水中央。
蒹葭凄凄，白露未晞。
所谓伊人，在水之湄。
溯洄从之，道阻且跻。
溯游从之，宛在水中坻。
蒹葭采采，白露未已。
所谓伊人，在水之涘。
溯洄从之，道阻且右。
溯游从之，宛在水中沚。

【译文】

河边芦荻青苍苍，秋深白露凝成霜。
意中人儿何处寻，就在河水那一旁。

逆着流水去找她，道路坎坷险又长。
顺着流水去找她，仿佛人在水中央。
河边芦荻湿漫漫，白露滴滴叶未干。
意中人儿何处寻，就在河岸那一端。
逆着流水去找她，道路险阻攀登难。
顺着流水去找她，仿佛人在水中滩。
河边芦荻密稠稠，清晨露水全未收。
意中人儿何处寻，就在河岸那一头。
逆着流水去找她，道路弯弯险难求。
顺着流水去找她，仿佛人在水中洲。

终南

【原文】

终南何有？有条有梅。
君子至止，锦衣狐裘。
颜如渥丹，其君也哉？
终南何有？有纪有堂。
君子至止，黻衣绣裳。
佩玉将将，寿考不忘。

【译文】

终南山有什么来？又有山楸又有梅。
公爷封爵到此地，锦衣狐裘好气派。
脸色红润像涂丹，他做君主好是坏？
终南山有什么来？丛丛杞树棠梨开。
公爷封爵到此地，绣花衣裙闪五彩。
身上佩玉锵锵响，永记我们别忘怀。

黄鸟

【原文】

交交黄鸟，止于棘。

谁从穆公？子车奄息。
维此奄息，百夫之特。
临其穴，惴惴其栗。
彼苍者天，歼我良人！
如可赎兮，人百其身！
交交黄鸟，止于桑。
谁从穆公？子车仲行。
维此仲行，百夫之防。
临其穴，惴惴其栗。
彼苍者天，歼我良人！
如可赎兮，人百其身！
交交黄鸟，止于楚。
谁从穆公？子车鍼虎。
维此鍼虎，百夫之御。
临其穴，惴惴其栗。
彼苍者天，歼我良人！
如可赎兮，人百其身！

【译文】

黄鸟交交声凄凉，飞来落在枣树上。
谁从穆公去殉葬？子车奄息有名望。
说起这位奄息郎，才德百人比不上。
走近墓穴要活埋，浑身战栗心发慌。
老天爷啊老天爷，杀我好人你不挡！
如果可以赎他命，愿死百次来抵偿！
黄鸟交交声凄凉，飞来落在桑树上。
谁从穆公去殉葬？子车仲行有名望。
说起这位贤仲行，百人才德难比量。
走到墓穴要活埋，浑身哆嗦魂魄丧。
老天爷啊老天爷，杀我好人你不响！
如果可以赎他命，愿死百次来抵偿！
黄鸟交交声凄凉，飞来落在荆树上。
谁从穆公去殉葬？子车鍼虎有名望。
说起这位鍼虎郎，百人才能没他强。
走到墓穴要活埋，浑身发抖心惊惶。
老天爷啊老天爷，杀我好人你不帮！

如果可以赎他命，愿死百次来抵偿！

晨风

【原文】

鴥彼晨风，郁彼北林。
未见君子，忧心钦钦。
如何如何？忘我实多！
山有苞栎，隰有六驳。
未见君子，忧心靡乐。
如何如何？忘我实多！
山有苞棣，隰有树檖。
未见君子，忧心如醉。
如何如何？忘我实多！

【译文】

鹯鸟展翅疾如梭，北林茂密有鸟窝。
许久未见我夫君，心里思念真难过。
怎么办啊怎么办？他怎还会想到我！
丛丛棣树长山坡，低湿地里红李多。
许久未见我夫君，愁闷不乐受折磨。
怎么办啊怎么办？他怎还会想到我！
成丛棣树满山坡，低湿地里山梨多。
许久未见我夫君，心如醉酒失魂魄。
怎么办啊怎么办？他怎还会想到我！

无衣

【原文】

岂曰无衣？与子同袍。
王于兴师，修我戈矛。
与子同仇！

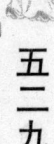

岂曰无衣？与子同泽。
王于兴师，修我矛戟。
与子偕作！
岂曰无衣？与子同裳。
王于兴师，修我甲兵。
与子偕行！

【译文】

谁说没有军衣穿？你我合穿一件袍。
国王调兵要打仗，赶快修理戈和矛，
共同对敌在一道！
谁说没有军衣穿？你我合穿一件衫。
国王调兵要打仗，修好矛戟亮闪闪，
咱们两个一道干！
谁说没有军衣穿？你我合穿一件裳。
国王调兵要打仗，修好盔甲和刀枪，
咱们一道上战场！

渭阳

【原文】

我送舅氏，曰至渭阳。
何以赠之？路车乘黄。
我送舅氏，悠悠我思。
何以赠之？琼瑰玉佩。

【译文】

我送舅舅回舅家，送到渭水北边涯。
用啥礼物送给他？一辆路车四黄马。
我送舅舅回舅家，忧思悠悠想起妈。
用啥礼物送给她？宝石佩玉一大挂。

权舆

【原文】

于,我乎!夏屋渠渠,
今也每食无馀。于嗟乎!
不承权舆!
于,我乎!每食四簋,
今也每食不饱。于嗟乎!
不承权舆!

【译文】

唉,我呀!从前住的大厦高楼,
如今每餐勉强吃够。唉呀呀!
当初排场哪能讲究!
唉,我呀!从前每餐四碗打底,
如今每餐饿着肚皮。唉呀呀!
再也没有当初福气!

陈风

宛丘

【原文】

子之汤兮,宛丘之上兮。
洵有情兮,而无望兮。
坎其击鼓,宛丘之下。
无冬无夏,值其鹭羽。
坎其击缶,宛丘之道。

无冬无夏，值其鹭翿。

【译文】

姑娘舞姿摇又晃，在那宛丘高地上。
心里实在爱慕她，可惜没有啥希望。
敲起鼓来咚咚响，跳舞宛丘低坡上。
不管寒冬和炎夏，鹭羽伞儿手中扬。
鼓起瓦盆当当响，跳舞宛丘大路上。
不管寒冬和炎夏，头戴鹭羽鸟一样。

东门之枌

【原文】

东门之枌，宛丘之栩。
子仲之子，婆娑其下。
穀旦于差，南方之原。
不绩其麻，市也婆娑。
穀旦于逝，越以鬷迈。
视尔如荍，贻我握椒。

【译文】

东门白榆长路边，宛丘柞树连成片。
子仲家里好姑娘，大树底下舞翩跹。
挑选一个好时光，同到南边平原上。
撂下手中纺的麻，闹市当中舞一场。
趁着良辰同前往，多次相会共寻芳。
看你像朵锦葵花，送我花椒一把香。

衡门

【原文】

衡门之下，可以栖迟。

泌之洋洋，可以乐饥。
岂其食鱼，必河之鲂？
岂其取妻，必齐之姜？
岂其食鱼，必河之鲤？
岂其取妻，必宋之子？

【译文】

支起横木做门框，房子虽差也无妨。
泌丘泉水淌啊淌，清水也能充饥肠。
难道我们吃鱼汤，非要鲂鱼才算香？
难道我们娶妻子，不娶齐姜不风光？
难道我们吃鱼汤，非要鲤鱼才算香？
难道我们娶妻子，不娶宋子不排场？

东门之池

【原文】

东门之池，可以沤麻。
彼美淑姬，可与晤歌。
东门之池，可以沤纻。
彼美淑姬，可与晤语。
东门之池，可以沤菅。
彼美淑姬，可与晤言。

【译文】

东城门外护城河，可以泡麻织衣裳。
姬家美丽三姑娘，可以和她相对唱。
东城门外护城河，可以浸纻织新装。
姬家美丽三姑娘，有商有量情意长。
东城门外护城河，可以浸菅做鞋帮。
姬家美丽三姑娘，可以向她诉衷肠。

东门之杨

【原文】

东门之杨，其叶牂牂。
昏以为期，明星煌煌。
东门之杨，其叶肺肺。
昏以为期，明星晢晢。

【译文】

东门之外有白杨，叶子茂密好乘凉。
约定黄昏来相会，等到启明星儿亮。
白杨长在城门东，叶子密密青葱葱。
约定相会在黄昏，等到天亮一场空。

墓门

【原文】

墓门有棘，斧以斯之。
夫也不良，国人知之。
知而不已，谁昔然矣。
墓门有梅，有鸮萃止。
夫也不良，歌以讯之。
讯予不顾，颠倒思予。

【译文】

墓门有棵酸枣树，拿起斧头砍掉它。
那人不是好东西，大家都很知道他。
恶行暴露不制止，当初是谁纵容他？
墓门有棵酸枣树，树上停着猫头鹰。
那人不是好东西，唱个歌儿来提醒。
我的警告听不进，遭难才知我话真。

防有鹊巢

【原文】

防有鹊巢，邛有旨苕。
谁侜予美？心焉忉忉。
中唐有甓，邛有旨鷊。
谁侜予美？心焉惕惕。

【译文】

哪有堤上筑鹊巢？哪有山上长苕草？
谁在离间我情人？心里又愁又烦恼。
哪有庭院瓦铺道？哪有山上长绶草？
谁在离间我情人？心里担忧又烦躁。

月漫美人，清陈枚绘，北京故宫博物院藏。

月出

【原文】

月出皎兮，佼人僚兮。
舒窈纠兮，劳心悄兮。
月出皓兮，佼人懰兮。
舒忧受兮，劳心慅兮。
月出照兮，佼人燎兮。
舒夭绍兮，劳心惨兮。

【译文】

月儿东升亮皎皎，月下美人更俊俏，
体态苗条姗姗来，惹人相思我心焦。
月儿出来多光耀，月下美人眉目娇，
婀娜多姿姗姗来，惹人相思心头搅。
月儿出来光普照，月下美人神采姣，
体态轻盈姗姗来，惹人相思心烦躁。

株林

【原文】

胡为乎株林？从夏南。
匪适株林，从夏南。
驾我乘马，说于株野。
乘我乘驹，朝食于株。

【译文】

他到株林去干啥？是跟夏南去游玩。
原来他到株林去，不是为了找夏南。
驾着我的四匹马，到了郊外卸下鞍。
再换我的四匹驹，赶到夏家吃早饭。

泽陂

【原文】

彼泽之陂，有蒲与荷。
有美一人，伤如之何？
寤寐无为，涕泗滂沱。
彼泽之陂，有蒲与蕳。
有美一人，硕大且卷。
寤寐无为，中心悁悁。
彼泽之陂，有蒲菡萏。
有美一人，硕大且俨。
寤寐无为，辗转伏枕。

【译文】

池塘边上围堤坝，塘中蒲草伴荷花。
看见一个美男子，我心爱他没办法！
日夜相思睡不着，眼泪鼻涕一把把。
池塘边上堤岸高，塘中莲蓬伴蒲草。
看见一个美男子，身材高大品德好。
日夜相思睡不着，心里忧郁愁难熬。
池塘边上堤岸高，塘中荷花伴蒲草。
看见一个美男子，身材高大风度好。
日夜相思睡不着，翻来覆去空烦恼。

桧风

羔裘

【原文】

羔裘逍遥，狐裘以朝。

岂不尔思？劳心忉忉！
羔裘翱翔，狐裘在堂。
岂不尔思？我心忧伤！
羔裘如膏，日出有曜。
岂不尔思？中心是悼！

【译文】

游逛你穿羊皮袄，上朝你披狐皮袍。
难道我不思念你？心有顾虑愁难消！
你穿羊裘去游逛，你披狐裘上公堂。
难道我不思念你？心有顾虑暗忧伤！
羊皮袍子油光光，太阳出来衣发亮。
难道我不思念你？心中恐惧又发慌！

素冠

【原文】

庶见素冠兮，棘人栾栾兮，
劳心怛怛兮！
庶见素衣兮，我心伤悲兮，
聊与子同归兮。
庶见素韠兮，我心蕴结兮，
聊与子如一兮！

【译文】

见到您戴着白帽，瘦棱棱变了容貌，
心忧伤不安难熬！
见到你素白衣衫，我心里伤悲难言，
愿和您一同归天。
见到您围裙素淡，心忧郁难以排遣，
愿和您同赴黄泉。

隰有苌楚

【原文】

隰有苌楚，猗傩其枝。
夭之沃沃，乐子之无知。
隰有苌楚，猗傩其华。
夭之沃沃，乐子之无家。
隰有苌楚，猗傩其实。
夭之沃沃，乐子之无室。

【译文】

低湿地上长羊桃，枝儿婀娜又娇娆。
细细嫩嫩光泽好，羡你无知无烦恼。
低湿地上长羊桃，繁花一片多俊俏。
柔嫩浓密光泽好，羡你无家真逍遥。
低湿地上长羊桃，果儿累累挂枝条。
又肥又大光泽好，羡你无妻无家小。

匪风

【原文】

匪风发兮，匪车偈兮。
顾瞻周道，中心怛兮。
匪风飘兮，匪车嘌兮。
顾瞻周道，中心吊兮。
谁能亨鱼？溉之釜鬵。
谁将西归？怀之好音。

【译文】

风儿刮得发发响，车儿跑得飞一样。
回头向着大路望，心里想家真忧伤。

风儿刮得打旋转，车儿轻快急忙忙。
回头向着大路望，心里想家泪汪汪。
谁会烧那新鲜鱼？替他把锅洗干净。
谁要回到西方去？托他带个平安信。

曹风

蜉蝣

【原文】

蜉蝣之羽，衣裳楚楚。
心之忧矣，于我归处。
蜉蝣之翼，采采衣服。
心之忧矣，于我归息。
蜉蝣掘阅，麻衣如雪。
心之忧矣，于我归说。

【译文】

蜉蝣有对好翅膀，衣裳整洁又漂亮。
可恨朝生暮就死，我们归宿都一样。
蜉蝣展翅在飞翔，衣服华丽真漂亮。
可恨朝生暮就死，与我归宿一个样。
蜉蝣穿洞来人间，麻衣像雪白晃晃。
可恨朝生暮就死，大家都是这下场。

候人

【原文】

彼候人兮，何戈与祋。

彼其之子，三百赤芾。
维鹈在梁，不濡其翼。
彼其之子，不称其服。
维鹈在梁，不濡其咪。
彼其之子，不遂其媾。
荟兮蔚兮，南山朝隮。
婉兮娈兮，季女斯饥。

【译文】

候人官职小得很，肩上扛着戈和棍。
可恨那些暴发户，红皮绑腿三百人。
鹈鹕栖在鱼梁上，居然未曾湿翅膀。
可笑那些暴发户，哪配穿上贵族装。
鹈鹕栖在鱼梁上，长嘴不湿太反常。
且看那些暴发户，不会称心得宠长。
云漫漫啊雾弥弥，南山早上彩虹起。
候人幼女虽姣好，没有饭吃饿肚皮。

鸤鸠

【原文】

鸤鸠在桑，其子七兮。
淑人君子，其仪一兮。
其仪一兮，心如结兮。
鸤鸠在桑，其子在梅。
淑人君子，其带伊丝。
其带伊丝，其弁伊骐。
鸤鸠在桑，其子在棘。
淑人君子，其仪不忒。
其仪不忒，正是四国。
鸤鸠在桑，其子在榛。
淑人君子，正是国人。
正是国人，胡不万年！

【译文】

布谷筑巢桑树间,喂养小鸟心不偏。
我们理想好君子,说到做到不空谈。
说到做到不空谈,忠心耿耿磐石坚。
布谷筑巢桑树间,小鸟学飞梅树颠。
我们理想好君子,丝带束腰真不凡。
丝带束腰真不凡,玉饰皮帽花色鲜。
布谷筑巢桑树间,小鸟飞在枣树上。
我们理想好君子,言行如一不走样。
言行如一不走样,四方各国好榜样。
布谷筑巢桑树间,小鸟飞落榛树上。
我们理想好君子,全国百姓好官长。
全国百姓好官长,怎不祝他寿无疆。

下泉

【原文】

冽彼下泉,浸彼苞稂。
忾我寤叹,念彼周京。
冽彼下泉,浸彼苞萧。
忾我寤叹,念彼京周。
冽彼下泉,浸彼苞蓍。
忾我寤叹,念彼京师。
芃芃黍苗,阴雨膏之。
四国有王,郇伯劳之。

【译文】

下泉水呀清又凉,淹得莠草难生长。
睁眼醒来长叹息,不知京都怎么样。
下泉水呀清又凉,淹得蒿草难生长。
睁眼醒来长叹息,空念京城难回乡。
下泉水呀清又凉,淹得蓍草难生长。
睁眼醒来长叹息,京师惹人常怀想。

蓬勃一片黍苗壮，阴雨润泽助它长。
各国诸侯终有主，护送敬王荀伯忙。

豳风

七月

【原文】

七月流火，九月授衣。
一之日觱发，二之日栗烈。
无衣无褐，何以卒岁？
三之日于耜，四之日举趾。
同我妇子，馌彼南亩。
田畯至喜。
七月流火，九月授衣。
春日载阳，有鸣仓庚。
女执懿筐，遵彼微行，
爰求柔桑。
春日迟迟，采蘩祁祁。
女心伤悲，殆及公子同归。
七月流火，八月萑苇。
蚕月条桑，取彼斧斨。
以伐远扬，猗彼女桑。
七月鸣鵙，八月载绩。
载玄载黄，我朱孔阳，
为公子裳。
四月秀葽，五月鸣蜩。
八月其获，十月陨萚。
一之日于貉，取彼狐狸，
为公子裘。
二之日其同，载缵武功。

《豳风·七月》，清张照楷书。

言私其豵，献豜于公。
五月斯螽动股，六月莎鸡振羽。
七月在野，八月在宇，
九月在户，十月蟋蟀入我床下。
穹窒熏鼠，塞向墐户。
嗟我妇子，曰为改岁，
入此室处。
六月食郁及薁，七月亨葵及菽。
八月剥枣，十月获稻。
为此春酒，以介眉寿。
七月食瓜，八月断壶，九月叔苴。
采荼薪樗，食我农夫。
九月筑场圃，十月纳禾稼。
黍稷重穋，禾麻菽麦。
嗟我农夫，我稼既同，上入执宫功。
昼尔于茅，宵尔索绹。
亟其乘屋，其始播百谷。
二之日凿冰冲冲，三之日纳于凌阴。
四之日其蚤，献羔祭韭。
九月肃霜，十月涤场。
朋酒斯飨，曰杀羔羊。
跻彼公堂，称彼兕觥，
万寿无疆！

豳风图，宋马和之绘，（美）大都会艺术博物馆藏。

【译文】

七月火星偏西方，九月女工缝衣裳。

十一月风毕拨响,腊月寒气刺骨凉。
粗布衣服都没有,怎样过冬心悲伤!
正月农具修整好,二月下地春耕忙。
叫来老婆和孩子,饭菜送到田边旁,
农官老爷充饥肠。
七月火星偏西方,九月女工缝衣裳,
春天太阳暖洋洋,黄莺吱喳枝头唱。
姑娘手提深竹筐,沿着墙边小路旁,
采呀采那柔嫩桑。春天日子渐渐长,
采蒿人儿闹嚷嚷。姑娘心里暗悲伤,
只怕公子看上抢。
七月火星偏西方,八月割苇好收藏。
三月动手修桑树,拿起斧头拿起斨,
高枝长条砍个光,攀着短枝摘嫩桑。
七月伯劳树上唱,八月纺麻织布忙。
染成黑红染成黄,我染深红最漂亮,
为那公子做衣裳。
四月远志结子囊,五月知了声声唱。
八月庄稼要收割,十月落叶随风扬。
十一月里打貉子,剥下狐狸茸茸皮,
好为公子做衣裳。腊月大伙聚一起,
继续打猎练武忙。小猪自己留下来,
大猪(古代一种像熊的野兽)送到公府上。
五月蚱蜢弹腿响,六月蝈蝈抖翅膀。
七月蟋蟀野地鸣,八月屋檐底下唱,
九月跳进房门来,十月到我床下藏。
打扫垃圾熏老鼠,泥好柴门封北窗。
唉呀我的妻和儿,眼看就要过年关,
避寒住进这破房。
六月郁李葡萄尝,七月煮葵烧豆汤。
八月打下大红枣,十月收割稻米香。
用来酿成好春酒,老爷饮了寿命长。
七月采瓜食瓜瓢,八月葫芦摘个光,
九月拾麻好收藏,采来苦菜砍臭椿,
是咱农夫半年粮。
九月筑好打谷场,十月庄稼要进仓,

谷子黄禾和高粱，粟麻豆麦分开放。
唉呀可叹咱农夫！庄稼刚刚收拾完，
又要服役修宫房：白天割来粗茅草，
晚上搓绳长又长，急忙上屋把顶盖，
开春要播各种粮。
腊月凿冰冲冲响，正月送进冰窖藏。
二月起早行祭礼，献上韭菜和小羊。
九月天高气又爽，十月萧瑟树叶黄。
两壶美酒大家饮，举刀宰了小羔羊，
踏上台阶进公堂，高高举起牛角杯，
同声高祝寿无疆！

鸱鸮

【原文】

鸱鸮鸱鸮，既取我子，
无毁我室。恩斯勤斯，
鬻子之闵斯。
迨天之未阴雨，彻彼桑土，
绸缪牖户。今女下民，
或敢侮予？
予手拮据，予所捋荼。
予所蓄租，予口卒瘏，
曰予未有室家。
予羽谯谯，予尾翛翛。
予室翘翘，风雨所漂摇，
予维音哓哓！

【译文】

猫头鹰啊猫头鹰，你已抓走我娃娃，
不要再毁我的家。辛苦爱我小宝贝，
养育孩子累又乏。
趁着天晴没阴雨，剥下桑树根上皮，
修补窗子和门户。现在你们树下人，

有谁还敢来欺侮。
我手发麻太疲劳,我采芦花来垫巢,
我还贮存干茅草,我的嘴巴累痛了,
我窝还没修理好。
我的羽毛已枯焦,我的尾巴干寥寥,
我的窝儿险又高,风吹雨打晃又摇,
吓得我啊吱吱叫。

东山

【原文】

我徂东山,慆慆不归。
我来自东,零雨其濛。
我东曰归,我心西悲。
制彼裳衣,勿士行枚。
蜎蜎者蠋,烝在桑野。
敦彼独宿,亦在车下。
我徂东山,慆慆不归。
我来自东,零雨其濛。
果臝之实,亦施于宇。
伊威在室,蟏蛸在户。
町畽鹿场,熠耀宵行。
不可畏也,伊可怀也。
我徂东山,慆慆不归。
我来自东,零雨其濛。
鹳鸣于垤,妇叹于室。
洒扫穹窒,我征聿至。
有敦瓜苦,烝在栗薪。
自我不见,于今三年。
我徂东山,慆慆不归。
我来自东,零雨其濛。
仓庚于飞,熠燿其羽。
之子于归,皇驳其马。
亲结其缡,九十其仪。

其新孔嘉，其旧如之何？

【译文】

我到东山去打仗，久久不归岁月长。
今天我从东方来，细雨蒙蒙倍凄凉。
我刚听说要回乡，西望家园心悲伤。
缝好一套平日装，不再含枚上战场。
青虫爬动曲又弯，长在野外桑树上。
孤身独宿缩成团，兵车底下权当床。
我到东山去打仗，久久不归岁月长。
今天我从东方来，细雨蒙蒙倍凄凉。
瓜蒌结实一串串，爬到高高房檐上，
屋里到处地鳖虫，门前结满蜘蛛网。
田地变成野鹿场，入夜萤火点点亮。
家园荒凉怕不怕？越是荒凉越怀想！
我到东山去打仗，久久不归岁月长。
今天我从东方来，细雨蒙蒙倍凄凉。
老鹳长鸣土堆上，爱妻嗟叹守空房。
洒扫房屋修好墙，盼我征夫早回乡。
团团苦瓜涩又苦，结在苦菜柴薪上。
自从我们不相见，于今三年断人肠！
我到东山去打仗，久久不归岁月长。
今天我从东方来，细雨蒙蒙倍凄凉。
黄莺翻飞春已暮，毛羽鲜明闪闪光。
想起当年她出嫁，迎亲花马白里黄。
娘替女儿结佩巾，仪式繁多求吉祥。
新婚夫妇多美满，久别重逢该怎样？

破斧

【原文】

既破我斧，又缺我斨。
周公东征，四国是皇。
哀我人斯，亦孔之将！

既破我斧，又缺我锜。
周公东征，四国是吪。
哀我人斯，亦孔之嘉！
既破我斧，又缺我銶。
周公东征，四国是遒。
哀我人斯，亦孔之休！

【译文】

斧头斫得裂缝长，满身伤痕青铜斨。
周公东征到远方，四国听着都着慌。
可怜我们这些人，总算命大能回乡！
斧头斫得裂缝粗，作战折断三齿锄。
周公东征到远方，四国幡然都悔悟！
可怜我们这些人，总算有福回乡土！
斧头斫裂刃锋销，缺口参差手中锹。
周公东征到远方，四国平定不动摇。
可怜我们这些人，熬到回乡算命好！

伐柯

【原文】

伐柯如何？匪斧不克。
取妻如何？匪媒不得。
伐柯伐柯，其则不远。
我觏之子，笾豆有践。

【译文】

要砍斧柄怎么办？没有斧头不成功。
要娶妻子怎么办？没有媒人行不通。
砍斧柄呀砍斧柄，样子就在你面前。
我看那位好姑娘，料理宴席很熟练。

九罭

【原文】

九罭之鱼，鳟鲂。我觏之子，
衮衣绣裳。
鸿飞遵渚。公归无所，
于女信处。
鸿飞遵陆。公归不复，
于女信宿。
是以有衮衣兮，无以我公归兮，
无使我心悲兮！

【译文】

细网捞着大鳟鲂，我的客人不平常，
画龙上衣彩色裳。
大雁飞飞沿沙洲，您若归去没处留，
不住两夜不让走。
大雁沿着陆地飞，您若归去不再回，
请住两夜别推诿！
藏起您的绣龙袍，请您别走好不好，
不要让我添烦恼！

狼跋

【原文】

狼跋其胡，载疐其尾。
公孙硕肤，赤舄几几。
狼疐其尾，载跋其胡。
公孙硕肤，德音不瑕？

【译文】

老狼朝前踩下巴，后退又踏长尾巴。

公孙身体肥又大,红鞋弯弯神气煞。
老狼后退踩尾巴,前进又踏肥下巴。
公孙身体肥又大,品德名誉差不差?

小雅

鹿鸣之什

鹿鸣

【原文】

呦呦鹿鸣,食野之苹。
我有嘉宾,鼓瑟吹笙。
吹笙鼓簧,承筐是将。
人之好我,示我周行。
呦呦鹿鸣,食野之蒿。
我有嘉宾,德音孔昭。
视民不恌,君子是则是效。
我有旨酒,嘉宾式燕以敖。
呦呦鹿鸣,食野之芩。
我有嘉宾,鼓瑟鼓琴。
鼓瑟鼓琴,和乐且湛。
我有旨酒,以燕乐嘉宾之心。

【译文】

鹿儿呦呦叫不停,唤来同伴吃野苹。
我有满座好宾客,席上弹瑟又吹笙。
吹笙按簧声和声,捧上礼物竹筐盛。

诸位宾朋喜爱我，教我道理最欢迎。
鹿儿呦呦叫不停，呼吃青蒿结伴行。
我有满座好宾客，品德高尚有美名。
待人宽厚不刻薄，君子学习好典型。
我有美酒敬一杯，宾客欢宴喜盈盈。
鹿儿呦呦叫不停，唤来同伴吃野芩。
我有满座好宾客，席上弹瑟又奏琴。
琴瑟齐奏声和鸣，酒酣耳热座生春。
我有美酒敬一杯，借此娱乐诸贵宾。

四牡

【原文】

四牡骓骓，周道倭迟。
岂不怀归？王事靡盬，
我心伤悲！
四牡骓骓，啴啴骆马。
岂不怀归？王事靡盬，
不遑启处！
翩翩者鵻，载飞载下，
集于苞栩。王事靡盬，
不遑将父！
翩翩者鵻，载飞载止，
集于苞杞。
王事靡盬，不遑将母！
驾彼四骆，载骤骎骎。
岂不怀归？是用作歌，
将母来谂！

【译文】

四匹公马跑得累，大路遥远又迂回。
难道不想把家回？王家差事做不完，
使我心里太伤悲！
四匹公马不停蹄，累得骆马直喘气。

骏马图，徐悲鸿绘。

难道不想回家里？王家差事做不完，
哪有时间去休息！
翩翩鹁鸪飞又鸣，飞上飞下多高兴，
落在丛丛柞树顶。王家差事做不完，
要养老父也不行！
翩翩鹁鸪任飞翔，飞飞停停多舒畅，
歇在一片杞树上。王家差事做不完，
没空回家养老娘！
四马驾车成一行，车儿急驰马蹄忙。
难道不想回家乡？唱支歌儿诉衷肠，
日夜思念我亲娘！

皇皇者华

【原文】

皇皇者华，于彼原隰。
駪駪征夫，每怀靡及。
我马维驹，六辔如濡。
载驰载驱，周爰咨诹。
我马维骐，六辔如丝。
载驰载驱，周爰咨谋。
我马维骆，六辔沃若。
载驰载驱，周爰咨度。
我马维骃，六辔既均。
载驰载驱，周爰咨询。

【译文】

花儿朵朵开烂漫，高原低地都开遍。
急急忙忙我出差，纵有考虑不周全。
驾起马儿真高骏，六条缰绳多滑润。
赶着车儿快快跑，广泛访问城和村。
驾起马儿黑带青，六条缰绳称手匀。
赶着车儿快快跑，到处访问老百姓。
雪白马儿黑尾巴，缰绳光润手中拿。

赶着车儿快快跑，到处访问细调查。
马儿浅黑毛斑驳，缰绳均匀手中握。
赶着车儿快快跑，细心察访勤探索。

常棣

【原文】

常棣之华，鄂不韡韡。
凡今之人，莫如兄弟。
死丧之威，兄弟孔怀。
原隰裒矣，兄弟求矣。
脊令在原，兄弟急难。
每有良朋，况也永叹。
兄弟阋于墙，外御其务。
每有良朋，烝也无戎。
丧乱既平，既安且宁。
虽有兄弟，不如友生。
傧尔笾豆，饮酒之饫。
兄弟既具，和乐且孺。
妻子好合，如鼓瑟琴。
兄弟既翕，和乐且湛。
宜尔室家，乐尔妻帑。
是究是图，亶其然乎？

【译文】

棠棣花开照眼明，花萼花蒂同根生。
试看如今世上人，没人能比兄弟情。
死亡威胁最可怕，只有兄弟最关心。
假如地震山川变，只有兄弟来相寻。
鹡鸰流落在高原，兄弟着急来救难。
平时虽是好朋友，看你遭难只长叹。
兄弟在家虽争吵，却能同心抗强暴。
平时虽有好朋友，事到临头难依靠。
死丧祸乱既平靖，一家生活也安宁。

那时虽有亲兄弟,反觉不如朋友亲。
大碗小碗摆上来,又是喝酒又吃菜。
兄弟已经都来齐,家宴和乐又亲爱。
情投意合妻子好,弹琴奏瑟同到老。
兄弟感情既融洽,和睦相处乐陶陶。
妥善安排你家庭,妻子儿女喜盈盈。
认真考虑细思量,此理是否很分明!

伐木

【原文】

伐木丁丁,鸟鸣嘤嘤。
出自幽谷,迁于乔木。
嘤其鸣矣,求其友声。
相彼鸟矣,犹求友声。
矧伊人矣,不求友生?
神之听之,终和且平。
伐木许许,酾酒有藇!
既有肥羜,以速诸父。
宁适不来,微我弗顾。
於粲洒扫,陈馈八簋。
既有肥牡,以速诸舅。
宁适不来,微我有咎。
伐木于阪,酾酒有衍。
笾豆有践,兄弟无远。
民之失德,干餱以愆。
有酒湑我,无酒酤我。
坎坎鼓我,蹲蹲舞我。
迨我暇矣,饮此湑矣。

【译文】

砍起树木铮铮响,林中小鸟嘤嘤唱。
小鸟本从深谷出,飞来住到大树上。
鸟儿嘤嘤啼不住,呼伴引类声欢畅。

看那小鸟是飞禽，尚且求友不断唱。
何况我们是人类，不和朋友相来往？
天神听说人相爱，也会把那和平降。
呼起号子砍树忙，筛出美酒喷喷香。
备好肥嫩小羔羊，请我伯叔来尝尝。
宁可凑巧他不来，莫让责我将他忘。
屋里扫得真清爽，八盘好菜都摆上。
备好肥嫩小公羊，请我长辈来尝尝。
宁可凑巧他不来，免叫他人说短长。
小山坡上来砍树，酒已满杯还要注。
盘儿碗儿排整齐，兄弟之间别相疏。
人们为啥失友情，饭菜不周致交恶。
家里有酒筛出来，没酒店里买一壶。
敲起鼓儿咚咚响，扬起长袖翩翩舞。
趁着今朝有空闲，把这清酒喝下肚。

天保

【原文】

天保定尔，亦孔之固。
俾尔单厚，何福不除？
俾尔多益，以莫不庶。
天保定尔，俾尔戬穀。
罄无不宜，受天百禄。
降尔遐福，维日不足。
天保定尔，以莫不兴。
如山如阜，如冈如陵。
如川之方至，以莫不增。
吉蠲为饎，是用孝享。
禴祠烝尝，于公先王。
君曰卜尔，万寿无疆。
神之吊矣，诒尔多福。
民之质矣，日用饮食。
群黎百姓，遍为尔德。

如月之恒，如日之升。
如南山之寿，不骞不崩。
如松柏之茂，无不尔或承。

【译文】

上天保佑庇护，使您政权巩固。
使您国家强大，赐您一切幸福。
让您物产丰盈，叫您国家富庶。
上天保佑庇护，使您安乐幸福。
万事无不如意，享受众多福乐。
福祉降临您身，唯恐一天不足。
上天保您吉祥，生产蒸蒸日上。
恰如巍巍丘陵，又如高高山冈。
如水滚滚而来，永远不断增长。
饭菜清清爽爽，拿来祭祀祖上。
春夏秋冬四季，祭我先公先王。
祖宗开口说话，赐您万寿无疆。
祖宗已经来临，赐您幸福如锦。
人民淳朴老实，每天吃饱就好。
不管是官是民，个个感您恩情。
您像新月渐盈，您像旭日东升。
您像南山高寿，永不亏损塌崩。
您像松柏常青，子孙永远继承。

采薇

【原文】

采薇采薇，薇亦作止。
曰归曰归，岁亦莫止。
靡室靡家，狁之故。
不遑启居，狁之故。
采薇采薇，薇亦柔止。
曰归曰归，心亦忧止。
忧心烈烈，载饥载渴。

我戍未定，靡使归聘。
采薇采薇，薇亦刚止。
曰归曰归，岁亦阳止。
王事靡盬，不遑启处。
忧心孔疚，我行不来！
彼尔维何？维常之华。
彼路斯何？君子之车。
戎车既驾，四牡业业。
岂敢定居？一月三捷。
驾彼四牡，四牡骙骙。
君子所依，小人所腓。
四牡翼翼，象弭鱼服。
岂不日戒？狁孔棘！
昔我往矣，杨柳依依。
今我来思，雨雪霏霏。
行道迟迟，载渴载饥。
我心伤悲，莫知我哀！

【译文】

采薇采薇一把把，薇菜新芽已长大。
说回家呀说回家，眼看一年又完啦。
有家等于没有家，为着狁来厮杀。
没有空闲坐下啦，为着狁来厮杀。
采薇采薇一把把，薇菜柔嫩初发芽。
说回家呀说回家，心里忧闷多牵挂。
满腔愁绪火辣辣，又饥又渴真苦煞。
驻地至今难定下，书信无人捎回家。
采薇采薇一把把，薇菜已经发枝桠。
说回家呀说回家，转眼十月又到啦。
王室差事没个完，想要休息没闲暇。
满腔愁绪真苦煞，只怕从此难回家！
什么花儿开得盛？密密层层棠棣花。
什么车儿高又大？将军战车要出发。
兵车已经套上马，四匹公马壮又大。
边地怎敢图安居？一月数胜为邦家！
驾起四匹大公马，马儿雄骏高又大。

将军威武倚车立，兵士掩蔽也靠它。
四匹马儿多齐整，鱼皮箭袋雕弓挂。
哪有一天不戒备，军情紧急难卸甲！
回想当初出征日，杨柳依依随风斜。
如今归来路途中，大雪纷纷漫天洒。
道路泥泞脚步慢，又渴又饿又疲乏。
我心伤感满腔愁，没人体会苦生涯！

出车

【原文】

我出我车，于彼牧矣。
自天子所，谓我来矣。
召彼仆夫，谓之载矣。
王事多难，维其棘矣。
我出我车，于彼郊矣。
设此旐矣，建彼旄矣。
彼旟旐斯，胡不旆旆？
忧心悄悄，仆夫况瘁。
王命南仲，往城于方。
出车彭彭，旂旐央央。
天子命我，城彼朔方。
赫赫南仲，狁于襄。
昔我往矣，黍稷方华。
今我来思，雨雪载涂。
王事多难，不遑启居。
岂不怀归？畏此简书。
喓喓草虫，趯趯阜螽。
未见君子，忧心忡忡。
既见君子，我心则降。
赫赫南仲，薄伐西戎。
春日迟迟，卉木萋萋。
仓庚喈喈，采蘩祁祁。
执讯获丑，薄言还归。

赫赫南仲，狎狁于夷。

【译文】

推出战车马套上，驾到远郊养马场。
有人从王那里来，派我出征到北方。
唤来马夫驾起车，赶快送我到边防。
国王政事多外患，事儿紧急保家邦。
推出战车马套上，驾到郊外养马场。
车上插起龟蛇旗，树起干旄随风扬。
旗上鹰隼气昂昂，怎不展翅高飞翔？
我为战事心不安，马夫憔悴驾驭忙。
王命南仲大将军，筑城防敌到北方。
驾车四马多壮健，旌旗鲜明亮晃晃。
天子下令我执行，去到北方筑城墙。
威名赫赫南仲子，扫除狎狁上战场。
当初北征离家乡，黍稷茂盛庄稼香。
现在回来打西戎，大雪满路化泥浆。
国王政事多外患，无法安居整天忙。
难道不想回家乡？邻邦盟约不敢忘。
蝈蝈喓喓不住唱，蚱蜢蹦蹦跳场上。
未曾看见南仲面，忧心忡忡虑国防，
如今见了南仲面，石头落地心舒畅。
声名赫赫南仲子，征伐西戎威名扬。
春天日子渐渐长，草木茂盛叶苍苍。
黄莺吱喳枝头唱，采蘩姑娘闹洋洋。
捉来间谍杀敌寇，胜利归来到家乡。
威名赫赫南仲子，平定狎狁国增光。

杕杜

【原文】

有杕之杜，有睆其实。
王事靡盬，继嗣我日。
日月阳止，女心伤止，

征夫遑止!
有杕之杜,其叶萋萋。
王事靡盬,我心伤悲。
卉木萋止,女心悲止,
征夫归止!
陟彼北山,言采其杞。
王事靡盬,忧我父母。
檀车幝幝,四牡痯痯,
征夫不远!
匪载匪来,忧心孔疚。
期逝不至,而多为恤。
卜筮偕止,会言近止,
征夫迩止!

贲鹿图,(法)贺清泰绘,北京故宫博物院藏。

【译文】

一株棠梨生路旁,果实累累挂树上。
国王差事无休止,服役期限又延长。
日子已到十月头,满心忧伤想我郎,
征人有空应回乡!

一株棠梨生路旁，叶儿繁茂真盛旺。
国王差事无休止，遥想征人我心伤。
草木青青春又到，心儿忧碎愁断肠，
征人哪天能还乡！
登上北山我彷徨，手采枸杞心想郎。
国王差事无休止，谁来奉养爹和娘。
檀木车子已破烂，四马疲劳步踉跄，
征夫归期该不长！
人不回来车不装，忧心忡忡苦怀想。
服役期过不回来，最是忧愁最惆怅。
占卜卦辞说吉祥，聚会之期不太长，
征人很快就回乡！

鱼丽

【原文】

鱼丽于罶，鲿鲨。
君子有酒，旨且多。
鱼丽于罶，鲂鳢。
君子有酒，多且旨。
鱼丽于罶，鰋鲤。
君子有酒，旨且有。
物其多矣，维其嘉矣。
物其旨矣，维其偕矣。
物其有矣，维其时矣。

【译文】

鱼儿篓里历录跳，小鲨黄颊下锅烧。
老爷有酒藏得好，满坛满罐清香飘。
鱼儿篓里历录跳，鳊鱼黑鱼有味道。
老爷有酒藏得好，满桶满缸清香飘。
鱼儿篓里历录跳，鲶鱼鲤鱼好菜肴。
老爷有酒藏得好，满樽满杯清香飘。
酒菜丰盛花色多，味道实在好不过。

样样酒菜都精美，客人尝了对口味。
吃的喝的堆满仓，时鲜货色不断档。

南有嘉鱼之什

南有嘉鱼

【原文】

南有嘉鱼，烝然罩罩。
君子有酒，嘉宾式燕以乐。
南有嘉鱼，烝然汕汕。
君子有酒，嘉宾式燕以衎。
南有樛木，甘瓠累之。
君子有酒，嘉宾式燕绥之。
翩翩者鵻，烝然来思。
君子有酒，嘉宾式燕又思。

【译文】

南方有好鱼，群群游水中。
主人有好酒，宴会宾客乐融融。
南方有好鱼，群群游水里。
主人有好酒，宴会宾客乐无比。
南方曲树弯，葫芦缠树上。
主人有好酒，宴会宾客真欢畅。
鹁鸪轻飞翔，成群落树上。
主人有好酒，宴会宾客敬一觞。

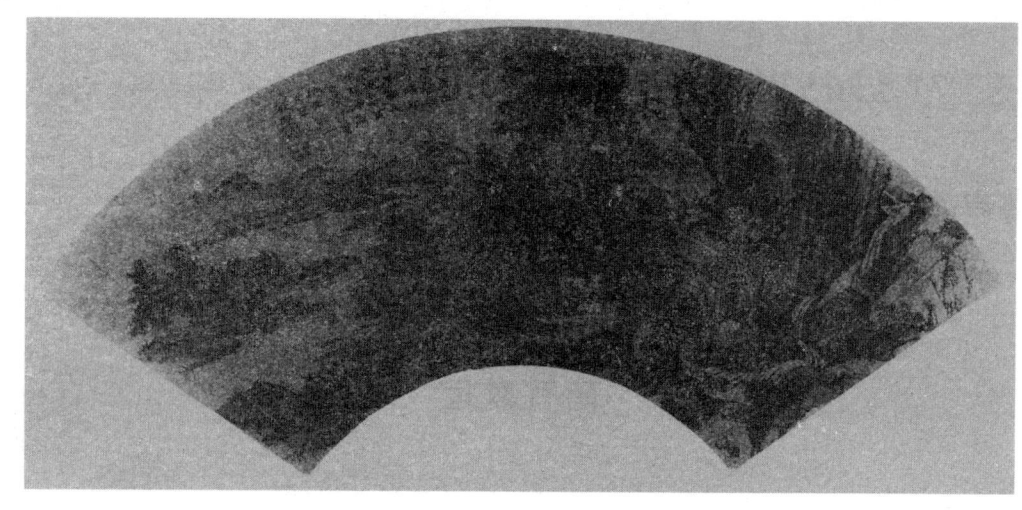

山水图，明文徵明绘，中国台北故宫博物院藏。

南山有台

【原文】

南山有台，北山有莱。
乐只君子，邦家之基。
乐只君子，万寿无期！
南山有桑，北山有杨。
乐只君子，邦家之光。
乐只君子，万寿无疆！
南山有杞，北山有李。
乐只君子，民之父母。
乐只君子，德音不已！
南山有栲，北山有杻。
乐只君子，遐不眉寿！
乐只君子，德音是茂。
南山有枸，北山有楰。
乐只君子，遐不黄耇？
乐只君子，保艾尔后。

【译文】

南山莎草绿萋萋，北山遍地长野藜。

得到君子多快乐,国家靠你做根基。
得到君子多快乐,祝你万寿无穷期!
南山遍地有嫩桑,北山到处长白杨。
得到君子多快乐,国家有你增荣光。
得到君子多快乐,祝你万寿永无疆!
南山杞木株连株,北山冈上长李树。
得到君子多快乐,民众尊你是父母。
得到君子多快乐,你的美名永记住。
南山栲树绿油油,北山檍树满山丘。
得到君子多快乐,怎不盼你享长寿!
得到君子多快乐,你的美名传九州。
南山枸树到处有,北山遍地是苦楸。
得到君子多快乐,怎不愿你永长寿!
得到君子多快乐,保养子孙传千秋。

蓼萧

【原文】

蓼彼萧斯,零露湑兮。
既见君子,我心写兮。
燕笑语兮,是以有誉处兮。
蓼彼萧斯,零露瀼瀼。
既见君子,为龙为光。
其德不爽,寿考不忘。
蓼彼萧斯,零露泥泥。
既见君子,孔燕岂弟。
宜兄宜弟,令德寿岂。
蓼彼萧斯,零露浓浓。
既见君子,鞗革冲冲。
和鸾雍雍,万福攸同。

【译文】

艾蒿高又长,露水闪闪亮。
见到周天子,我心真舒畅。

宴饮又笑谈,大家喜洋洋。
艾蒿高又长,露水晶晶亮。
见到周天子,得宠沾荣光。
皇恩真浩荡,万寿永无疆。
艾蒿长又高,露珠纷纷掉。
见到周天子,盛宴乐陶陶。
兄弟情融洽,德美又寿考。
艾蒿密成丛,叶上露珠浓。
见到周天子,马辔镶黄铜。
鸾铃响丁东,万福归圣躬。

湛露

【原文】

湛湛露斯,匪阳不晞。
厌厌夜饮,不醉无归。
湛湛露斯,在彼丰草。
厌厌夜饮,在宗载考。
湛湛露斯,在彼杞棘。
显允君子,莫不令德。
其桐其椅,其实离离。
岂弟君子,莫不令仪。

【译文】

早晨露水重又浓,不晒太阳它不干。
夜间宴饮安又闲,酒不喝醉莫回还。
浓浓露水闪亮光,沾在茂盛野草上。
夜间宴饮多舒畅,宗庙燕享乐钟响。
浓浓露水闪亮光,沾在枸杞酸枣上。
尊贵忠诚众来宾,品德美好有名望。
桐树椅树到深秋,果实累累满枝头。
贵客和气又平易,彬彬有礼不酗酒。

彤弓

【原文】

彤弓弨兮，受言藏之。
我有嘉宾，中心贶之。
钟鼓既设，一朝飨之。
彤弓弨兮，受言载之。
我有嘉宾，中心喜之。
钟鼓既设，一朝右之。
彤弓弨兮，受言櫜之。
我有嘉宾，中心好之。
钟鼓既设，一朝酬之。

【译文】

弦儿松松红漆弓，诸侯受赐藏家中。
我有如此好宾客，诚心赠物表恩宠。
钟鼓乐器齐备好，从早摆宴到日中。
弦儿松松红漆弓，诸侯受赐带家中。
我有如此好宾客，心里欢喜现笑容。
钟鼓乐器齐备好，从早饮酒到日中。
弦儿松松红漆弓，诸侯受赐插袋中。
我有如此好宾客，无限宠爱喜气浓。
钟鼓乐器齐备好，从早敬酒到日中。

菁菁者莪

【原文】

菁菁者莪，在彼中阿。
既见君子，乐且有仪。
菁菁者莪，在彼中沚。
既见君子，我心则喜。

菁菁者莪，在彼中陵。
既见君子，锡我百朋。
泛泛杨舟，载沉载浮。
既见君子，我心则休。

【译文】

萝蒿一片密又多，长在向阳南山坡。
有幸见到好老师，心里快乐有楷模。
萝蒿一片蓬勃长，长在河心小洲上。
有幸见到好老师，心里欢喜又舒畅。
萝蒿一片真茂盛，高高丘陵连根生。
有幸见到好老师，胜过赏我百千文。
水中漂着杨木舟，半沉半浮没人管。
有幸见到好老师，学有榜样心喜欢。

六月

【原文】

六月栖栖，戎车既饬。
四牡骙骙，载是常服。
玁狁孔炽，我是用急。
王于出征，以匡王国。
比物四骊，闲之维则。
维此六月，既成我服。
我服既成，于三十里。
王于出征，以佐天子。
四牡修广，其大有颙。
薄伐玁狁，以奏肤公。
有严有翼，共武之服。
共武之服，以定王国。
玁狁匪茹，整居焦获。
侵镐及方，至于泾阳。
织文鸟章，白旆央央。
元戎十乘，以先启行。

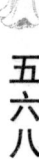

戎车既安，如轾如轩。
四牡既佶，既佶且闲。
薄伐狁，至于大原。
文武吉甫，万邦为宪。
吉甫燕喜，既多受祉。
来归自镐，我行永久。
饮御诸友，炰鳖脍鲤。
侯谁在矣，张仲孝友。

【译文】

六月出兵好紧张，整理兵车备战忙。
四匹公马肥又壮，士兵军服装载上。
可恨狁太猖狂，我军急行守边防。
周王命令我出征，保我邦国保我王。
四匹黑马选得壮，驾马技术练习忙。
就在盛夏六月里，军服制成好穿上。
新制军服穿上身，日行卅里赴边疆。
周王命令我出征，帮助天子战强梁。
四匹公马高又壮，大头大脑气昂昂。
同心勉力讨狁，建立大功安周邦。
将帅威武又谨严，共管战事守国防。
共同管好国防事，卫我国家安我王。
狁不弱非窝囊，驻兵焦获战线长。
侵略宁夏和朔方，深入甘肃到泾阳。
我军挂徽坚鹰旗，旗端飘带白又亮。
大型战车有十乘，冲开敌垒勇难挡。
战车安然奏凯还，俯仰自如无损伤。
四匹公马真雄壮，说它雄壮却驯良。
同心勉力讨狁，深入大原敌胆丧。
能文能武尹吉甫，四方诸侯好榜样。
宴请吉甫庆喜事，接受赏赐多吉祥。
我从固原班师归，路上行军日子长。
邀请战友为陪客，蒸鳖脍鲤佳肴香。
宴会座中还有谁？孝友张仲有名望。

统军出行图,甘肃敦煌石窟156窟壁画。

采芑

【原文】

薄言采芑,于彼新田,
于此菑亩。方叔莅止,
其车三千,师干之试。
方叔率止,乘其四骐,
四骐翼翼。路车有奭,
簟茀鱼服,钩膺鞗革。
薄言采芑,于彼新田,
于此中乡。方叔莅止,
其车三千,旂旐央央。
方叔率止,约軝错衡,
八鸾玱玱。服其命服,
朱芾斯皇,有玱葱珩。
鴥彼飞隼,其飞戾天,
亦集爰止。方叔莅止,
其车三千,师干之试。

方叔率止，钲人伐鼓，
陈师鞠旅。显允方叔，
伐鼓渊渊，振旅阗阗。
蠢尔蛮荆，大邦为仇。
方叔元老，克壮其犹。
方叔率止，执讯获丑。
戎车啴啴，啴啴焞焞，
如霆如雷。显允方叔，
征伐玁狁，蛮荆来威。

【译文】

急急忙忙采苦菜，在那郊外新田间，
又到这块初垦田。方叔亲临来检验，
战车排开整三千，战士执盾勤操练。
方叔领兵上前线，乘上战车驰在先，
四匹青骢肩并肩。朱漆战车红艳艳，
鱼皮箭袋细竹帘，马鞅马勒光耀眼。
急急忙忙采苦菜，在那郊外新田间，
又到这块初垦田。方叔亲临挂帅印，
战车威武有三千，军旗招展多光鲜。
方叔领兵去出征，皮饰车毂雕花辕，
车铃叮当走得欢。王赐宫服身上穿，
鲜红蔽膝亮闪闪，玉佩铿锵响声传。
鹞鹰疾飞快如箭，忽然高飞上九天，
忽然停息落地面。方叔亲临来检验，
战车排开整三千，战士持盾勤操练。
方叔带兵去出征，钲人击鼓声喧阗，
列队誓师好庄严。方叔军纪明又信，
击鼓咚咚号令传，士兵动作应鼓点。
荆州蛮子太愚蠢，敢同周朝做仇人。
方叔乃是元老臣，雄才大略兵如神。
方叔领兵去出征，打得敌人束手擒。
战车隆隆起烟尘，排山倒海军容振，
势如雷霆动乾坤。方叔军纪明又信，
曾经北伐克玁狁，荆蛮闻风已惊心。

车攻

【原文】

我车既攻,我马既同。
四牡庞庞,驾言徂东。
田车既好,四牡孔阜。
东有甫草,驾言行狩。
之子于苗,选徒嚣嚣。
建旐设旄,薄狩于敖。
驾彼四牡,四牡奕奕。
赤芾金舄,会同有绎。
决拾既佽,弓矢既调。
射夫既同,助我举柴。
四黄既驾,两骖不猗。
不失其驰,舍矢如破。
萧萧马鸣,悠悠旆旌。
徒御不惊,大庖不盈。
之子于征,有闻无声。
允矣君子,展也大成。

【译文】

猎车修理已完工,马儿整齐速度同。
四匹公马多强壮,驾着猎车驶向东。
猎车修得很完好,四匹公马大又高。
东都甫田有草原,驾车打猎走一遭。
国王夏猎有排场,清点随员闹洋洋。
树起旗子插上旄,前往敖山狩猎场。
诸侯驾着四马来,四马从容又轻快。
大红蔽膝金头鞋,共同会猎好气派。
扳指臂韝都齐备,强弓利矢两相配。
猎罢射手都集中,助拣猎物抬又背。
四匹黄马已驾上,两旁骖马不偏向。
往来驰驱有章法,一箭射出就杀伤。

耳听马鸣声萧萧，眼望旌旗悠悠飘。
驭手机警又严肃，野味下厨充佳肴。
国王猎罢归京城，人马整肃寂无声。
真是圣明好天子，会猎胜利大有成。

吉日

【原文】

吉日维戊，既伯既祷。
田车既好，四牡孔阜。
升彼大阜，从其群丑。
吉日庚午，既差我马。
兽之所同，麀鹿麌麌。
漆沮之从，天子之所。
瞻彼中原，其祁孔有。
儦儦俟俟，或群或友。
悉率左右，以燕天子。
既张我弓，既挟我矢。
发彼小豝，殪此大兕。
以御宾客，且以酌醴。

【译文】

时逢戊辰日子好，祭了马祖又祈祷。
猎车坚固更灵巧，四匹公马满身膘。
驾车登上大土坡，追逐群兽飞快跑。
庚午吉日时辰巧，猎马已经选择好。
查看群兽聚集地，鹿儿来往真不少。
驱逐漆沮岸旁兽，赶向周王打猎道。
放眼远望原野头，地方广大物富有。
或跑或走野兽多，三五成群结队游。
把它统统赶出来，等待周王显身手。
按好我的弓上弦，拔出箭儿拿在手。
一箭射中小野猪，再发射死大野牛。
烹调野味宴宾客，做成佳肴好下酒。

鸿雁之什

鸿雁

【原文】

鸿雁于飞,肃肃其羽。
之子于征,劬劳于野。
爰及矜人,哀此鳏寡。
鸿雁于飞,集于中泽。
之子于垣,百堵皆作。
虽则劬劳,其究安宅。
鸿雁于飞,哀鸣嗷嗷。
维此哲人,谓我劬劳。
维彼愚人,谓我宣骄。

【译文】

大雁远飞翔,翅膀沙沙响。
使臣走远路,辛劳奔波忙。
救济贫苦人,鳏寡可怜相。
大雁远飞翔,落在湖中央。
使臣巡工地,筑起百堵墙。
虽然很辛劳,穷人有住房。
大雁远飞翔,哀鸣声凄凉。
只有明白人,说我辛苦忙。
那些愚昧者,说我讲排场。

庭燎

【原文】

夜如何其?夜未央,
庭燎之光。君子至止,
鸾声将将。
夜如何其?夜未艾,
庭燎晣晣。君子至止,
鸾声哕哕。
夜如何其?夜乡晨,
庭燎有辉。君子至止,
言观其旂。

【译文】

现在夜里啥时光?长夜漫漫天未亮,
是那火炬烧得旺。诸侯朝见快来到,
远处车铃叮当响。
现在夜里啥时光?夜色蒙蒙天未亮,
是那火炬明晃晃。诸侯朝见快来到,
铃声渐近响叮当。
现在夜里啥时光?长夜将尽天快亮,
火炬渐熄烟气香。诸侯朝见已来到,
只见旌旗随风扬。

沔水

【原文】

沔彼流水,朝宗于海。
鴥彼飞隼,载飞载止。
嗟我兄弟,邦人诸友。
莫肯念乱,谁无父母?

沔彼流水，其流汤汤。
鸢彼飞隼，载飞载扬。
念彼不迹，载起载行。
心之忧矣，不可弭忘。
鸢彼飞隼，率彼中陵。
民之讹言，宁莫之惩。
我友敬矣，谗言其兴。

【译文】

流水盈盈向东方，百川归海成汪洋。
天空隼鸟任疾飞，飞飞停停不慌忙。
可叹同姓诸兄弟，可叹朋友和同乡，
无人考虑国事乱，你们难道没爹娘？
流水盈盈向东方，浩浩荡荡入海洋。
天空隼鸟任疾飞，扇动翅膀高飞翔。
上边做事没准则，坐立不安我彷徨。
心忧国事这模样，终日焦虑不能忘。
天空隼鸟任疾飞，沿着山陵高飞翔。
民间谣言纷纷起，不去制止真荒唐。
告我友朋须警惕，谣言蜂起要提防。

鹤鸣

【原文】

鹤鸣于九皋，声闻于野。
鱼潜在渊，或在于渚。
乐彼之园，爰有树檀，
其下维萚。它山之石，
可以为错。
鹤鸣于九皋，声闻于天。
鱼在于渚，或潜在渊。
乐彼之园，爰有树檀，
其下维榖。它山之石，
可以攻玉。

【译文】

沼泽曲折白鹤叫,鸣声嘹亮传四郊。
鱼儿潜伏深水里,有时游出近小岛。
美丽花园逗人爱,园里檀树大又高,
树下萚树矮又小。他乡山上有宝石,
同样可做雕玉刀。
沼泽曲折白鹤叫,鸣声嘹亮传九霄。
鱼儿游在沙洲边,潜入深渊也逍遥。
美丽花园逗人爱,园里檀树大又高,
下有楮树丑又小。它乡山上有宝石,
同样可将美玉雕。

瑞鹤图,宋赵佶绘。

祈父

【原文】

祈父,予王之爪牙。
胡转予于恤,靡所止居?
祈父,予王之爪士。
胡转予于恤,靡所厎止?
祈父,亶不聪。
胡转予于恤,有母之尸饔!

【译文】

大司马呀大司马,你是国王的爪牙。
为啥调我到战场,害我背井离家乡?
大司马呀大司马,你是卫士的领班。
为啥调我到战场,害我有家难回还?
大司马呀大司马,你真不了解情况。
为啥调我到战场,去时娘在,回来哭灵堂!

白骏马图,选自清王致诚绘《十骏马图》,北京故宫博物院藏。

白驹

【原文】

皎皎白驹,食我场苗。
絷之维之,以永今朝。
所谓伊人,于焉逍遥。
皎皎白驹,食我场藿。
絷之维之,以永今夕。

所谓伊人，于焉嘉客？
皎皎白驹，贲然来思。
尔公尔侯，逸豫无期。
慎尔优游，勉尔遁思。
皎皎白驹，在彼空谷。
生刍一束，其人如玉。
毋金玉尔音，而有遐心。

【译文】

浑身皎洁小白马，请来吃我场中苗。
拿起绳索拴马脚，伴我朋友度今朝。
说起我的好朋友，请在这里且逍遥。
浑身皎洁小白马，来我场中吃豆叶。
拿起绳索绊马脚，留下你再过一夜。
说起我的好朋友，此地做客此地歇。
浑身皎洁小白马，飞跑奔来真快煞。
才能堪为公和侯，莫要日夜只玩耍。
安闲游乐须谨慎，切勿隐居图闲暇。
浑身皎洁小白马，向那山谷自在跑。
备捆青草做饲料，等待如玉友人到。
别后音书莫吝惜，心存疏远忘知交。

黄鸟

【原文】

黄鸟黄鸟，无集于榖，
无啄我粟。此邦之人，
不我肯榖。言旋言归，
复我邦族。
黄鸟黄鸟，无集于桑，
无啄我粱。此邦之人，
不可与明。言旋言归，
复我诸兄。
黄鸟黄鸟，无集于栩，

无啄我黍。此邦之人，
不可与处。言旋言归，
复我诸父。

【译文】

黄鸟黄鸟听我讲，不要停在楮树上，
不要吃我小米粮。这个国家的人们，
对我实在不善良。回去回去快回去，
回到本国我家乡。
黄鸟黄鸟听我讲，不要停在桑树上，
不要吃我红高粱。这个国家的人们，
不守信用真荒唐。回去回去快回去，
回到故土见兄长。
黄鸟黄鸟听我讲，不要停在柞树上，
不要吃我玉米粮。这个国家的人们，
没法共处相来往。回去回去快回去，
去和伯叔细商量。

我行其野

【原文】

我行其野，蔽芾其樗。
昏姻之故，言就尔居。
尔不我畜，复我邦家。
我行其野，言采其蓫。
昏姻之故，言就尔宿。
尔不我畜，言归思复。
我行其野，言采其葍。
不思旧姻，求尔新特。
成不以富，亦祇以异。

【译文】

我在郊外独行路，臭椿枝叶长满树。
因为结婚成姻缘，才来和你一块住。

你却无情不爱我，只好回去当弃妇。
我在郊外独行路，采棵臭蓫情难诉。
因为结婚成姻缘，夜夜才和你同宿。
你却无情不爱我，只好回到娘家住。
我在郊外独行路，摘株葍草心凄楚。
不念旧妻太狠心，追求新配真可恶。
并非她家比我富，是你异心相辜负。

斯干

【原文】

秩秩斯干，幽幽南山。
如竹苞矣，如松茂矣。
兄及弟矣，式相好矣，
无相犹矣。
似续妣祖，筑室百堵，
西南其户。爰居爰处，
爰笑爰语。
约之阁阁，椓之橐橐。
风雨攸除，鸟鼠攸去。
君子攸芋。
如跂斯翼，如矢斯棘，
如鸟斯革，如翚斯飞。
君子攸跻。
殖殖其庭，有觉其楹。
哙哙其正，哕哕其冥。
君子攸宁。
下莞上簟，乃安斯寝。
乃寝乃兴，乃占我梦。
吉梦维何？维熊维罴，
维虺维蛇。
大人占之：维熊维罴，
男子之祥；维虺维蛇，
女子之祥。

乃生男子，载寝之床，
载衣之裳，载弄之璋。
其泣喤喤，朱芾斯皇，
室家君王。
乃生女子，载寝之地，
载衣之裼，载弄之瓦。
无非无仪，唯酒食是议，
无父母诒罹。

【译文】

流水清清小山涧，林木幽幽终南山。
丛丛绿竹好形势，密密青松满冈峦。
兄弟同住多和睦，相亲相爱心相关，
胸襟坦白不欺瞒。
继承祖妣遵遗愿，盖起宫室千百间，
厢列东西门朝南。就在这里同居住，
亲人团聚笑语欢。
扎紧木板阁阁响，夯土咚咚筑泥墙。
从此不怕风和雨，麻雀老鼠都赶光，
君子住着多舒畅。
端正犹如踮脚立，齐整有如利箭急，
宽广好似鸟展翼，华丽赛过锦毛鸡，
君子登堂心欢喜。
庭院宽阔平且正，屋柱笔直高又挺。
白天光线多明亮，夜晚昏暗真幽静，
君子住着心安定。
上铺竹席下铺草，高枕无忧没烦恼。
睡得酣来起得早，昨夜梦境好不好。
好梦梦见啥东西？是熊是罴显吉兆，
有虺有蛇好运道。
大人占梦细细讲：梦见熊罴有名堂，
象征生男有力量；梦见虺蛇有讲究，
象征生个女娇娘。
如若生个男孩子，给他睡张小眠床，
给他裹上大衣裳，给他玩弄白玉璋。
娃儿哭声真洪亮，朱红蔽膝更辉煌，

将来周朝做君王。
如若生个小姑娘，给她铺席睡地板，
一条小被包身上，纺线瓦锤给她玩。
不许违抗莫多话，料理家务烧好饭，
别给父母添麻烦。

无羊

【原文】

谁谓尔无羊？三百维群。
谁谓尔无牛？九十其犉。
尔羊来思，其角濈濈。
尔牛来思，其耳湿湿。
或降于阿，或饮于池，
或寝或讹。尔牧来思，
何蓑何笠，或负其餱。
三十维物，尔牲则具。
尔牧来思，以薪以蒸，
以雌以雄。尔羊来思，
矜矜兢兢，不骞不崩。
麾之以肱，毕来既升。
牧人乃梦，众维鱼矣，
旐维旟矣。大人占之：
众维鱼矣，实维丰年；
旐维旟矣，室家溱溱。

【译文】

谁说你家没有羊？数百成群遍山丘。
谁说你家没有牛？壮牛就有几十头。
你的羊群走来啦，只见犄角密稠稠。
你的牛群走来啦，摇摇耳朵慢悠悠。
有的牛羊下山坡，有的池边找水喝，
有的走动有的卧。你家牧童归来时，

牧羊，汉代壁画。

戴着斗笠披着蓑，有的背着干馍馍。
牲口毛色好几十，品种齐备祭牲多。
你家牧童归来时，拣回一捆柴和草，
顺便打猎收获好。你的羊群牧罢归，
争先恐后快快跑，不掉队儿不乱套。
牧童胳膊挥一挥，一只不少进圈了。
牧官夜里做个梦，梦见鱼儿无其数，
梦见鹰旗漫天舞。大人占梦说端详：
梦见鱼儿无其数，预兆丰年多富裕。
梦见鹰旗漫天舞，人丁兴旺真欢愉。

节南山之什

节南山

【原文】

节彼南山，维石岩岩。
赫赫师尹，民具尔瞻。

忧心如惔，不敢戏谈。
国既卒斩，何用不监！
节彼南山，有实其猗。
赫赫师尹，不平谓何。
天方荐瘥，丧乱弘多。
民言无嘉，憯莫惩嗟。
尹氏大师，维周之氐。
秉国之均，四方是维。
天子是毗，俾民不迷。
不吊昊天，不宜空我师。
弗躬弗亲，庶民弗信。
弗问弗仕，勿罔君子。
式夷式已，无小人殆。
琐琐姻亚，则无膴仕。
昊天不佣，降此鞠讻。
昊天不惠，降此大戾。
君子如届，俾民心阕。
君子如夷，恶怒是违。
不吊昊天，乱靡有定。
式月斯生，俾民不宁。
忧心如酲，谁秉国成？
不自为政，卒劳百姓。
驾彼四牡，四牡项领。
我瞻四方，蹙蹙靡所骋。
方茂尔恶，相尔矛矣。
既夷既怿，如相酬矣。
昊天不平，我王不宁。
不惩其心，覆怨其正。
家父作诵，以究王讻。
式讹尔心，以畜万邦。

【译文】

终南山，山峻峭，崖石层层高又高。
赫赫有名尹太师，人人对他侧目瞧。
满心忧忿像火烧，不敢谈论发牢骚。
国运已经快断绝，为何还不觉察到！

终南山，高又长，一片山坡多宽广。
赫赫有名尹太师，为何办事太荒唐！
上天正在降灾荒，国家动乱人死亡。
民怨沸腾没好话，还不认真想一想！
尹太师啊尹太师，你是国家的基石。
朝廷大权手中握，天下靠你来维持。
君王靠你当助手，百姓靠你把路指。
可恨老天没长眼，让他刮尽民膏脂。
国事你不亲主宰，百姓对你不信赖。
人才不问又不用，欺骗好人太不该。
赶快铲除害人虫，不要因此惹祸灾。
亲戚既然无才能，乌纱帽儿摘下来。
老天爷啊心太坏，降下浩劫把人害！
老天爷啊太不仁，降下灾难活不成！
好人如果能执政，民愤可以平一平。
好人如果排除掉，人民反抗怒火烧。
可恨老天没眼睛，乱子从来不曾停。
生灵涂炭命难存，百姓生活不安宁。
忧愁搅得心如醉，究竟让谁掌权柄？
君王不管天下事，结果苦了老百姓。
驾起四匹大公马，马儿肥壮粗脖颈。
东南西北望一望，天地太窄难驰骋！
看你作恶真不少，就像一柄杀人矛。
铲除恶人开心日，举酒相庆乐陶陶。
老天多么不公平，害得我王不安宁。
君王不惩尹氏恶，反而怨恨劝谏臣。
家父作诗自长吟，追究王朝祸乱根。
但愿君王心意转，治理天下享太平。

正月

【原文】

正月繁霜，我心忧伤。
民之讹言，亦孔之将。

念我独兮，忧心京京。
哀我小心，癙忧以痒。
父母生我，胡俾我瘉？
不自我先，不自我后。
好言自口，莠言自口。
忧心愈愈，是以有侮。
忧心茕茕，念我无禄。
民之无辜，并其臣仆。
哀我人斯，于何从禄？
瞻乌爰止，于谁之屋？
瞻彼中林，侯薪侯蒸。
民今方殆，视天梦梦。
既克有定，靡人弗胜。
有皇上帝，伊谁云憎？
谓山盖卑，为冈为陵。
民之讹言，宁莫之惩？
召彼故老，讯之占梦。
具曰"予圣"，谁知乌之雌雄？
谓天盖高，不敢不局。
谓地盖厚，不敢不蹐。
维号斯言，有伦有脊。
哀今之人，胡为虺蜴？
瞻彼阪田，有菀其特。
天之扤我，如不我克。
彼求我则，如不我得。
执我仇仇，亦不我力。
心之忧矣，如或结之。
今兹之正，胡然厉矣！
燎之方扬，宁或灭之！
赫赫宗周，褒姒灭之。
终其永怀，又窘阴雨。
其车既载，乃弃尔辅。
载输尔载，"将伯助予"。
无弃尔辅，员于尔辐。
屡顾尔仆，不输尔载。
终逾绝险，曾是不意！

鱼在于沼，亦匪克乐。
潜虽伏矣，亦孔之炤。
忧心惨惨，念国之为虐。
彼有旨酒，又有嘉殽。
洽比其邻，昏姻孔云。
念我独兮，忧心殷殷！
佌佌彼有屋，蔌蔌方有谷。
民今之无禄，天夭是椓。
哿矣富人，哀此茕独！

【译文】

六月下霜不正常，这使我心很忧伤。
民间已经有谣言，沸沸扬扬传得广。
想我一身多孤单，愁思萦绕常怅怅。
胆小怕事真可哀，又怕又闷病一场。
爹娘既然生了我，为啥使我受创伤？
我生不早又不晚，乱世灾祸偏碰上。
好话凭他嘴里说，坏话凭他去宣扬。
反复无常真可怕，受人欺侮更懊丧。
没人了解满腹愁，想我命苦泪暗流。
平民百姓有何罪，国亡都成阶下囚。
可怜我们这些人，爵位俸禄何处求？
看那乌鸦往下飞，停下谁家屋脊头？
看那树林密层层，粗干细枝交错生。
人民处境正危险，老天糊涂太昏昏。
世上一切你主宰，没人能够违天命。
皇皇上帝我问你，究竟你恨什么人？
人说山矮像土冢，却是高冈耸半空。
民间谣言既发生，怎不警惕采行动。
召来元老仔细问，再请占梦卜吉凶。
都说自己最高明，不辨乌鸦雌和雄。
是谁说那天很高？走路不敢不弯腰。
是谁说那地很厚？走路不敢不蹑脚。
人民喊出这些话，确有道理说得好。
可恨如今世上人，为何像蛇将人咬。
看那山坡坡上田，一片茂密长禾苗。

老天拼命折磨我，好像非把我压倒。
当初朝廷需要我，找我惟恐得不到。
邀去却又撂一边，不让我把重担挑。
心里忧愁没办法，就像绳子结疙瘩。
试看今日朝中政，为啥暴虐乱如麻？
野火蓬蓬正燃起，有谁能够浇熄它？
赫赫镐京正兴旺，褒姒一笑灭亡它！
心中已经常忧伤，又逢阴雨更凄凉，
车子已经装满货，却把拦板全抽光。
等到货物遍地撒，才叫"大哥帮帮忙！"
请勿丢掉车拦板，还要加粗车轮辐。
经常照顾你车夫，莫使失落车上物。
这样才能渡险境，你却总是不在乎！
鱼儿虽在池里游，并不能够乐逍遥。
虽然潜在深水中，水清仍旧躲不掉。
心中不安常忧虑，想想朝政太残暴。
他有美酒喷喷香，鱼肉好菜供品尝。
狐群狗党相勾结，亲朋好友周旋忙。
想我孤零无依靠，忧心如捣痛断肠。
卑劣小人住好屋，鄙陋家伙有五谷。
如今人民最不幸，天降灾祸真命苦，
富人享福哈哈笑，可怜穷人太孤独。

十月之交

【原文】

十月之交，朔月辛卯。
日有食之，亦孔之丑。
彼月而微，此日而微。
今此下民，亦孔之哀。
日月告凶，不用其行。
四国无政，不用其良。
彼月而食，则维其常。
此日而食，于何不臧！

烨烨震电，不宁不令。
百川沸腾，山冢崒崩。
高岸为谷，深谷为陵。
哀今之人，胡憯莫惩！
皇父卿士，番维司徒。
家伯维宰，仲允膳夫。
棸子内史，蹶维趣马。
楀维师氏，艳妻煽方处。
抑此皇父，岂曰不时，
胡为我作，不即我谋，
彻我墙屋，田卒污莱。
曰"予不戕，礼则然矣"。
皇父孔圣，作都于向。
择三有事，亶侯多藏。
不慭遗一老，俾守我王。
择有车马，以居徂向。
黾勉从事，不敢告劳。
无罪无辜，谗口嚣嚣。
下民之孽，匪降自天。
噂沓背憎，职竞由人。
悠悠我里，亦孔之痗。
四方有羡，我独居忧。
民莫不逸，我独不敢休！
天命不彻，我不敢效我友自逸。

【译文】

九月刚过十月到，初一早上辰时交。
忽然太阳又蚀了，这种天象是凶兆。
不久之前方月蚀，今又日蚀更糟糕。
如今天下老百姓，大难临头真堪悼。
日月显示灾难兆，不再遵循常轨道，
到处没有好政治，贤臣良才全不要。
上次月亮被吞食，还算平常屡见到。
太阳遭蚀了不得，坏事临头怎么好！
电光闪闪雷轰鸣，政治黑暗民不宁。
大小江河齐沸腾，山峰倒塌乱石崩。

高山刹那变深谷，深谷顿时变丘陵。
可恨如今掌权人，何曾引以为教训！
六卿之首是皇父，樊氏当上大司徒，
朝廷典籍家伯掌，仲允管的是御厨，
聚子充当内史官，蹶父养马管放牧，
还有楀氏管监察，都同褒姒很热乎。
提起皇父叫人气，硬说他没违农时。
为啥派我服劳役，也不商量就通知。
我家墙屋被拆毁，我家田园全荒弛。
还说："不是我害你，照章办事该如此。"
这位皇父太高明，要在向邑建都城。
选中大官有三个，钱财多得数不清。
不肯留下一老臣，让他保王卫宫廷。
看中富家有车马，迁往向邑结伴行。
尽力服役为王事，不敢诉苦不敢怨。
没犯过错没犯罪，众口诽谤难分辩。
百姓遭受大灾难，不是老天不长眼。
当面谈笑背后骂，都是坏人在诬陷。
苦恼烦闷恨悠悠，恰似大病在心头。
看看别家很富裕，独我一人在忧愁。
人们生活都安逸，我独不敢片刻休。
天道无常难预测，不敢学人图享受。

雨无正

【原文】

浩浩昊天，不骏其德。
降丧饥馑，斩伐四国。
旻天疾威，弗虑弗图。
舍彼有罪，既伏其辜。
若此无罪，沦胥以铺。
周宗既灭，靡所止戾。
正大夫离居，莫知我勚。
三事大夫，莫肯夙夜。

邦君诸侯，莫肯朝夕。
庶曰"式臧"，覆出为恶。
如何昊天！辟言不信。
如彼行迈，则靡所臻。
凡百君子，各敬尔身。
胡不相畏，不畏于天？
戎成不退，饥成不遂。
曾我暬御，憯憯日瘁。
凡百君子，莫肯用讯。
听言则答，谮言则退。
哀哉不能言，匪舌是出，
维躬是瘁。哿矣能言，
巧言如流，俾躬处休。
维曰于仕，孔棘且殆。
云不可使，得罪于天子。
亦云可使，怨及朋友。
谓尔迁于王都，曰予未有室家。
鼠思泣血，无言不疾。
昔尔出居，谁从作尔室？

【译文】

浩浩老天听我讲，你的恩惠不经常。
降下饥荒和死亡，天下人都被残伤。
老天暴虐太不良，不加思考不思量。
有罪之人你放过，包庇恶行瞒罪状。
无罪之人真冤枉，相继受害遭祸殃。
都城如果被攻破，想要栖身没地方。
大臣高官都逃走，有谁知我工作忙。
三公位高不尽职，不肯早晚辅君王。
各国诸侯也失职，不勤国事匡周邦。
总盼周王能变好，谁知反而更荒唐。
老天这样怎么行！忠言逆耳王不听。
好比一个行路人，毫无目的向前进。
百官群臣不管事，各自小心保自身。
为何互相不尊重，甚至不知畏天命？
敌人进犯今未退，饥荒严重兵将溃。

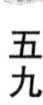

只我侍御亲近臣，每天忧虑身憔悴。
百官群臣都闭口，不肯进谏怕得罪。
君王爱听顺耳话，谁进忠言就斥退。
可悲有话不能讲，不是舌头生了疮，
是怕自己受损伤。能说会道就吃香，
花言巧语来开腔，高官厚禄如愿偿。
别人劝我把官当，危险太大太紧张。
要说坏事干不得，那就得罪了国王；
要说坏事可以做，朋友要骂丧天良。
劝你迂回王都吧，推辞那里没有家。
苦口婆心再劝他，对我切齿又咬牙，
试问从前离王都，是谁帮你造官衙？

小旻

【原文】

旻天疾威，敷于下土。
谋犹回遹，何日斯沮？
谋臧不从，不臧覆用。
我视谋犹，亦孔之邛。
潝潝訿訿，亦孔之哀。
谋之其臧，则具是违。
谋之不臧，则具是依。
我视谋犹，伊于胡厎。
我龟既厌，不我告犹。
谋夫孔多，是用不集。
发言盈庭，谁敢执其咎？
如匪行迈谋，是用不得于道。
哀哉为犹，匪先民是程，
匪大犹是经。维迩言是听，
维迩言是争。如彼筑室于道谋，
是用不溃于成。
国虽靡止，或圣或否。
民虽靡膴，或哲或谋，

或肃或艾。如彼泉流，
无沦胥以败。
不敢暴虎，不敢冯河。
人知其一，莫知其他。
战战兢兢，如临深渊，
如履薄冰。

【译文】

老天暴虐太恶毒，灾难遍布满国土。
政策谋略全错误，哪天结束这痛苦？
好的计谋你不听，坏的主意反信服。
我看现在的政策，糟糕透顶弊无数。
人们叽叽又咕咕，我心悲哀难解除。
正确意见提上来，千方刁难百计阻；
错误主张提上来，一拍即合就依附。
我看现在的政策，不知弄到啥地步。
我的灵龟已厌恶，谋略吉凶不告诉。
参谋顾问一大堆，议来议去不算数。
你一言来我一语，哪个敢把责任负。
好像问讯陌路人，很难得到正确路。
可叹执政太糊涂，不学祖宗不师古，
不遵正道走邪路；只肯听些浅陋话，
还要吵闹争赢输！如造房子问路人，
终究没法盖成屋。
国家虽然不算大，也有天才有凡夫，
人民虽然不算多，也有明智谋略富，
也有干才责任负。国运如水一泻去，
终将败亡拦不住！
不敢空手打老虎，不敢徒步河中渡。
这个道理人皆知，别的危险就糊涂。
战战兢兢过日子，如临深渊须留步，
如踩薄冰防险路。

小宛

【原文】

宛彼鸣鸠，翰飞戾天。
我心忧伤，念昔先人。
明发不寐，有怀二人。
人之齐圣，饮酒温克。
彼昏不知，壹醉日富。
各敬尔仪，天命不又。
中原有菽，庶民采之。
螟蛉有子，蜾蠃负之。
教诲尔子，式穀似之。
题彼脊令，载飞载鸣。
我日斯迈，而月斯征。
夙兴夜寐，无忝尔所生。
交交桑扈，率场啄粟。
哀我填寡，宜岸宜狱。
握粟出卜，自何能穀？
温温恭人，如集于木。
惴惴小心，如临于谷。
战战兢兢，如履薄冰。

【译文】

小小斑鸠鸟，高飞上云天。
我心真忧伤，想起我祖先。
一夜睡不着，又把爹娘念。
聪明正派人，喝酒克制又从容。
无知糊涂人，越喝越醉发酒疯。
各位作风要谨慎，国运一去难追踪。
地里有豆苗，人们采回充菜肴。
螟蛾有幼虫，细腰土蜂捉回巢。
教育你儿子，王位定要继承好。
看那小鹡鸰，边飞又边鸣。

天天我奔波，月月你出行。
早起晚睡忙不停，不要辱没父母名。
小小青雀本食肉，却啄黄粟在谷场。
叹我穷得叮当响，还吃官司进牢房。
抓把小米去占卜，何处才能得吉祥？
为人柔顺又温良，竟像爬在高树上。
惴惴不安往下看，如临山谷深万丈。
战战兢兢怕失手，好像踩在薄冰上。

小弁

【原文】

弁彼鸒斯，归飞提提。
民莫不谷，我独于罹。
何辜于天，我罪伊何？
心之忧矣，云如之何！
踧踧周道，鞫为茂草。
我心忧伤，惄焉如捣。
假寐永叹，维忧用老。
心之忧矣，疢如疾首！
维桑与梓，必恭敬止。
靡瞻匪父，靡依匪母。
不属于毛，不离于里。
天之生我，我辰安在？
菀彼柳斯，鸣蜩嘒嘒。
有漼者渊，萑苇淠淠。
譬彼舟流，不知所届。
心之忧矣，不遑假寐！
鹿斯之奔，维足伎伎。
雉之朝雊，尚求其雌。
譬彼坏木，疾用无枝。
心之忧矣，宁莫之知！
相彼投兔，尚或先之。
行有死人，尚或墐之。

君子秉心，维其忍之。
心之忧矣，涕既陨之！
君子信谗，如或酬之。
君子不惠，不舒究之。
伐木掎矣，析薪扡矣。
舍彼有罪，予之佗矣！
莫高匪山，莫浚匪泉。
君子无易由言，耳属于垣。
无逝我梁，无发我笱。
我躬不阅，遑恤我后。

【译文】

乌鸦乌鸦心里欢，飞回窝里真安闲。
人们生活都很好，我独忧愁难排遣。
我有啥事得罪天，我是犯了啥条款？
满心忧伤说不完，叫我究竟怎么办？
平平坦坦京都道，如今长满丛丛草。
忧伤痛苦不堪言，犹如棒槌把心捣。
和衣而卧长叹息，忧伤使我人衰老。
心里苦闷说不完，好像头痛发高烧。
桑梓爹娘种门前，敬它就如敬祖先。
儿子哪有不敬父，孩儿怎不把母恋。
谁非爹生皮和毛，谁非和娘血肉连。
老天既然生了我，为啥时乖命又蹇？
千丝万缕柳条青，蝉儿喳喳不住鸣。
一泓池水深又深，水边芦苇密密生。
我像小船断了缆，不知漂到何处停。
满腹忧伤说不尽，无法安心打个盹。
鹿儿觅群怕失散，留恋同伴脚步慢。
野鸡早上不住啼，还知追求它伙伴。
我像一株有病树，枝叶不生都枯干。
心里忧伤说不完，没人知我真孤单。
兔子关在笼子里，有人怜悯把门开。
尸体横在大路上，有人同情把他埋。
不料父亲居心狠，这般残忍真不该。
心里忧伤说不完，涕泪涟涟只自哀！

父亲听谗太轻信,像受敬酒味津津。
父亲对我没恩情,不究谣言何由生。
砍树还要拉紧绳,劈柴还要顺木纹。
放过罪人造谣者,却把罪名加我身。
若是不高不是山,若是不深不是潭。
父亲休要轻开言,隔墙有耳贴壁边。
别到我的鱼坝去,别把鱼篓打开看。
自身尚且不见容,哪顾身后事变迁。

巧言

【原文】

悠悠昊天,曰父母且。
无罪无辜,乱如此幠。
昊天已威,予慎无罪。
昊天泰幠,予慎无辜。
乱之初生,僭始既涵。
乱之又生,君子信谗。
君子如怒,乱庶遄沮。
君子如祉,乱庶遄已。
君子屡盟,乱是用长。
君子信盗,乱是用暴。
盗言孔甘,乱是用餤。
匪其止共,维王之邛。
奕奕寝庙,君子作之。
秩秩大猷,圣人莫之。
他人有心,予忖度之。
跃跃毚兔,遇犬获之。
荏染柔木,君子树之。
往来行言,心焉数之。
蛇蛇硕言,出自口矣。
巧言如簧,颜之厚矣。
彼何人斯?居河之麋。
无拳无勇,职为乱阶。

既微且尰，尔勇伊何？
为犹将多，尔居徒几何？

【译文】

悠悠老天听我诉，我把你来当父母。
人们没罪没过错，遭受祸乱太残酷。
老天施威太可怖，罪过我真半点无。
老天疏忽太糊涂，我是真正属无辜。
当初乱事刚发生，所有谗言都听进；
乱事再次又出现，君王又把谗言信。
君王如能斥谗人，祸乱马上能除尽；
君王如能用贤良，祸乱很快能平定。
君王谗人常结盟，所以乱子无穷尽。
君王轻信窃国盗，所以乱子更凶暴。
盗贼说话蜜蜜甜，所以乱子更增添。
不忠职守太不该，专把君王来坑害。
宫殿宗庙多雄伟，都是先王建成功。
典章制度多完善，圣人制定谋略宏。
别人有心破坏它，我能揣度猜测中。
好比狡兔脚虽快，碰上猎犬把命送。
好的树木柔又韧，君子种来树成荫。
流言散布没定准，我能辨别记在心。
骗人大话哪里来，都以谗人嘴中喷。
花言巧语像吹簧，脸皮太厚真可恨。
他是一个啥货色？住在大河水边沿。
既无才能又无勇，祸乱他是总根源。
烂了小腿又肿脚，你的勇气怎不见？
诡计多端真可恶，多少同党共作乱？

何人斯

【原文】

彼何人斯？其心孔艰。
胡逝我梁，不入我门？

伊谁云从？维暴之云。
二人从行，谁为此祸？
胡逝我梁，不入唁我？
始者不如今，云不我可。
彼何人斯？胡逝我陈？
我闻其声，不见其身。
不愧于人？不畏于天？
彼何人斯？其为飘风。
胡不自北？胡不自南？
胡逝我梁？祇搅我心！
尔之安行，亦不遑舍。
尔之亟行，遑脂尔车。
壹者之来，云何其盱！
尔还而入，我心易也。
还而不入，否难知也。
壹者之来，俾我祇也。
伯氏吹埙，仲氏吹篪。
及尔如贯，谅不我知！
出此三物，以诅尔斯！
为鬼为蜮，则不可得。
有靦面目，视人罔极。
作此好歌，以极反侧。

【译文】

请问他是什么人？心地阴险真可恨。
为何路过我鱼梁，不肯进入我家门？
请问他听谁的话？暴公说甚他说甚。
他跟暴公并肩行，我遭祸事谁是根？
为何走过我鱼梁，不进我门来慰问？
当初对我还不错，如今翻脸不认人！
请问他是什么人？为何从我穿堂行？
远远只听脚步声，看看不见他身影。
难道人前不惭愧？难道不怕天报应？
请问他是什么人？一阵暴风从此经。
为何不从北边走，为何不从南边行？
为何走过我鱼梁，恰恰使我疑心生！

你的车儿慢慢行,也没工夫停一停。
现在你说要快走,偏又添油把车停。
前次你到我家来,使我苦闷心头冷!
回国走进我家门,交情如旧我欢欣。
回国不进我家门,居心叵测难相信。
上次你到我家来,气得我竟生了病。
大哥奏乐吹起埙,二哥吹篪相和音。
你我本是一线穿,却不理解我的心!
捧出三牲鸡猪狗,求神降祸于你身!
为鬼为蜮害人精,无影无形难找寻。
你有颜面是人样,却比别人没定准。
特地唱支善意歌,揭穿反复无常人。

巷伯

【原文】

萋兮斐兮,成是贝锦。
彼谮人者,亦已大甚!
哆兮侈兮,成是南箕。
彼谮人者,谁适与谋?
缉缉翩翩,谋欲谮人。
慎尔言也,谓尔不信。
捷捷幡幡,谋欲谮言。
岂不尔受?既其女迁。
骄人好好,劳人草草。
苍天苍天,视彼骄人,
矜此劳人。
彼谮人者,谁适与谋?
取彼谮人,投畀豺虎。
豺虎不食,投畀有北。
有北不受,投畀有昊。
杨园之道,猗于亩丘。
寺人孟子,作为此诗。
凡百君子,敬而听之。

【译文】

丝线错杂颜色明，织成五彩贝纹锦。
那个造谣害人精，用心实在太凶狠！
张开大口奋箕样，箕星高挂天南方。
那个造谣害人精，谁愿和他去搭腔！
叽叽喳喳嚼舌根，整天算计陷害人。
劝你说话要当心，否则对你就不信。
花言巧语信口编，挖空心思造谣言。
虽说一时受你骗，终究恨你太阴险。
小人得志就忘形，好人被谗意消沉。
老天老天把眼睁！你看那人多骄横，
可怜我们受害人！
那个造谣大坏蛋，谁愿和他去搭腔！
抓住那个造谣家，丢到野外喂虎狼！
虎狼嫌他不愿吃，把他摔到北大荒；
北荒如果不接受，送他归天见阎王。
一条大路通杨园，紧紧靠在亩丘边。
我是宦官叫孟子，受人陷害写诗篇。
诸位君子大老爷，请您认真听我言。

谷风之什

谷风

【原文】

习习谷风，维风及雨。
将恐将惧，维予与女。
将安将乐，女转弃予。
习习谷风，维风及颓。
将恐将惧，寘予于怀。

将安将乐，弃予如遗。
习习谷风，维山崔嵬。
无草不死，无木不萎。
忘我大德，思我小怨。

【译文】

山谷大风呼呼叫，风狂雨骤天地摇。
当初忧患飘摇日，唯我助你把心操。
如今日子已安乐，反而将我抛弃掉。
山谷大风呼呼起，旋风阵阵不停息。
当初忧患飘摇日，把我搂在怀抱里。
如今生活已安乐，把我丢开全忘记。
大风呼呼吹不停，吹过高山刮过岭。
刮得百草都枯死，刮得树木尽凋零。
我的好处全忘记，专把小错记在心。

灵谷春云图，明戴进绘，（德）柏林东亚美术馆藏。

蓼莪

【原文】

蓼蓼者莪，匪莪伊蒿。
哀哀父母，生我劬劳。
蓼蓼者莪，匪莪伊蔚。
哀哀父母，生我劳瘁。
瓶之罄矣，维罍之耻。
鲜民之生，不如死之久矣。
无父何怙？无母何恃？
出则衔恤，入则靡至。

父兮生我，母兮鞠我。
拊我畜我，长我育我。
顾我复我，出入腹我。
欲报之德，昊天罔极！
南山烈烈，飘风发发。
民莫不穀，我独何害！
南山律律，飘风弗弗。
民莫不穀，我独不卒！

【译文】

一丛莪蒿长又高，不料非莪是散蒿。
可怜我的爹和娘，生我养我太辛劳。
高高莪蒿叶青翠，不料非莪而是蔚。
可怜我的爹和娘，生我辛劳太憔悴。
酒瓶底儿朝了天，酒坛应该觉害臊。
孤儿活在世界上，不如早些就死掉！
没有父亲何所依，没有母亲何所靠！
离家服役心含悲，回来双亲见不到。
爹呀是你生下我，娘呀是你抚养我。
抚摸我啊爱护我，养我长大教育我。
照顾我啊挂念我，出门进屋抱着我。
如今想报爹娘恩，谁料老天降灾祸！
南山崎岖行路难，狂风呼啸刺骨寒。
人人都能养爹娘，独我服役受苦难！
南山高耸把路挡，狂风呼啸尘飞扬。
人人都能养爹娘，独我不能去奔丧！

大东

【原文】

有饛簋飧，有捄棘匕。
周道如砥，其直如矢。
君子所履，小人所视。
睠言顾之，潸焉出涕。

小东大东，杼柚其空。
纠纠葛屦，可以履霜？
佻佻公子，行彼周行。
既往既来，使我心疚。
有洌氿泉，无浸获薪！
契契寤叹，哀我惮人。
薪是获薪，尚可载也。
哀我惮人，亦可息也。
东人之子，职劳不来。
西人之子，粲粲衣服。
舟人之子，熊罴是裘。
私人之子，百僚是试。
或以其酒，不以其浆。
鞙鞙佩璲，不以其长。
维天有汉，监亦有光。
跂彼织女，终日七襄。
虽则七襄，不成报章。
睆彼牵牛，不以服箱。
东有启明，西有长庚。
有捄天毕，载施之行。
维南有箕，不可以簸扬。
维北有斗，不可以挹酒浆。
维南有箕，载翕其舌。
维北有斗，西柄之揭。

【译文】

一盒熟食装满满，枣木饭勺柄儿弯。
大路平如磨刀石，笔直就像箭一般。
贵人在这路上走，小民只能瞪眼看。
回过头来怅然望，不禁伤心泪潸潸！
东方远近诸侯国，织机布帛搜刮空。
夏布凉鞋麻绳缠，怎能踏在秋霜冻？
贵人公子轻佻样，走在那条大路中。
往来不绝征赋税，使我忧伤心里痛。
冰冷泉水从旁来，不要浸湿那劈柴！
忧愁不眠暗叹息，劳苦人们真可哀。

谁要想烧这劈柴，还需车儿去装载。
可怜我们劳苦人，休息休息也应该。
东方子弟头难抬，没人慰劳只当差。
西方青年高一等，衣服鲜艳有光彩。
大人子弟褐气好，打熊猎黑心花开。
小人子弟命运乖，干这干那当奴才。
有人进贡美味酒，周人嫌它薄如浆。
进贡美丽佩玉带，周人嫌它不够长。
天上银河虽宽广，用作镜子空有光。
织女星座三只角，一天七次移位忙。
虽然来回移动忙，不能织出好花样。
牵牛星儿亮闪闪，不能用来驾车辆。
早晨启明出东方，傍晚长庚随夕阳。
毕星似网长柄弯，斜挂天空没用场。
南方箕星簸箕样，不能用它扬米糠。
斗星高高挂天上，不能用它舀酒浆。
南方箕星像簸箕，缩着舌头把嘴张。
斗星高高挂天上，扬起柄儿向西方。

四月

【原文】

四月维夏，六月徂暑。
先祖匪人，胡宁忍予？
秋日凄凄，百卉俱腓。
乱离瘼矣，爰其适归。
冬日烈烈，飘风发发。
民莫不谷，我独何害！
山有嘉卉，侯栗侯梅。
废为残贼，莫知其尤。
相彼泉水，载清载浊。
我日构祸，曷云能谷？
滔滔江汉，南国之纪。
尽瘁以仕，宁莫我有。

匪鹑匪鸢，翰飞戾天。
匪鳣匪鲔，潜逃于渊。
山有蕨薇，隰有杞桋。
君子作歌，维以告哀！

【译文】

四月出差是夏天，六月盛暑将过完。
祖先不是别家人，为啥任我受苦难？
秋风萧瑟真凄清，百草干枯尽凋零。
兵荒马乱心忧苦，何处可去何处行？
三九寒天彻骨凉，阵阵狂风呼呼响。
人们生活都很好，我独受害离家乡！
好树好花山上栽，也有栗子也有梅。
习惯成为害民贼，还不承认是犯罪。
看那泉水下山坡，清时少来浊时多。
天天碰上倒霉事，日子怎么会好过？
长江汉水浪滔滔，总揽南方小河道。
鞠躬尽瘁为国家，可是没人说声好。
为人不如鹰和雕，高飞能够冲云霄。
为人不如鲤和鲔，逃进深水真逍遥。
山上一片蕨薇草，低地杞桋真不少。
作首诗歌唱起来，心头悲哀表一表！

北山

【原文】

陟彼北山，言采其杞。
偕偕士子，朝夕从事。
王事靡盬，忧我父母。
溥天之下，莫非王土；
率土之滨，莫非王臣。
大夫不均，我从事独贤。
四牡彭彭，王事傍傍。
嘉我未老，鲜我方将。

旅力方刚，经营四方。
或燕燕居息，或尽瘁事国。
或息偃在床，或不已于行。
或不知叫号，或惨惨劬劳。
或栖迟偃仰，或王事鞅掌。
或湛乐饮酒，或惨惨畏咎。
或出入风议，或靡事不为。

【译文】

登上那座北山冈，采点枸杞尝一尝。
士子身强力又壮，从早到晚工作忙。
国王差事无休止，担心爹娘没人养。
普天之下哪片地，不是国王的领土，
四海之内哪个人，不是国王的臣仆。
大夫做事不公平，派我工作特别苦。
四马拉车匆匆赶，王事繁重没个完。
他们夸我年纪轻，赞我身体真壮健，
说是年富力又强，奔走四方理当然。
有的坐家中安乐享受，有的忙国事皮包骨头。
有的吃饱饭高枕无忧，有的在路上日夜奔走。
有的从不知民间疾苦，有的忧国事累断筋骨。
有的专享福悠闲自得，有的为工作忙忙碌碌。
有的寻欢作乐饮美酒，有的担心灾难要临头。
有的夸夸其谈发议论，有的样样事情要动手。

无将大车

【原文】

无将大车，祇自尘兮。
无思百忧，祇自疧兮。
无将大车，维尘冥冥。
无思百忧，不出于颎。
无将大车，维尘雍兮。
无思百忧，祇自重兮。

【译文】

不要去推那牛车，只会惹上一身尘。
不要去想忧心事，多想徒然自伤身。
不要去推那牛车，扬起尘土迷眼睛。
不要去想忧心事，多想前途没光明。
不要去推那牛车，尘土飞扬看不清。
不要去想忧心事，多想只会把病生。

小明

【原文】

明明上天，照临下土。
我征徂西，至于艽野。
二月初吉，载离寒暑。
心之忧矣，其毒大苦。
念彼共人，涕零如雨！
岂不怀归？畏此罪罟。
昔我往矣，日月方除。
曷云其还？岁聿云莫。
念我独兮，我事孔庶。
心之忧矣，惮我不暇。
念彼共人，睠睠怀顾。
岂不怀归？畏此谴怒。
昔我往矣，日月方奥。
曷云其还？政事愈蹙。
岁聿云莫，采萧获菽。
心之忧矣，自诒伊戚。
念彼共人，兴言出宿。
岂不怀归？畏此反覆。
嗟尔君子！无恒安处。
靖共尔位，正直是与。
神之听之，式谷以女。
嗟尔君子！无恒安息。

靖共尔位，好是正直。
神之听之，介尔景福。

【译文】

昭昭上天亮光光，普照辽阔大地上。
想我出差到西方，直到荒凉那边疆。
十二月初吉日走，至今寒来又暑往。
心中想想真忧愁，好像吃药苦难当。
想起那位老同事，不禁伤心泪汪汪。
难道不想回家乡？只怕获罪触法网。
回想当初我动身，正是新年好时光。
何日才能回家乡？一年将近犹无望。
想想只有我一人，事情多得头发胀。
心里真是太忧伤，整年劳累天天忙。
思念那位老同事，很想回去望一望。
难道不想回家乡？怕人恼怒说短长。
回想当初我动身，天气正暖不太凉。
何日才能回家乡？政事越来越繁忙。
一年很快就过完，采艾收豆上晒场。
心里想想真忧愁，自寻烦恼徒悲伤。
想起那位老同事，难以入睡起彷徨。
难道不想回家乡？只怕无辜受灾殃。
唉呀劝你老同事！休要安居把福享。
认真办好本职事，亲近正直靠贤良。
神明听到这一切，赐你福禄永吉祥。
唉呀劝你老同事！休贪安逸把福享。
认真办好本职事，亲近正直靠贤良。
神明听到这一切，赐你大福寿无疆。

鼓钟

【原文】

鼓钟将将，淮水汤汤，
忧心且伤。淑人君子，

怀允不忘。
鼓钟喈喈，淮水湝湝，
忧心且悲。淑人君子，
其德不回。
鼓钟伐鼛，淮有三洲，
忧心且妯。淑人君子，
其德不犹。
鼓钟钦钦，鼓瑟鼓琴，
笙磬同音。以《雅》以《南》，
以籥不僭。

【译文】

敲起编钟响叮当，淮水滚滚起波浪，
我心忧愁且悲伤。想起古代好君子，
叫人思念不能忘。
敲起编钟声和谐，淮水滔滔流不歇，
我心忧愁且悲切。想起古代好君子，
人品道德不偏邪。
敲钟打鼓声未休，淮河水中三小洲，
我心伤悼且忧愁。想起古代好君子，
品德高贵传千秋。
敲起编钟声钦钦，又鼓瑟来又弹琴，
笙磬同奏相和鸣。歌唱雅乐和南乐，
吹籥伴奏更分明。

祭祀图，汉画像石，山东沂南出土。

楚茨

【原文】

楚楚者茨，言抽其棘。
自昔何为？我艺黍稷。
我黍与与，我稷翼翼。
我仓既盈，我庾维亿。
以为酒食，以飨以祀。
以妥以侑，以介景福。
济济跄跄，絜尔牛羊，
以往烝尝。或剥或亨，
或肆或将。祝祭于祊，
祀事孔明。先祖是皇，
神保是飨。"孝孙有庆，
报以介福，万寿无疆！"
执爨踖踖，为俎孔硕，
或燔或炙。君妇莫莫，
为豆孔庶，为宾为客，
献酬交错。礼仪卒度，
笑语卒获。神保是格，
"报以介福，万寿攸酢！"
我孔熯矣，式礼莫愆。
工祝致告："徂赉孝孙。
苾芬孝祀，神嗜饮食。
卜尔百福，如几如式。
既齐既稷，既匡既敕。
永锡尔极，时万时亿。"
礼仪既备，钟鼓既戒。
孝孙徂位，工祝致告：
"神具醉止。"皇尸载起，
鼓钟送尸，神保聿归。
诸宰君妇，废彻不迟。
诸父兄弟，备言燕私。

乐具入奏，以绥后禄。
尔肴既将，莫怨具庆。
既醉既饱，小大稽首。
"神嗜饮食，使君寿考。
孔惠孔时，维其尽之。
子子孙孙，勿替引之。"

【译文】

蒺藜丛丛长满地，我拿锄头除荆棘。
从前开荒为的啥？我种高粱和小米。
我的小米多茂盛，我的高粱多整齐。
我的仓库已堆满，囤里藏粮千百亿。
粮食用来做酒饭，用它献神和祭祀。
请来尸神敬上酒，求神快将大福赐。
助祭恭敬又端庄，洗净你的牛和羊，
准备拿去作祭享。切的切来烧的烧，
摆开碗盏端上堂。太祝祭神庙门里，
祭事完备又周详。祖宗前来受祭祀，
神灵来把酒肉尝。"主祭少爷有吉庆，
神明酬报洪福降，赐您万寿永无疆！"
厨师敏捷做菜肴，案上鱼肉真不少，
有的红烧有的烤。主妇恭敬又小心，
端上佳肴一道道，招待宾客真周到。
主劝客饮杯盏交，遵守礼节不喧闹，
合乎规矩轻谈笑。祖先神灵已来到。
"神用大福来酬报，赐您长寿永不老！"
我的态度很恭敬，礼节周到没毛病。
太祝传下祖宗话："快去赐福给孝孙。
祭祀酒菜香喷喷，神灵爱吃心高兴。
赐您百福为报应。祭祀及时又标准，
办事快速又齐整，态度谨慎又端正。
永远赐您无量福，福禄亿万数不清。"
祭祀仪式都完备，钟鼓敲响近尾声。
主祭走回堂下位，太祝报告祭礼成：
"神灵都已醉醺醺。"大尸告辞立起身。
乐队敲鼓送尸神，祖宗神灵上归程。

烧菜厨师和主妇，撤去祭品不留停。
伯叔兄弟都聚齐，合家宴饮叙天伦。
乐队进庙齐奏起，子孙享受祭后食。
您的菜肴真美好，怨言全无乐滋滋。
菜饭吃饱酒喝足，老小叩头齐致辞：
"神灵爱吃这饭菜，使您长寿百年期。
祭祀又好又顺利，主人确实尽礼制。
但愿子孙和后代，永把祭礼来保持。"

信南山

【原文】

信彼南山，维禹甸之。
畇畇原隰，曾孙田之。
我疆我理，南东其亩。
上天同云，雨雪雰雰。
益之以霡霂，既优既渥，
既沾既足，生我百谷。
疆埸翼翼，黍稷彧彧。
曾孙之穑，以为酒食。
畀我尸宾，寿考万年。
中田有庐，疆埸有瓜。
是剥是菹，献之皇祖。
曾孙寿考，受天之祜。
祭以清酒，从以骍牡，
享于祖考。执其鸾刀，
以启其毛，取其血膋。
是烝是享，苾苾芬芬，
祀事孔明。先祖是皇，
报以介福，万寿无疆！

【译文】

绵延不断终南山，大禹治过旧封疆。
原野平坦又整齐，曾孙在此种食粮。

划分田界挖沟渠，亩亩方正好丈量。
天上乌云密层层，雪花飞舞乱纷纷。
加上细雨蒙蒙下，雨水充足好年成，
土地潮湿又滋润，茁壮茂盛五谷生。
疆界齐整划井田，小米高粱连成片。
曾孙收获粮食多，制酒做饭香又甜。
供给神主和宾客，神灵赐我寿万年。
田中有房住人家，田边种着青翠瓜。
瓜儿切开腌起来，献给祖先请收下。
曾孙寿命长百岁，皇天赐福保佑他。
神前斟上清清酒，再献赤黄大公牛，
上供祖先来享受。拿起锋利金鸾刀，
分开公牛颈下毛，取出牛血和脂膏。
美酒黄牛已献上，烧起脂膏喷喷香，
祭事完备又周详。祖宗来临把祭享，
神明酬报洪福降，赐您万寿永无疆！

甫田之什

甫田

【原文】

倬彼甫田，岁取十千。
我取其陈，食我农人，
自古有年。今适南亩，
或耘或耔，黍稷薿薿。
攸介攸止，烝我髦士。
以我齐明，与我牺羊，
以社以方。我田既臧，
农夫之庆。琴瑟击鼓，
以御田祖，以祈甘雨，

以介我稷黍，以谷我士女。
曾孙来止，以其妇子，
馌彼南亩。田畯至喜，
攘其左右，尝其旨否。
禾易长亩，终善且有。
曾孙不怒，农夫克敏。
曾孙之稼，如茨如梁。
曾孙之庾，如坻如京。
乃求千斯仓，乃求万斯箱。
黍稷稻粱，农夫之庆。
报以介福，万寿无疆。

【译文】

一片大田广无边，每年收粮万万千。
拿出仓里陈谷子，给我农民把肚填。
古来都是丰收年。我到南亩去巡视，
锄草培土人不闲，小米高粱一大片。
庄稼长大收上场，田官向我来进献。
黍稷装满碗和盆，配上羊羔毛色纯，
祭祀土神四方神。我的庄稼长得好，
召集农夫同欢庆。击鼓奏瑟又弹琴，
迎神赛会祭农神，祈求上天降甘霖，
使我庄稼得丰收，养活老爷小姐们。
曾孙来到大田间，农民叫他妻和子，
一齐送饭到田边。田官一见心喜欢，
拿起身边菜和饭，尝尝味道鲜不鲜。
满田庄稼密又壮，既好又多是丰年。
曾孙欢喜笑颜开，农夫干活很勤勉。
曾孙庄稼堆满场，高如屋顶和桥梁。
曾孙粮囤只只满，就像小丘和山冈。
快造仓库成千座，快造车子上万辆。
黍稷稻粱往里装，农夫同庆喜洋洋。
神灵报王以大福，长命百岁寿无疆！

收割、登场，选自清《耕织图册》。

大田

【原文】

大田多稼，既种既戒，
既备乃事。以我覃耜，
俶载南亩。播厥百谷，
既庭且硕，曾孙是若。
既方既皁，既坚既好，
不稂不莠。去其螟螣，
及其蟊贼，无害我田稚。
田祖有神，秉畀炎火。
有渰萋萋，兴雨祁祁。
雨我公田，遂及我私。
彼有不获稚，此有不敛穧；
彼有遗秉，此有滞穗：
伊寡妇之利。
曾孙来止，以其妇子，
馌彼南亩。田畯至喜。
来方禋祀，以其骍黑，
与其黍稷。以享以祀，

以介景福。

【译文】

大田宽广庄稼多，选好种子修家伙，
事前准备都完妥。背起我那锋快犁，
开始下田干农活。播下黍稷诸谷物，
苗儿挺拔又壮茁，曾孙心里好快活。
庄稼抽穗已结实，籽粒饱满长势好，
没有空穗和杂草。害虫螟螣全除掉，
蟊虫贼虫逃不了，不许伤害我嫩苗。
多亏农神来保佑，投进大炎将虫烧。
凉风凄凄云满天，小雨下来细绵绵。
雨点落在公田里，同时洒到我私田。
那儿谷嫩不曾割，这儿几株漏田间；
那儿掉下一束禾，这儿散穗三五点，
照顾寡妇任她拣。
曾孙视察已光临，农民叫他妻儿们，
送饭田头犒饥人，田官看了真开心。
曾孙来到正祭神，黄牛黑猪案上陈，
小米高粱配嘉珍。献上祭品行祭礼，
祈求大福赐曾孙。

瞻彼洛矣

【原文】

瞻彼洛矣，维水泱泱。
君子至止，福禄如茨。
韎韐有奭，以作六师。
瞻彼洛矣，维水泱泱。
君子至止，鞸琫有珌。
君子万年，保其家室。
瞻彼洛矣，维水泱泱。
君子至止，福禄既同。
君子万年，保其家邦。

【译文】

站在岸边看洛水,茫茫一片无边际。
国王车驾已到来,福禄厚重如茅茨。
皮制蔽膝红艳艳,号召六军齐奋起。
远望洛水长又宽,茫茫一片不见边。
国王车驾已到来,玉饰刀鞘花纹鲜。
敬祝国王万年寿,保卫国家天下安。
洛水岸边举目望,茫茫一片浪打浪。
国王车驾已到来,福禄俱全世无双。
敬祝国王万年寿,保卫国家守边疆。

裳裳者华

【原文】

裳裳者华,其叶湑兮。
我觏之子,我心写兮。
我心写兮,是以有誉处兮。
裳裳者华,芸其黄矣。
我觏之子,维其有章矣。
维其有章矣,是以有庆矣。
裳裳者华,或黄或白。
我觏之子,乘其四骆。
乘其四骆,六辔沃若。
左之左之,君子宜之。
右之右之,君子有之。
维其有之,是以似之。

【译文】

花朵儿鲜明辉煌,绿叶儿郁郁苍苍。
我见到各位贤人,心里头真是舒畅。
心里头真是舒畅,彼此有安乐家邦。
花朵儿鲜明辉煌,叶儿密花儿金黄。
我见到各位贤人,有才华又有专长。

有才华又有专长,可庆贺国之荣光。
花朵儿鲜明辉煌,开起来有白有黄。
我见到各位贤人,驾四马气宇轩昂。
驾四马气宇轩昂,马缰绳柔滑溜光。
左手边有个左相,他定能安于职掌,
右手边有个右相,有才干用其所长。
正因为用其所长,使祖业绵延永昌。

桑扈

【原文】

交交桑扈,有莺其羽。
君子乐胥,受天之祜。
交交桑扈,有莺其领。
君子乐胥,万邦之屏。
之屏之翰,百辟为宪。
不戢不难,受福不那。
兕觥其觩,旨酒思柔。
彼交匪敖,万福来求。

【译文】

小巧玲珑青雀鸟,彩色羽毛多俊俏。
祝贺各位常欢乐,上天赐福运气好。
小小青雀在飞翔,头颈彩羽闪闪亮。
祝贺各位常欢乐,各国靠你当屏障。
为国屏障为骨干,诸侯把你当典范。
克制自己守礼节,受福多得难计算。
牛角酒杯弯又弯,美酒香甜性儿软。
不求侥幸不骄傲,万福齐聚遂心愿。

鸳鸯

【原文】

鸳鸯于飞，毕之罗之。
君子万年，福禄宜之。
鸳鸯在梁，戢其左翼。
君子万年，宜其遐福。
乘马在厩，摧之秣之。
君子万年，福禄艾之。
乘马在厩，秣之摧之。
君子万年，福禄绥之。

【译文】

鸳鸯双飞不分开，用网用罗捕回来。
敬祝君子寿万年，安享福禄永相爱。
鸳鸯对对在鱼梁，嘴插左翅睡得香。
敬祝君子寿万年，美满家庭福禄长。
棚中四马拴得牢，粮草把它喂喂饱。
敬祝君子寿万年，福禄双全永和好。
迎亲四马系在槽，喂它粮食又喂草。
敬祝君子寿万年，安享福禄永偕老。

頍弁

【原文】

有頍者弁，实维伊何？
尔酒既旨，尔殽既嘉。
岂伊异人？兄弟匪他。
茑与女萝，施于松柏。
未见君子，忧心弈弈；
既见君子，庶几说怿。

有颀者弁，实维何期？
尔酒既旨，尔肴既时。
岂伊异人？兄弟具来。
茑与女萝，施于松上。
未见君子，忧心怲怲；
既见君子，庶几有臧。
有颀者弁，实维在首。
尔酒既旨，尔肴既阜。
岂伊异人？兄弟甥舅。
如彼雨雪，先集维霰。
死丧无日，无几相见。
乐酒今夕，君子维宴。

【译文】

皮帽尖尖顶有角，戴着它来做什么？
您的酒味既甘醇，您的菜肴也不错。
难道来的是外人？兄弟与他同一桌。
攀藤茑草和女萝，蔓延依附松和柏。
还没见到君主时，心神不定难诉说；
如今见到君主面，心里舒畅又快活。
皮帽尖尖角在上，戴着它是为哪桩？
您的酒味既甘醇，您的菜肴喷喷香。
难道来的是外人？至亲兄弟聚一堂。
攀藤茑草和女萝，蔓延缠绕松枝上。
还没见到君主时，心里痛苦又忧伤；
如今见到君主面，希望能够得赐赏。
新制皮帽尖尖顶，戴在头上正相称。
您的酒味既甘醇，您的菜肴更丰盛。
难道来的是外人？兄弟舅舅和外甥。
人生好比下场雪，先霰后雪终融尽。
不知何日命归阴，能有几番叙天伦。
不如今夜痛饮酒，及时宴乐各尽兴。

车辖

【原文】

间关车之辖兮，思娈季女逝兮。
匪饥匪渴，德音来括。
虽无好友，式燕且喜。
依彼平林，有集维鷮。
辰彼硕女，令德来教。
式燕且誉，好尔无射。
虽无旨酒，式饮庶几。
虽无嘉肴，式食庶几。
虽无德与女，式歌且舞。
陟彼高冈，析其柞薪。
析其柞薪，其叶湑兮。
鲜我觏尔，我心写兮。
高山仰止，景行行止。
四牡骓骓，六辔如琴。
觏尔新昏，以慰我心。

【译文】

迎亲车轮响格格，美丽少女要出阁。
不再似饥又似渴，娶来姑娘有美德。
宴会虽然没好友，大家喝酒也快乐。
平原莽苍有丛林，长尾野鸡树上停。
善良姑娘身材高，美德教诲家有庆。
宴会热闹又快乐，永远爱你不变心。
虽然没有美味酒，希望你也干几杯。
虽然没有丰盛菜，希望你也尝尝味。
虽无美德来相配，望你歌舞庆宴会。
登上山冈巍巍高，砍下柞栎火把烧。
砍下柞栎火把烧，柞叶长满嫩枝梢。
今天有幸配到你，心花怒放百忧消。
德如高山人仰望，行如大路人所钦。

四马迎亲快快跑，缰绳调和如弹琴。
配上车中新婚人，甜蜜幸福慰我心。

青蝇

【原文】

营营青蝇，止于樊。
岂弟君子，无信谗言。
营营青蝇，止于棘。
谗人罔极，交乱四国。
营营青蝇，止于榛。
谗人罔极，构我二人。

【译文】

苍蝇飞舞声营营，飞上篱笆把身停。
平易近人好君子，害人谗言您莫听。
苍蝇飞舞声营营，飞上枣树把身停。
谗人说话没定准，搅乱各国不太平。
苍蝇飞舞声营营，飞上榛树把身停。
谗人说话没定准，离间我们老交情。

夜宴图，佚名绘，（美）私人藏。

宾之初筵

【原文】

宾之初筵，左右秩秩。
笾豆有楚，殽核维旅。
酒既和旨，饮酒孔偕。
钟鼓既设，举酬逸逸。
大侯既抗，弓矢斯张。
射夫既同，献尔发功。
发彼有的，以祈尔爵。
籥舞笙鼓，乐既和奏。
烝衎烈祖，以洽百礼。
百礼既至，有壬有林。
锡尔纯嘏，子孙其湛。
其湛曰乐，各奏尔能。
宾载手仇，室人入又。
酌彼康爵，以奏尔时。
宾之初筵，温温其恭。
其未醉止，威仪反反。
曰既醉止，威仪幡幡。
舍其坐迁，屡舞仙仙。
其未醉止，威仪抑抑。
曰既醉止，威仪怭怭。
是曰既醉，不知其秩。
宾既醉止，载号载呶。
乱我笾豆，屡舞僛僛。
是曰既醉，不知其邮。
侧弁之俄，屡舞傞傞。
既醉而出，并受其福。
醉而不出，是谓伐德。
饮酒孔嘉，维其令仪。
凡此饮酒，或醉或否。
既立之监，或佐之史。

彼醉不臧，不醉反耻。
式勿从谓，无俾大怠。
匪言勿言，匪由勿语。
由醉之言，俾出童羖。
三爵不识，矧敢多又。

【译文】

来宾入座才开宴，宾主谦让守礼节。
杯盘碗盏摆整齐，鱼肉干果全陈列。
醴酒味儿醇又美，觥筹交错真热烈。
钟鼓乐器都齐备，往来敬酒杯不绝。
虎皮靶子竖起来，张弓搭箭如满月。
射手云集靶场上，表演技术逞英杰。
人人争取中目标，要叫对手罚一爵。
执籥起舞笙鼓响，众乐齐奏声铿锵。
祖宗灵前进娱乐，配合百礼神来享。
祭礼周到又完备，隆重盛大又堂皇。
神灵赐你大福气，子孙个个都欢畅。
人人欢喜又快乐，各献其能射靶场。
来宾赛箭找对手，主人相陪比短长。
满满斟上大杯酒，祝你胜利进一觞。
来宾入席刚宴请，态度温雅又恭敬。
酒才入口人未醉，仪表庄重又自矜。
酒过三巡醉态露，举止失措皆忘形。
离开坐席乱走动，手舞足蹈真轻盈。
酒还没到喝醉时，态度谨慎又文静。
待到喝得醉酩酊，庄重威严尽荡然。
还说这是酒吃醉，不守规矩不要紧。
客人已经喝醉了，又是叫来又是闹。
打翻杯盘和碗盏，跌跌撞撞跳舞蹈。
还说这是酒吃醉，不知过失不害臊。
头上歪戴鹿皮帽，疯疯癫癫跳舞蹈。
如果喝醉快出门，大家托福没烦恼。
醉得糊涂不肯走，那就叫做缺德佬。
宴会喝酒本好事，只是要有好礼貌。
凡是这些赴宴者，有人清醒有醉倒。

设立酒监察礼节，又设史官写报导。
酗酒本来是坏事，反说不醉是脓包。
不要随人乱劝酒，害他失礼太胡闹。
别人不问休多嘴，语涉非礼莫乱道。
醉汉话儿听不得，胡说公羊没犄角。
限饮三杯也不懂，何况多喝更糟糕。

鱼藻之什

鱼藻

【原文】

鱼在在藻，有颁其首。
王在在镐，岂乐饮酒。
鱼在在藻，有莘其尾。
王在在镐，饮酒乐岂。
鱼在在藻，依于其蒲。
王在在镐，有那其居。

【译文】

水藻丛中鱼藏身，不见尾巴见大头。
周王住在镐京城，逍遥快乐饮美酒。
水藻丛中鱼儿藏，长长尾巴左右摇。
镐京城中住周王，喝喝美酒乐陶陶。
鱼儿藏在水藻中，贴着蒲草岸边游。
周王在镐住王宫，居处安乐好享受。

鱼藻图，明缪辅绘，北京故宫博物院藏。

采菽

【原文】

采菽采菽，筐之筥之。
君子来朝，何锡予之？
虽无予之，路车乘马。
又何予之？玄衮及黼。
觱沸槛泉，言采其芹。
君子来朝，言观其旂。
其旂淠淠，鸾声嘒嘒。
载骖载驷，君子所届。
赤芾在股，邪幅在下。
彼交匪纾，天子所予。
乐只君子，天子命之。
乐只君子，福禄申之。
维柞之枝，其叶蓬蓬。

乐只君子，殿天子之邦。
乐只君子，万福攸同。
平平左右，亦是率从。
泛泛杨舟，绋缅维之。
乐只君子，天子葵之。
乐只君子，福禄膍之。
优哉游哉，亦是戾矣。

【译文】

采大豆呀采豆忙，方筐圆筐往里装。
诸侯来朝见我王，天子用啥去赐赏？
纵使没有厚赏赐，一辆路车四马壮。
此外还有什么赏？花纹礼服画龙裳。
在那翻腾涌泉旁，采下芹菜味儿香。
诸侯来朝见我王，遥看龙旗已在望。
旗帜飘飘随风扬，铃声不断响叮当。
三马四马各驾车，诸侯乘它到明堂。
红皮蔽膝垂到股，绑腿斜缠小腿上。
不急不慢风度好，这是天子所奖赏。
诸侯公爵真快乐，天子策命赐嘉奖。
诸侯公爵真快乐，洪福厚禄从天降。
柞树枝条长又长，叶子茂密多兴旺。
诸侯公爵真快乐，辅佐天子镇四方。
诸侯公爵真快乐，万种福禄都安享。
左右臣子很能干，顺从君命国安康。
杨木船儿河中漾，系住不动靠船缆。
诸侯公爵真快乐，天子准确来衡量。
诸侯公爵真快乐，厚赐福禄有嘉奖。
优游闲适过日子，生活安定清福享。

角弓

【原文】

骍骍角弓，翩其反矣。

兄弟昏姻,无胥远矣。
尔之远矣,民胥然矣。
尔之教矣,民胥效矣。
此令兄弟,绰绰有裕;
不令兄弟,交相为瘉。
民之无良,相怨一方。
受爵不让,至于己斯亡。
老马反为驹,不顾其后。
如食宜饇,如酌孔取。
毋教猱升木,如涂涂附。
君子有徽猷,小人与属。
雨雪瀌瀌,见晛曰消。
莫肯下遗,式居娄骄。
雨雪浮浮,见晛曰流。
如蛮如髦,我是用忧。

【译文】

角弓调和绷紧弦,卸弦就向反面弯。
兄弟骨肉和亲戚,相亲相爱别疏远。
你若疏远亲和眷,人民都会学坏样。
你若言教加身教,人民也会来模仿。
兄弟和好不倾轧,平安和气少闲话;
兄弟关系搞不好,相互残害成冤家。
如今人们不善良,不责自己怨对方,
接受官爵不谦让,事关私利道理忘。
老马反当驹使唤,后果如何你不管。
如请吃饭请吃饱,如请喝酒该斟满。
猴子上树哪用教,泥浆涂墙粘得牢。
只要君子有美政,人民自会跟着跑。
纷纷雪花满天飘,太阳出来就融消。
小人对下不谦虚,态度神气耍骄傲。
纷纷雪花飘悠悠,太阳一出化水流。
小人无知像蛮髦,为此使我心烦忧。

菀柳

【原文】

有菀者柳，不尚息焉。
上帝甚蹈，无自昵焉。
俾予靖之，后予极焉。
有菀者柳，不尚愒焉。
上帝甚蹈，无自瘵焉。
俾予靖之，后予迈焉。
有鸟高飞，亦傅于天。
彼人之心，于何其臻？
曷予靖之，居以凶矜？

【译文】

柳树枯萎叶焦黄，莫到树下去乘凉。
周王喜怒太无常，莫去做官惹祸殃。
当初邀我商国事，而今贬我到异乡。
柳树枯萎枝叶稀，莫到树下去休息。
周王喜怒太无常，莫去做官找晦气。
当初邀我商国事，而今流放到边地。
鸟儿展翅高飞翔，最高不过到天上。
那人心思难捉摸，到啥地步怎估量？
为啥邀我商国事，却置我于凶险场？

都人士

【原文】

彼都人士，狐裘黄黄。
其容不改，出言有章。
行归于周，万民所望。
彼都人士，台笠缁撮。

彼君子女，绸直如发。
我不见兮，我心不说。
彼都人士，充耳琇实。
彼君子女，谓之尹吉。
我不见兮，我心苑结。
彼都人士，垂带而厉。
彼君子女，卷发如虿。
我不见兮，言从之迈。
匪伊垂之，带则有余。
匪伊卷之，发则有旟。
我不见兮，云何盱矣！

【译文】

那位先生真漂亮，狐皮袍子罩衫黄。
他的容貌没变样，讲话出口就成章。
将要回到镐京去，万千人们心仰望。
那位先生真时髦，戴着草笠黑布帽。
那位姑娘好容貌，头发密直真俊俏。
不能见到姑娘面，心中郁闷多苦恼。
那位先生真漂亮，充耳宝石坚又亮。
那位美丽好姑娘，芳名尹姞叫得响。
不能见到姑娘面，心中忧郁实难忘。
那位先生真时髦，冠带下垂两边飘。
那位姑娘真美貌，鬓发卷如蝎尾翘。
不能见到姑娘面，真想跟她在一道。
不是故意垂冠带，冠带本来细又长。
不是故意卷鬓发，鬓发天生高高扬。
不能见到姑娘面，心中怎么不悲伤！

采绿

【原文】

终朝采绿，不盈一匊。
予发曲局，薄言归沐。

终朝采蓝，不盈一襜。
五日为期，六日不詹。
之子于狩，言韔其弓。
之子于钓，言纶之绳。
其钓维何？维鲂及鱮。
维鲂及鱮，薄言观者。

【译文】

整个早上采荩草，采了一捧还不到。
我的长发乱糟糟，回去洗头梳梳好。
蓝草采了一早上，撩起衣襟兜不满。
丈夫约好五天归，如今六天仍不还。
丈夫如果想打猎，我就为他装弓箭，
丈夫如果想钓鱼，我就陪他缠钓线。
丈夫钓的什么鱼？既有花鲢又有鳊。
既有花鲢又有鳊，他钓我看意绵绵。

黍苗

【原文】

芃芃黍苗，阴雨膏之。
悠悠南行，召伯劳之。
我任我辇，我车我牛。
我行既集，盖云归哉！
我徒我御，我师我旅。
我行既集，盖云归处。
肃肃谢功，召伯营之。
烈烈征师，召伯成之。
原隰既平，泉流既清。
召伯有成，王心则宁。

【译文】

黍苗蓬勃多喜人，全靠好雨来滋润。
南行虽然路遥远，召伯慰劳暖人心。

有的拉车有的扛，马车牛车运输忙。
建筑谢城已完工，何不大家回家乡！
你走路来我驾马，编好队伍就出发。
建筑谢城已完工，何不回乡安居家！
快速修建谢邑城，召伯苦心来经营。
出工群众真热烈，召伯用心组织成。
高地低地已治平，泉水河流都疏清。
召伯大功已告成，宣王欢喜心安宁。

隰桑

【原文】

隰桑有阿，其叶有难。
既见君子，其乐如何。
隰桑有阿，其叶有沃。
既见君子，云何不乐。
隰桑有阿，其叶有幽。
既见君子，德音孔胶。
心乎爱矣，遐不谓矣？
中心藏之，何日忘之！

【译文】

低地桑树多婀娜，枝干茂盛叶子多。
如果见了我夫君，我的心里多快活。
低地桑树舞婆娑，叶子柔润又肥沃。
如果见了我夫君，我心怎会不快活。
低地桑树姿态柔，叶子肥厚黑黝黝。
如果见了我夫君，互诉衷情意相投。
我爱你啊在心里，为啥总不告诉你？
思念之情藏心底，哪有一天能忘记！

农女务桑蚕，选自清《耕织图册》。

白华

【原文】

白华菅兮，白茅束兮。
之子之远，俾我独兮。
英英白云，露彼菅茅。
天步艰难，之子不犹。
滮池北流，浸彼稻田。
啸歌伤怀，念彼硕人。
樵彼桑薪，卬烘于煁。
维彼硕人，实劳我心。
鼓钟于宫，声闻于外。
念子懆懆，视我迈迈。
有鹙在梁，有鹤在林。
维彼硕人，实劳我心。
鸳鸯在梁，戢其左翼。
之子无良，二三其德。
有扁斯石，履之卑兮。
之子之远，俾我疧兮。

【译文】

菅草细细开白花，白茅紧紧捆着它。
恨他变心远离我，使我空房度年华。
天上白云降甘露，地下菅茅受润濡。
怨我命运太不济，恨他白云还不如。
滮池河水向北流，灌溉稻田绿油油。
边哭边唱伤心事，冤家还在我心头。
砍那桑枝好柴薪，我烧行灶来暖身。
想起那个壮健汉，实在煎熬我的心。
宫廷里面敲大钟，钟声尚且传出宫。
想你想得心不安，你却对我怒冲冲。
恶鹜堰头吃鱼腥，白鹤挨饿在树林。
想起那个壮健汉，实在煎熬我的心。
堰上鸳鸯雌伴雄，嘴巴插在左翼中。
可恨这人没良心，三心二意爱新宠。
扁扁垫石地上摆，石头虽贱他常踩。
恨他变心远离我，使我成病相思害。

绵蛮

【原文】

绵蛮黄鸟，止于丘阿。
道之云远，我劳如何！
饮之食之，教之诲之；
命彼后车，谓之载之。
绵蛮黄鸟，止于丘隅。
岂敢惮行，畏不能趋。
饮之食之，教之诲之；
命彼后车，谓之载之。
绵蛮黄鸟，止于丘侧。
岂敢惮行？畏不能极。
饮之食之，教之诲之；
命彼后车，谓之载之。

黄雀,清华嵒,南京博物院藏。

【译文】

黄鸟喳喳不住唱,停在路边山坡上。
道路实在太遥远,奔波劳累真够呛!
给他水喝给他饭,教他劝他要坚强;
副车御夫停一停,让他坐上也不妨。
黄雀喳喳叫得急,山坡角落把脚息。
哪敢害怕走远路,只怕慢了来不及。
给他喝的给他吃,教他劝他别泄气;
副车御夫停一停,让他坐上别着急。
黄雀喳喳叫得欢,停在路旁山坡边。
哪敢畏惧走远路,就怕难以到终点。
给他喝的给他吃,教他劝他好好干;
副车御夫停一停,让他坐上把路赶。

瓠叶

【原文】

幡幡瓠叶，采之亨之。
君子有酒，酌言尝之。
有兔斯首，炮之燔之。
君子有酒，酌言献之。
有兔斯首，燔之炙之。
君子有酒，酌言酢之。
有兔斯首，燔之炮之。
君子有酒，酌言酬之。

【译文】

风吹葫芦叶乱翻，采来做菜可佐餐。
主人藏有好陈酒，请客一尝杯斟满。
几头野兔鲜又嫩，有煨有烤香喷喷。
主人藏有好陈酒，斟满一杯敬客人。
几头野兔鲜又嫩，有的烤来有的薰。
主人藏有好陈酒，宾客回敬满杯斟。
几头野兔肥又嫩，有的烤来有的煨。
主人藏有好陈酒，宾主劝酒都干杯。

渐渐之石

【原文】

渐渐之石，维其高矣。
山川悠远，维其劳矣。
武人东征，不皇朝矣。
渐渐之石，维其卒矣。
山川悠远，曷其没矣？
武人东征，不皇出矣。

有豕白蹢，烝涉波矣。
月离于毕，俾滂沱矣。
武人东征，不皇他矣。

【译文】

满山石头真陡峭，那样危险那样高。
山又多来水又遥，日夜行军路迢迢。
将帅士兵去东征，军情紧急天未晓。
巉巉怪石堆满山，那样高峻那样险。
山又高来水又长，征途何时能走完？
将帅士兵去东征，勇往直前不想还。
有只白蹄大肥猪，跳进水里渡清波。
月亮靠近毕星边，大雨滂沱积水多。
将帅士兵去东征，其他事情没空做。

竹石图，元张逊绘，北京故宫博物院藏。

苕之华

【原文】

苕之华，芸其黄矣。
心之忧矣，维其伤矣！
苕之华，其叶青青。
知我如此，不如无生！

牂羊坟首,三星在罶。
人可以食,鲜可以饱!

【译文】

凌霄藤上繁花放,千朵万朵是深黄。
荒年心里真忧愁,无限痛苦念悲伤!
繁花满枝凌霄藤,花落叶儿密层层。
早知做人这般苦,不如当初别出生!
身瘦头大一雌羊,空空鱼篓闪星光。
灾荒年头人吃人,可怜还没填饥肠!

何草不黄

【原文】

何草不黄?何日不行?
何人不将?经营四方。
何草不玄?何人不矜?
哀我征夫,独为匪民。
匪兕匪虎,率彼旷野。
哀我征夫,朝夕不暇。
有芃者狐,率彼幽草。
有栈之车,行彼周道。

百花图,明鲁治绘,广东省博物馆藏。

【译文】

哪有草儿不枯黄,哪有一天不奔忙,

哪个人啊不出征,征来经营奔四方。
哪有草儿不腐烂,哪个不是单身汉?
可怜我们出征人,偏偏不被当人看。
不是野牛不是虎,为啥旷野常出入。
可怜我们出征人,整天劳累受辛苦。
狐狸尾巴毛蓬松,钻进路边深草丛。
高高役车征夫坐,走在漫长大路中。

大雅

文王之什

文王

【原文】

文王在上,於昭于天。
周虽旧邦,其命维新。
有周不显,帝命不时。
文王陟降,在帝左右。
亹亹文王,令闻不已。
陈锡哉周,侯文王孙子。
文王孙子,本支百世。
凡周之士,不显亦世。
世之不显,厥犹翼翼。
思皇多士,生此王国。
王国克生,维周之桢。
济济多士,文王以宁。
穆穆文王,於缉熙敬止。

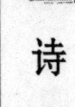

假哉天命，有商孙子。
商之孙子，其丽不亿。
上帝既命，侯于周服。
侯服于周，天命靡常。
殷士肤敏，祼将于京。
厥作祼将，常服黼冔。
王之荩臣，无念尔祖。
无念尔祖，聿修厥德。
永言配命，自求多福。
殷之未丧师，克配上帝。
宜鉴于殷，骏命不易。
命之不易，无遏尔躬。
宣昭义问，有虞殷自天。
上天之载，无声无臭。
仪刑文王，万邦作孚。

【译文】

文王神灵在天上，在天上啊放光芒。
歧周虽是旧邦国，接受天命新气象。
周朝前途无限量，上帝意志光万丈。
文王神灵升又降，常在上帝的身旁。
勤勤恳恳周文王，美好声誉传四方。
上帝赐他兴周国，文王子孙常兴旺。
文王子孙都蕃衍，大宗小宗百世昌。
天子臣仆周朝官，世代显贵沾荣光。
世代显贵沾荣光，谋事谨慎又周详。
贤士众多皆俊杰，此生有幸在周邦。
周邦能出众贤士，都是国家好栋梁。
济济一堂人才多，文王安宁国富强。
端庄恭敬周文王，谨慎光明又善良。
上天意志多伟大，殷商子孙来归降。
殷商子孙蕃衍多，数字上亿难估量。
上帝已经下命令，殷商称臣服周邦。
殷商称臣服周邦，可见天命并无常。
殷人后代美而敏，来京助祭陪周王。
看他助祭行灌礼，冠服仍是殷时装。

成王所用诸臣下，牢记祖德永勿忘。
牢记祖德永勿忘，继承祖德发荣光。
常顺天命不相违，要求幸福靠自强。
殷商未失民心时，能应天命把国享。
借鉴殷商兴亡事，国运永昌不寻常。
国运永昌不寻常，切勿断送你身上。
发扬光大好名声，须知殷商是天降。
上天意志难猜测，无声无息真渺茫。
只有认真学文王，万国诸侯都敬仰。

大明

【原文】

明明在下，赫赫在上。
天难忱斯，不易维王。
天位殷適，使不挟四方。
挚仲氏任，自彼殷商，
来嫁于周，曰嫔于京。
乃及王季，维德之行。
大任有身，生此文王。
维此文王，小心翼翼。
昭事上帝，聿怀多福。
厥德不回，以受方国。
天监在下，有命既集。
文王初载，天作之合。
在洽之阳，在渭之涘。
文王嘉止，大邦有子。
大邦有子，倪天之妹。
文定厥祥，亲迎于渭。
造舟为梁，不显其光。
有命自天，命此文王，
于周于京。缵女维莘，
长子维行，笃生武王。
保右命尔，燮伐大商。

殷商之旅，其会如林。
矢于牧野："维予侯兴，
上帝临女，无贰尔心！"
牧野洋洋，檀车煌煌，
驷騵彭彭。维师尚父，
时维鹰扬。凉彼武王，
肆伐大商，会朝清明。

【译文】

文王明德四海扬，赫赫神灵显天上。
天命确实难相信，国王也真不易当。
上帝有意王殷纣，却又使他失四方。
挚国任家二姑娘，从那遥远的殷商，
嫁到我们周国来，来到京都做新娘。
她跟王季配成双，专做好事美名扬。
太任怀孕降吉祥，生下这个周文王。
就是这个周文王，小心谨慎很善良。
明白怎样待上帝，招来幸福无限量。
他的德行真不坏，各国归附民所望。
上天监视看下方，天命已经属文王。
文王即位初年间，上天给他配新娘。
新娘住在洽水北，就在莘国渭水旁。
文王将要行婚礼，大国有位好姑娘。
大国有位好姑娘，好比天上仙女样。
定下聘礼真吉祥，文王亲迎渭水旁。
联结木船当桥梁，婚礼显耀真辉煌。
上天有命示下方，命令这个周文王，
周国京师建家邦。莘国有位好姑娘，
她是长女嫁周邦，婚后生下周武王。
天命所属天保佑，让他出兵伐殷商。
殷商派出军队来，军旗密密树林样。
武王誓师在牧野："我周兴起军心壮，
上帝监视看你们，休怀二心要争光！"
广阔牧野作战场，檀木兵车亮堂堂，
四马威武又雄壮。三军统帅师尚父，
好像雄鹰在飞扬。协助武王带军队，

指挥三军击殷商,一朝开创新气象!

绵

【原文】

绵绵瓜瓞,民之初生,
自土沮漆。古公亶父,
陶复陶穴,未有家室。
古公亶父,来朝走马。
率西水浒,至于岐下。
爰及姜女,聿来胥宇。
周原膴膴,堇荼如饴。
爰始爰谋,爰契我龟。
曰止曰时,筑室于兹。
乃慰乃止,乃左乃右,
乃疆乃理,乃宣乃亩。
自西徂东,周爰执事。
乃召司空,乃召司徒,
俾立室家。其绳则直,
缩版以载,作庙翼翼。
捄之陾陾,度之薨薨。
筑之登登,削屡冯冯。
百堵皆兴,鼛鼓弗胜。
乃立皋门,皋门有伉。
乃立应门,应门将将。
乃立冢土,戎丑攸行。
肆不殄厥愠,亦不陨厥问。
柞棫拔矣,行道兑矣。
混夷駾矣,维其喙矣!
虞芮质厥成,文王蹶厥生。
予曰有疏附,予曰有先后,
予曰有奔奏,予曰有御侮!

【译文】

大瓜小瓜藤蔓长,周族人民初兴旺,

从杜来到漆水旁。古公亶父功业创，
挖洞筑窑风雨挡，没有宫室没有房。
古公亶父迁居忙，清早快马离豳乡，
沿着渭水向西走，岐山脚下土地广。
他与妻子名太姜，勘察地址好建房。
周原肥沃又宽广，堇葵苦菜像饴糖。
大伙计划又商量。刻龟占卜望神帮，
神灵说是可定居，此地建屋最吉祥。
这才安心住岐乡，这边那边同开荒，
丈量土地定田界，翻地松土垅成行。
从西到东一片地，男女老少干活忙。
找来司空管工程，人丁土地司徒掌，
他们领工建新房。拉开绳墨直又长，
树起夹板筑土墙，建成宗庙好端庄。
铲土噌噌掷进筐，倒土轰轰声响亮，
捣土一片噔噔声，刮刀乒乒削平墙。
百堵土墙齐动工，声势压倒大鼓响。
建起周都外城门，城门高大好雄壮。
建起宫殿大正门，正门庄严又堂皇。
堆起土台作祭坛，大众祈祷排成行。
狄人怒气虽未消，文王声誉并无伤。
柞棫野树都拔尽，交通要道无阻挡。
昆夷夹着尾巴逃，气喘吁吁狼狈相。
虞国芮国不再相争，文王感化改其本性。
我有贤臣相率来附，我有人才参预国政，
我有良士奔走效力，我有猛将克敌制胜。

棫朴

【原文】

芃芃棫朴，薪之槱之。
济济辟王，左右趣之。
济济辟王，左右奉璋。
奉璋峨峨，髦士攸宜。

淠彼泾舟，烝徒楫之。
周王于迈，六师及之。
倬彼云汉，为章于天。
周王寿考，遐不作人？
追琢其章，金玉其相。
勉勉我王，纲纪四方。

【译文】

棫树朴树枝叶茂，砍下当做祭柴烧。
周王恭谨走在前，左右群臣跟着跑。
周王恭敬又严肃，群臣手捧玉酒壶。
捧着酒壶真端庄，英俊贤士有气度。
泾水行船哗哗响，众人用力齐举桨。
周王将要去远征，六军云集威风扬。
银河漫漫广无边，星光灿烂布满天。
周王长寿在位久，何不树人用百年？
精雕细刻有才华，质如金玉无疵瑕。
勤奋勉力我周王，治理四方保国家。

旱麓

【原文】

瞻彼旱麓，榛楛济济。
岂弟君子，干禄岂弟。
瑟彼玉瓒，黄流在中。
岂弟君子，福禄攸降。
鸢飞戾天，鱼跃于渊。
岂弟君子，遐不作人？
清酒既载，骍牡既备。
以享以祀，以介景福。
瑟彼柞棫，民所燎矣。
岂弟君子，神所劳矣。
莫莫葛藟，施于条枚。
岂弟君子，求福不回。

【译文】

遥望旱山那山麓,密密丛生榛与楛。
平易近人好君子,品德高尚有福禄。
祭神玉壶有光彩,香甜美酒流出来。
平易近人好君子,祖宗赐你福和财。
鸢鹰展翅飞上天,鱼儿跳跃在深渊。
平易近人好君子,培养人才万万千。
摆好清醇美味酒,备好红色大公牛。
虔诚上供祭祖先,祈祷神灵把福求。
密密一片柞棫林,砍下烧火祭神灵。
平易近人好君子,神灵保佑百事成。
茂密葛藤长又柔,蔓延缠绕树梢头。
平易近人好君子,不违祖德把福求。

思齐

【原文】

思齐大任,文王之母。
思媚周姜,京室之妇。
大姒嗣徽音,则百斯男。
惠于宗公,神罔时怨,
神罔时恫。刑于寡妻,
至于兄弟,以御于家邦。
雍雍在宫,肃肃在庙。
不显亦临,无射亦保。
肆戎疾不殄,烈假不瑕。
不闻亦式,不谏亦入。
肆成人有德,小子有造。
古之人无斁,誉髦斯士。

【译文】

太任端庄又严谨,文王之母有美名。
周姜美好有德行,太王贤妻居周京。

太姒继承好遗风，多子多男王室兴。
文王为政顺祖宗，祖宗欢喜无怨容，
祖宗放心不伤痛。文王以礼待正妻，
对待兄弟也相同，以此治国事事通。
和和睦睦一家好，恭恭敬敬在宗庙。
认真视察明显事，警惕阴暗不辞劳。
西戎祸患已断根，害人瘟疫不发生。
良计善策乐于用，忠言劝告记在心。
所以成人品德好，儿童个个可深造。
文王育才永不倦，人才济济皆英豪。

皇矣

【原文】

皇矣上帝，临下有赫。
监观四方，求民之莫。
维此二国，其政不获。
维彼四国，爰究爰度。
上帝耆之，憎其式廓。
乃眷西顾，此维与宅。
作之屏之，其菑其翳。
修之平之，其灌其栵。
启之辟之，其柽其椐。
攘之剔之，其檿其柘。
帝迁明德，串夷载路。
天立厥配，受命既固。
帝省其山，柞棫斯拔，
松柏斯兑。帝作邦作对，
自大伯王季。维此王季，
因心则友；则友其兄，
则笃其庆，载锡之光。
受禄无丧，奄有四方。
维此王季，帝度其心，
貊其德音。其德克明，

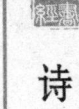

克明克类，克长克君。
王此大邦，克顺克比。
比于文王，其德靡悔。
既受帝祉，施于孙子。
帝谓文王：无然畔援，
无然歆羡，诞先登于岸。
密人不恭，敢距大邦，
侵阮徂共。王赫斯怒，
爰整其旅，以按徂旅。
以笃于周祜，以对于天下。
依其在京，侵自阮疆。
陟我高冈，无矢我陵，
我陵我阿。无饮我泉，
我泉我池。度其鲜原，
居岐之阳，在渭之将。
万邦之方，下民之王。
帝谓文王：予怀明德，
不大声以色，不长夏以革。
不识不知，顺帝之则。
帝谓文王：询尔仇方，
同尔弟兄。以尔钩援，
与尔临冲，以伐崇墉。
临冲闲闲，崇墉言言。
执讯连连，攸馘安安。
是类是祃，是致是附，
四方以无侮。临冲茀茀，
崇墉仡仡。是伐是肆，
是绝是忽，四方以无拂。

【译文】

上帝光焰万丈长，俯视人间真明亮。
洞察全国四方事，了解民间疾苦状。
想起夏商两朝末，不得民心国危亡。
思量四方诸侯国，天下重任谁能当。
上帝意在岐周国，有心扩大它封疆。
于是回头望西方，同住岐山佑周王。

砍掉杂树辟农场，枯枝朽木全扫光。
精心修剪枝和叶，灌木丛丛新枝长。
开出道路辟土地，除尽柽椐路通畅。
剔去坏树留好树，留下山桑和黄桑。
上帝卫护明德主，犬戎败逃走仓皇。
上天立他当天子，政权巩固国兴旺。
上帝视察岐山阳，柞棫小树都拔光，
松柏直立郁苍苍。上帝建立周王国，
太伯王季始开创。这位王季好品德，
对兄友爱热心肠。王季热心爱兄长，
他使周邦福无疆，天赐王位显荣光。
永享福禄保安康，统一天下疆域广。
这位王季真善良，天生思想合政纲，
他的美名播四方。他能明辨是和非，
区别坏人和善良，堪称师范好君王。
在此大国当君主，上下和顺人心向。
到了文王接王位，人民爱戴德高尚。
既受上帝赐福禄，子孙万代绵绵长。
上帝启示周文王，不要暴虐休狂妄，
莫羡他人当自强，先据高位路康庄。
密人态度不恭顺，竟敢抗拒周大邦，
侵阮袭共太猖狂。文王勃然大震怒，
整顿军队去抵抗，阻止敌人向莒闯。
周族福气才巩固，民心安稳定四方。
周京军队真强壮，从阮班师凯歌扬。
登上岐山远瞭望，没人敢占我山冈，
高山大陵郁苍苍。没人敢饮我泉水，
清泉绿池水汪汪。规划山头和平原，
定居岐山面向阳，紧靠渭水河边旁。
你为万国做榜样，天下人民心向往。
上帝告诉周文王，美好品德我赞赏，
从不疾言和厉色，遵从祖训依旧章。
好像不知又不觉，顺乎天意把国享。
上帝又对文王说，团结邻国多商量，
联合同姓众国王。用你大钩和戈刀，
临车冲车赴战场，讨伐崇国削殷商。

临车冲车声势壮，崇国城墙高又长，
捉来俘虏连成串，割下敌耳装满筐。
祭祀天神祈胜利，安抚残敌招他降，
各国不敢侮周邦。临车冲车威力强，
崇国城墙高又广。冲锋陷阵士气旺，
消灭崇军有威望，各国不敢再违抗。

灵台

【原文】

经始灵台，经之营之。
庶民攻之，不日成之。
经始勿亟，庶民子来。
王在灵囿，麀鹿攸伏。
麀鹿濯濯，白鸟翯翯。
王在灵沼，於牣鱼跃。
虡业维枞，贲鼓维镛。
於论鼓钟，於乐辟雍。
於论鼓钟，於乐辟雍。
鼍鼓逢逢，矇瞍奏公。

【译文】

开始规划造灵台，仔细经营巧安排。
黎民百姓都来干，灵台建成进度快。
建台本来不着急，百姓起劲自动来。
国王游览灵囿中，母鹿伏在深草丛。
母鹿肥大毛色润，白鸟洁净羽毛丰。
国王游览到灵沼，啊！满池鱼儿欢跳动。
木架大版崇牙耸，挂着大鼓和大钟。
钟声鼓声配合匀，国王享乐在离宫。
鼓声钟声配合匀，国王享乐在离宫。
敲起鼍鼓响蓬蓬，瞽师奏乐祝成功。

下武

【原文】

下武维周，世有哲王。
三后在天，王配于京。
王配于京，世德作求。
永言配命，成王之孚。
成王之孚，下土之式。
永言孝思，孝思维则。
媚兹一人，应侯顺德。
永言孝思，昭哉嗣服。
昭兹来许，绳其祖武。
於万斯年，受天之祜。
受天之祜，四方来贺。
於万斯年，不遐有佐！

【译文】

周人能继祖先业，代代都有好国王。
三代先王灵在天，武王在镐把国享。
武王在镐把国享，堪与祖德共增光。
永远顺应上天命，成王守信有威望。
成王守信有威望，身为天下好榜样。
永遵祖训尽孝道，效法先人建周邦。
人们爱戴周成王，能承祖德国运昌。
永遵祖训尽孝道，后代争气名远扬。
后代争气名远扬，继承祖业世永昌。
啊！国祚绵绵万年长，受天之福永兴旺。
受天之福永兴旺，四方来贺庆吉祥。
啊！国祚绵绵万年长，怎无辅佐做屏障！

文王有声

【原文】

文王有声，遹骏有声，
遹求厥宁，遹观厥成。
文王烝哉！
文王受命，有此武功。
既伐于崇，作邑于丰。
文王烝哉！
筑城伊淢，作丰伊匹。
匪棘其欲，遹追来孝。
王后烝哉！
王公伊濯，维丰之垣。
四方攸同，王后维翰。
王后烝哉！
丰水东注，维禹之绩。
四方攸同，皇王维辟。
皇王烝哉！
镐京辟雍，自西自东，
自南自北，无思不服。
皇王烝哉！
考卜维王，宅是镐京。
维龟正之，武王成之。
武王烝哉！
丰水有芑，武王岂不仕？
诒厥孙谋，以燕翼子。
武王烝哉！

【译文】

文王已有好名望，大名鼎鼎四海扬。
力求人民得安宁，终见成功国富强。
人人赞美周文王！
文王受命封西伯，立下武功真辉煌。

举兵讨伐崇侯虎，迁都丰邑好地方。
人人赞美周文王！
按照旧河筑城墙，丰邑规模也相当。
个人欲望不贪图，孝顺祖先兴周邦。
人人赞美周文王！
文王功业真辉煌，他是丰都的城墙。
四方同心齐归附，扶持天下是栋梁。
人人赞美周文王！
沣水东流入黄河，大禹之功不可磨。
四方同心齐归附，君临天下是楷模。
英明武王美名播！
镐京离宫喜落成，诸侯朝见来观光，
东西南北都到齐，哪个不服我周邦。
人人赞美周武王！
国王卜居问上苍，定居镐京最吉祥。
迁都决策神龟定，武王完成功无量。
英明伟大周武王！
沣水水芹长得旺，难道武王在闲逛？
留下安民好谋略，保护儿子把国享。
英明伟大周武王！

生民之什

生民

【原文】

厥初生民？时维姜嫄。
生民如何？克禋克祀，
以弗无子。履帝武敏歆，
攸介攸止。载震载夙，
载生载育，时维后稷。

诞弥厥月，先生如达。
不坼不副，无菑无害，
以赫厥灵。上帝不宁，
不康禋祀，居然生子。
诞寘之隘巷，牛羊腓字之。
诞寘之平林，会伐平林。
诞寘之寒冰，鸟覆翼之。

后稷图，刚出世的后稷与其母姜嫄。

鸟乃去矣，后稷呱矣。
实覃实訏，厥声载路。
诞实匍匐，克岐克嶷，
以就口食。蓺之荏菽，
荏菽旆旆。禾役穟穟，
麻麦幪幪，瓜瓞唪唪。
诞后稷之穑，有相之道。
茀厥丰草，种之黄茂。
实方实苞，实种实褎。

实发实秀，实坚实好。
实颖实栗，即有邰家室。
诞降嘉种，维秬维秠，
维穈维芑。恒之秬秠，
是获是亩。恒之穈芑，
是任是负，以归肇祀。
诞我祀如何？或舂或揄，
或簸或蹂。释之叟叟，
烝之浮浮。载谋载惟，
取萧祭脂。取羝以軷，
载燔载烈，以兴嗣岁。
卬盛于豆，于豆于登，
其香始升。上帝居歆，
胡臭亶时。后稷肇祀，
庶无罪悔，以迄于今。

【译文】

最初生下周祖先，那是有邰姜嫄娘。
如何生下周族人？祈祷神灵祭上苍，
乞求莫要生儿郎。踩了上帝拇趾印，
神灵保佑赐吉祥。十月怀胎行端庄，
一朝生子勤抚养，便是后稷周先王。
怀孕足月期限满，头胎生子真顺当。
产门没破更没裂，无灾无难身健康，
显出灵异和吉祥。上帝原来心不安，
姜嫄惊慌祭祀忙，徒然生下小儿郎。
把他丢在小巷里，牛羊喂奶当妈妈。
把他丢到树林中，樵夫砍柴救娃娃。
把他丢到寒冰上，大鸟展翅温暖他。
后来大鸟飞走了，后稷啼哭声哇哇，
哇哇不停嗓门大，声音满路人惊讶。
后稷刚会地上爬，又是聪明又乖巧，
能够觅食吃得饱。少年就会种大豆，
大豆一片长得好。种出谷子穗垂垂，
麻麦茂密无杂草，瓜儿累累真不少。
后稷种地种得好，能够想出好门道。

除却满田野生草，选择良种播得早。
种籽含苞吐嫩芽，禾苗窜出向上冒。
拔节抽穗渐结实，谷粒饱满颜色好，
禾穗沉沉产量高，定居邰地乐陶陶。
后稷推广好种籽，秬子秠子粒粒大，
糜子高粱棵棵粗。遍地秬子和秠子，
收获下来堆垅亩。遍地糜子和高粱，
挑着背着忙运输，运回开始祭先祖。
说起祭祀怎个样？有的舂米有舀粮，
有的搓米有扬糠。淘米声音嗖嗖响，
蒸饭热气喷喷香。祭祀大事同商量，
涂脂烧艾味芬芳。拿来公羊剥去皮，
又烧又烤供神享。祈求来年更丰穰。
我把祭肉装进碗，木豆瓦登都用上，
香气渐渐溢满堂。上帝降临来品尝，
菜饭味道确实香。后稷开创祭祀礼，
幸蒙神佑没灾殃，至今流传好风尚。

行苇

【原文】

敦彼行苇，牛羊勿践履。
方苞方体，维叶泥泥。
戚戚兄弟，莫远具尔。
或肆之筵，或授之几。
肆筵设席，授几有缉御。
或献或酢，洗爵奠斝。
醓醢以荐，或燔或炙。
嘉肴脾臄，或歌或咢。
敦弓既坚，四鍭既钧；
舍矢既均，序宾以贤。
敦弓既句，既挟四鍭。
四鍭如树，序宾以不侮。
曾孙维主，酒醴维醹；

酌以大斗，以祈黄耇。
黄耇台背，以引以翼。
寿考维祺，以介景福。

【译文】

路边芦丛发嫩芽，别让牛羊践踏它。
苇心紧裹初成形，叶儿柔润将长大。
兄弟骨肉应友爱，互相亲近莫分家。
铺上筵席请客人，敬老茶几端给他。
摆好酒菜铺上席，侍者轮番端上几。
主人献酒客回敬，洗杯捧觞来回递。
献上肉糜请客尝，烧肉烤羊美无比。
牛胃牛舌也不差，唱歌击鼓人人喜。
雕弓拉起劲儿大，利箭匀直质量佳；
放手一箭就中的，各按胜负来坐下。
雕弓张开如满月，箭儿上弦准备发。
箭箭竖在靶子上，败者也不怠慢他。
宴会主人会当家，美酒醇厚味不差；
斟上美酒一大杯，敬祝老人寿无涯。
老者龙钟行不便，侍者引路扶着他。
长命百岁最吉利，神明赐您福分大。

既醉

【原文】

既醉以酒，既饱以德。
君子万年，介尔景福。
既醉以酒，尔肴既将。
君子万年，介尔昭明。
昭明有融，高朗令终。
令终有俶，公尸嘉告。
其告维何？笾豆静嘉。
朋友攸摄，摄以威仪。
威仪孔时，君子有孝子。

孝子不匮，永锡尔类。
其类维何？室家之壸。
君子万年，永锡祚胤。
其胤维何？天被尔禄。
君子万年，景命有仆。
其仆维何？厘尔女士。
厘尔女士，从以孙子。

【译文】

美酒喝得醉醺醺，饱尝您的好恩情。
但愿主人寿万年，神赐大福享不尽。
美酒喝得醉酩酊，您的佳肴数不清。
但愿主人寿万年，神赐前程多光明。
前程远大又光明，善终会有好名声。
善终必有好开头，神主好话仔细听。
神主好话说什么？碗碗祭品洁而精。
朋友宾客来助祭，祭礼隆重心虔诚。
祭祀礼节无差错，主人又尽孝子情。
孝子孝心永不竭，神灵赐您好章程。
赐您章程是什么？治理家庭常安宁。
但愿主人寿万年，子孙幸福永继承。
子孙后嗣怎么样？上天命您当国王。
但愿主人寿万年，天赐妻妾和儿郎。
妻妾儿郎怎么样？天赐才女做新娘。
天赐才女做新娘，随生子孙传代长。

凫鹥

【原文】

凫鹥在泾，公尸来燕来宁。
尔酒既清，尔肴既馨。
公尸燕饮，福禄来成。
凫鹥在沙，公尸来燕来宜。
尔酒既多，尔肴既嘉。

公尸燕饮，福禄来为。
凫鹥在渚，公尸来燕来处。
尔酒既湑，尔殽伊脯。
公尸燕饮，福禄来下。
凫鹥在潀，公尸来燕来宗。
既燕于宗，福禄攸降。
公尸燕饮，福禄来崇。
凫鹥在亹，公尸来止熏熏。
旨酒欣欣，燔炙芬芬。
公尸燕饮，无有后艰。

野鸭，宋马远绘。

【译文】

河里野鸭鸥成群，神主赴宴慰主人。
您的美酒那样清，您的佳肴香喷喷。
神主光临来赴宴，福禄降临您家门。
野鸭鸥鸟在水滨，神主赴宴主人请。
您的美酒那样多，您的佳肴鲜又新。
神主光临来赴宴，大福大禄又添增。
野鸭鸥鸟在沙滩，神主赴宴心喜欢。
您的美酒清又醇，下酒肉干煮得烂。
神主光临来赴宴，天降福禄保平安。
野鸭鸥鸟在港汊，神主赴宴尊敬他。
宴席设在宗庙里，神赐福禄频降下。
神主光临来赴宴，福禄绵绵赐您家。
野鸭鸥鸟在峡门，神主赴宴心欢欣。
美酒畅饮味芳馨，烧肉烤羊香诱人。
神主光临来赴宴，今后无灾无苦闷。

假乐

【原文】

假乐君子,显显令德。
宜民宜人,受禄于天。
保右命之,自天申之。
千禄百福,子孙千亿。
穆穆皇皇,宜君宜王。
不愆不忘,率由旧章。
威仪抑抑,德音秩秩。
无怨无恶,率由群匹。
受福无疆,四方之纲。
之纲之纪,燕及朋友。
百辟卿士,媚于天子。
不解于位,民之攸墍。

【译文】

周王令人爱又敬,品德高尚心光明。
能用贤臣能安民,接受福禄从天庭。
上帝下令多保佑,多赐福禄国兴盛。
千禄百福齐降临,子子孙孙数不清。
个个正派又光明,当君当王都相称。
不犯过错不忘本,遵循旧制国太平。
仪表堂堂威凛凛,政教法令真清明。
没人怨来没人恨,依靠群臣受欢迎。
受天福禄无穷尽,四方万国遵王命。
君临天下王为首,大宴宾客请朋友。
诸侯卿士都赴宴,爱戴天子齐敬酒。
勤于职守不惰怠,万民归附国长久。

公刘

【原文】

笃公刘，匪居匪康。
乃埸乃疆，乃积乃仓。
乃裹餱粮，于橐于囊，
思辑用光，弓矢斯张。
干戈戚扬，爰方启行。
笃公刘，于胥斯原。
既庶既繁，既顺乃宣，
而无永叹。陟则在巘，
复降在原。何以舟之？
维玉及瑶，鞞琫容刀。
笃公刘，逝彼百泉，
瞻彼溥原。乃陟南冈，
乃觏于京。京师之野，
于时处处，于时庐旅。
于时言言，于时语语。
笃公刘，于京斯依。
跄跄济济，俾筵俾几。
既登乃依，乃造其曹。
执豕于牢，酌之用匏。
食之饮之，君之宗之。
笃公刘，既溥既长，
既景乃冈。相其阴阳，
观其流泉。其军三单，
度其隰原，彻田为粮。
度其夕阳，豳居允荒。
笃公刘，于豳斯馆。
涉渭为乱，取厉取锻。
止基乃理，爰众爰有。
夹其皇涧，溯其过涧。
止旅乃密，芮鞫之即。

【译文】

忠诚周民好公刘，不敢安居清福享。
划分疆界治田地，收割粮食仓囷装。
揉面蒸饼备干粮，装进小袋和大囊。
和睦团结争荣光，张弓带箭齐武装。
盾戈斧钺肩上扛，开始动身去远方。
忠诚周民好公刘，豳地原野察看忙。
百姓众多长跟随，民心归顺多舒畅，
长吁短叹一扫光。忽而登上小山坡，
忽而下到平原上。周身佩戴啥装饰？
美玉宝石尽琳琅，佩刀玉鞘闪闪亮。
忠诚周民好公刘，来到泉水岸边上，
眺望平原宽又广。登上南边高冈上，
发现京师好地方。京师田野形势好，
于是定居建新邦，于是规划造住房，
谈笑风生喜洋洋，七嘴八舌闹嚷嚷。
忠诚周民好公刘，定居京师新气象。
犒宴群臣威仪盛，入席就座招待忙。
宾主登席靠几坐，祭祖祭神求吉祥。
圈里捉猪做佳肴，葫芦瓢儿斟酒浆。
酒醉饭饱皆欢喜，共推公刘做君长。
忠诚周民好公刘，开垦豳地宽又长。
测了日影上山冈，山南山北勘察忙，
查明水源和流向。三支军队轮番作，
测量土地扎营房，开垦田亩为种粮。
上去测望山西头，豳地确实大又广。
忠诚周民好公刘，营建宫室在豳原。
横流渡过渭水去，磨石捶石都采全。
此地基址初奠定，民康物阜笑语欢。
住在皇涧两岸边，面向过涧也敞宽。
此地定居人口密，河岸两边都住满。

泂酌

【原文】

泂酌彼行潦，挹彼注兹，
可以餴饎。岂弟君子，
民之父母。
泂酌彼行潦，挹彼注兹，
可以濯罍。岂弟君子，
民之攸归。
泂酌彼行潦，挹彼注兹，
可以濯溉。岂弟君子，
民之攸塈。

【译文】

远舀路边积水潭，把这水缸都装满，
可以蒸菜也蒸饭。君子品德真高尚，
好比百姓父母般。
远舀路边积水坑，舀来倒进我水缸，
可把酒壶洗清爽。君子品德真高尚，
百姓归附心向往。
远舀路边积水洼，舀进水瓮抱回家，
可供洗涤和抹擦。君子品德真高尚，
百姓归附爱戴他。

卷阿

【原文】

有卷者阿，飘风自南。
岂弟君子，来游来歌，
以矢其音。
伴奂尔游矣，优游尔休矣。

岂弟君子，俾尔弥尔性，
似先公酋矣。
尔土宇昄章，亦孔之厚矣。
岂弟君子，俾尔弥尔性，
百神尔主矣。
尔受命长矣，茀禄尔康矣。
岂弟君子，俾尔弥尔性，
纯嘏尔常矣。
有冯有翼，有孝有德，
以引以翼。岂弟君子，
四方为则。
颙颙卬卬，如圭如璋，
令闻令望。岂弟君子，
四方为纲。
凤凰于飞，翙翙其羽，
亦集爰止。蔼蔼王多吉士，
维君子使，媚于天子。
凤凰于飞，翙翙其羽，
亦傅于天。蔼蔼王多吉人，
维君子命，媚于庶人。
凤凰鸣矣，于彼高冈。
梧桐生矣，于彼朝阳。
菶菶萋萋，雍雍喈喈。
君子之车，既庶且多。
君子之马，既闲且驰。
矢诗不多，维以遂歌。

【译文】

曲折丘陵风光好，旋风南来声怒号。
和气近人的君子，到此遨游歌载道，
大家献诗兴致高。
江山如画任你游，悠闲自得且暂休。
和气近人好君子，终生辛劳何所求？
继承祖业功千秋。
你的版图和封疆，一望无际遍海内。
和气近人好君子，终生辛劳有作为，

主祭百神最相配。
你受天命长又久，福禄安康样样有。
和气近人好君子，终生辛劳百年寿，
天赐洪福永享受。
贤才良士辅佐你，品德崇高有权威，
匡扶相济功绩伟。和气近人好君子，
垂范天下万民随。
贤臣肃敬志高昂，品德纯洁如圭璋，
名声威望传四方。和气近人好君子，
天下诸侯好榜样。
高高青天凤凰飞，百鸟展翅紧相随，
凤停树上百鸟陪。周王身边贤士萃，
任您驱使献智慧，爱戴天子不敢违。
青天高高凤凰飞，百鸟纷纷贤相随，
直上晴空迎朝晖。周王身边贤士萃，
听你命令不辞累，爱护人民行无亏。
凤凰鸣叫示吉祥，停在那边高山冈。
高冈上面生梧桐，面向东方迎朝阳。
枝叶茂盛郁苍苍，凤凰和鸣声悠扬。
迎送贤臣马车备，车子既多又华美。
迎送贤臣有好马，奔驰熟练快如飞。
贤臣献诗真不少，为答周王唱歌会。

民劳

【原文】

民亦劳止，汔可小康。
惠此中国，以绥四方。
无纵诡随，以谨无良。
式遏寇虐，憯不畏明。
柔远能迩，以定我王。
民亦劳止，汔可小休。
惠此中国，以为民逑。
无纵诡随，以谨惛怓。

式遏寇虐，无俾民忧。
无弃尔劳，以为王休。
民亦劳止，汔可小息。
惠此京师，以绥四国。
无纵诡随，以谨罔极。
式遏寇虐，无俾作慝。
敬慎威仪，以近有德。
民亦劳止，汔可小愒。
惠此中国，俾民忧泄。
无纵诡随，以谨丑厉。
式遏寇虐，无俾正败。
戎虽小子，而式弘大。
民亦劳止，汔可小安。
惠此中国，国无有残。
无纵诡随，以谨缱绻。
式遏寇虐，无俾正反。
王欲玉女，是用大谏。

【译文】

人民劳累真苦死，只求稍稍喘口气。
国家搞好京师富，安抚诸侯不费力。
别听狡诈欺骗话，不良之辈要警惕。
制止暴虐与劫掠，胆大妄为违法纪。
爱民不分远和近，国王安定心中喜。
人民劳苦莫提起，只求稍稍得休息。
国家搞好京师富，人民才能心满意。
别听狡诈欺骗话，争权夺利要警惕。
制止暴虐与劫掠，莫使人民心悲凄。
从前功劳休抛弃，成就国王好名气。
人民劳苦莫提起，只求稍稍松口气。
国家搞好京师富，安抚诸侯就顺利。
别听狡诈欺骗话，两面三刀要警惕。
制止暴虐与劫掠，不使作恶把人欺。
立身端正讲礼节，亲近贤德勤学习。
人民劳苦莫提起，只求稍稍歇歇力。
国家搞好京师富，使民消忧除怨气。

别听狡诈欺骗话,险恶之人要警惕。
制止暴虐与劫掠,莫使政局生危机。
你虽是个年轻人,作用很大应注意。
人民劳苦莫提起,要求稍稍得安逸。
国家搞好京师富,社会安定好风气。
别听狡诈欺骗话,结党营私要警惕。
制止暴虐与劫掠,莫将政治轻丧弃,
我王贪财爱美女,所以深深规劝你。

板

【原文】

上帝板板,下民卒瘅!
出话不然,为犹不远。
靡圣管管,不实于亶。
犹之未远,是用大谏。
天之方难,无然宪宪。
天之方蹶,无然泄泄。
辞之辑矣,民之洽矣。
辞之怿矣,民之莫矣。
我虽异事,及尔同僚。
我即尔谋,听我嚣嚣。
我言维服,勿以为笑。
先民有言:"询于刍荛。"
天之方虐,无然谑谑。
老夫灌灌,小子蹻蹻。
匪我言耄,尔用忧谑。
多将熇熇,不可救药。
天之方懠,无为夸毗。
威仪卒迷,善人载尸。
民之方殿屎,则莫我敢葵。
丧乱蔑资,曾莫惠我师。
天之牖民,如埙如篪,
如璋如圭,如取如携。

携无曰益，牖民孔易。
民之多辟，无自立辟。
价人维藩，大师维垣。
大邦维屏，大宗维翰。
怀德维宁，宗子维城。
无俾城坏，无独斯畏。
敬天之怒，无敢戏豫。
敬天之渝，无敢驰驱。
昊天曰明，及尔出王。
昊天曰旦，及尔游衍。

【译文】

上帝发疯不正常，下界人民都遭殃！
话儿说得不合理，政策订来没眼光。
不靠圣人太自用，光说不做真荒唐。
执政丝毫没远见，所以作诗劝我王。
老天正把灾难降，不要这般喜洋洋。
老天正在降骚乱，不要多嘴说短长。
政令协调缓和了，民心和协国力强。
政令混乱败坏了，人民受害难安康。
你我职务虽不同，毕竟同事在官场。
我到你处商国事，忠言逆耳白开腔。
我提建议为治国，切莫当做笑话讲。
古人有话说得好："有事请教斫柴郎。"
老天正把灾难降，切莫喜乐太放荡。
老夫恳切尽忠诚，小子骄傲不像样。
不是我说糊涂话，你开玩笑太轻狂。
多做坏事难收拾，不可救药国将亡。
老天正在生怒气，你别这副奴才相。
君臣礼节都乱套，好人闭口不开腔。
人民痛苦正呻吟，对我不敢妄猜想。
社会纷乱国库空，抚恤群众谈不上。
老天诱导众百姓，如吹管乐和音响，
如像玄圭配玉璋，如提如携来相帮。
培育扶植不设防，因势利导很顺当。
如今民间多乱子，枉自立法没用场。

好人好比是藩篱，大众好比是围墙，
大国好比是屏障，同族好比是栋梁。
关心人民国安泰，宗子就像是城墙。
别让城墙受破坏，不要孤立自遭殃。
老天发怒要敬畏，不敢嬉戏太放荡。
老天灾变要敬畏，不敢任性太狂放。
老天眼睛最明亮，和你一起同来往。
老天眼睛最明朗，和你一起共游逛。

荡之什

荡

【原文】

荡荡上帝，下民之辟。
疾威上帝，其命多辟。
天生烝民，其命匪谌。
靡不有初，鲜克有终。
文王曰咨，咨女殷商！
曾是强御，曾是掊克，
曾是在位，曾是在服。
天降慆德，女兴是力。
文王曰咨，咨女殷商！
而秉义类，强御多怼。
流言以对，寇攘式内。
侯作侯祝，靡届靡究。
文王曰咨，咨女殷商！
女炰烋于中国，敛怨以为德。
不明尔德，时无背无侧。
尔德不明，以无陪无卿。
文王曰咨，咨女殷商！

天不湎尔以酒，不义从式。
既愆尔止，靡明靡晦。
式号式呼，俾昼作夜。
文王曰咨，咨女殷商！
如蜩如螗，如沸如羹。
小大近丧，人尚乎由行。
内奰于中国，覃及鬼方。
文王曰咨，咨女殷商！
匪上帝不时，殷不用旧。
虽无老成人，尚有典刑。
曾是莫听，大命以倾。
文王曰咨，咨女殷商！
人亦有言："颠沛之揭，
枝叶未有害，本实先拨。"
殷鉴不远，在夏后之世。

【译文】

上帝骄纵又放荡，他是下民的君王。
上帝贪心又暴虐，政令邪僻太反常。
上天生养众百姓，政令无信尽撒谎。
万事开头讲得好，很少能有好收场。
文王开口叹声长，叹你殷商末代王！
多少凶暴强横贼，敲骨吸髓又贪赃，
窃据高位享厚禄，有权有势太猖狂。
天降这些不法臣，助长国王逞强梁。
文王开口叹声长，叹你殷商末代王！
你任善良以职位，凶暴奸臣心怏怏。
面进谗言来诽谤，强横窃据朝廷上。
诅咒贤臣害忠良，没完没了造祸殃。
文王开口叹声长，叹你殷商末代王！
跋扈天下太狂妄，却把恶人当忠良。
知人之明你没有，不知叛臣结朋党。
知人之明你没有，不知公卿谁能当。
文王开口叹声长，叹你殷商末代王！
上天未让你酗酒，也未让你用匪帮。
礼节举止全不顾，没日没夜灌黄汤。

狂呼乱叫不像样，日夜颠倒政事荒。
文王开口叹声长，叹你殷商末代王！
百姓悲叹如蝉鸣，恰如落进沸水汤。
大小事儿都不济，你却还是老模样。
全国人民怒气生，怒火蔓延到远方。
文王开口叹声长，叹你殷商末代王！
不是上帝心不好，是你不守旧规章。
虽然身边没老臣，还有成法可依傍。
这样不听人劝告，命将转移国将亡。
文王开口叹声长，叹你殷商末代王！
古人有话不可忘："大树拔倒根出土，
枝叶虽然暂不伤，树根已坏难久长。"
殷商镜子并不远，应知夏桀啥下场。

抑

【原文】

抑抑威仪，维德之隅。
人亦有言："靡哲不愚。"
庶人之愚，亦职维疾。
哲人之愚，亦维斯戾。
无竞维人，四方其训之。
有觉德行，四国顺之。
訏谟定命，远犹辰告。
敬慎威仪，维民之则。
其在于今，兴迷乱于政。
颠覆厥德，荒湛于酒。
女虽湛乐从，弗念厥绍。
罔敷求先王，克共明刑。
肆皇天弗尚，如彼泉流，
无沦胥以亡。夙兴夜寐，
洒扫廷内，维民之章。
修尔车马，弓矢戎兵。
用戒戎作，用逷蛮方。

质尔人民，谨尔侯度，
用戒不虞。慎尔出话，
敬尔威仪，无不柔嘉。
白圭之玷，尚可磨也；
斯言之玷，不可为也。
无易由言，无曰苟矣。
莫扪朕舌，言不可逝矣。
无言不雠，无德不报。
惠于朋友，庶民小子。
子孙绳绳，万民靡不承。
视尔友君子，辑柔尔颜，
不遐有愆。相在尔室，
尚不愧于屋漏。无曰"不显，
莫予云觏"。神之格思，
不可度思，矧可射思？
辟尔为德，俾臧俾嘉。
淑慎尔止，不愆于仪。
不僭不贼，鲜不为则。
投我以桃，报之以李。
彼童而角，实虹小子。
荏染柔木，言缗之丝。
温温恭人，维德之基。
其维哲人，告之话言，
顺德之行。其维愚人，
覆谓我僭，民各有心。
於乎小子，未知臧否！
匪手携之，言示之事。
匪面命之，言提其耳。
借曰未知，亦既抱子。
民之靡盈，谁夙知而莫成？
昊天孔昭，我生靡乐。
视尔梦梦，我心惨惨。
诲尔谆谆，听我藐藐。
匪用为教，覆用为虐。
借曰未知，亦聿既耄！
於乎小子，告尔旧止。

听用我谋，庶无大悔。
天方艰难，曰丧厥国。
取譬不远，昊天不忒。
回遹其德，俾民大棘！

【译文】

仪表堂堂礼彬彬，为人品德很端正。
古人有句老俗话："智者看来像愚笨。"
常人显得不聪明，那是本身有毛病。
智者看似不聪明，那是装傻避罪刑。
有了贤人国强盛，四方诸侯来归诚。
君子德行正又直，诸侯顺从庆升平。
建国大计定方针，长远国策告群臣。
举止行为要谨慎，人民以此为标准。
如今天下乱纷纷，国政混乱不堪论。
你的德行已败坏，沉湎酒色醉醺醺。
只知吃喝和玩乐，继承帝业不关心。
先王治道不广求，怎能明法利众民。
皇天不肯来保佑，好比泉水空自流，
君臣相率一齐休。应该起早又睡晚，
里外洒扫除尘垢，为民表率要带头。
整治你的车和马，弓箭武器认真修，
以便一旦战事起，征服国外众蛮酋。
安定你的老百姓，谨守法度莫任性，
以防祸事突然生。说话开口要谨慎，
行为举止要端正，处处温和又可敬。
白玉上面有污点，尚可琢磨除干净；
开口说话出毛病，再要挽回也不成！
不要随口把话吐，莫道说话可马虎，
没人把我舌头捂，一言既出难弥补。
没有出言无反应，施德总能得福禄。
朋友群臣要爱护，百姓子弟多安抚。
子子孙孙要谨慎，人民没有不顺服。
看你招待贵族们，和颜悦色笑盈盈，
小心过失莫发生。看你独自处室内，
做事无愧于神明。休道"室内光线暗，

没人能把我看清"。神明来去难预测，
不知何时忽降临，怎可厌倦自遭惩。
修明德行养情操，使它高尚更美好。
举止谨慎行为美，仪容端正有礼貌。
不犯过错不害人，很少不被人仿效。
人家送我一篮桃，我以李子来相报。
胡说秃羊头生角，实是乱你周王朝。
又坚又韧好木料，制作琴瑟丝弦调。
温和谨慎老好人，根基深厚品德高。
如果你是明智人，古代名言来奉告，
马上实行当做宝。如果你是糊涂虫，
反说我错不讨好，人心各异难诱导！
可叹少爷太年青，不知好歹与重轻！
非但搀你互谈心，也曾教你办事情。
非但当面教导你，还拎你耳要你听。
假使说你不懂事，也已抱子有儿婴。
人们虽然有缺点，谁会早慧却晚成？
苍天在上最明白，我这一生没愉快。
看你那种糊涂样，我心烦闷又悲哀。
反复耐心教导你，你既不听也不睬。
不知教你为你好，反当笑话来编排。
如果说你不懂事，怎会骂我是老迈！
叹你少爷年幼王，听我告你旧典章。
你若听用我主张，不致大错太荒唐。
上天正把灾难降，只怕国家要灭亡。
让我就近打比方，上天赏罚不冤枉。
如果邪僻性不改，黎民百姓要遭殃！

桑柔

【原文】

菀彼桑柔，其下侯旬。
捋采其刘，瘼此下民。
不殄心忧，仓兄填兮。

倬彼昊天，宁不我矜！
四牡骙骙，旟旐有翩。
乱生不夷，靡国不泯。
民靡有黎，具祸以烬。
於乎有哀，国步斯频！

国步蔑资，天不我将。
靡所止疑，云徂何往？
君子实维，秉心无竞。
谁生厉阶？至今为梗。

忧心殷殷，念我土宇。
我生不辰，逢天僤怒。
自西徂东，靡所定处。
多我觏痻，孔棘我圉。

为谋为毖，乱况斯削。
告尔忧恤，诲尔序爵。
谁能执热，逝不以濯？
其何能淑，载胥及溺。

如彼遡风，亦孔之僾。
民有肃心，荓云不逮。
好是稼穑，力民代食。
稼穑维宝，代食维好。

天降丧乱，灭我立王。
降此蟊贼，稼穑卒痒。
哀恫中国，具赘卒荒。
靡有旅力，以念穹苍。

维此惠君，民人所瞻。
秉心宣犹，考慎其相。
维彼不顺，自独俾臧。
自有肺肠，俾民卒狂。

瞻彼中林，甡甡其鹿；
朋友已谮，不胥以谷。
人亦有言："进退维谷。"

维此圣人，瞻言百里；
维彼愚人，覆狂以喜。
匪言不能，胡斯畏忌？
维此良人，弗求弗迪；

维彼忍心，是顾是复。
民之贪乱，宁为荼毒。
大风有隧，有空大谷。
维此良人，作为式谷；
维彼不顺，征以中垢。
大风有隧，贪人败类。
听言则对，诵言如醉。
匪用其良，覆俾我悖。
嗟尔朋友，予岂不知而作。
如彼飞虫，时亦弋获。
既之阴女，反予来赫。
民之罔极，职凉善背。
为民不利，如云不克。
民之回遹，职竞用力。
民之未戾，职盗为寇。
凉曰不可，覆背善詈。
虽曰匪予，既作尔歌。

【译文】

青青桑叶密又嫩，桑树下面一片荫，
采完桑叶剩枝根。害苦百姓难遮身，
愁思绵绵缠我心。社会凄凉乱纷纷，
皇天能把善恶分，怎么不怜我老臣！
四马驾车不住奔，旌旗翻飞各逃生。
祸乱发生不太平，到处纷乱难安宁。
百姓死亡人稀少，全都遭难变灰烬，
长叹一声心悲痛，国运艰难势将倾！
民穷财尽国运紧，老天不助我人民。
没有地方可安身，想走不知去何村？
君子扪心自思忖，没有争权夺利心。
谁是产生祸乱根？至今作梗害人民。
隐隐作痛心忧伤，想念故土旧家邦。
生不逢时真不幸，碰上老天怒火旺。
从东到西天地宽，没有安居好地方。
灾难遭到一连串，再加敌寇侵边疆。
谋划国事要谨慎，祸乱状况会减轻。

你们应当忧国事，合理授官任贤能。
好比谁想驱炎热，不去洗澡行不行？
国事如果不办好，大家淹死都丧命。
好比顶着大风跑，呼吸困难心发跳。
人民空有进取心，形势使他难效劳。
重视春种和秋收，百姓劳动官吃饱。
农业生产是个宝，官吏坐吃是正道。
死亡祸乱从天降，要灭我们所立王。
降下害虫和蟊贼，大田庄稼全吃光。
哀痛我们全中国，绵延田地一片荒。
大家没有尽力干，怎能感动那上苍。
通情达理好君王，人民对他就景仰。
心地光明善治国，慎重考察择宰相。
君主违理不顺民，只管自己把福享，
别有一副怪心肠，使民迷惑而放荡。
看那野外有树林，鹿儿成群多相亲。
朋友反而相欺骗，不能置腹又推心。
人们经常这样说："进退两难真苦闷。"
只有圣人有眼力，目光远大望百里；
只有蠢人眼近视，反而狂妄瞎欢喜。
并非有口不能言，为啥害怕有顾忌？
这位君主心善良，不求名利不争王；
那位君主太残忍，反复无常理不讲。
百姓为啥要作乱，因遭暴政苦难挡。
天上呼呼刮大风，峡谷从来是空空。
这位君主心善良，多做好事人歌颂；
那位君主不讲理，日夜荒淫不出宫。
天上大风呼呼吹，贪利小人是败类。
顺从话儿你答对，一听忠谏装酒醉。
忠臣良言不采用，反而说我老背晦。
叫声朋友听我说，我岂不知你所作。
好比天空飞翔鸟，有时射中也被捉。
你的底细我掌握，如今反而恐吓我。
人心不正好作乱，主张刻薄搞反叛。
你做不利人民事，好像还嫌不凶残。
人民要走邪僻路，竟用暴力解苦难。

人民不把好事做，主张为盗结成伙。
诚恳告你行不通，你反背地咒骂我。
虽然被你来诽谤，终究为你把诗作。

云汉

【原文】

倬彼云汉，昭回于天。
王曰：於乎！何辜今之人？
天降丧乱，饥馑荐臻。
靡神不举，靡爱斯牲。
圭璧既卒，宁莫我听！
旱既大甚，蕴隆虫虫。
不殄禋祀，自郊徂宫。
上下奠瘗，靡神不宗。
后稷不克，上帝不临。
耗斁下土，宁丁我躬！
旱既大甚，则不可推。
兢兢业业，如霆如雷。
周余黎民，靡有孑遗。
昊天上帝，则不我遗。
胡不相畏？先祖于摧。
旱既大甚，则不可沮。
赫赫炎炎，云我无所。
大命近止，靡瞻靡顾。
群公先正，则不我助。
父母先祖，胡宁忍予！
旱既大甚，涤涤山川。
旱魃为虐，如惔如焚。
我心惮暑，忧心如熏。
群公先正，则不我闻。
昊天上帝，宁俾我遁！
旱既大甚，黾勉畏去。
胡宁瘨我以旱？憯不知其故。

祈年孔夙，方社不莫。
昊天上帝，则不我虞。
敬恭明神，宜无悔怒！
旱既大甚，散无友纪。
鞠哉庶正，疚哉冢宰。
趣马师氏，膳夫左右。
靡人不周，无不能止。
瞻卬昊天，云如何里！
瞻卬昊天，有嘒其星。
大夫君子，昭假无赢。
大命近止，无弃尔成！
何求为我，以戾庶正。
瞻卬昊天，曷惠其宁！

【译文】

浩浩银河天上横，星光灿烂转不停。
国王仰天长叹息：百姓今有啥罪行！
上天降下死亡祸，饥荒灾难接连生。
哪位神灵没祭祀，何曾吝惜用牺牲。
祭神圭璧已用尽，为啥祷告天不听！
旱情已经很严重，酷暑闷热如火熏。
不断祭祀求降雨，从那郊外到庙寝。
上祭天神下祭地，任何神灵都尊敬。
后稷不能止灾情，上帝圣威不降临。
天下田地尽遭害，灾难恰恰落我身。
旱灾已经很不轻，想要消除不可能。
整天提心又吊胆，如防霹雳和雷霆。
周地剩余老百姓，将要全部死干净。
皇天上帝心好狠，不肯赐食把善行。
祖先怎么不害怕？子孙死绝祭不成。
旱情严重无活路，没有办法可止住。
烈日炎炎如火烧，哪里还有遮荫处。
大限已到命将亡，神灵依旧不看顾。
诸侯公卿众神灵，不肯降临来帮助。
父母祖先在天上，为啥忍心看我苦！
旱灾来势很凶暴，山秃河干草木焦。

旱魔为害太猖狂，好像遍地大火烧。
长期酷热令人畏，忧心如焚受煎熬。
诸侯公卿众神灵，毫不过问怎么好。
叫声上帝叫声天，难道要我脱身逃！
旱灾来势虽凶暴，勉力在位不辞劳。
为啥降旱害我们？不知缘由真心焦。
祈年祭祀不算晚，祭方祭社也很早。
皇天上帝太狠心，不佑助我不宽饶。
一向恭敬诸神明，想来神明不会恼。
旱情严重总不已，人人散漫无法纪。
公卿百官都技穷，宰相盼雨空焦虑。
趣马师氏都祈雨，膳夫大臣来助祭。
没有一人不出力，没人停下喘口气。
仰望晴空无片云，我心忧愁何时止！
仰望高空万里晴，微光闪闪满天星。
大夫君子很虔诚，祈祷神灵没私情。
大限虽近将死亡，继续祈祷不要停！
祈雨不是为自己，是为安定众公卿。
仰望皇天默默祷，何时赐我民安宁！

崧高

【原文】

崧高维岳，骏极于天。
维岳降神，生甫及申。
维申及甫，维周之翰。
四国于蕃，四方于宣。
亹亹申伯，王缵之事。
于邑于谢，南国是式。
王命召伯，定申伯之宅。
登是南邦，世执其功。
王命申伯："式是南邦，
因是谢人，以作尔庸。"
王命召伯，彻申伯土田。

王命傅御，迁其私人。
申伯之功，召伯是营。
有俶其城，寝庙既成。
既成藐藐，王锡申伯：
四牡蹻蹻，钩膺濯濯。
王遣申伯，路车乘马。
我图尔居，莫如南土；
锡尔介圭，以作尔宝。
往迈王舅，南土是保。
申伯信迈，王饯于郿。
申伯还南，谢于诚归。
王命召伯，彻申伯土疆；
以峙其粻，式遄其行。
申伯番番，既入于谢。
徒御啴啴，周邦咸喜，
戎有良翰。不显申伯，
王之元舅，文武是宪。
申伯之德，柔惠且直。
揉此万邦，闻于四国。
吉甫作诵，其诗孔硕。
其风肆好，以赠申伯。

【译文】

五岳居中是嵩山，巍巍高竿入云天。
中岳嵩山降神灵，吕侯申伯生人间。
申家伯爵吕家侯，辅佐周朝是中坚。
诸侯靠他为屏障，天下靠他为墙垣。
申伯勤勉美名扬，继承祖业佐周王。
赐封子谢建新都，南国诸侯有榜样。
周王命令召伯虎，去为申伯建住房。
建成南方一邦国，子孙世守国祚长。
王对申伯下令讲："要在南国树榜样。
依靠谢地众百姓，建筑你国新城墙。"
周王命令召伯虎，治理申伯新封疆。
命令太傅和侍御，助他家臣迁谢邦。
申伯谢邑工已竣，全靠召伯苦经营。

峨峨谢城坚又厚，寝庙也已建筑成，
雕栏画栋院宇深。王赐申伯好礼品，
骏马四匹蹄儿轻，黄铜钩膺亮晶晶。
王遣申伯赴谢城，高车驷马快启程。
我细考虑你住处，莫如南土最相称；
赐你大圭好礼物，作为国宝永保存。
叫声娘舅放心去，确保南土扎下根。
申伯决定要动身，王到郿郊来饯行。
申伯要回南方去，决心南下住谢城。
周王命令召伯虎，申伯疆界要划定；
沿途粮草备充盈，一路顺风不留停。
申伯威武气昂昂，进入谢城好排场。
步骑车御列成行，全城人民喜洋洋，
从此国家有栋梁。高贵显赫的申伯，
周王大舅不寻常，能文能武是榜样。
申伯美德众口扬，和顺正直且温良。
安定诸侯达万国，赫赫声誉传四方。
吉甫作了这首歌，含义深切篇幅长，
曲调优美音铿锵，赠别申伯诉衷肠。

烝民

【原文】

天生烝民，有物有则。
民之秉彝，好是懿德。
天监有周，昭假于下。
保兹天子，生仲山甫。
仲山甫之德，柔嘉维则。
令仪令色，小心翼翼。
古训是式，威仪是力。
天子是若，明命使赋。
王命仲山甫，式是百辟。
缵戎祖考，王躬是保。
出纳王命，王之喉舌。

赋政于外，四方爱发。
肃肃王命，仲山甫将之。
邦国若否，仲山甫明之。
既明且哲，以保其身。
夙夜匪解，以事一人。
人亦有言："柔则茹之，
刚则吐之。"维仲山甫，
柔亦不茹，刚亦不吐。
不侮矜寡，不畏强御。
人亦有言："德輶如毛，
民鲜克举之。"我仪图之，
维仲山甫举之，爱莫助之。
衮职有阙，维仲山甫补之。
仲山甫出祖，四牡业业，
征夫捷捷，每怀靡及。
四牡彭彭，八鸾锵锵，
王命仲山甫，城彼东方。
四牡骙骙，八鸾喈喈，
仲山甫徂齐，式遄其归。
吉甫作诵，穆如清风。
仲山甫永怀，以慰其心。

【译文】

天生众人性相合，万物本来有法则。
人心自然赋常情，全都喜爱好品德。
上帝审察我周朝，周王祈祷意诚恪。
为保天子能中兴，生下山甫辅君侧。
山甫天生好品德，和气善良有原则。
仪表堂堂脸带笑，办事谨慎不出格。
遵循古训无差错，尽力做到礼节合。
处处承顺天子意，颁布命令贯政策。
周王命令仲山甫，要做诸侯好榜样。
祖先事业你继承，辅佐天子立纪纲。
受命司令你掌管，为王喉舌代宣讲。
颁布政令达各地，贯彻执行到四方。
王命严肃不可抗，山甫执行很顺当。

全国政事好和坏，山甫心里最明亮。
知识渊博又明理，保全节操永流芳。
日夜工作不松懈，全心全意侍周王。
有句老话经常讲："东西要拣软的吃，
硬的吐出放一旁。"只有这位仲山甫，
软的东西他不吃，硬的不吐真坚强；
见了鳏寡不欺侮，遇到强暴不退让。
有句老话人常道："品德即使轻如毛，
很少有人举得高。"细细揣摩暗思考，
只有山甫能做到，无力帮他表倾倒。
周王破了衮龙袍，只有山甫能补好。
山甫远出祭路神，四马雄壮如飞奔，
左右随从很勤快，惦念任务还在身。
四马蹄声得得响，八铃锵锵车轮滚。
周王命令仲山甫，筑城东方立功勋。
四匹骏马奔跑忙，八只铜铃响叮当。
山甫到齐去平乱，望他早日回故乡。
吉甫作歌赠老友，和如清风吹人爽。
山甫临行顾虑多，唱诗安慰望心宽。

韩奕

【原文】

奕奕梁山，维禹甸之，
有倬其道。韩侯受命，
王亲命之："缵戎祖考。
无废朕命，夙夜匪解，
虔共尔位。朕命不易，
干不庭方，以佐戎辟。"
四牡奕奕，孔修且张。
韩侯入觐，以其介圭，
入觐于王。王锡韩侯，
淑旂绥章，簟茀错衡，
玄衮赤舄，钩膺镂钖，

鞹鞃浅幭，鞗革金厄。
韩侯出祖，出宿于屠。
显父饯之，清酒百壶。
其殽维何？炰鳖鲜鱼。
其蔌维何？维笋及蒲。
其赠维何？乘马路车。
笾豆有且，侯氏燕胥。
韩侯取妻，汾王之甥，
蹶父之子。韩侯迎止，
于蹶之里。百两彭彭，
八鸾锵锵，不显其光。
诸娣从之，祁祁如云。
韩侯顾之，烂其盈门。
蹶父孔武，靡国不到；
为韩姞相攸，莫如韩乐。
孔乐韩土，川泽訏訏，
鲂鱮甫甫，麀鹿噳噳，
有熊有罴，有猫有虎。
庆既令居，韩姞燕誉。
溥彼韩城，燕师所完。
以先祖受命，因时百蛮。
王锡韩侯，其追其貊，
奄受北国，因以其伯。
实墉实壑，实亩实藉。
献其貔皮，赤豹黄罴。

【译文】

巍巍高耸梁山冈，大禹治水到此间，
一条大路通周邦。韩侯入朝受册命，
周王亲自对他讲："祖先事业你继承，
我的命令切莫忘。早晚工作别松懈，
忠诚职守勿疏荒。我的册命不轻发，
望你伐叛正纪纲，以此辅佐你君王。"
四匹公马真肥壮，又高又大气昂昂。
韩侯入周来朝见，手捧大圭上朝堂，
俯伏丹墀拜周王。王赐礼物示嘉奖，

锦绣龙旗彩羽装，缕金彩绘车一辆，
黑色龙袍大红靴，铜制马饰雕纹章，
浅色虎皮蒙轼上，马辔马轭闪金光。
韩侯离朝祭路神，路上住宿在屠城。
显父设宴为饯行，美酒百壶醇又清。
席上荤菜是什么？清蒸大鳖鲜鱼羹。
席上素菜是什么？嫩蒲烧汤竹笋丁。
临行赠品是什么？高车驷马垂红缨。
七盘八碗筵丰盛，韩侯宴饮真高兴。
韩侯结婚娶妻房，她的舅父是厉王，
司马蹶父小女郎。韩侯驾车去亲迎，
蹶邑大街闹洋洋。百辆新车挤路上，
车铃串串响丁当，荣耀显赫真辉煌。
陪嫁众妾紧相随，多如彩云巧梳妆。
韩侯举行三顾礼，满门灿烂又堂皇。
蹶父威武又雄壮，出使各国游历广；
他替女儿找婆家，莫如韩国最理想。
住在韩地欢乐多，河川水泊很宽广，
鳊鱼鲢鱼多肥大，母鹿公鹿满山冈，
深林有熊又有罴，山猫猛虎幽谷藏，
欢庆得了好地方，韩姞安乐心舒畅。
韩国城邑宽又广，工程完竣靠燕邦。
韩国祖先受王命，节制蛮族控北方。
王赐韩侯复祖业，追貊两族由你掌，
包括北方诸小国，你为方伯位居上。
城墙城壕替他筑，垦田收税样样帮。
他们贡献白狐皮，赤豹黄熊好皮张。

江汉

【原文】

江汉浮浮，武夫滔滔。
匪安匪游，淮夷来求。
既出我车，既设我旟。

匪安匪舒,淮夷来铺。
江汉汤汤,武夫洸洸。
经营四方,告成于王。
四方既平,王国庶定。
时靡有争,王心载宁。
江汉之浒,王命召虎:
"式辟四方,彻我疆土。
匪疚匪棘,王国来极。
于疆于理,至于南海。"
王命召虎,来旬来宣:
"文武受命,召公维翰。
无曰:予小子,召公是似。
肇敏戎公,用锡尔祉。
釐尔圭瓒,秬鬯一卣。
告于文人,锡山土田。
于周受命,自召祖命。"
虎拜稽首:"天子万年!"
虎拜稽首:"对扬王休。
作召公考,天子万寿!
明明天子,令闻不已。
矢其文德,洽此四国。"

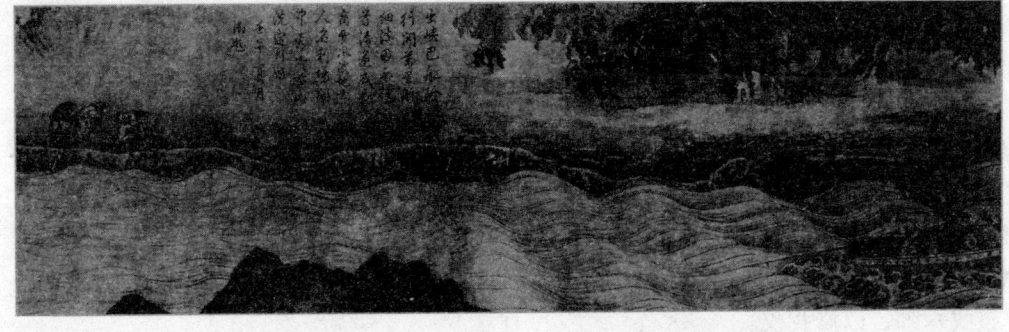

长江万里图(部分),宋夏圭绘,中国台北故宫博物院藏。

【译文】

长江汉水流滔滔,壮士出征逞英豪。
不贪安逸非游遨,誓把淮夷来征讨。
驾起戎车如飞跑,树起战旗随风飘。
不求安逸不辞劳,陈师淮夷除凶暴。

长江汉水流浩荡，壮士勇猛世无双。
讨伐四方叛乱国，捷报飞来告周王。
四方叛国已平定，周邦方得保安康。
时局平定无征战，周王安宁心舒畅。
长江边啊汉水旁，王命召虎为大将：
"为我开辟四方地，为我治理好土疆。
施政宽缓莫扰民，一切准则学中央。
划定边界治国土，直到南海蛮夷邦。"
宣王册命任召虎，宗庙当中告百官：
"文王武王受天命，召公辅政立朝班。
不要说我还年轻，召公事业你接管。
速立大功来报效，赐你福禄示恩眷。
赏你玉勺世世传，黍酒一壶香又甜。
祭告你的祖先神，先王曾赐山和田。
你到岐周受册命，仪式按照你祖先。"
召虎拜谢又叩头："恭祝天子寿万年！"
召虎拜谢又叩头："为报王赐礼物厚，
特铸青铜召公簋，恭祝天子万年寿！
勤勉不倦周天子，名垂千古永不朽。
施行德政惠万民，协和四方众诸侯。"

常武

【原文】

赫赫明明，王命卿士，
南仲大祖，大师皇父：
"整我六师，以修我戎。
既敬既戒，惠此南国。"
王谓尹氏，命程伯休父：
"左右陈行，戒我师旅。
率彼淮浦，省此徐土，
不留不处，三事就绪。"
赫赫业业，有严天子。
王舒保作，匪绍匪游。

徐方绎骚,震惊徐方,
如雷如霆,徐方震惊。
王奋厥武,如震如怒。
进厥虎臣,阚如虓虎。
铺敦淮濆,仍执丑虏。
截彼淮浦,王师之所。
王旅啴啴,如飞如翰,
如江如汉。如山之苞,
如川之流。绵绵翼翼,
不测不克,濯征徐国。
王犹允塞,徐方既来。
徐方既同,天子之功。
四方既平,徐方来庭。
徐方不回,王曰还归。

【译文】

威武英明周宣王,命令卿士征徐方,
太庙之中命南仲,太师皇父同听讲:
"整顿六军振士气,修理弓箭和刀枪。
告诫士卒勿扰民,平定徐国惠南邦。"
王令尹氏传下话,策命休父任司马:
"士卒左右列好队,训诫六军早出发。
循那淮水岸边行,须对徐国细巡察。
大军不必久居留,任毕三卿便回家。"
威仪堂堂气概昂,神圣庄严周宣王。
王师从容向前进,不敢延缓不游逛。
徐国闻讯大骚动,王师威力震徐邦,
声势恰似雷霆轰,徐兵未战已惊慌。
宣王奋发真威武,就像天上雷霆怒。
冲锋兵车先进军,吼声震天如猛虎。
大军列阵淮水边,捉获敌方众战俘。
切断徐兵溃逃路,王师就地把兵驻。
王师势盛世无双,行动神速如鸟翔。
好比江汉水流长,好比青山难摇撼,
好比洪流不可挡,连绵不断声威壮,
神出鬼没难估量,大征徐国定南方。

宣王计划真恰当，徐国已服来归降。
纳土称臣成一统，建立功勋是我王。
四方诸侯既平靖，徐君朝拜王庭上。
徐国从此不敢叛，王命班师回周邦。

瞻卬

【原文】

瞻卬昊天，则不我惠。
孔填不宁，降此大厉。
邦靡有定，士民其瘵。
蟊贼蟊疾，靡有夷届。
罪罟不收，靡有夷瘳。
人有土田，女反有之。
人有民人，女覆夺之。
此宜无罪，女反收之。
彼宜有罪，女覆说之。
哲夫成城，哲妇倾城。
懿厥哲妇，为枭为鸱。
妇有长舌，维厉之阶。
乱匪降自天，生自妇人。
匪教匪诲，时维妇寺。
鞫人忮忒，谮始竟背。
岂曰不极，伊胡为慝？
如贾三倍，君子是识。
妇无公事，休其蚕织。
天何以刺？何神不富？
舍尔介狄，维予胥忌。
不吊不祥，威仪不类。
人之云亡，邦国殄瘁。
天之降罔，维其优矣。
人之云亡，心之忧矣。
天之降罔，维其几矣。
人之云亡，心之悲矣。

觱沸槛泉，维其深矣。
心之忧矣，宁自今矣？
不自我先，不自我后。
藐藐昊天，无不克巩。
无忝皇祖，式救尔后。

【译文】

仰望老天灰冥冥，老天对我没恩情。
天下很久不安宁，降下大祸真不轻。
国家无处有安定，害苦士卒和百姓。
好比害虫吃庄稼，没完没了总不停。
滥罚酷刑不收敛，生灵涂炭无止境。
别人如有好田地，你便侵占归自己。
别人田里人民多，你却夺来做奴隶。
这些本是无辜人，你却捕他不讲理。
那些本是有罪人，你却开脱去包庇。
男子有才能立国，妇女有才毁社稷。
可叹此妇太逞能，她是恶枭猫头鹰。
妇有长舌爱多嘴，灾难根源从她生。
祸乱不是从天降，出自妇人真不幸。
没人教王施暴政，女人内侍话太听。
专门诬告陷害人，说话前后相矛盾。
难道她还不凶狠，为啥喜欢这妇人？
好比商人会赚钱，叫他参政难胜任。
妇女不该管国事，她却蚕织不躬亲。
上天为啥罚我苦？神明为啥不赐福？
放任武装夷狄人，只是对我很厌恶；
人们遭难不抚恤，礼节不修走邪路。
良臣贤士都跑光，国运艰危将倾覆。
上天把那刑罚降，多如牛毛不胜防。
良臣贤士都逃光，心中忧伤对谁讲。
上天无情降法网，国家危险人心慌。
良臣贤士都逃光，回天乏术心悲伤。
泉水翻腾往外喷，源头一定非常深。
我心忧伤由来久，难道只是始于今？
祸乱不先也不后，恰恰与我同时辰。

老天浩茫又高远，约束万物定乾坤。
不要辱没你祖先，匡救王朝为子孙。

召旻

【原文】

旻天疾威，天笃降丧。
瘨我饥馑，民卒流亡。
我居圉卒荒。
天降罪罟，蟊贼内讧。
昏椓靡共，溃溃回遹，
实靖夷我邦。
皋皋訿訿，曾不知其玷。
兢兢业业，孔填不宁，
我位孔贬。
如彼岁旱，草不溃茂，
如彼栖苴。我相此邦，
无不溃止。
维昔之富，不如时。维今之疚，不如兹。
彼疏斯粺，胡不自替？
职兄斯引。
池之竭矣，不云自频？
泉之竭矣，不云自中？
溥斯害矣，职兄斯弘，
不灾我躬？
昔先王受命，有如召公，
日辟国百里。今也日蹙国百里。
於乎哀哉！维今之人，
不尚有旧！

【译文】

老天暴虐难提防，接二连三降灾荒。
饥馑遍地灾情重，十室九空尽流亡。
国土荒芜生榛莽。

天降罪网真严重，蟊贼相争起内讧。
谗言乱政职不供，昏聩邪僻肆逞凶，
想把国家来断送。
欺诈攻击心藏奸，却不自知有污点。
君子兢兢又业业，对此早就心不安，
可惜职位太低贱。
好比干旱年头到，地里百草不丰茂，
像那枯草歪又倒。看看国家这个样，
崩溃灭亡免不了。
从前富裕今天穷，时弊莫如此地凶。
人吃粗粮他白米，何占茅房不出恭？
情况越来越严重。
池水枯竭非一天，岂不开始在边沿？
泉水枯竭源头断，岂不开始在中间？
这场灾害太普遍，这种情况在发展，
难道我不受牵连？
先王受命昔为君，有像召公辅佐臣。
当初日辟百里地，如今土地日瓜分。
可叹可悲真痛心！不知如今满朝人，
是否还有旧忠臣？

周颂

清庙之什

清庙

【原文】

於穆清庙，肃雝显相。
济济多士，秉文之德。
对越在天，骏奔走在庙。

不显不承，无射于人斯。

【译文】

啊，在那深沉清庙中，助祭端庄又雍容。
众士祭祀行列齐，文王德教记在胸。
遥对文王在天灵，奔走在庙疾如风。
光照上天延后嗣，人们仰慕无时穷。

维天之命

【原文】

维天之命，於穆不已。
於乎不显，文王之德之纯！
假以溢我，我其收之。
骏惠我文王，曾孙笃之。

【译文】

想那天道在运行，庄严肃穆永不停。
啊，多么显赫多光明，文王品德真纯正！
仁政使我得安宁，我们一定要继承。
遵循文王踏过路，子子孙孙要力行。

维清

【原文】

维清缉熙，文王之典。
肇禋，迄用有成，
维周之祯。

【译文】

想我周朝政清明，因为文王善用兵。
由他始行祭天礼，直到武王才功成。

这是我周的祥祯。

烈文

【原文】

烈文辟公，锡兹祉福。
惠我无疆，子孙保之。
无封靡于尔邦，维王其崇之。
念兹戎功，继序其皇之。
无竞维人，四方其训之。
不显维德，百辟其刑之。
於乎，前王不忘！

【译文】

功德双全诸侯公，赐给你们助祭荣。
对我周朝永驯顺，子孙长保福无穷。
莫在你国造大孽，我王对你才尊重。
应念你祖立战功，继承祖业更恢宏。
强盛莫过得贤士，四方才会竞相从。
光明最是先王德，诸侯应该学此风。
先王典范永铭胸。

天作

【原文】

天作高山，大王荒之。
彼作矣，文王康之。
彼徂矣岐，有夷之行，
子孙保之。

【译文】

天生巍峨岐山冈，太王经营地更广。

上天在此生万物，文王安抚定周邦。
人心所向来归顺，岐山大道坦荡荡，
子孙永保这地方。

昊天有成命

【原文】

昊天有成命，二后受之。
成王不敢康，夙夜基命宥密。
於缉熙，单厥心，
肆其靖之。

【译文】

天命昭昭自上苍，受命为君文武王。
成王不敢图安逸，日夜谋政志安邦。
啊，多么光明多辉煌，忠诚厚道热心肠，
国家巩固民安康。

我将

【原文】

我将我享，维羊维牛，
维天其右之。仪式刑文王之典，
日靖四方。伊嘏文王，
既右飨之。我其夙夜，
畏天之威，于时保之。

【译文】

我要祭祀先烹调，祭品牛羊不算少，
上帝保佑好运道。典章制度效文王，
治理天下日操劳。伟大神圣我文王，
享受祭祀神灵到。我要日夜勤祭祷，

崇敬天威遵天道，这才能把天下保。

时迈

【原文】

时迈其邦，昊天其子之，
实右序有周。薄言震之，
莫不震叠。怀柔百神，
及河乔岳。允王维后！
明昭有周，式序在位。
载戢干戈，载櫜弓矢。
我求懿德，肆于时夏。
允王保之。

【译文】

出发巡视大小邦，上帝视我如儿郎，
佑我大周国运昌。才始发兵讨纣王，
天下诸侯皆惊慌。为悦众神备祭享，
遍及河山及四望。武王不愧天下长！
大周昭明照四方，满朝称职皆贤良。
收起干戈没用场，装好弓箭袋里藏。
我去访求有德士，遍施善政国兴旺。
周王定能保封疆。

执竞

【原文】

执竞武王，无竞维烈。
不显成康，上帝是皇。
自彼成康，奄有四方，
斤斤其明。钟鼓喤喤，
磬筦将将，降福穰穰。

降福简简，威仪反反。
既醉既饱，福禄来反。

【译文】

制服强梁称武王，克商功业世无双。
功成名就国安康，上帝对他也赞赏。
由于功成国安康，一统天下有四方，
武王英明坐朝堂。敲钟擂鼓咚咚响，
击磬吹箫声锵锵，上天赐福降吉祥。
无边洪福从天降，祭礼隆重又端庄。
武王神灵醉又饱，保你福禄绵绵长。

思文

【原文】

思文后稷，克配彼天。
立我烝民，莫匪尔极。
贻我来牟，帝命率育。
无此疆尔界，陈常于时夏。

【译文】

想起后稷先王，功德能配上苍。
养育我们百姓，谁未受你恩赏。
留给我们麦种，天命充用供养。
农政不分疆界，全国普遍推广。

臣工之什

臣工

【原文】

嗟嗟臣工，敬尔在公。

王厘尔成，来咨来茹。
嗟嗟保介，维莫之春，
亦又何求？如何新畲？
於皇来牟，将受厥明。
明昭上帝，迄用康年。
命我众人，庤乃钱镈，
奄观铚艾。

【译文】

群臣百官听我言，对待公事要谨严。
周王赐你耕作法，你应考虑细钻研。
农官你要忠职守，暮春农事应早筹，
你们还有啥要求？如何对待新田畴？
美好麦籽壮又圆，秋来定能获丰收。
光明上帝真灵验，一直赐我丰收年。
就该命令众农夫，锄锹你要备齐全，
他日一同看开镰。

噫嘻

【原文】

噫嘻成王，既昭假尔。
率时农夫，播厥百谷。
骏发尔私，终三十里。
亦服尔耕，十千维耦。

【译文】

成王祈呼向苍穹，一片虔诚与神通。
率领农夫同下地，安排农事快播种。
迅速开发私邑田，三十里地尽完工。
从事耕作须抓紧，万人耦耕齐劳动。

丰收宴享，东汉画像石，沂南县北寨村汉墓出土。

振鹭

【原文】

振鹭于飞，于彼西雍。
我客戾止，亦有斯容。
在彼无恶，在此无斁。
庶几夙夜，以永终誉。

【译文】

白鹭成群展翅翔，在那西边大泽上。
我有贵客喜光临，也穿高洁白衣裳。
他在本国无人怨，很受欢迎到我邦。
望您日夜多勤勉，众口交誉美名扬。

丰年

【原文】

丰年多黍多稌，亦有高廪，
万亿及秭。为酒为醴，
烝畀祖妣，以洽百礼，
降福孔皆。

【译文】

丰年多产糜和稻，粮仓堆得高又高，

万斛亿斛真不少。酿成醇酒和甜醪，
献给先妣与先考，牺牲玉帛同敬孝，
恩泽普降福星照。

有瞽

【原文】

有瞽有瞽，在周之庭。
设业设虡，崇牙树羽。
应田县鼓，鞉磬柷圉。
既备乃奏，箫管备举。
喤喤厥声，肃雍和鸣，
先祖是听。我客戾止，
永观厥成。

【译文】

盲乐师啊盲乐师，排列宗庙大庭上。
钟架鼓架都摆好，架上钩子彩羽装。
小鼓大鼓悬挂起，鞉磬柷圉列成行。
乐器齐备就演奏，箫管并吹音绕梁。
众乐同声多洪亮，肃穆和谐调悠扬，
祖宗神灵来欣赏。我有贵宾也光临，
曲终不觉奏时长。

潜

【原文】

猗与漆沮！潜有多鱼：
有鳣有鲔，鲦鲿鰋鲤。
以享以祀，以介景福。

【译文】

啊，在那漆沮二水中，鱼儿繁多藏柴丛：

也有鳣鱼也有鲔,鲦鲿鲇鲤多品种。
用来祭祀供祖宗,求降洪福永无穷。

雝

【原文】

有来雝雝,至止肃肃。
相维辟公,天子穆穆。
於荐广牡,相予肆祀。
假哉皇考!绥予孝子。
宣哲维人,文武维后。
燕及皇天,克昌厥后。
绥我眉寿,介以繁祉。
既右烈考,亦右文母。

【译文】

来时节雝容和睦,到此地恭敬严肃。
助祭是诸侯群公,周天子端庄静穆。
献一口肥大公畜,相助我办好"肆祀"。
伟大啊光荣先父!您安抚我这孝子
用贤臣聪明仁智,圣主兼武功文治。
安周邦上及皇天,能昌盛子孙后世。
赐与我长命百岁,又助我大福大祉。
既拜请父饮一杯,又敬请先母大妣。

载见

【原文】

载见辟王,曰求厥章。
龙旂阳阳,和铃央央,
鞗革有鸧,休有烈光。
率见昭考,以孝以享。

以介眉寿，永言保之，
思皇多祜。烈文辟公，
绥以多福，俾缉熙于纯嘏。

【译文】

诸侯始来朝周王，求赐车服众典章。
龙纹旗子真漂亮，车上和铃响叮当。
辔头装饰金辉煌，华丽耀目亮晃晃。
率领你们祭武王，隆重献祭在庙堂。
祈求赐我寿无疆，保佑天命永久长，
成王得福又吉祥。英明有德诸侯公，
君王受福靠你帮，使他前程光明福无量。

有客

【原文】

有客有客，亦白其马。
有萋有且，敦琢其旅。
有客宿宿，有客信信。
言授之絷，以絷其马。
薄言追之，左右绥之。
既有淫威，降福孔夷。

【译文】

远方客人来我家，跨着一匹白骏马。
随从人员一大串，个个品德无疵瑕。
客人头夜这儿宿，二夜三夜再留下。
最好拿根绳索来，把他马儿四蹄扎。
我为客人来饯行，群臣百官欢送他。
客人既然受优待，天赐福禄会更大。

武

【原文】

於皇武王，无竞维烈。
允文文王，克开厥后。
嗣武受之，胜殷遏刘，
耆定尔功。

【译文】

赞叹伟大周武王，他的功业世无双。
诚信有德周文王，能为子孙把业创。
嗣子武王承遗业，战胜敌人灭殷商，
巩固政权功辉煌。

闵予小子之什

闵予小子

【原文】

闵予小子，遭家不造，
嬛嬛在疚。於乎皇考，
永世克孝！念兹皇祖，
陟降庭止。维予小子，
夙夜敬止。於乎皇王，
继序思不忘！

【译文】

念我嗣位年纪轻，家中遭难真不幸，

整天忧伤叹孤零。放声赞我先父亲，
能尽孝道终其生！想我祖父国初兴，
任用群臣很公平。我今嗣位未成丁，
日夜勤劳坐朝廷。叫声先祖听我禀，
誓记遗业永记铭！

访落

【原文】

访予落止，率时昭考。
於乎悠哉，朕未有艾。
将予就之，继犹判涣。
维予小子，未堪家多难。
绍庭上下，陟降厥家。
休矣皇考，以保明其身。

【译文】

即位始初须计议，遵循先王志不移。
真是任重道远啊，我少经验水平低。
助我遵行先王法，继承宏业定大计。
想我如今年纪轻，家国多难担不起。
先父善将祖道承，用人得当国康熙。
想我皇父多英明，以此保身勉自己。

敬之

【原文】

敬之敬之，天维显思。
命不易哉！无曰高高在上。
陟降厥士，日监在兹。
维予小子，不聪敬止。
日就月将，学有缉熙于光明。

佛时仔肩，示我显德行。

【译文】

为人处事常警惕，天理昭彰不可欺。
保全国运实不易！莫说苍天高在上。
升黜群臣即天意，每天监视在此地。
我刚即位年纪轻，不明不戒受蒙蔽。
日积月累常学习，由浅入深明事理。
众臣辅我担重任，美德向我多启示。

小毖

【原文】

予其惩，而毖后患。
莫予荓蜂，自求辛螫。
肇允彼桃虫，拼飞维鸟。
未堪家多难，予又集于蓼。

【译文】

惩前毖后不摔跤，
缺少辅佐我心焦，只能独自操辛劳。
开始以为小鹪鹩，谁知飞出大海雕。
家国多难受不了，今陷困境更难熬。

载芟

【原文】

载芟载柞，其耕泽泽；
千耦其耘，徂隰徂畛。
侯主侯伯，侯亚侯旅，
侯强侯以。有嗿其馌，
思媚其妇，有依其士。

有略其耜，俶载南亩，
播厥百谷，实函斯活。
驿驿其达，有厌其杰，
厌厌其苗，绵绵其麃。
载获济济，有实其积，
万亿及秭。为酒为醴，
烝畀祖妣，以洽百礼。
有飶其香，邦家之光；
有椒其馨，胡考之宁。
匪且有且，匪今斯今，
振古如兹。

【译文】

开始除草又砍树，用力耕地松泥土；
上千对人齐耕耘，走下洼地踏小路。
田主带着大儿子，小儿晚辈也相助，
壮汉雇工同挥锄。大家吃饭声音响，
温顺柔美好农妇，她的儿子健如虎。
犁头雪亮又锋利，先耕南面那块地。
各色种子撒下去，颗颗粒粒含生气。
苗儿不断冒出来，高大粗壮讨人喜。
庄稼茂盛一色齐，穗儿连绵把头低。
开始收获丰硕果，场上粮食堆成垛，
千担万斛上亿箩。酿成美酒味醇和，
祖妣灵前先献酢，祭祀宴享礼节多。
黍稷热气真芬芳，家门荣幸国增光；
美酒醇厚真馨香，敬给老人得安康。
耕作不从今日始，丰收并非破天荒，
从古到今就这样。

良耜

【原文】

畟畟良耜，俶载南亩。

三耘、灌溉，选自清《耕织图册》。

播厥百谷，实函斯活。
或来瞻女，载筐及筥。
其饟伊黍，其笠伊纠，
其镈斯赵，以薅荼蓼。
荼蓼朽止，黍稷茂止。
获之挃挃，积之栗栗。
其崇如墉，其比如栉，
以开百室。百室盈止，
妇子宁止。杀时犉牡，
有捄其角。以似以续，
续古之人。

【译文】

上好犁头真快利，翻土除草南亩地。
各色种子播下去，颗颗粒粒含生气。
那边有人来看你，背着方筐和圆篓。
送来饭食是小米，头戴草编圆斗笠，
挥动锄头把土起，除去杂草清田畦。
杂草腐烂肥田里，庄稼长得更茂密。
镰刀割来唰唰响，场上粮食如山积。
粮垛高耸如城墙，密密排列似梳篦，
大小仓库全开启。成百粮仓都装满，
老婆孩子心安逸。杀了那头大公牛，
双角弯弯美无比。用来祭祀社稷神，

前人传统后人继。

丝衣

【原文】

丝衣其紑，载弁俅俅。
自堂徂基，自羊徂牛；
鼐鼎及鼒，兕觥其觩，
旨酒思柔。不吴不敖，
胡考之休！

【译文】

身穿白衣是丝绸，漂亮帽子戴在头。
庙堂直到门槛外，有的献羊有献牛；
大鼎中鼎加小鼎，兕角酒杯弯如钩，
美酒醇厚又和柔。轻声细语不骄傲，
保佑我们都长寿！

酌

【原文】

於铄王师，遵养时晦。
时纯熙矣，是用大介。
我龙受之，蹻蹻王之造。
载用有嗣，实维尔公，允师。

【译文】

王师战绩多辉煌，挥兵东征灭殷商。
局势明朗国运昌，上天降下大吉祥。
光宠先业我承受，归功英勇周武王。
后世子孙要牢记，先公是你好榜样。

桓

【原文】

绥万邦,娄丰年,
天命匪解。桓桓武王,
保有厥士。于以四方,
克定厥家。於昭于天,
皇以间之!

【译文】

平定天下万邦,连年丰收吉祥,
天命在周久长。武王英明威武,
保有辽阔封疆。于是用武四方,
齐家治国永昌。啊,光辉照耀天上,
君临天下代商!

赉

【原文】

文王既勤止,我应受之。
敷时绎思,我徂维求定。
时周之命,於绎思!

【译文】

文王一生多勤劳,我要继承治国道。
推广实行常思考,天下安定最紧要。
你们受功承周命,文王功德要记牢!

般

【原文】

於皇时周,陟其高山。
堕山乔岳,允犹翕河。
敷天之下,裒时之对,
时周之命。

【译文】

啊,多么壮丽我大周,登上高山望九州,
不论大山或小丘,与河合祭献旨酒。
普天之下诸神灵,同聚合祭齐享受,
大周受命运长久。

鲁颂

駉之什

駉

【原文】

駉駉牡马,在坰之野。
薄言駉者,有驈有皇,
有骊有黄,以车彭彭。
思无疆,思马斯臧。

驹驹牡马，在坰之野。
薄言驹者，有骓有驱，
有骍有骐，以车伾伾。
思无期，思马斯才。
驹驹牡马，在坰之野。
薄言驹者，有骍有骆，
有骊有雏，以车绎绎。
思无斁，思马斯作。
驹驹牡马，在坰之野。
薄言驹者，有骃有騢，
有驔有鱼，以车祛祛。
思无邪，思马斯徂。

浴马图，元赵孟頫，北京故宫博物院藏。

【译文】

群马雄健高又大，放牧远郊近水涯。
要问是些什么马：骊马皇马毛带白，
骝马黄马色相杂，用来驾车人人夸。
鲁公深谋又远虑，马儿骏美再无加。
群马雄健高又大，放牧远郊近水涯。
要问是些什么马：黄白称骓灰白駓，
青黑骍马赤黄骐，力大能把战车驾。
鲁公思虑真到家，马儿成材实堪嘉。
群马雄健大又高，放牧原野在远郊。
请看骏马多么好：骃马青色骆马白，
骊马火赤雏马焦，用来驾车能快跑。

鲁公不倦深思考，马儿撒欢腾身跳。
群马雄健大又高，放牧原野在远郊。
请看骏马多么好：红色骍马灰白骎，
黄脊驔马白眼鱼，身高体壮把车套。
鲁公思虑是正道，马儿骏美能远跑。

有駜

【原文】

有駜有駜，駜彼乘黄。
夙夜在公，在公明明。
振振鹭，鹭于下。
鼓咽咽，醉言舞。
于胥乐兮。
有駜有駜，駜彼乘牡。
夙夜在公，在公饮酒。
振振鹭，鹭于飞。
鼓咽咽，醉言归。
于胥乐兮。
有駜有駜，駜彼乘驈。
夙夜在公，在公载燕。
自今以始，岁其有。
君子有谷，诒孙子。
于胥乐兮。

【译文】

马儿强健又肥壮，强壮马儿四匹黄。
早夜办事在公堂，鞠躬尽瘁为公忙。
手拿鹭羽起舞，好像白鹭飞过。
咚咚不停击鼓，酒醉舞态婆娑。
上下人人都快活。
马儿强健又肥壮，四匹公马气昂昂。
早夜办事在公堂，公事之余饮酒浆。
手拿鹭羽舞蹈，好像白鹭翔翔。

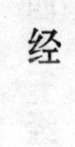

鼓声咚咚狂敲,喝醉回家睡觉。
上下人人齐欢笑。
马儿强健又肥壮,四匹青马真昂昂。
早夜办事在公堂,公余宴饮齐举觞。
打从今年开始,岁岁都是丰年。
君子做了好事,子孙后世相传。
上下人人笑开颜。

泮水

【原文】

思乐泮水,薄采其芹。
鲁侯戾止,言观其旂。
其旂茷茷,鸾声哕哕。
无小无大,从公于迈。
思乐泮水,薄采其藻。
鲁侯戾止,其马蹻蹻。
其马蹻蹻,其音昭昭。
载色载笑,匪怒伊教。
思乐泮水,薄采其茆。
鲁侯戾止,在泮饮酒。
既饮旨酒,永锡难老。
顺彼长道,屈此群丑。
穆穆鲁侯,敬明其德。
敬慎威仪,维民之则。
允文允武,昭假烈祖。
靡有不孝,自求伊祜。
明明鲁侯,克明其德。
既作泮宫,淮夷攸服。
矫矫虎臣,在泮献馘。
淑问如皋陶,在泮献囚。
济济多士,克广德心。
桓桓于征,狄彼东南。
烝烝皇皇,不吴不扬。

不告于讻，在泮献功。
角弓其觩，束矢其搜。
戎车孔博，徒御无斁。
既克淮夷，孔淑不逆。
式固尔犹，淮夷卒获。
翩彼飞鸮，集于泮林。
食我桑黮，怀我好音。
憬彼淮夷，来献其琛。
元龟象齿，大赂南金。

【译文】

泮水那边喜气盈，人在水边采水芹。
鲁侯大驾已光临，且看大旗绣龙纹。
绣龙旗帜迎风展，车铃声儿响叮叮。
百官不论大和小，跟着鲁侯随驾行。
泮水那边乐陶陶，人在水面采水藻。
鲁侯大驾已来到，马儿强壮四蹄骄。
马儿强壮四蹄骄，铃声清脆多热闹。
鲁侯温和脸带笑，从不发怒善教导。
泮水那边多愉快，人在水上采莼菜。
鲁侯大驾已到来，泮水岸上酒筵摆。
痛饮美酒真开怀，永赐不老春常在。
沿着漫漫远征路，征服叛贼除灾害。
鲁侯威严又端庄，修明德行振朝纲。
容貌举止也端方，确是人民好榜样。
又能文来又能武，英明能及众先王。
事事仿效祖宗法，自求福佑保吉祥。
勤勤恳恳我鲁侯，能修品德使淳厚。
既已建起泮宫来，征服淮夷众小丑。
将帅英勇如猛虎，泮宫献耳诛敌酋。
法官善审如皋陶，泮宫献上阶下囚。
百官济济人才多，鲁侯善意得远播。
三军威武去出征，治服东南除灾祸。
军容壮观又盛大，肃静无哗列队过。
对待俘虏不严惩，泮宫献功赐玉帛。
牛角雕弓硬又强，众箭齐发嗖嗖响。

战车奔驰千百辆，官兵上下斗志昂。
淮夷已经被征服，俯首听命不违抗。
坚持执行好计谋，终将淮夷全扫荡。
翩翩飞翔猫头鹰，停在泮水岸边林。
吃罢我家紫桑葚，给我唱出悦耳音。
淮夷悔悟有诚心，特地来献宝和珍。
呈上大龟和象牙，再加巨玉和南金。

闷宫

【原文】

闷宫有侐，实实枚枚。
赫赫姜嫄，其德不回。
上帝是依，无灾无害。
弥月不迟，是生后稷，
降之百福：黍稷重穋，
稙穉菽麦。奄有下国，
俾民稼穑。有稷有黍，
有稻有秬。奄有下土，
缵禹之绪。
后稷之孙，实维大王。
居岐之阳，实始翦商。
至于文武，缵大王之绪；
致天之届，于牧之野。
"无贰无虞，上帝临女！"
敦商之旅，克咸厥功。
王曰："叔父，建尔元子，
俾侯于鲁。大启尔宇，
为周室辅。"
乃命鲁公，俾侯于东。
锡之山川，土田附庸。
周公之孙，庄公之子。
龙旂承祀，六辔耳耳。
春秋匪解，享祀不忒。

皇皇后帝，皇祖后稷！
享以骍牺，是飨是宜。
降福既多，周公皇祖，
亦其福女。
秋而载尝，夏而楅衡。
白牡骍刚，牺尊将将。
毛炰胾羹，笾豆大房。
万舞洋洋，孝孙有庆。
俾尔炽而昌，俾尔寿而臧。
保彼东方，鲁邦是常。
不亏不崩，不震不腾；
三寿作朋，如冈如陵。
公车千乘，朱英绿縢，
二矛重弓。公徒三万，
贝胄朱綅，烝徒增增。
戎狄是膺，荆舒是惩，
则莫我敢承。俾尔昌而炽，
俾尔寿而富。黄发台背，
寿胥与试。俾尔昌而大，
俾尔耆而艾。万有千岁，
眉寿无有害。
泰山岩岩，鲁邦所詹。
奄有龟蒙，遂荒大东。
至于海邦，淮夷来同，
莫不率从，鲁侯之功。
保有凫绎，遂荒徐宅。
至于海邦，淮夷蛮貊。
及彼南夷，莫不率从。
莫敢不诺，鲁侯是若。
天锡公纯嘏，眉寿保鲁。
居常与许，复周公之宇。
鲁侯燕喜，令妻寿母。
宜大夫庶士，邦国是有。
既多受祉，黄发儿齿。
徂来之松，新甫之柏。
是断是度，是寻是尺。

松桷有舄，路寝孔硕。
新庙奕奕，奚斯所作。
孔曼且硕，万民是若。

【译文】

肃穆清净姜嫄庙，又高又大人稀到。
姜嫄光明又伟大，品德纯正无疵瑕。
上帝凭依在她身，无灾无害有妊娠。
怀足十月没拖延，后稷诞生她分娩。
上天赐他百种福：小米高粱都丰足，
豆麦先后播下土。后稷拥有普天下，
教会百姓种庄稼。高粱小米长得好，
还种黑黍和香稻。四海都归后稷有，
继承大禹功业守。
说起后稷子孙旺，古公亶父谥太王，
住在岐山向阳坡，开始准备灭殷商。
传到文王和武王，太王事业更发扬；
替天行道伐商纣，牧野一战商朝亡。
"莫怀二心莫欺诳，人人头顶有上苍！"
集合商朝众俘虏，完成大业功辉煌。
成王开口叫"叔父，立您长子为侯王，
封于鲁国守东方，开疆拓土大发展，
辅助周室作屏障。"
于是成王命鲁公，东鲁为侯要慎重，
赐他山川和土地，还有小国作附庸。
周公子孙鲁僖公，庄公之子建殊功，
继承祭祀龙旗用，四马六缰青丝鞚，
四时致祭不懈怠，玉帛牺牲按时供。
光明伟大的上帝，先祖后稷神灵通，
赤色牺牲敬献上，禴祭宜祭典礼隆，
天降洪福千百种。伟大先祖周公旦，
将福赐你真光荣。
秋天尝祭庆丰收，夏天设栏先养牛，
白猪赤牛养几头。牺杯相碰盛美酒，
生烤乳猪肉汤稠，大盘大碗皆流油。
场面盛大跳万舞，子孙祭祀神保佑。

使你昌盛又兴旺，使你长寿且安康，
愿你安抚定东方，守住国土保鲁邦。
如山永固不崩溃，如水长流不动荡；
寿比三老百年长，犹如巍巍南山冈。
有车千辆鲁称雄，红缨长矛丝缠弓，
弓矛成双待备用。鲁公步卒三万众，
盔上镶贝垂红绒，排山倒海向前冲。
痛击北狄和西戎，严惩荆舒使知痛，
谁人胆敢撄我锋。使你兴旺又繁荣，
使你长寿又年丰，鬓发变黄背生纹，
高寿无比人中龙。使你繁盛又兴隆，
使你寿如不老松，千秋万岁寿无疆，
长命百岁无病痛。
泰山高峻接苍穹，鲁国对它最尊崇。
龟山蒙山都属鲁，边境直到地极东，
沿海小国都附庸，淮夷带头来朝贡。
没人胆敢不服从，这是鲁侯建大功。
保有凫峄两山头，又把徐国拿到手。
沿海小国都归附，东南淮夷齐附首。
势力直达荆楚地，莫不顺服来相投。
个个唯唯又诺诺，人人服帖尊鲁侯。
天赐鲁公大吉祥，高龄长寿保鲁邦。
收回国土常和许，恢复周公旧封疆。
鲁侯举办喜庆宴，贤妻良母受颂扬。
大夫诸臣尽和睦，国家始能保兴旺。
屡蒙上苍降福禄，鬓发变黄新齿长。
徂徕山上千松栽，新甫岭头万棵柏，
砍下树木又劈开，锯成长短栋梁材。
松树屋椽粗又大，宫殿高敞好气派，
新庙和它紧相挨。颂歌一曲奚斯唱，
长篇巨制有文采，人人赞他好诗才。

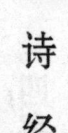

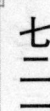

商颂

那

【原文】

猗与那与,置我鞉鼓。
奏鼓简简,衎我烈祖。
汤孙奏假,绥我思成。
鞉鼓渊渊,嘒嘒管声。
既和且平,依我磬声。
於赫汤孙!穆穆厥声。
庸鼓有斁,万舞有奕。
我有嘉客,亦不夷怿。
自古在昔,先民有作。
温恭朝夕,执事有恪,
顾予烝尝,汤孙之将。

【译文】

多盛大啊多繁富,堂上竖起拨浪鼓。
击鼓咚咚响不停,以此娱乐我先祖。
襄公祭祀祈神明,赐我顺利拓疆土。
拨浪鼓儿声声响,竹管呜呜吹新声。
曲调协谐音和平,玉磬一声众乐停。
啊哈显赫宋襄公,他的乐队真动听。
铿锵洪亮钟鼓鸣,洋洋万舞场面盛。
助祭嘉宾都光临,无不欢乐喜盈盈。
遥远古代先民们,早把祭礼安排定。
态度温文又恭敬,管理祭祀需虔诚。
秋冬致祭请光临,襄公奉献表衷情。

烈祖

【原文】

嗟嗟烈祖！有秩斯祜。
申锡无疆，及尔斯所。
既载清酤，赉我思成。
亦有和羹，既戒既平。
鬷假无言，时靡有争。
绥我眉寿，黄耇无疆。
约軧错衡，八鸾鸧鸧。
以假以飨，我受命溥将。
自天降康，丰年穰穰。
来假来飨，降福无疆。
顾予烝尝，汤孙之将。

【译文】

赞叹先祖多荣光！齐天洪福不断降。
无穷无尽重重赏，恩泽遍及宋封疆。
供上清酒祭先祖，赐我疆土兴宋邦。
还有调匀美味汤，五味平正阵阵香。
心中默默暗祷告，次序井井不争抢。
赐我长命寿百年，满头黄发福无疆。
彩绘车衡皮缠軧，四马八铃响叮当。
宋君赴庙来致祭，受周之命封地广。
安定康乐自天降，五谷丰登粮满仓。
先祖降临来受飨，赐我福分大无量。
秋冬致祭请赏光，宋君奉献情意长。

玄鸟

【原文】

天命玄鸟，降而生商，

宅殷土芒芒。古帝命武汤，
正域彼四方。方命厥后，
奄有九有。商之先后，
受命不殆，在武丁孙子。
武丁孙子，武王靡不胜。
龙旂十乘，大糦是承。
邦畿千里，维民所止，
肇域彼四海。四海来假，
来假祁祁。景员维河，
殷受命咸宜，百禄是何。

【译文】

上天命令神燕降，降而生契始建商，
住在殷土多宽广。当初上帝命成汤，
治理天下管四方。广施号令为君王，
九州尽入商封疆。殷商先君受天命，
国运长久安无恙，全靠武丁是贤王。
后裔武丁是贤王，成汤大业他承当。
十辆马车插龙旗，满载酒食来祭享。
领土辽阔上千里，人民定居这地方，
四海之内是封疆。四方夷狄来朝见，
络绎不绝纷又攘。景山四周黄河绕，
殷商受命治国邦，邀天之福永呈祥。

长发

【原文】

濬哲维商，长发其祥。
洪水芒芒，禹敷下土方，
外大国是疆，幅陨既长。
有娀方将，帝立子生商。
玄王桓拨，受小国是达，
受大国是达。率履不越，
遂视既发。相土烈烈，

海外有截。
帝命不违，至于汤齐。
汤降不迟，圣敬日跻。
昭假迟迟，上帝是祗，
帝命式于九围。
受小球大球，为下国缀旒。
何天之休，不竞不绣，
不刚不柔。敷政优优，
百禄是遒。
受小共大共，为下国骏厖，
何天之龙，敷奏其勇。
不震不动，不戁不竦，
百禄是总。
武王载旆，有虔秉钺。
如火烈烈，则莫我敢曷。
苞有三蘖，莫遂莫达。
九有有截，韦顾既伐，
昆吾夏桀。
昔在中叶，有震且业。
允也天子，降予卿士，
实维阿衡，实左右商王。

【译文】

商朝世世有明王，上天常常示吉祥。
远古洪水白茫茫，大禹治水定四方。
扩大夏朝拓封疆，幅员从此宽又广。
有娀氏国也兴旺，简狄为妃生玄王。
商契威武又英明，受封小国令能行，
受封大国能行令。遵循礼制不越轨，
遍加视察促实行。契孙相土真威武，
海外诸侯齐听命。
上帝之命不违抗，代代奉行至成汤。
汤王降生正当时，明慧谨慎日向上。
虔诚祈祷久不息，无限崇敬尊上苍。
帝命九州齐效汤。
接受上天大小法，表率诸侯做典范，

蒙天之赐美名传。不相争来不急躁,
不强硬也不柔软,施行政令很宽和,
百样福禄集如山。
接受上天大小法,各国诸侯受庇蒙,
蒙天赐与我荣宠。大施神威奏战功,
不震惊也不摇动,不胆怯也不惶恐,
百样福禄都聚拢。
汤王出兵伐夏届,锋利大斧拿在手,
好比烈火熊熊燃,谁敢阻挡和我斗。
一棵树干三个杈,没有一株枝叶稠。
征服九州成一统,诛韦灭顾扫敌寇,
昆吾夏桀也不留。
从前中期国兴旺,威力强大震四方,
汤为天子诚又信,卿士贤明自天降。
贤明卿士是阿衡,是他辅佐商汤王。

殷武

【原文】

挞彼殷武,奋伐荆楚。
罙入其阻,裒荆之旅。
有截其所,汤孙之绪。
维女荆楚,居国南乡。
昔有成汤,自彼氐羌。
莫敢不来享,莫敢不来王,
曰商是常。
天命多辟,设都于禹之绩。
岁事来辟,勿予祸适,
稼穑匪解。天命降监,
下民有严。不僭不滥,
不敢怠遑。命于下国,
封建厥福。
商邑翼翼,四方之极。
赫赫厥声,濯濯厥灵。

寿考且宁,以保我后生。
陟彼景山,松柏丸丸。
是断是迁,方斵是虔。
松桷有梴,旅楹有闲,
寝成孔安。

【译文】

殷商大军疾如风,讨伐楚国真奋勇。
长驱深入险阻地,大败楚军擒敌众,
所到之处皆报捷,汤王子孙赫赫功。
荆楚之邦听端详,你们住在宋南方。
昔我远祖号成汤,即使遥远如氐羌,
谁敢不来献宝藏,谁敢不来朝汤王,
都说服从我殷商。
天子下令诸侯听,禹治水处建都城。
年终祭祀来朝见,不给你们加罪名。
但莫松懈误农耕。天子下令去视察,
下民肃敬实可嘉。不敢妄为违礼法,
不敢松劲又拖拉。天子下令我宋国,
努力兴建福禄大。
商都繁华又整齐,好给四方作标准。
他有赫赫好名声,光焰灿灿显威灵。
他既长寿又安宁,保我子孙常昌盛。
登上高高景山巅,苍松翠柏参云天。
弄断松柏搬回去,又砍又削把屋建。
松树橡子长又大,根根柱子粗而圆。
寝庙建成神灵安。

礼记

【导读】

《礼记》是战国至秦汉年间儒家学者解释说明经书《仪礼》的文章选集，是一部儒家关于"礼"的思想的资料汇编。它的作者不止一个，写作的时间也有先后顺序，其中多数篇章可能是孔子的七十二弟子及其学生们的作品，还吸收了先秦其他典籍中的一些思想内容。在汉代，学者们把孔子定的典籍称为"经"，他的弟子对"经"的解说称为"传"或"记"，《礼记》因此得名。

《礼记》是对《周礼》的解释，因而它保存了大量的上古三代的文化内容。由于它的成书经历了战国直至西汉中叶的漫长时期，儒、道、法、阴阳等各家都表现出要综合百家学术的倾向，《礼记》也不可避免地打上了这种印记。它从"礼"的角度出发，融会了各家思想，如对天道的论述吸取了道家思想，大同理想社会受到墨家主张博爱的影响，以阴阳五行家的学说解释各种礼制的含义等等，是一部内容极其丰富的儒家经典。

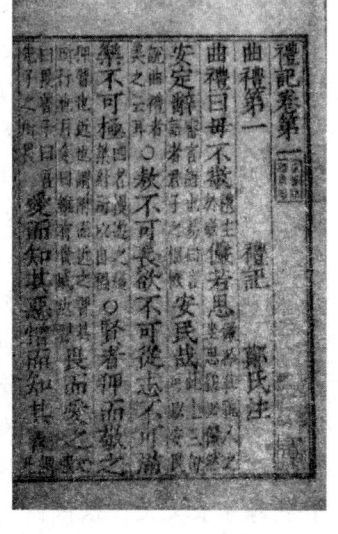

《礼记》书影

《礼记》与《仪礼》、《周礼》合称"三礼"，其中的文章，为战国至秦汉年间儒家学者解释说明经书《仪礼》而作，是中国古代一部重要的典章制度书籍。当代学者王文锦认为："(《礼记》)不仅记载了许多生活中实用性较大的细枝末节，而且详尽地论述了各种典礼的意义和制礼的精神。"

《礼记》有《大戴礼记》（八十五篇）和《小戴礼记》（四十九篇）两种，分别由西汉礼学家戴德与其侄戴圣编成，这两个版本的侧重点和特色各有不同。《大戴礼记》在流传过程中不断散佚，到唐代时仅存三十九篇，《小戴礼记》在东汉末年由著名学者郑玄作注后盛行不衰，于宋代时被列入"十三经"，逐渐成为儒家经典之一。

《礼记》各篇为多人写成，多数的篇章可能为孔子弟子及其学生们所作，写作的时间也不统一，另兼收先秦其他典籍。这部书记载和解释了先秦的仪礼，记录了孔子和弟子等的问答，集中体现了儒家政治、法律、历史、祭祀、历法、日常礼仪等方面的思想，对中国文化的影响非常深远，给后世的人们留下了许多可资借鉴的思想资源。

曲礼上第一

【原文】

《曲礼》曰：毋不敬，俨若思，安定辞，安民哉。

敖不可长，欲不可从，志不可满，乐不可极。临财毋苟得，临难毋苟免。很毋求胜，分毋求多。疑事毋质，直而勿有。

若夫坐如尸，立如齐。礼从宜，使从俗。

夫礼者，所以定亲疏、决嫌疑、别同异、明是非也。礼，不妄说人，不辞费。礼，不逾节，不侵侮，不好狎。修身践言，谓之善行。行修言道，礼之质也。礼，闻取于人，不闻取人。礼，闻来学，不闻往教。

道德仁义，非礼不成；教训正俗，非礼不备；分争辨讼，非礼不决；君臣上下，父子兄弟，非礼不定；宦学事师，非礼不亲；班朝治军，莅官行法，非礼威严不行；祷祠祭祀，供给鬼神，非礼不诚不庄。是以君子恭敬、撙节、退让以明礼。鹦鹉能言，不离飞鸟；猩猩能言，不离禽兽。今人而无礼，虽能言，不亦禽兽之心乎？夫唯禽兽无礼，故父子聚麀。是故圣人作，为礼以教人，使人以有礼，知自别于禽兽。

大上贵德，其次务施报。礼尚往来，往而不来，非礼也；来而不往，亦非礼也。人有礼则安，无礼则危，故曰，礼者不可不学也。夫礼者，自卑而尊人，虽负贩者，必有尊也，而况富贵乎？富贵而知好礼，则不骄不淫；贫贱而知好礼，则志不慑。

人生十年曰幼，学。二十曰弱，冠。三十曰壮，有室。四十曰强，而仕。五十曰艾，服官政。六十曰耆，指使。七十曰老，而传。八十、九十曰耄，七年曰悼。悼与耄，虽有罪，不加刑焉。百年曰期，颐。

大夫七十而致事，若不得谢，则必赐之几杖，行役以妇人。适四方，乘安车。自称曰"老夫"，于其国则称名。越国而问焉，必告之以其制。

谋于长者，必操几杖以从之。长者问，不辞让而对，非礼也。

凡为人子之礼，冬温而夏清，昏定而晨省，在丑夷不争。

夫为人子者，三赐不及车马，故州闾乡党称其孝也，兄弟亲戚称其慈也，僚友称其弟也，执友称其仁也，交游称其信也；见父之执，不谓之进不敢进，不谓之退不敢退，不问不敢对。此孝子之行也。

夫为人子者，出必告，反必面，所游必有常，所习必有业，恒言不称老。年长以倍，则父事之；十年以长，则兄事之；五年以长，则肩随之。群居五人，则长者必异席。

为人子者，居不主奥，坐不中席，行不中道，立不中门。食飨不为槩，祭祀不为尸。听于无声，视于无形。不登高，不临深。不苟訾，不苟笑。

孝子不服暗，不登危，惧辱亲也。父母存，不许友以死，不有私财。

为人子者，父母存，冠、衣不纯素。孤子当室，冠、衣不纯采。

幼子常视毋诳。童子不衣裘裳，立必正方，不倾听。长者与之提携，则两手奉长者之手。负、剑，辟咡诏之，则掩口而对。

从于先生，不越路而与人言。遭先生于道，趋而进，正立拱手。先生与之言则对，不与之言则趋而退。

从长者而上丘陵，则必乡长者所视。

登城不指，城上不呼。

将适舍，求毋固。将上堂，声必扬。户外有二屦，言闻则入，言不闻则不入。将入户，视必下。入户奉扃，视瞻毋回；户开亦开，户阖亦阖；有后入者，阖而勿遂。毋践屦，毋踖席，抠衣趋隅，必慎唯诺。

大夫、士出入君门，由闑右，不践阈。

凡与客入者，每门让于客。客至于寝门，则主人请入为席，然后出迎客。客固辞，主人肃客而入。主人入门而右，客入门而左。主人就东阶，客就西阶。客若降等，则就主人之阶。主人固辞，然后客复就西阶。主人与客让登，主人先登，客从之，拾级聚足，连步以上。上于东阶则先右足，上于西阶则先左足。

帷薄之外不趋。堂上不趋。执玉不趋。堂上接武。堂下布武。室中不翔。并坐不横肱。授立不跪。授坐不立。

凡为长者粪之礼，必加帚于箕上，以袂拘而退，其尘不及长者，以箕自乡而扱之。奉席如桥衡。请席何乡，请衽何趾。席南乡、北乡，以西方为上；东乡、西乡，以南方为上。

若非饮食之客，则布席，席间函丈。主人跪正席，客跪抚席而辞。客彻重席，主人固辞。客践席，乃坐。主人不问，客不先举。将即席，容毋怍。两手抠衣去齐尺。衣毋拨，足毋蹶。

先生书策琴瑟在前，坐而迁之，戒勿越。虚坐尽后，食坐尽前。坐必安，执尔颜。长者不及，毋儳言。正尔容，听必恭。毋剿说，毋雷同。必则古昔，称先王。侍坐于先生，先生问焉，终则对。请业则起，请益则起。父召无"诺"，先生召无"诺"，"唯"而起。侍坐于所尊敬，毋余席。见同等不起。烛至，起。食至，起。上客，起。烛不见跋。尊客之前不叱狗。让食不唾。

侍坐于君子，君子欠伸，撰杖屦，视日蚤莫，侍坐者请出矣。侍坐于君子，君子问更端，则起而对。侍坐于君子，若有告者曰："少间，愿有复也。"则左右屏而待。毋侧听，毋噭应，毋淫视，毋怠荒。游毋倨，立毋跛，坐毋箕，寝毋伏。敛发毋髢，冠毋免，劳毋袒，暑毋褰裳。

侍坐于长者，屦不上于堂，解屦不敢当阶。就屦，跪而举之，屏于侧。乡长者而屦，跪而迁屦，俯而纳屦。

离坐离立，毋往参焉。离立者，不出中间。

男女不杂坐，不同椸枷，不同巾栉，不亲授。嫂叔不通问。诸母不漱裳。外言不入于梱，内言不出于梱。

女子许嫁，缨，非有大故，不入其门。姑、姊妹、女子子，已嫁而反，兄弟弗与同席而坐，弗与同器而食。父子不同席。

男女非有行媒，不相知名；非受币，不交不亲。故日月以告君，齐戒以告鬼神，为酒食以召乡党僚友，以厚其别也。

取妻不取同姓，故买妾不知其姓则卜之。寡妇之子，非有见焉，弗与为友。

贺取妻者，曰："某子使某，闻子有客，使某羞。"

贫者不以货财为礼，老者不以筋力为礼。

名子者不以国，不以日月，不以隐疾，不以山川。

男女异长。男子二十，冠而字。父前，子名；君前，臣名。女子许嫁，笄而字。

凡进食之礼，左殽右胾，食居人之左，羹居人之右。脍炙处外，醯酱处内，葱渫处末，酒浆处右。以脯脩置者，左朐右末。客若降等，执食，兴，辞。主人兴，辞于客，然后客坐。主人延客祭，祭食，祭所先进，殽之序，遍祭之。三饭，主人延客食胾，然后辩殽。主人未辩，客不虚口。

侍食于长者，主人亲馈，则拜而食；主人不亲馈，则不拜而食。

共食不饱，共饭不泽手。

毋抟饭，毋放饭，毋流歠，毋咤食，毋啮骨，毋反鱼肉，毋投与狗骨，毋固获，毋扬饭，饭黍毋以箸，毋嚃羹，毋絮羹，毋刺齿，毋歠醢。客絮羹，主人辞不能亨。客歠醢，主人辞以窭。濡肉齿决，干肉不齿决。毋嘬炙。

卒食，客自前跪，彻饭齐以授相者，主人兴，辞于客，然后客坐。

侍饮于长者，酒进则起，拜受于尊所；长者辞，少者反席而饮。长者举，未釂，少者不敢饮。

长者赐，少者、贱者不敢辞。赐果于君前，其有核者怀其核。御食于君，君赐余，器之溉者不写，其余皆写。

馂余不祭。父不祭子，夫不祭妻。

御同于长者，虽贰不辞，偶坐不辞。

羹之有菜者用梜，其无菜者不用梜。

为天子削瓜者副之，巾以绨。为国君者华之，巾以绤。为大夫累之，士疐之。庶人龁之。

父母有疾，冠者不栉，行不翔，言不惰，琴瑟不御。食肉不至变味，饮酒不至变貌，笑不至矧，怒不至詈。疾止复故。

有忧者侧席而坐。有丧者专席而坐。

水潦降，不献鱼鳖。献鸟者佛其首，畜鸟者则勿佛也。献车马者执策绥，献甲者执胄，献杖者执末，献民虏者操右袂，献粟者执右契，献米者操量鼓，献孰食者操酱齐，献田宅者操书致。

凡遗人弓者：张弓尚筋，弛弓尚角；右手执箫，左手承弣；尊卑垂帨。若主人拜，则客还辟辟拜。主人自受，由客之左，接下承弣，乡与客并，然后受。进剑者左首。进戈者前其镈，后其刃。进矛戟者前其镦。

进几杖者拂之。效马效羊者右牵之，效犬者左牵之。执禽者左首。饰羔雁者以缋。受珠玉者以掬。受弓剑者以袂。饮玉爵者弗挥。凡以弓剑、苞苴、箪笥问人者，操以受命，如使之容。

凡为君使者，已受命，君言不宿于家。君言至，则主人出拜君言之辱。使者归，则必拜送于门外。若使人于君所，则必朝服而命之。使者反，则必下堂而受命。

博闻强识而让，敦善行而不怠，谓之君子。君子不尽人之欢，不竭人之忠，以全交也。

礼曰："君子抱孙不抱子。"此言孙可以为王父尸，子不可以为父尸。为君尸者，大夫士见之，则下之。君知所以为尸者，则自下之。尸必式，乘必以几。

齐者不乐不吊。

居丧之礼，毁瘠不形，视听不衰。升降不由阼阶，出入不当门隧。居丧之礼，头有创则沐，身有疡则浴，有疾则饮酒食肉，疾止复初。不胜丧，乃比于不慈不孝。五十不致毁。六十不毁。七十唯衰麻在身，饮酒食肉，处于内。

生，与来日；死，与往日。

知生者吊，知死者伤。知生而不知死，吊而不伤。知死而不知生，伤而不吊。

吊丧弗能赙，不问其所费。问疾弗能遗，不问其所欲。见人弗能馆，不问其所舍。赐人者不曰"来取"，与人者不问其所欲。

适墓不登垄，助葬必执绋。临丧不笑。揖人必违其位。望柩不歌。入临不翔。当食不叹。邻有丧，舂不相；里有殡，不巷歌。适墓不歌。哭日不歌。送丧不由径，送葬不辟涂潦。临丧则必有哀色。执绋不笑，临乐不叹。介胄，则有不可犯之色。故君子戒慎，不失色于人。

国君抚式，大夫下之；大夫抚式，士下之。

礼不下庶人，刑不上大夫。刑人不在君侧。

兵车不式。武车绥旌，德车结旌。

史载笔，士载言。前有水，则载青旌。前有尘埃，则载鸣鸢。前有车骑，则载飞鸿。前有士师，则载虎皮。前有挚兽，则载貔貅。行，前朱鸟而后玄武，左青龙而右白虎，招摇在上，急缮其怒。进退有度，左右有局，各司其局。

父之雠，弗与共戴天；兄弟之雠，不反兵；交游之雠，不同国。

四郊多垒，此卿大夫之辱也。地广大，荒而不治，此亦士之辱也。

临祭不惰。祭服敝则焚之，祭器敝则埋之，龟筴敝则埋之，牲死则埋之。凡祭于公者，必自彻其俎。

卒哭乃讳。礼：不讳嫌名。二名不遍讳。逮事父母，则讳王父母。不逮事父母，则不讳王父母。君所无私讳，大夫之所有公讳。《诗》《书》不讳，临文不讳，庙中不讳。夫人之讳，虽质君之前，臣不讳也。妇讳不出门。大功、小功不讳。入竟而问禁，入国而问俗，入门而问讳。

外事以刚日，内事以柔日。

凡卜筮日，旬之外曰"远某日"，旬之内曰"近某日"。丧事先远日，吉事先近日。曰："为日，假尔泰龟有常，假尔泰筮有常。"

卜筮不过三。卜筮不相袭。

龟为卜，筴为筮。卜筮者，先圣王之所以使民信时日、敬鬼神、畏法令也；所以使民决嫌疑、定犹与也。故曰："疑而筮之，则弗非也；日而行事，则必践之。"

君车将驾，则仆执策立于马前。已驾，仆展轮，效驾，奋衣由右上，取贰绥；跪乘，执策分辔，驱之，五步而立。君出就车，则仆并辔授绥，左右攘辟。

车驱而驺，至于大门，君抚仆之手，而顾命车右就车。门间、沟渠，必步。

凡仆人之礼，必授人绥。若仆者降等，则受，不然则否。若仆者降等，则抚仆之手；不然，则自下拘之。

客车不入大门。妇人不立乘。犬马不上于堂。

故君子式黄发，下卿位，入国不驰，入里必式。

君命召，虽贱人，大夫士必自御之。

介者不拜，为其拜而蓌拜。

祥车旷左。乘君之乘车不敢旷左，左必式。

仆御妇人，则进左手，后右手。御国君，则进右手，后左手而俯。国君不乘奇车。

车上不广欬，不妄指。立视五巂，式视马尾，顾不过毂。国中以策彗恤勿驱。尘不出轨。

国君下齐牛，式宗庙。大夫士下公门，式路马。乘路马，必朝服载鞭策，不敢授绥，左必式。步路马，必中道。以足蹙路马刍，有诛。齿路马，有诛。

【译文】

《曲礼》说："君主行礼时要做到十分恭敬，态度像正在思虑一样端庄持重，说出的话都经过深思熟虑。这样可使人民安定啊！"

傲慢之心不可滋长，欲望不可放纵，意志上不可自满，欢乐不可到极点。

贤德的人对亲近的人能做到敬重，对于钦佩的人能做到爱慕。对于喜爱的人能了解他的缺点，对憎恶的人能了解他的优点。积聚的财富能散发赈济，当安居逸乐时能迁于为善。面对财物，不随便取；面对危难，该赴难的不苟且逃避。对于非原则的忿争，不求压服对方；分配财物时，不贪求多得。对有怀疑的事，不随便作结论；正确的见解，也不自夸只有自己懂得。

至于坐的样子要像祭祀的尸一样，站立的样子要像祭祀时屈身磬折一样。礼应该顺应当前的实际情况，出使别国要服从该国的习俗。

老者豆棚闲话，选自《芥子园画传》。

礼，是用来确定亲疏的标准，判断疑惑不解的问题，分辨事物的同异，明确事理的是非的。礼，不随便取悦于人，不空话连篇。礼要求不超越各种等级的规定，不傲慢侵凌别人，不随便与人亲热。修养自身的品德，说到都能做到，这是美好的品行。品行端正，说话合乎正道，这是礼的根本。学礼，只听说到师长处学，没听说让师长上门来教的；懂礼的人只听说别人自动来学习，没听说主动去教人的。

道德仁义不通过礼，不能有成效；教育以纠正习俗，要依据礼，才能完备；判断争议的事件和财产的诉讼，如不依据礼，就不能决断；君臣之间的上下级关系，父子兄弟之间的亲属关系，不依据礼，名分就不能确定；从师学习为吏之道和学业，不依据礼，师生之间关系就不能亲密；确定朝列位置，整顿军队，担任各种官职，执行法令，不依据礼，威严就不能树立；向神求福、还愿等各种祭祀，向鬼神进献祭品，不依据礼，就心不诚、不严肃。因为这样，所以君子都必须是态度恭敬，自觉节制谦让，以发扬礼义。鹦鹉虽会说话，仍不过是飞鸟；猩猩虽会说话，仍不过是走兽；如果有人不遵循礼，虽然会说话，而内心和禽兽不是一样的吗？只因为禽兽没有礼，所以出现父子共同与一牝兽交配的情况。因为如此，所以有圣人起来，制订礼来教导人，使人类有了礼，知道如何区别于禽兽。

上古之世，崇尚淳厚的品德；后来，才讲究得到别人的好处，一定设法报答。礼所崇尚的就是有施有报。如果只讲施，而不讲报，这是不合于礼的要求；相反，只讲报，而不讲施，也是不合于礼的要求。一个人的行为合于礼就平安，不合于礼就倾危。所以说：礼这件事是不能不学习的。礼所要求的，即克制自己尊重别人。即使是做苦力做小买卖的，其中一定有值得尊敬的人，何况那些有地位富贵的人呢？富贵的人而知道爱好礼，就可以不骄傲不放荡；贫贱的人懂得爱好礼，在思想上就不会畏首畏尾而迷惑于行事。

男子到十岁称为幼，开始就学。到二十岁称为弱，举行冠礼。到三十岁称为壮，成家娶妻。到四十岁称为强，在官府中从事具体工作。到五十岁称为艾，可以为大夫做长官。到六十岁称为耆，只发号施令指派别人。七十岁称为老，将家务移交给子孙。

到八十、九十岁称为耄，幼儿七岁被称为悼。凡是悼和耄，即使有罪，也不加以处罚。到一百岁称为期，则事事需人奉养了。大夫到了七十岁，就告老退休。如果国君不批准请求，就赐几杖给他，出门办事时要妇女跟随照料。到外地去，乘坐安车；可以自称老夫，但在本国以名字自称。如有邻国来请教，国君要先询问老臣，老臣就讲述本国的典章制度。

迎宾拜谒图，佚名绘，砖质彩绘，（美）波士顿艺术博物馆藏。

到长者那里请教事情，一定要为他安置凭几、手杖。长者有所询问，如不先推辞谦让，就径直回答，这是不合于礼的。

做儿子的礼节：冬天使父母温暖，夏天使父母凉快；晚上服侍父母安寝，早晨问父母安。与平辈人相处，则不争。

做儿子的礼节：虽然受到国君的三命，却自谦不乘所赐的车马，怕超越父辈的享受。这样的人，乡里中都称颂他孝顺，兄弟以及亲戚们都称颂他慈爱，同僚们都称颂他待人接物很有分寸，志同道合的朋友称颂他仁爱，一般的朋友称颂他言而有信。看到父亲的挚友，如不叫他前去，就不敢前去；不叫他离去，就不敢告退；不提问，不敢随便对答。这是做孝子所应有的行为。

做儿子的礼节：出门一定要向父母禀告，从外面回来一定要与父母照面，出游有固定的地方，平时学习都有作业。平时说话时不自称为"老"。比自己年龄大一倍的人，就以对待父亲的礼节对待他；比自己大十岁的，就以对待兄长的礼节对待他；比自己大五岁的人，走路时并排而稍后。五个人聚坐在一起，推尊年长的单独坐另一条席上。

做儿子的礼节：平时不坐在室内的西南角，坐席时，不坐在中央位置，行路时不走在道路的中央，站立时，不站在门的中央。宴客祭祀的规格、数量，不自定限制。在祭祀时不作尸。不待父母说话、行动，就能揣知父母的意思。不爬登高处，不临深渊，不随便毁谤别人，不应该发笑时不笑。

孝子不做秘密的事，不涉足险境，害怕使父母牵连受辱。父母活着，不答应朋友要己献身的要求，不能有私蓄。做儿子的礼节，父母健在，衣帽不能用白色镶边；如无父的適子，除丧后衣帽仍不用彩色镶边，表示不忘哀思。

对幼儿要经常进行正面教育，不能欺骗。儿童不穿皮衣和下裳，站立时一定正对一个方向，不能侧着头听别人说话。有长辈拉着一起走路，就要用双手捧着长辈的手。当大人背负幼儿或搂幼儿在胁下时，长辈侧着头在他耳边问话，小孩要用手遮住嘴来回答。

跟随老师出行，不要离开原路到路旁与别人说话。在路上碰到老师，要快步向前走，端正站立拱手表示敬意；老师跟他说话才回答，不跟他说话就赶紧快步退到一边。跟随长辈上山冈，视线要与长者所视的方向一致，以便回答长者的问话。登上城墙，不

侍奉长者，明陈洪绶绘《博古叶子》。

随便指指点点，在城墙上不大喊大叫，恐引起旁人的误会。

到他处做客，要求做到不粗鲁。将登主人堂屋，一定高声探问，使主人知道有人来。如果发现门外有两双鞋子，听到里面有谈话声，就可以进去，如听不到谈话声，就不能进去。将进门时，眼睛要往下看。进了门，捧着门栓，目光不扫视室内四周。门原是开的，进门后依然开着；门原是闭的，进门后把门闭上，如后面还有人要进来，只作慢慢关门的姿势，不将门关上。脱鞋时不要踩了先来人的鞋子，登席时不要超越序次，用手提起下裳，从席角走向座位。应对时，十分敬慎，说"唯"或"诺"。

大夫和士进出国君的门，应走门橛的右面，脚不踩门限。

同客人一道进门，经过每道门时都让客人先进。客人到了正寝门前，主人请求先进去铺坐席，然后出来迎接客人；客人一再辞让，主人在前引导客人进入。主人进门后向右，客人进门后向左；主人登东阶，客人登西阶。如客人的身份比主人的地位低，就跟着登主人所登的东阶；主人一再辞让，然后客人重又去登西阶。主人和客人在登阶前互相谦让，主人先登台阶，客人紧跟着登上台阶，前足登上一级后，等后足跟上与前足并后，再往上登第二级，就这样一步一停地一直登上堂。如登东阶的要先迈右脚；登西阶的，要先迈左脚。

在帷幔帘子之外，不必快步走；在堂上不要快步趋走；手上拿着玉，不快步趋走。在堂上要细步走，在堂下可迈大步走。在室内不甩开胳膊走路。与别人并坐时，不要

横出胳膊。给站着的人东西，不用下跪；给坐着的人东西，不要站着给。

给长辈打扫房间的礼：要将扫帚放在畚箕上面，用衣袖遮在扫帚前面，一边扫一边往后退，这样灰尘可以不扬及长者。用畚箕敛走时，也要向自己的方向扫。捧席子给长者时，席子要一头高一头低。如铺坐席，请示坐席的方向；如铺卧席，请问足在哪一方向。南北向的席，以西方为上位；东西向的席，以南方为上位。

如不是来宴会的客人，要铺相对的席子，两席的间距要有一丈。主人跪着亲自为客人整治席子，客人跪着两手按住席子推辞。客人要撤去加席，主人一再地辞让阻止。客人踏上席子，主人才落座。主人不发问，客人不要抢先发问。客人将要就席，脸上的表情保持庄重，不要有所变化。落座时，两手提起裳的下缉，离地面一尺，上衣不要掀动，步子不要急速。前面有老师的简册、琴瑟，应跪着把它搬开，切不可跨过去。

不是饮食的闲坐，要尽量靠席的后边沿坐，饮食时尽量靠席子的前边沿坐。坐要安稳，保持你原先的样子。长辈没有说到的事，不要打岔先说。保持庄重严肃的态度，听长辈说话时要恭敬，不要剽窃别人的说法，不要人云亦云，说话要以历史事实为依据，一定以过去历史上的事为法则，称道过去圣贤君主。陪伴老师闲坐，老师有事要问，等老师把话说完后才回答。请教学习上的问题，要起立；请求再次讲解时，要起立。父亲召唤时，答应不用"诺"；老师召唤时，答应也不用"诺"。用"唯"回答，立即起立。陪侍尊者闲坐，尊者独坐一席，侍者坐在另一席的席端边沿，尽量靠近尊者，看见同辈的人进来，不起立。送烛来，要起立；送饮食来，要起立；主人的贵客来，要起立。火把烧完后，立即将把手拿走。主人在贵客面前不喝叱狗。客人辞让食物时，不吐口水。

陪侍尊长闲坐，尊长打呵欠，伸懒腰，拿起手杖、鞋子，出去看太阳的位置是早还是晚，陪侍的就要告退了。陪侍尊长闲坐，如尊长换一个话题，问另一件事，陪侍的要起立回答。陪侍尊长闲坐时，如果有人对尊长说："有闲空时将有话禀告。"陪侍的就立即从左右退出待命。

不要侧着耳朵偷听，不要高声大叫，不要东张西望，不要散漫。行走时不要摆出傲慢的样子，站立时不要一脚落地一脚举起，坐时不要双脚伸开像个畚箕，寝卧时不要趴着。头发要束起，不要披头散发，不要随便脱帽，劳作时不要袒衣露体，暑天炎热也不要撩起下裳。

陪侍尊长闲坐，不能将鞋子脱在堂上，不要在台阶前脱鞋。穿鞋子，要先跪下拿起鞋子，退到台阶一侧穿。如果面向着尊长穿鞋，要先跪下把鞋子转过来，再俯下身子穿鞋。有两个人在一起坐着或一起站着，不要过去参与；有两个人在一起站着，不要从他们中间穿过。

男女不混杂坐在一处，不共用一个衣架挂衣，不共用一条脸巾和共用一把箆梳。男女不亲自送东西给对方。嫂子和小叔子之间不互相问候馈赠。不要庶母洗涤内衣。男人们的话不传进闺房，闺房中的话不流传到闺房之外。女子已经定聘，就佩带五彩丝带。不是发生大的变故，不进入她的房门。姑表姊妹和自己的女儿出嫁以后回来，他们的兄弟不同她们坐在同一席上，用餐时不用同一食器。父亲与女儿也不同席而坐。男女之间不通过媒人，不知道对方的名字，未受聘礼，男女双方不交际亲近。结婚的日期要上告国君，女方还要斋戒，于家庙告诉鬼神；结婚要准备酒宴招集乡亲邻里及同事好友，这些措施都是为了加强男女有别的观念。不娶同姓女子为妻，买妾不知所买女子的姓，则通过卜卦来决定。寡妇的儿子，没有高才卓识的表现，就不和他交朋友。

宴饮，汉画像石。

庆贺人家结婚，使者说："某人派遣某来，听说您宴客，特派某进献菜肴。"对贫穷的人，不要求奉献礼品为礼；对老年人，不要求以跪拜为礼。

给儿子起大名，不要用本国的国名，不用日、月等名词，不要用身上隐处的疾病作为大名，不用山名、河流名作大名。男女分开排行，男子二十岁行冠礼，并起字号。在父亲面前，做子辈的自称时用名；在国君面前，臣自称时用名。女子只要订了婚，就行笄礼，另起字号。

凡宴客的礼仪：带骨的熟肉放在左面，切好的块肉放在右面；饭食置于客人左边，汤置于客人的右面，肉丝、烤肉靠外放，醋酱等调味靠里放；蒸葱放置于酱醋的旁边，酒浆等饮料放置于右面。如在席上摆肉脯和炮制的干肉，形状屈曲的放在左面，边沿部位放在右面。如客人地位比主人低一等，客人端起饭食站起来致辞说不敢当，主人立即也站起来致辞请客人安席，然后客人重新坐下。主人先于客人行祭食之礼，行祭食之礼，先端上的食品先祭，各种肉食按照次序一一都祭。吃了三口饭后，主人带头并招呼客人吃块肉，然后将席上所有的肉食一一吃遍，主人如还没有吃完，客人不以酒漱口。

陪侍长辈做客参加饮宴，主人亲自布菜给他，拜谢以后再吃。主人没有亲自布菜给他，不用拜谢就可吃。

与他人一起用餐，不可光顾自己吃饭；共同在一个食器内取饭吃，临食时，不要搓手。抓饭时，不要把饭抟成饭团，不要将手上粘的饭再放回食器中，菜汤不可大口大口饮。吃饭时嘴巴不要发出咂咂的声响；不要啃咬骨头；吃过的鱼肉，剩下的不要又放回食器中。不要将骨头扔给狗吃；不要专吃一样菜，或与人争夹菜肴；不要扬去饭的热气；吃黍米饭不用筷子；羹中有菜当细嚼，不要不嚼而大口吞咽；不要往菜汤里放调味品；不要当众剔牙齿，不要大口地啖肉酱。客人往羹里放调味品，主人就抱歉地说自己不会烹饪；客人大口啖肉酱，主人就抱歉地说备办不够。卤的肉可以用牙

佩剑人物，汉画像石，山东临沂白庄。

齿咬断；干肉不用牙齿咬断，用手将它撕开。吃烤肉时不要一大块往嘴里塞。

吃完饭，客人在席前跪着收拾剩下的饭和酱，交给侍者。主人站起来请客人不要收拾，然后，客人重新坐下。

陪侍长辈饮酒，长辈将赐酒，要立即站起来，到酒尊的地方跪拜接受。如长辈说不要起立拜受，就回到席上饮所赐的酒；长辈举起酒杯还没有饮尽，晚辈不敢先饮。

长辈赏赐东西，晚辈或僮仆不敢推辞。国君赐食果品，如果是有核的，要把核放在怀里；给国君伴食劝食，国君把吃剩的赏赐给他，如是可以洗涤的器皿，不必倒到自己的食具中，其他盛器，都要倒到自己的食器中，再食。

吃剩的菜肴不能用来祭奠，即使是父亲吃剩的，也不能用来祭奠儿子；丈夫吃剩的，也不能用来祭奠妻子。

陪伴长辈在一起用餐，即使再给添饭菜，也不必推辞客气。宴席上做陪客，自己不必来一番辞让客气。

有菜的汤，要用筷子；没有菜的汤，不用筷子。

替天子削瓜，要分成四瓣，然后用细葛巾盖好；替国君削瓜，一分为二，用粗葛巾盖好；替大夫削瓜，中裂横断，不用巾盖；士只在瓜蒂处横断；庶人只咬着吃。

父母亲有了病，成年的儿子不梳头打扮；走路时不甩开双手；不说邪辟不正的言辞；不鼓琴瑟；可以吃肉，但不能吃得口味都变了；饮酒，不要喝到变脸色；不要大笑，露出牙床；发怒，不要气得骂人；等父母的病好了，才恢复平时的生活状态。有忧虑，如父母有病，则坐于单独席位；服丧的人，只坐单层席。

河枯水浅，不奉献鱼鳖；奉献野禽，要将鸟头扭转向后，如是驯养的禽鸟，就不用将鸟头扭转；奉献车马，手里只拿着马鞭和登车用的绳子；奉献铠甲，手里只拿着头盔；奉献手杖时，执着手杖的末端；奉献俘虏，抓住他右手衣袖；奉献谷物，拿着券契的右半；奉献米，拿着量米的容器；奉献熟食，拿着酱和切好的酱菜；奉献田产房产，拿着房地产转让文书。凡是赠送弓的，装好弓弦的弓，弓弦向上，没有装弓弦的，弓背向上。赠时右手拿着弓的一头，左手托着弓把中部，主客尊卑地位相等，双方都只要微微鞠躬，使佩巾垂下即可，如主人要拜谢，客人就要逡巡后退回避主人的拜谢。主人亲自接受，要从客人的左边，接弓的另一头，然后托着弓弣，主人与客人朝着同一方向站着授受。进奉剑给人，让剑柄歪向左边；进奉戈要把戈柄下端的镦朝前，兵刃朝后；进奉矛戟，要将矛戟下端的镦朝前。

进奉凭几、手杖要擦拭干净。呈献马和羊用右手牵，呈献狗用左手牵。以禽鸟赠人，鸟头朝向左边，羔羊、雁等见面礼，用绘有云气的布覆盖。接受珠玉，要用双手捧；接受弓剑，合着衣袖去接。用玉爵饮酒，不甩倒剩酒，以防失手。凡是受家长派遣，以弓剑、茅草包着的鱼肉、竹器盛着的饮食去送人的，都要拿着东西听吩咐，像使者奉派出使的仪态。

出殡，选自《三才图会》。

凡是做国君的使者，接受了命令就不能在家里住宿。凡国君有命令来，主人要出门迎接传令使者，并说屈驾下临；使者回去，主人亲到门外拜送。如派遣他人到国君的地方去，要穿上朝服派遣；使者回来，一定要下堂接受国君的回示。

见多识广、记忆力极强而能够谦让的，修身力行而孜孜不倦的，便可称为"君子"。君子不要求人赞美自己，也不要求人尽心效力于自己，这样才可以保持友谊的长久。

礼书上说："君子抱孙子为尸，不抱儿子为尸。"这句话是说孙子可以做祖父的尸，而儿子不可以做父亲的尸。做国君尸的人，大夫、士等见到后都要下车；当国君知道某人将为尸，也要亲自下车；为尸者，如在车上，也要行式礼回敬。尸乘车时，一定用几踏着登车。斋戒的人不听音乐，不去吊丧。

服丧期间的礼：身体因悲痛而消瘦，但不能至于形毁骨立，视力听力也不要因悲痛而减退，上下不由阵阶，进出门时，不走在门外的路中央。服丧期间的礼：头上长了疮，可以洗头；身上有了疮，可以洗澡；有了病可以喝酒吃肉，病好了就要恢复当初服丧时的生活。如果因居丧而毁了身体，其过错相当于不孝不慈。年龄到五十岁的，要节哀，不可过分消瘦；六十岁的，不要使自己身体消瘦；七十岁的，只穿丧服，照常饮酒吃肉，仍住在内屋。

凡计算生人服丧日期，以死者死的第二天起算；死者殡殓之事，以死之日起算。与死者家属是朋友的，致慰问之辞；与死者本人是朋友的，致哀伤之辞。只和死者的家属是朋友，而和死者本人无交谊的，仅对家属致辞表示吊问，不对死者致辞表示哀伤；如仅与死者本人是朋友，而与家属无交谊的，仅向死者致辞表示哀伤，不向家属致辞表示慰问。

对死者家属吊问，而无力提供经济帮助的，就不要问丧事需要多少费用。如探望病人，没有什么礼物相赠，就不问他想要什么。见行人，如不能提供客馆居住的，就不问他止宿的地方。给人礼物，不说叫人来拿；给人东西，不要问对方要不要。

到墓地不登坟头；帮助办丧葬，在安葬时一定执绋。参加丧事，不能笑。拜揖尊者，一定要离开原位。看到棺柩不唱歌。进入灵堂，不能甩起胳膊走路。面对饮食，不应叹气。邻居有丧事，舂米时不唱歌；乡里中有死者尚未安葬，不在闾巷中唱歌。到墓地不唱歌，去吊丧这一天不唱歌。送葬不走小道，送葬执绋不避开路中的积水。参加丧葬一定要有哀痛的表情，执绋时不嬉笑。面对快乐之事不叹气。戴上头盔、披上甲衣，就要显示出不可侵犯的情态。君子要严肃谨慎，不要在人前有不适宜的情态。

国君行"抚式"之礼时，大夫就要下车致敬；大夫要行"抚式"之礼时，士就要下车致敬。不为庶人专门制订礼仪，大夫不按一般刑法议罪，而另有官刑。凡受过刑罚的人不能在国君的左右。

乘兵车不行式礼，兵车上的旌旗舒展开来，兵车以外的其他车则将旌旗收拢缠在竿上。

如随国君参加诸侯的会盟，太史、内史等随车带着笔等文具，士随车带着有关盟誓的档案。军队前进中，前方有大水挡道，前

军旗，选自《三才图会》。

导就竖立画有青雀的旗；前方有大风尘土，就竖立画有老鹰的旗；前方有车骑，就竖立画有飞鸿的旗；前方发现有队伍，就竖立画有虎皮的旗；前方有猛兽，就竖立画有貔貅的旗帜。军队出行，先头部队打着画有朱雀的旗，殿后部队打着玄武的旗，左翼部队打着画有青龙的旗，右翼部队打着画有白虎的旗，画有北斗七星的旗帜在队伍中间的上空飘扬，用以加强和激励军队奋勇杀敌的勇气。军队的前进后退都有一定的法则，左翼右翼下又分若干部分，各个部分都有军官主管。

对杀死父亲的仇人，不和他共存于天下；对杀死兄弟的仇人，随身带着武器准备报仇；对杀死朋友的仇人，不共处于一国之中。王城四郊修筑了很多防御工事，这对执政的卿大夫来说，应看做是自己的耻辱；土地辽阔，却荒芜不耕，这也是做官吏的耻辱。

祭祀时不要怠慢疏忽。祭服破了就烧掉它，祭祀的用具坏了就埋掉它，占卜用的龟甲蓍草坏了就埋掉它，祭祀所用的牛羊猪等牲口未用前死了就埋掉它。凡是在国君处助祭的，祭祀完毕，一定自己撤去牲俎。

等到卒哭以后，才避父母的讳。礼规定：与父母名读音相同或相近的字不在避讳范围之内；如果父母的名字是两个字，在说话时，说到其中一个字时，可以不避讳。如果父母活着，要避祖父、祖母的讳；如果父母早亡，就不避祖父、祖母的讳。与国君谈话时，不避自己父母的讳；与大夫谈话时，要避国君的讳。诵读《诗经》、《书

出行，汉画像石，山东肥城孝堂山。

经》时不避讳，写文告时不避讳，在祖庙中说祝辞时，不避讳。国君夫人的名讳，即使与国君面对面谈话，臣下可不加避讳，妇女的名讳仅在所居的宫门之内才需要遵守。对服"大功"、"小功"丧服的亲属不必避讳。进入别国的国境，就要打听该国有哪些禁令，进入国都就要询问当地的风俗习惯，到别人家里去，就要询问这家的避讳。

　　从事外事，要选择奇数的日子；从事内事，要选择偶数的日子。以卜筮选择吉日，如选旬外的，命辞就说"远某日"；如选旬内的，命辞就说"近某日"。办丧事，要先卜筮远日；办冠、婚娶等吉事，要先卜筮近日。在卜筮时的命辞说："为了择日，借重你的灵龟，卜个可信的日子；借重你的灵蓍，择个可信的日子。"卜和筮都不能超过三次，卜过了就不要再筮；筮过了不要再卜。用龟甲来决定吉凶称为卜，用蓍草来定吉凶称为筮。所以要卜筮，这是先圣明君使人民相信选定的日子，崇敬鬼神，畏惧法令；使人民能决断疑惑的事，确定犹豫的事。所以说："有了疑惑的事才去卜筮，对卜筮的结果不要否定。卜筮业已择定的日子，就必定按时实施。"

　　国君出行套车时，御者拿着赶马杖，立在马的前面，马已经套好，御者要检查车厢的四周栏木；检验驾具已完备，然后抖去衣上的灰尘由右面拉着副绥登车，跪在车上，拿起马鞭，并把马缰绳分开，左右手各握三根，赶马往前走五步，再停住。国君出来准备上车，御者将马缰绳并到一只手，腾出一只手把正绥交给国君，国君登车，左右诸臣退避让道。车子奔驰，到了大门，国君按住御者的手，回头叫车右上车。车行经过里门、沟渠时，车右都要下车步行。御者的礼节：一定要给人递登车的绥。如果御者的身份比乘车的人低，登车者就可以接绥登车，如果不是这种情况，就不能这么做。具体说来，如果御者身份低，乘车者就用一只手按住御者的手，另一只手接绥；如果御者身份与乘车者相同，乘车者就从御者手之下方拿过绥。宾客的车子，不能驶进主人家大门，妇人乘车不站着。客人送给主人犬马，不能牵到堂上。

　　国君看到老者，要行轼礼；经过卿的朝位，一定下车；进入城市，车子不奔驰；

进入里巷，一定行轼礼。国君有命令召见，即使传命的使者是地位低下的人，大夫、士也要亲自去迎接他。穿上铠甲的武士，不行跪拜礼，只是身子略蹲下。祥车左面的位置一定要空着。所以乘国君的车，不能空着左面的位置，位于车左的乘者，要一直凭轼行轼礼。为妇女赶车，御者要左手在前执马缰，右手在后执鞭；替国君赶车，御者要右手在前，左手在后，而且身子下俯。国君出行，不能只一辆车，要有从车。乘于车上不大声咳嗽，不指东指西，站在车上眼睛要看着正前方十丈远的地方；行轼礼时，看着车前的马尾；回头看，不能超过车毂。车子行驶城市中，只用策彗在马身上搔摩，不让马奔驰，使车行扬起的尘土，不超出车轮的印迹。

国君经过宗庙要下车，看到祭祀用牲牛，要行轼礼；大夫、士经过国君的门，一定要下车，看到国君用的车马，要行轼礼。乘用国君的车马，一定穿着朝服，马鞭载在一旁不用，不敢将绥授人，站在车的左位，一定要凭轼行轼礼。牵着国君的马行步训练，一定走在道路的中央；如果脚踢路马的草料，要受到责罚；看国君驾车马的口齿，也要受到责罚。

曲礼下第二

【原文】

　　凡奉者当心，提者当带。
　　执天子之器，则上衡；国君，则平衡；大夫，则绥之；士，则提之。
　　凡执主器，执轻如不克。执主器，操币圭璧，则尚左手。行不举足，车轮曳踵。立则磬折，垂佩。主佩倚，则臣佩垂；主佩垂，则臣佩委。执玉，其有藉者则裼，无藉者则袭。
　　国君不名卿老世妇；大夫不名世臣侄娣；士不名家相长妾。
　　君大夫之子，不敢自称曰"余小子"。大夫、士之子，不敢自称曰"嗣子某"，不敢与世子同名。
　　君使士射，不能，则辞以疾。言曰："某有负薪之忧。"
　　侍于君子，不顾望而对，非礼也。
　　君子行礼，不求变俗，祭祀之礼，居丧之服，哭泣之位，皆如其国之故，谨（脩）〔循〕其法而审行之。
　　去国三世，爵禄有列于朝，出入有诏于国；若兄弟宗族犹存，则反告于宗后。
　　去国三世，爵禄无列于朝，出入无诏于国，唯兴之日，从新国之法。
　　君子已孤不更名，已孤暴贵，不为父作谥。
　　居丧未葬，读丧礼；既葬读祭礼；丧复常，读乐章。居丧不言乐，祭事不言凶

公庭不言妇女。

振书、端书于君前，有诛。倒策、侧龟于君前，有诛。

龟策、几杖、席盖、重素、袗绤绤，不入公门。苞屦、扱衽、厌冠，不入公门。书方、衰、凶器，不以告，不入公门。

公事不私议。

君子将营宫室。宗庙为先，厩库为次，居室为后。凡家造，祭器为先，牺赋为次，养器为后。

无田禄者不设祭器，有田禄者先为祭服。君子虽贫，不粥祭器；虽寒，不衣祭服。为宫室，不斩于丘木。

大夫、士去国，祭器不逾竟。大夫寓祭器于大夫，士寓祭器于士。

下跪叩首图

大夫去国，逾竟，为坛位，乡国而哭；素衣，素裳，素冠，彻缘，鞮屦，素簚，乘髦马，不蚤鬋，不祭食，不说人以无罪，妇人不当御，三月而复服。

大夫、士见于国君，君若劳之，则还辟，再拜稽首；君若迎拜，则还辟，不敢答拜。

大夫、士相见，虽贵贱不敌，主人敬客，则先拜客；客敬主人，则先拜主人。凡非吊丧，非见国君，无不答拜者。

大夫见于国君，国君拜其辱。士见于大夫，大夫拜其辱。同国始相见，主人拜其辱。君于士，不答拜也；非其臣，则答拜之。大夫于其臣，虽贱，必答拜之。

男女相答拜也。

国君春田不围泽，大夫不掩群，士不取麛卵。

岁凶，年谷不登，君膳不祭肺，马不食谷，驰道不除，祭事不县。大夫不食粱，士饮酒不乐。

君无故玉不去身。大夫无故不彻县。士无故不彻琴瑟。

士有献于国君，他日君问之曰："安取彼？"再拜稽首而后对。

大夫私行出疆，必请，反必有献。士私行出疆，必请，反必告。君劳之，则拜；问其行，拜而后对。

国君去其国，止之曰："奈何去社稷也？"大夫，曰："奈何去宗庙也？"士，曰："奈何去坟墓也？"国君死社稷，大夫死众，士死制。

君天下，曰"天子"。朝诸侯、分职、授政、任功，曰"予一人"。践阼，临祭祀，内事曰"孝王某"，外事曰"嗣王某"。临诸侯，畛于鬼神，曰"有天王某甫"。

崩，曰"天王崩"。复，曰"天子复矣"。告丧，曰"天王登假"。措之庙，立之主，曰"帝"。天子未除丧，曰"予小子"。生名之，死亦名之。

天子有后，有夫人，有世妇，有嫔，有妻，有妾。

天子建天官，先六大，曰大宰、大宗、大史、大祝、大士、大卜，典司六典。天子之五官，曰司徒、司马、司空、司士、司寇，典司五众。天子之六府，曰司土、司木、司水、司草、司器、司货，典司六职。天子之六工，曰土工、金工、石工、木工、兽工、草工，典制六材。

五官致贡曰"享"。

五官之长曰"伯"，是职方。其摈于天子也，曰"天子之吏"。天子同姓谓之"伯父"，异姓谓之"伯舅"。自称于诸侯，曰"天子之老"，于外曰"公"，于其国曰"君"。

九州之长入天子之国曰"牧"。天子同姓谓之"叔父"，异姓谓之"叔舅"，于外曰"侯"，于其国曰"君"。

其在东夷、北狄、西戎、南蛮，虽大曰"子"。于内自称曰"不穀"，于外自称曰"王老"。

庶方小侯，入天子之国曰"某人"，于外曰"子"，自称曰"孤"。

天子当依而立，诸侯北面而见天子曰觐。天子当宁而立，诸公东面，诸侯西面，曰朝。

诸侯未及期相见曰遇，相见于郤地曰会。诸侯使大夫问于诸侯曰聘，约信曰誓，莅牲曰盟。

诸侯见天子曰"臣某侯某"，其与民言自称曰"寡人"。其在凶服，曰"適子孤"。临祭祀，内事曰"孝子某侯某"，外事曰"曾孙某侯某"。死曰"薨"，复曰"某甫复矣"。既葬，见天子曰"类见"。言谥曰"类"。

诸侯使人使于诸侯，使者自称曰"寡君之老"。

天子穆穆。诸侯皇皇。大夫济济。士跄跄。庶人僬僬。

天子之妃曰后，诸侯曰夫人，大夫曰孺人，士曰妇人，庶人曰妻。公侯有夫人，有世妇，有妻，有妾。夫人自称于天子曰"老妇"；自称于诸侯曰"寡小君"；自称于其君曰"小童"。自世妇以下自称曰"婢子"。

子于父母则自名也。

列国之大夫，入天子之国曰"某士"；自称曰"陪臣某"。于外曰"子"，于其国曰"寡君之老"。使者，自称曰"某"。

天子不言出。诸侯不生名。君子不亲恶。诸侯失地，名；灭同姓，名。

为人臣之礼，不显谏，三谏而不听，则逃之。子之事亲也，三谏而不听，则号泣而随之。

君有疾，饮药，臣先尝之。亲有疾，饮药，子先尝之。医不三世，不服其药。

儗人必于其伦。

问天子之年，对曰："闻之，始服衣若干尺矣。"问国君之年，长，曰："能从宗庙社稷之事矣。"幼，曰："未能从宗庙社稷之事也。"问大夫之子，长，曰："能御矣。"幼，曰："未能御也。"问士之子，长，曰："能典谒矣。"幼，曰："未能典谒也。"问庶人之子，长，曰："能负薪矣。"幼，曰："未能负薪也。"

问国君之富，数地以对，山泽之所出。问大夫之富，曰："有宰食力，祭器衣服不假。"问士之富，以车数对。问庶人之富，数畜以对。

天子祭天地，祭四方，祭山川，祭五祀，岁遍。诸侯方祀，祭山川，祭五祀，岁遍。大夫祭五祀，岁遍。士祭其先。

凡祭，有其废之莫敢举也，有其举之莫敢废也。

非其所祭而祭之，名曰淫祀。淫祀无福。

天子以牺牛，诸侯以肥牛，大夫以索牛，士以羊豕。

支子不祭，祭必告于宗子。

凡祭宗庙之礼，牛曰"一元大武"，豕曰"刚鬣"，豚曰"腯肥"，羊曰"柔毛"，鸡曰"翰音"，犬曰"羹献"，雉曰"疏趾"，兔曰"明视"，脯曰"尹祭"，槁鱼曰"商祭"，鲜鱼曰"脡祭"，水曰"清涤"，酒曰"清酌"，黍曰"芗合"，粱曰"芗萁"，稷曰"明粢"，稻曰"嘉蔬"，韭曰"丰本"，盐曰"咸鹾"，玉曰"嘉玉"，币曰"量币"。

天子死曰崩，诸侯死曰薨，大夫死曰卒，士曰不禄，庶人曰死。在床曰尸，在棺曰柩。羽鸟曰降，四足曰渍。死寇曰兵。

祭王父曰皇祖考，王母曰皇祖妣。父曰皇考，母曰皇妣，夫曰皇辟。

生曰父、曰母、曰妻；死曰考、曰妣、曰嫔。

寿考曰卒，短折曰不禄。

天子视不上于袷，不下于带；国君绥视；大夫衡视；士视五步。凡视，上于面则敖，下于带则忧，倾则奸。

君命，大夫与士肄。在官言官，在府言府，在库言库，在朝言朝。

朝言不及犬马。辍朝而顾，不有异事，必有异虑；故辍朝而顾，君子谓之固。在朝言礼，问礼，对以礼。

大飨不问卜，不饶富。

凡挚，天子鬯，诸侯圭，卿羔，大夫雁，士雉，庶人之挚匹。童子委挚而退。

野外军中无挚，以缨、拾、矢，可也。

妇人之挚，椇、榛、脯、脩、枣、栗。

纳女于天子，曰"备百姓"；于国君，曰"备酒浆"；于大夫，曰"备扫洒"。

【译文】

凡捧东西，一般要对着心胸；提东西，要在腰带部位。如捧天子的东西，要高于自己的心胸；捧国君的东西，与心胸相平；捧大夫的东西，低于自己的心胸；捧士的东西，只要齐腰带。凡给君主拿器物，器物虽轻，而表情好像很重，不能胜任的样子；拿君主的币帛圭璧等，要左手略高，行步时不提腿，脚后跟如车轮不离地，拖着走。站立时，要像磬一样弯着身子，让身上挂的玉佩垂于身前。如果君主站立时，玉佩贴身，臣下就要身子弯曲，玉佩垂于身前；如果君主身子弯着，玉佩垂于身前，臣下就要深深弯腰，达到玉佩垂地。捧玉器，如果玉器放在衬垫上，就要袒外衣左袖，露出裼衣；如果玉器不用衬垫，就不袒外衣。

国君对上卿或世妇不直呼其名；大夫对世臣或侄娣不直呼其名；士对管家和有孩子的妾不直呼其名。供职于天子的大夫，他们的儿子不敢自称"余小子"，诸侯的大夫、士的儿子，不敢自称"嗣子某"。给儿子起名，要避免和诸侯适子的名相同。

国君让士配对射箭，如不能射，要托辞有病。回答说："某某人有负薪之疾。"陪侍君子，君子有问，如不观察在座的其他人，就立即回答，这是没有礼貌的。

君子离开故国，不随着改变故国的礼俗，祭祀的各种礼仪，丧事的丧服，丧事

汉代佩有绶带的官员，汉画像石，山东武氏祠。

的哭泣的位置等等，都按照故国的旧礼，慎重地遵循先祖的各种制度，审慎地实行。离开故国已经三代，如族中仍有人在故国做卿大夫的，遇到吉凶等事，要向故国报告；如有兄弟及本家还住在故国的，则冠、婚、丧等事向故国内宗子报告。如离开故国三代，没有亲属在故国做卿大夫，吉凶等事不再向故国国君报告，要等到被所在国任命为卿大夫这天开始，才按新居留国的礼法制度行事。

君子在父死后，就不改名；父死后而自己成为显贵，也不须为父定谥号。父母亡故，尚未安葬，就要诵读丧礼；已经安葬，就诵读有关祭祀的礼仪；丧事完毕，恢复正常的生活，就诵读诗歌。办丧事中不谈诗歌，祭祀不谈死丧等不吉之事，在办公事之处，不谈论妇女的事。

在国君前拂拭公文簿册的灰尘和整理公文簿册，要受到责罚。在国君面前，将蓍草颠倒和翻转龟甲，要受到责罚。带着龟甲蓍草的、拿着凭几扶杖的、驾着丧车的、白冠、白衣、白裳的、穿单葛布内衣的，都不得进入国君的大门。穿丧服草鞋的，将前襟插在腰带内的，戴着丧冠的人，都不得进入国君的大门。遣册、孝服、棺椁、明器等物，不事先向国君报告，不能进入国君的大门。国家的事不能在家内议论。

诸侯如果营建房屋，先造宗庙，其次是马房、库房，最后才是居住的房子。凡是大夫造作器物，最先制造祭祀用的器具，其次营建放置征收来的牲畜的棚圈，最后才造生活用具。没有采地的，不置备祭祀用具；有采地的，先制作祭服。即使贫穷，不变卖祭祀用具；即使无衣御寒，不穿祭祀穿的礼服。造房子，不砍墓上的树木。

大夫、士被斥离开祖国，祭祀的用器不能携带出境。如是大夫，把祭器寄放在别的大夫家；如是士，则将祭器寄放在别的士家。大夫、士离开祖国，越国境时，要筑土为坛，面向祖国痛哭；穿白衣、白裳，戴白帽；去掉领口上的彩色镶边，着没有鼻子的鞋，车轼上覆盖白狗皮；驾车的是鬃毛未曾修剪的马，不剪指甲，不修剪须发，饮食时不行祭食之礼；不向人解释说自己被斥是无罪的；不接近妇女；这样，过了三个月，才恢复正常的服饰，然后离国而去。

狩猎，汉画像石，陕西绥德出土。

大夫、士谒见他国之国君，国君如慰劳他，就要向后退避，下跪叩首再拜；该国国君如在迎接时先拜，就要向后退避，而不敢以下拜相回礼。与他国的大夫、士互相见面，即使彼此贵贱不同，主人如尊敬客人，就先拜客人；如客人尊敬主人，就先拜主人；不是吊丧，不是拜见国君，没有不回礼答拜的。大夫去拜见他国国君，国君下拜，表示承蒙他屈驾光临。士去拜见他国大夫，大夫回拜，也表示承蒙他屈驾光临。同国的人，只在第一次相见时，主人才下拜，表示承蒙他屈驾光临。国君对士不下拜答礼，如不是自己的臣下，就要下拜答礼。大夫对于自己的臣下，即使对方地位低贱，一定要下拜答礼。男女之间，彼此不下拜答礼。

国君春天打猎，不可包围整个猎场；大夫不能猎取整个兽群；士不猎取各种幼兽和禽蛋。灾年，谷物没有收成，国君食时不祭肺，马不喂谷物，驰道不整治，祭祀不演奏钟磬等乐器；大夫不再食稻粱作为加餐，士在饮酒时不作乐。国君没有特殊的原因，佩玉不离身。大夫没有特殊的原因，不去掉钟磬等乐器。士没有特殊的原因，不将琴瑟等乐器拿走。

士向国君奉献物品，别一日子国君问他说："那天的物品是怎样获得的呢？"士稽首再拜，然后再回答。大夫因个人的事出境，一定要事先请求允准，回来后一定向国君有所奉献。士因个人事出境，一定要事先请求，回来后一定要禀告。国君如慰劳，就要下拜；问他旅途所到之处，下拜以后才回答。

国君要流亡他国，臣下阻止时说："怎能抛下社稷呢！"对去国的大夫，则说："怎能抛下祖先的宗庙呢！"对去国的士，则说："怎能抛下祖宗的坟墓呢！"国君应为保卫国家而死，大夫应与士卒同存亡，士应死于执行国君的政令。

君临天下，称之谓"天子"；朝见诸侯，分派官职，授政百官，分配各项工作，自称说："予一人"；登阼阶，亲自主持祭祀仪式，如宗庙的祭祀，在祝辞中自称："孝王某"；如祭祀天地山川等神，在祷辞中自称："嗣王某"；巡行到诸侯国，于野外祭祀当地的鬼神，则自称："有天王某甫"；天子死，称："天王崩"；招魂时，呼喊："天子回来啊！"发讣告，文中用："天王登假"；神主祔祭于祖庙，木主上称："帝"。新天子即位，尚未除丧，自称为："予小子"。活着时称："小子王某"，如于此时死亡，亦称他："小子王某"。

天子有后、夫人、世妇、嫔、妻、妾等。天子设立天官，首先设六大，有大宰、大宗、大史、大祝、大士、大卜，负责职掌六个方面的制度。天子又设五官，有司徒、司马、司空、司士、司寇，负责主管各自下属官吏。天子设立六府，有司土、司木、司水、司草、司器、司货，负责征管六个方面的赋税财物。天子又有六工，有土工、金工、石工、木工、兽工、草工，负责加工制作六类器物。以上五官年终向天子报告成绩，称之为"享"。

五官之长称之为"伯"，主管一个地区。当他替天子接待宾客时，自称："天子之吏"。天子对同姓的伯，称为"伯父"；对异姓的伯，称呼为"伯舅"。伯对诸侯，自称为："天子之老"。在自己封地之外的人，称他为"公"；在封地之内的人，称他为"君"。九州之长在王畿之内，天子称之为"牧"。如果与天子同姓，天子称他为"叔父"，如果是异姓，天子称他为"叔舅"。在封国之外，人称他为"侯"；在国内，国人称之为"君"。

东夷、北狄、西戎、南蛮边远地区诸侯国，即使国土广大，只能称"子"。在国内自称为"不榖"；对外国，自称为"王老"。边远地区的小诸侯，入天子王畿之内，自称为"某国人"；外国人称他为"子"；在国内，自称为"孤"。

天子站立在宸的前面，诸侯面向北参见天子，这称为"觐"。天子站在正门与屏风之间，公爵朝东，侯爵面朝西，这称为"朝"。诸侯之间没有到约定的日期而互相见面，称为"遇"。诸侯在两国的中间地方相见，称为"会"。诸侯派遣大夫到另一国访问，称为"聘"。诸侯缔约，互相取信，称为"誓"。杀牲结盟，称为"盟"。诸侯觐见天子，自称"臣某国侯名某"。如在国内跟人民说话，自称"寡人"。诸侯在服丧期间，自称"適子孤"。参加祭祀，称"孝子某侯某"；如祭山川等神，则称"曾孙某侯某"。诸侯死称"薨"。招魂时，称"某甫回来啊"！已经安葬，新君尚未正式继位，拜见天子，称为"类见"。为父向天子请谥号，也称"类"。诸侯派遣卿大夫出使他国，使者自称"寡君之老"。

天子威仪庄盛，诸侯庄重煊赫，大夫走路缓慢有节奏，士走路缓慢舒坦，平民走路急促不讲求姿势。

天子的配偶称后，诸侯的配偶称夫人，大夫的配偶称孺人，士的配偶称妇人，平民的配偶称妻。公侯有夫人、世妇、妻、妾等。公侯夫人，在天子前，自称"老妇"；在其他诸侯前，自称"寡小君"；在自己国君前，自称"小童"。从世妇以下，都自称"婢子"。子、女在父母面前，都自称名。诸侯国的大夫，在天子王畿之内，称他为"某国之士"；自称"陪臣某"；在其他诸侯国，称他为"某子"；在自己本国，旁人介绍时，称他为"寡君之老"。出使他国，自称"某"。

天子出奔在外，不用"出"字。诸侯活着，史册上不称他的名。君子不能原谅作恶的君主；所以，诸侯亡国，记载时就直称其名；灭亡同姓国家的诸侯，记载时也直称其名。

为臣下之礼：对国君的错误要委婉地提意见。如果三次提意见，都不采纳，就主动地离去。儿子对待父亲的错误，如果三次提意见不接受，就继之以哀号哭泣。

国君有病服药，臣要先尝。双亲有病服药，儿子要先尝。医生如果不是三代行医，不吃他的药。

比拟一个人，必须以身份相似的来比。有人问天子的年龄，应回答说："听说已经穿多长的衣服了。"问国君的年龄，如已长大，就回答："能够主持宗庙、社稷的祭祀了。"如还幼小，就回答："还不能主持宗庙、社稷的祭祀。"问大夫儿子的年龄，如已长大，就回答："能够驾车了。"如尚幼小，就回答："还不能驾车。"问士的儿子的年龄，如已长大，就回答："能够接待宾客。"如尚幼小，就回答："还不能接待宾客。"问老百姓儿子的年龄，如已长大，就回答："能背柴了。"如尚幼小，就回答："还不能背柴。"问国君的财富，告以国土面积和国内山上水中的出产。问大夫的财富，回答说："有采地总管，有赋税收入，祭器和祭服都用不到借。"问士的财富，可以回答家里有几辆车子。问老百姓家的财富，可答家里有多少牲畜。

天子祭祀天地，祭四方之神，祭大山、大河的神，祭户、灶、中雷、门、行等神，一年之内都要祭遍。诸侯祭本国所在方位的山川之神，祭户、灶、中雷、门、行等神，一年之内都要祭遍。大夫祭户、灶、中雷、门、行等神，一年之内都要祭遍。士祭祀自己的祖先。祭祀之事，如果一经废止，不敢再恢复举行；已列入进行祭祀的，不敢随便废止。不应祭祀的而进行祭祀，被称作淫祀，淫祀不会获得神的保佑。天子祭祀时用纯毛的牛；诸侯祭祀用的牛，事前饲养三个月；大夫临祭时选择一条肥牛；士祭祀用羊和猪。庶子不祭祖先，如果要祭祖先，一定要先告诉适子。

祭祀祖庙的礼：祭牛称为"一元大武"，猪称为"刚鬣"，小猪称为"腯肥"，羊称为"柔毛"，鸡称为"翰音"，狗称为"羹献"，野鸡称为"疏趾"，兔称为"明视"，干肉称为"尹祭"，干鱼称为"商祭"，鲜鱼称为"脡祭"；水称为"清涤"，酒称为"清酌"，黍米称为"芗合"，梁称为"芗萁"，稷称为"明粢"，稻谷称为"嘉蔬"；韭菜称为"丰本"，盐称为"咸鹾"；祭玉称为"嘉玉"，帛称为"量币"。

天子死称为"崩"，诸侯死称为"薨"，大夫死称为"卒"，士死称为"不禄"，老百姓死称为"死"。尸体在床称为"尸"，已经入棺称为"柩"。鸟类的死称为"降"，

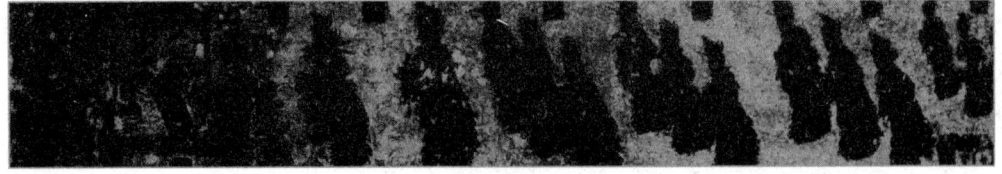

祭祀图

兽类的死称为"渍"。与敌寇战斗而死的称为"兵"。

祭祖父时称"皇祖考"，祭祖母时称"皇祖妣"，祭父亲称"皇考"，祭母亲称"皇妣"，祭丈夫称"皇辟"。活着称"父"，称"母"，称"妻"；死后称"考"，称"妣"，称"嫔"。老年人死称"卒"，短命夭折的称"不禄"。

臣下看天子，视线不超过天子胸前的衣领，也不低于腰带。臣下看国君，视线在脸面稍下。看大夫可以面对面平视。属吏看士，视线可以及于五步之内。凡看人，高于人之脸面，则显得骄傲；如低于人之腰带，则显得心事重重；如斜着眼看人，则显得心术不正。

国君的指示命令，大夫和士就要学习。命之在官府的，就研习官府的事；命之在府库的，就研习府库的事；命之在仓库的，就研习车马兵器的事；命之在朝廷的，就研习政事。在朝廷上说话，不能涉及犬马等私人玩乐的事。散朝以后，还不断回头看，不是有不正常的事情，就是有不正常的想法。所以散朝以后，还不断回头看的人，君子称之为鄙陋无礼的人。在朝廷之上一切都要讲究礼，发问要合于礼，回答也要合于礼。

天子祭祀五帝，不占卜吉日，不是为了求福。

凡是见面礼品：天子用鬯酒，诸侯用圭，卿用羔羊，大夫用鹅，士用野鸡，老百姓用鸭。童子放下见面礼，便离开。如在野外军中，见面无礼物，用驾马的皮带、射鞴、箭等都可以。妇女的见面礼有枳、榛子、脯、修、枣、栗等物。

嫁送女儿给天子做嫔妃，当说："备百姓。"嫁送女儿给国君，当说："备酒浆。"嫁送女儿给大夫，当说："备扫洒。"

檀弓上第三

【原文】

公仪仲子之丧，檀弓免焉。

仲子舍其孙而立其子。檀弓曰："何居？我未之前闻也。"趋而就子服伯子于门右，曰："仲子舍其孙而立其子，何也？"伯子曰："仲子亦犹行古之道也。昔者文王舍伯邑考而立武王，微子舍其孙腯而立衍也。夫仲子亦犹行古之道也。"

子游问诸孔子。孔子曰："否。立孙。"

事亲有隐而无犯，左右就养无方，服勤至死，致丧三年。

事君有犯而无隐，左右就养有方，服勤至死，方丧三年。

事师无犯无隐，左右就养无方，服勤至死，心丧三年。

季武子成寝。杜氏之葬在西阶之下，请合葬焉，许之。入宫而不敢哭。武子曰："合葬非古也。自周公以来，未之有改也。吾许其大，而不许其细，何居？"命之哭。

子上之母死而不丧。门人问诸子思曰："昔者子之先君子丧出母乎？"曰："然"。"子之不使白也丧之，何也？"子思曰："昔者吾先君子无所失道。道隆则从而隆，道污则从而污。伋则安能？为伋也妻者，是为白也母。不为伋也妻者，是不为白也母。"故孔氏之不丧出母，自子思始也。

孔子曰："拜而后稽颡，颓乎其顺也。稽颡而后拜，颀乎其至也。三年之丧，吾从其至者。"

孔子既得合葬于防，曰："吾闻之，古也墓而不坟。今丘也，东西南北之人也，不可以弗识也。于是封之，崇四尺。

孔子先反，门人后。雨甚，至。孔子问焉，曰："尔来何迟也？"曰："防墓崩。"孔子不应。三，孔子泫然流涕，曰："吾闻之，古不修墓。"

孔子哭子路于中庭。有人吊者，而夫子拜之。既哭，进使者而问故。使者曰："醢之矣！"遂命覆醢。

曾子曰："朋友之墓有宿草而不哭焉。"

子思曰："丧三日而殡，凡附于身者必诚必信，勿之有悔焉耳矣。三月而葬，凡附于棺者必诚必信，勿之有悔焉耳矣。丧三年，以为极，亡则弗之忘矣。故君子有终身之忧，而无一朝之患。故忌日不乐。"

孔子少孤，不知其墓。殡于五父之衢，人之见之者皆以为葬也；其慎也，盖殡也。问于郰曼父之母，然后得合葬于防。

邻有丧，舂不相。里有殡，不巷歌。丧冠不缕。

有虞氏瓦棺。夏后氏堲周。殷人棺椁。周人墙置翣。周人以殷人之棺椁葬长殇，以夏后氏之堲周葬中殇、下殇，以有虞氏之瓦棺葬无服之殇。

夏后氏尚黑，大事敛用昏，戎事乘骊，牲用玄。殷人尚白，大事敛用日中，戎事乘翰，牲用白。周人尚赤，大事敛用日出，戎事乘騵，牲用骍。

穆公之母卒，使人问于曾子曰："如之何？"对曰："申也闻诸申之父：哭泣之哀，齐斩之情，饘粥之食，自天子达。布幕，卫也。缣幕，鲁也。"

晋献公将杀其世子申生。公子重耳谓之曰："子盖言子之志于公乎？"世子曰："不可。君安骊姬，是我伤公之心也。"曰："然则盖行乎？"世子曰："不可。君谓我欲弑君也。天下岂有无父之国哉？吾何行如之？"

使人辞于狐突曰："申生有罪，不念伯氏之言也，以至于死。申生不敢爱其死。虽然，吾君老矣，子少，国家多难，伯氏不出而图吾君；伯氏苟出而图吾君，申生受赐而死！"再拜稽首乃卒。是以为恭世子也。

鲁人有朝祥而莫歌者，子路笑之。

夫子曰："由！尔责于人，终无已夫？三年之丧，亦已久矣夫！"

子路出，夫子曰："又多乎哉？逾月则其善也。"

鲁庄公及宋人战于乘丘。县贲父御，卜国为右。

马惊，败绩，公队，佐车授绥。公曰："末之卜也。"县贲父曰："他日不败绩，而今败绩，是无勇也。"遂死之。

圉人浴马，有流矢在白肉。公曰："非其罪也！"遂诔之。士之有诔，自此始也。

曾子寝疾，病。乐正子春坐于床下，曾元、曾申坐于足。童子隅坐而执烛。童子曰："华而睆，大夫之箦与？"子春曰："止！"曾子闻之，瞿然曰："呼！"曰："华尔睆，大夫之箦与？"曾子曰："然。斯季孙之赐也，我未之能易也。元起易箦！"曾元曰："夫子之病革矣，不可以变。幸而至于旦，请敬易之。"曾子曰："尔之爱我也不如彼。君子之爱人也以德，细人之爱人也以姑息。吾何求哉？吾得正而毙焉，斯已矣！"

举扶而易之。反席未安而没。

始死，充充如有穷。既殡，瞿瞿如有求而弗得。既葬，皇皇如有望而弗至。练而慨然，祥而廓然。

邾娄复之以矢，盖自战于升陉始也。鲁妇人之髽而吊也，自败于台鲐始也。

南宫绦之妻之姑之丧，夫子诲之髽，曰："尔毋从从尔。尔毋扈扈尔。盖榛以为笄，长尺而总八寸。"

孟献子禫，县而不乐，比御而不入。夫子曰："献子加于人一等矣。"

孔子既祥，五日弹琴而不成声，十日而成笙歌。

有子盖既祥而丝屦组缨。

死而不吊者三：畏，厌，溺。

子路有姊之丧，可以除之矣，而弗除也。孔子曰："何弗除也？"子路曰："吾寡兄弟而弗忍也。"孔子曰："先王制礼，行道之人皆弗忍也。"子路闻之，遂除之。

大公封于营丘，比及五世，皆反葬于周。君子曰："乐，乐其所自生。礼，不忘其本。古之人有言曰：'狐死正丘首，仁也。'"

伯鱼之母死，期而犹哭。夫子闻之，曰："谁与哭者？"门人曰："鲤也。"夫子曰："嘻，其甚也！"伯鱼闻之，遂除之。

舜葬于苍梧之野，盖三妃未之从也。季武子曰："周公盖祔。"

曾子之丧，浴于爨室。

大功废业。或曰："大功，诵可也。"

子张病，召申祥而语之曰："君子曰终，小人曰死。吾今日其庶几乎！"

曾子曰："始死之奠，其馀阁也与！"

曾子曰："小功不为位也者，是委巷之礼也。子思之哭嫂也为位，妇人倡踊。申祥之哭言思也亦然。"

古者冠缩缝，今也衡缝。故丧冠之反吉，非古也。

曾子谓子思曰："伋！吾执亲之丧也，水浆不入于口者七日。"子思曰："先王之制礼也，过之者，俯而就之；不至焉者，跂而及之。故君子之执亲之丧也，水浆不入于口者三日，杖而后能起。"

曾子曰："小功不税。则是远兄弟终无服也，而可乎？"

伯高之丧，孔氏之使者未至，冉子摄束帛乘马而将之。孔子曰："异哉！徒使我不诚〔礼〕于伯高。"

伯高死于卫，赴于孔子。孔子曰："吾恶乎哭诸？兄弟，吾哭诸庙。父之友，吾哭诸庙门之外。师，吾哭诸寝。朋友，吾哭诸寝门之外。所知，吾哭诸野。于野则已疏，于寝则已重。夫由赐也见我，吾哭诸赐氏。"遂命子贡为之主，曰："为尔哭也来者，拜之。知伯高而来者，勿拜也。"

曾子曰："丧有疾，食肉饮酒，必有草木之滋焉。"以为姜桂之谓也。

子夏丧其子而丧其明。曾子吊之，曰："吾闻之也，朋友丧明则哭之。"曾子哭。子夏亦哭，曰："天乎！予之无罪也。"曾子怒，曰："商！女何无罪也？吾与女事夫子于洙、泗之间，退而老于西河之上。使西河之民疑女于夫子，尔罪一也。丧尔亲，使民未有闻焉，尔罪二也。丧尔子，丧尔明，尔罪三也。而曰……女何无罪与！"子夏投其杖而拜，曰："吾过矣，吾过矣！吾离群而索居，亦已久矣！"

夫昼居于内，问其疾可也。夜居于外，吊之可也。是故君子非有大故，不宿于外；非致齐也，非疾也，不昼夜居于内。

高子皋之执亲之丧也，泣血三年，未尝见齿。君子以为难。

衰，与其不当物也，宁无衰。齐衰不以边坐，大功不以服勤。

孔子之卫，遇旧馆人之丧，入而哭之哀。出，使子贡说骖而赗之。

子贡曰："于门人之丧，未有所说骖。说骖于旧馆，无乃已重乎？"夫子曰："予乡者入而哭之，遇于一哀而出涕；予恶夫涕之无从也？小子行之！"

孔子在卫。有送葬者，而夫子观之，曰："善哉为丧乎！足以为法矣，小子识之。"子贡曰："夫子何善尔也？"曰："其往也如慕，其反也如疑。"子贡曰："岂若速反而虞乎？"子曰："小子识之。我未之能行也。"

颜渊之丧，馈祥肉。孔子出受之，入，弹琴而后食之。

孔子与门人立，拱而尚右。二三子亦皆尚右。孔子曰："二三子之嗜学也。我则有姊之丧故也。"二三子皆尚左。

孔子蚤作，负手曳杖，消摇于门，歌曰："泰山其颓乎！梁木其坏乎！哲人其萎乎！"既歌而入，当户而坐。

子贡闻之，曰："泰山其颓，则吾将安仰？梁木其坏，（哲人其萎，）则吾将安放？夫子殆将病也？"遂趋而入。

夫子曰："赐！尔来何迟也！夏后氏殡于东阶之上，则犹在阼也。殷人殡于两楹之间，则与宾主夹之也。周人殡于西阶之上，则犹宾之也。而丘也，殷人也。予畴昔之夜，梦坐奠于两楹之间。夫明王不兴，而天下其孰能宗予？予殆将死也。"盖寝疾七日而没。

孔子之丧，门人疑所服。子贡曰："昔者夫子之丧颜渊，若丧子而无服；丧子路亦然。请丧夫子若丧父而无服。"

孔子之丧，公西赤为志焉：饰棺墙，置翣，设披，周也；设崇，殷也；绸练设旐，夏也。

子张之丧,公明仪为志焉:褚幕丹质,蚁结于四隅,殷士也。

子夏问于孔子曰:"居父母之仇,如之何?"夫子曰:"寝苫,枕干,不仕,弗与共天下也。遇诸市朝,不反兵而斗。"曰:"请问居昆弟之仇如之何?"曰:"仕,弗与共国。衔君命而使,虽遇之不斗。"曰:"请问居从父昆弟之仇,如之何?"曰:"不为魁。主人能,则执兵而陪其后。"

孔子之丧,二三子皆绖而出。群居则绖,出则否。

易墓,非古也。

子路曰:"吾闻诸夫子:丧礼,与其哀不足而礼有馀也,不若礼不足而哀有馀也。祭礼,与其敬不足而礼有馀也,不若礼不足而敬有馀也。"

曾子吊于负夏。主人既祖,填池,推柩而反之,降妇人而后行礼。从者曰:"礼与?"曾子曰:"夫祖者且也,且胡为其不可以反宿也?"

从者又问诸子游曰:"礼与?"子游曰:"饭于牖下,小敛于户内,大敛于阼,殡于客位,祖于庭,葬于墓,所以即远也。故丧事有进而无退。"

曾子闻之,曰:"多矣乎予出祖者!"

曾子袭裘而吊,子游裼裘而吊。曾子指子游而示人曰:"夫夫也,为习于礼者,如之何其裼裘而吊也?"

主人既小敛,袒、括发。子游趋而出,袭裘带绖而入。曾子曰:"我过矣,我过矣!夫夫是也!"

子夏既除丧而见,予之琴,和之而不和,弹之而不成声。作而曰:"哀未忘也。先王制礼,而弗敢过也。"

子张既除丧而见,予之琴,和之而和,弹之而成声。作而曰:"先王制礼,不敢不至焉。"

司寇惠子之丧,子游为之麻衰、牡麻绖。文子辞曰:"子辱与弥牟之弟游,又辱之服,敢辞。"子游曰:"礼也。"文子退,反哭。

子游趋而就诸臣之位,文子又辞曰:"子辱与弥牟之弟游,又辱为之服,又辱临其丧,敢辞。"子游曰:"固以请。"

文子退,扶适子南面而立,曰:"子辱与弥牟之弟游,又辱为之服,又辱临其丧,虎也敢不复位?"子游趋而就客位。

将军文子之丧,既除丧而后越人来吊。主人深衣练冠,待于庙,垂涕洟。

子游观之,曰:"将军文氏之子,其庶几乎!亡于礼者之礼也,其动也中。"

幼名,冠字,五十以"伯"、"仲",死谥,周道也。绖也者,实也。

掘中霤而浴,毁灶以缀足;及葬,毁宗躐行,出于大门:殷道也。学者行之。

子柳之母死,子硕请具,子柳曰:"何以哉?"子硕曰:"请粥庶弟之母。"子柳曰:"如之何其粥人之母以葬其母也?不可!"

既葬,子硕欲以赙布之馀具祭器,子柳曰:"不可。吾闻之也,君子不家于丧。请

班诸兄弟之贫者。"

　　君子曰：谋人之军师，败则死之。谋人之邦邑，危则亡之。

　　公叔文子升于瑕丘，蘧伯玉从。文子曰："乐哉斯丘也！死则我欲葬焉。"蘧伯玉曰："吾子乐之，则瑗请前。"

　　弁人有其母死而孺子泣者。孔子曰："哀则哀矣，而难为继也。夫礼，为可传也，为可继也，故哭踊有节。"

　　叔孙武叔之母死，既小敛，举者出户；出户袒，且投其冠，括髮。子游曰："知礼。"

　　扶君，卜人师扶右，射人师扶左。君薨以是举。

　　从母之夫，舅之妻，(二夫)〔夫二〕人相为服：君子未之言也。或曰：同爨缌。

　　丧事欲其纵纵尔，吉事欲其折折尔，故丧事虽遽不陵节，吉事虽止不怠。故骚骚尔则野，鼎鼎尔则小人。君子盖犹犹尔。

　　丧具，君子耻具。一日二日而可为也者，君子弗为也。

　　丧服：兄弟之子犹子也，盖引而进之也；嫂叔之无服也，盖推而远之也；姑、姊妹之薄也，盖有受我而厚之者也。

　　食于有丧者之侧，未尝饱也。

　　曾子与客立于门侧，其徒趋而出。曾子曰："尔将何之？"曰："吾父死，将出哭于巷。"曰："反，哭于尔次。"曾子北面而吊焉。

　　孔子曰："之死而致死之，不仁而不可为也。之死而致生之，不知而不可为也。是故竹不成用，瓦不成味，木不成斫，琴瑟张而不平，竽笙备而不和，有钟磬而无簨虡。其曰明器，神明之也。"

　　有子问于曾子曰："(问)〔闻〕丧于夫子乎？"曰："闻之矣：丧欲速贫，死欲速朽。"有子曰："是非君子之言也。"曾子曰："参也闻诸夫子也。"有子又曰："是非君子之言也。"曾子曰："参也与子游闻之。"有子曰："然。然则夫子有为言之也。"

　　曾子以斯言告于子游。子游曰："甚哉，有子之言似夫子也！昔者夫子居于宋，见桓司马自为石椁，三年而不成。夫子曰：'若是其靡也，死不如速朽之愈也。'死之欲速朽，为桓司马言之也。南宫敬叔反，必载宝而朝。夫子曰：'若是其货也，丧不如速贫之愈也。'丧之欲速贫，为敬叔言之也。"

　　曾子以子游之言告于有子。有子曰："然。吾固曰'非夫子之言也'。"曾子曰："子何以知之？"有子曰："夫子制于中都，四寸之棺，五寸之椁，以斯知不欲速朽也。昔者夫子失鲁司寇，将之荆，盖先之以子夏，又申之以冉有，以斯知不欲速贫也。"

　　陈庄子死，赴于鲁。鲁人欲勿哭。

　　缪公召县子而问焉。县子曰："古之大夫，束修之问不出竟；虽欲哭之，安得而哭之？今之大夫，交政于中国；虽欲勿哭，焉得而弗哭？且臣闻之：哭有二道，有爱而哭之，有畏而哭之。"公曰："然。然则如之何而可？"县子曰："请哭诸异姓之庙。"于是与哭诸县氏。

仲宪言于曾子曰："夏后氏用明器，示民无知也。殷人用祭器，示民有知也。周人兼用之，示民疑也。"曾子曰："其不然乎！其不然乎！夫明器，鬼器也；祭器，人器也。夫古之人胡为而死其亲乎！"

公叔木有同母异父之昆弟死，问于子游。子游曰："其大功乎？"狄仪有同母异父之昆弟死，问于子夏。子夏曰："我未之前闻也。鲁人则为之齐衰。"狄仪行齐衰。今之齐衰，狄仪之问也。

子思之母死于卫。柳若谓子思曰："子，圣人之后也，四方于子乎观礼，子盖慎诸！"子思曰："吾何慎哉？吾闻之：有其礼，无其财，君子弗行也。有其礼，有其财，无其时，君子弗行也。吾何慎哉！"

县子琐曰："吾闻之：古者不降，上下各以其亲。滕伯文为孟虎齐衰，其叔父也；为孟皮齐衰，其叔父也。"

后木曰："丧，吾闻诸县子曰：'夫丧，不可不深长思也。买棺外内易。'我死则亦然。"

曾子曰："尸未设饰，故帷堂。小敛而彻帷。"仲梁子曰："夫妇方乱，故帷堂。小敛而彻帷。"

小敛之奠，子游曰："于东方。"曾子曰："于西方。敛斯席矣。"

小敛之奠在西方，鲁礼之末失也。

县子曰："绤衰繐裳，非古也。"

子蒲卒，哭者呼"灭"。子皋曰："若是野哉！"哭者改之。

杜桥之母之丧，宫中无相，以为沽也。

夫子曰："始死、羔裘玄冠者，易之而已。"羔裘玄冠，夫子不以吊。

子游问丧具，夫子曰："称家之有亡。"子游曰："有（无）〔亡〕恶乎齐？"夫子曰："有，毋过礼。苟亡矣，敛首足形，还葬，县棺而封，人岂有非之者哉？"

司士赍告于子游曰："请袭于床。"子游曰："诺。"县子闻之，曰："汰哉叔氏！专以礼许人。"

宋襄公葬其夫人，醯醢百瓮。曾子曰："既曰明器矣，而又实之。"

孟献子之丧，司徒〔敬子使〕旅归四〔方〕布。夫子曰："可也。"读赗，曾子曰："非古也。是再告也。"

成子高寝疾。庆遗入，请曰："子之病革矣，如至乎大病，则如之何？"子高曰："吾闻之也：'生有益于人，死不害于人。'吾纵生无益于人，吾可以死害于人乎哉？我死，则择不食之地而葬我焉！"

子夏问诸夫子曰："居君之母与妻之丧，……""居处言语饮食衎尔。"

宾客至，无所馆。夫子曰："生于我乎馆，死于我乎殡。"

国子高曰："葬也者，藏也。藏也者，欲人之弗得见也。是故衣足以饰身，棺周于衣，椁周于棺，土周于椁，反壤树之哉？"

孔子之丧，有自燕来观者，舍于子夏氏。子夏曰："圣人之葬人与？人之葬圣人

也，子何观焉？昔者夫子言之曰：'吾见封之若堂者矣，见若坊者矣，见若覆夏屋者矣，见若斧者矣，〔吾〕从若斧者焉。'马鬣封之谓也。今一日而三斩板、而已封，尚行夫子之志乎哉！"

妇人不葛带。

有荐新，如朔奠。

既葬，各以其服除。

池视重霤。

君即位而为椑，岁壹漆之，藏焉。

复，楔齿，缀足，饭，设饰，帷堂，并作。父兄命赴者。

君复于小寝、大寝、小祖、大祖、库门、四郊。

丧不剥，奠也与？祭肉也与！

既殡，旬而布材与明器。

朝奠日出，夕奠逮日。

父母之丧，哭无时，使必知其反也。

练：练衣黄里，縓缘。葛要绖。绳屦无绚。角瑱。鹿裘：衡，长，袪；袪，裼之可也。

有殡，闻远兄弟之丧，虽缌必往。非兄弟，虽邻不往。所识，其兄弟不同居者皆吊。

天子之棺四重。水兕革，棺被之，其厚三寸；杝棺一，梓棺二：四者皆周。棺束：缩二，衡三，衽每束一。柏椁以端长六尺。

天子之哭诸侯也，爵弁、绖、缁衣。或曰："使有司哭之。"为之不以乐食。

天子之殡也，菆涂龙輴以椁，加斧于椁上，毕涂屋：天子之礼也。

唯天子之丧，有别姓而哭。

鲁哀公诔孔丘曰："天不遗耆老，莫相予位焉。呜呼哀哉，尼父！"

国亡大县邑，公、卿、大夫、士皆厌冠，哭于大庙三日，君不举。或曰：君举而哭于后土。

孔子恶野哭者。

未仕者不敢税人。如税人，则以父兄之命。

士备入而后朝夕踊。

祥而缟。是月禫，徙月乐。

君于士有赐帟。

【译文】

公仪仲子家办丧事，檀弓穿戴着"免"这种丧服去吊丧。仲子不立嫡孙而立庶子为丧主，因此檀弓说："这究竟是为什么呀？我从来还没有听说过周人有这样的礼俗。"于是快步走到门的右边，问子服伯子，说："仲子不立嫡孙，而立庶子为丧主，这是为什么?"伯子说:"仲子只不过是按照前人的规矩行事罢了!从前周文王不立適子伯邑考,而立武王;宋微子不立嫡孙腯,而立庶子衍。仲子只不过是依照前人的规矩行事罢了。"后来,子游向孔子请教这件事,孔子说:"不对!应该立嫡孙为丧主。"

服侍父母,如果父母有过失,应该委婉地劝谏,不可犯颜指责。子女在父母左右伺候,事事躬亲,不分彼此,这样尽力服侍到他们去世,然后依照丧礼诚心诚意守丧三年。至于侍奉国君,如果国君有过失,就应该犯颜直谏,而不应该替他掩饰。在国君左右侍奉,尽心做好自己的职司,不能越责,这样竭诚侍奉到他去世,然后比照斩衰的丧礼守丧三年。至于服侍老师,如果老师有过失,不须犯颜直谏,也没有必要进行掩饰。众弟子在老师左右侍候,也是事事躬亲,也不分彼此,这样竭力侍候到他去世之后,虽然不用穿丧服,但悲痛之情犹如丧父,一直这样三年。

季武子新建一座住宅,而杜氏的墓葬就在住宅的西阶下,因此就请求季武子准许他们把先人的遗骸移出,祔葬在别的地方。季武子答应了他们的请求。可是,他们进入季武子的新住宅,却不敢依礼哀哭。武子说:"合葬本不是古代的礼俗,但自周公以来,就有合葬,至今不曾改变这种做法。我既然答应他们可以合葬,怎么会不允许他们依礼哀哭呢?"于是让杜家的人依礼哀哭。

子上的母亲离婚后死了,子上没有为她戴孝。子思的学生向子思请教说:"从前老师的祖上不是也为已离婚的母亲戴孝守丧吗?"子思回答说:"是的。""那么老师不叫子上为他母亲戴孝守丧,这是为什么呢?"子思又回答说:"从前,我祖上并没有失礼的地方。依照礼该隆重的就随着隆重,该降等的就随着降等。而我又怎么能做到这一点呢?是我的妻子,也就是孔白的母亲;不是我的妻子,当然也就不是孔白的母亲了。"因此孔氏不为已离婚的母亲戴孝守丧,大概就是从子思开始的吧!

孔子死后,孔子的弟子在他的坟前守丧,选自《孔子圣迹图》。

孔子说:"先跪拜,然后再叩头,这是很恭敬的。先叩头,然后再拱手拜,这是极为诚恳而悲痛的。父丧三年,我以为要遵从后者。"

孔子已经把父母在防地合葬，说："我听说过：'古代只有墓，不加土起坟。'现在我是个四方奔走的人，不可以不加上标帜。"因此在墓上加土，高到四尺。孔子先回去了，弟子们还在那里料理。下了阵大雨，弟子们才回来了。孔子问他们说："你们怎么回来得这样迟？"他们回答说："防地的坟墓坍了。"孔子没做声。弟子们连说了三次，孔子才流着泪说："我听说过：'古人是不在墓上加积土的。'"

孔子在正室的前庭哭子路。有使者来吊丧，孔子就以主人的身份答拜。哭过之后，召见来报丧的使者，问子路被杀的情形。使者说："已经被剁成肉酱了。"孔子就叫人把吃的肉酱倒掉。

曾子说："朋友的坟墓上有了隔年的草，就不应该再哭了。"

子思说："人死了三天之后就行殡礼，凡是要随尸体入殓的衣衾等物，一定要按照殡礼的规定真诚信实地去办理，不要让自己以后有所悔恨才行。三个月以后下葬，凡要随棺殉葬的明器，一定要按照葬礼的要求真诚信实地去办理，不要让自己以后有所悔恨才行。守丧三年，这是丧礼的极限，可以忘记了，但孝子仍然不能忘记。所以君子一辈子都怀有对亲人哀思的感情，但却没有一天因哀思而毁灭自己的本性。所以只有在忌日这一天才不奏乐。"

孔子年幼时就没有父亲，不知道父亲在五父衢的墓是浅葬还是深葬。当时见到的人都以为是深葬。孔子为慎重起见，问郰曼父的母亲，才得知是浅葬。然后让母亲与父亲合葬在防这个地方。

邻居有丧事，舂米时不唱歌；邻里在出殡，巷子里就没有歌声。戴丧冠，不应该让帽带的末梢垂着。

虞舜时，用陶器作棺材；夏代烧砖，砌在瓦棺的周围；殷代才开始有棺和椁；周代则更在棺材外面竖立屏障，并在屏障上装饰柳翣。周代的人用殷代的棺葬长殇，用夏代的棺葬中殇和下殇，用虞舜时代的棺葬无服之殇。

夏代崇尚黑色：办丧事、入殓都在黄昏的时候，军队作战时也驾着黑马，就连祭祀用的牺牲也用黑色的。殷代崇尚白色：办丧事、入殓都在正午的时候进行，军队作战时也驾着白马，就连祭祀用的牺牲也选用白色的。周代崇尚赤色：办丧事、入殓都在日出的时候进行，军队作战时也驾着赤色的马，就连祭祀用的牺牲也要选用赤色的。

穆公的母亲去世，就打发人去向曾申请教说："你看应该怎样办理丧事？"曾申回答说："我曾听我父亲这样说过：'用哭泣来抒发心中的悲哀，穿着齐衰、斩衰以报答父母的养育之恩，每天喝点稀粥以表达思念父母的忧伤感情。从天子到百姓都是如此。用麻布做幕，是卫国的习俗；而用绸布做幕，那是鲁国的习俗。'"

晋献公要杀太子申生，公子重耳对申生说："你怎么不向父亲申诉自己的冤屈呢？"太子说："不行！父亲有了骊姬在身边才快活，我要是这样做，那就太伤他老人家的心了。"重耳又说："那么为什么不逃走呢？"太子回答说："不行！父亲说我想谋害他，天下难道还有没有父亲的国家，愿意接纳我这个背着弑父罪名的人吗？我还能逃到什么地方去呢？"申生派人转告狐突说："申生背了弑父的罪名，就是因为没能听从您的话，这才落到杀头的地步。申生不敢贪生怕死，然而，我父亲年纪大了，别的儿子年纪又小，再加上国家正处在多难之秋，而您又不愿出来为他谋划。你如果肯出来替他谋划，申生就甘愿受死，死而无憾了。"申生行再拜叩头之礼，就自杀了。因此谥为"恭世子"。

鲁国有人在早上才行过大祥祭，脱掉丧服，到了晚上就唱起歌来，子路就讥笑他。孔子说："由，你责备别人，总是没完没了！三年的丧期，也已经很久了。"子路走了以后，孔子又说："那个人又哪里需要等多久呢？只要过一个月再唱歌，就很好了。"

鲁庄公与宋国在乘丘作战，县贲父驾车，卜国做车右。拉车的马突然受惊，搅乱了作战的队列，庄公也被摔下车来，幸亏副车抛给他一根绳索，才把他拉上车来。庄公说："也许是事先没有占卜的缘故。"县贲父说："平常驾车从来没有乱了队列，而偏偏今天在战场上就乱了队列，这是我缺乏勇气的缘故。"于是就自杀了。后来养马的马夫给马洗刷的时候，发现有支飞箭插在马股内侧的肉上。庄公说："这次事故不是贲父的罪过！"于是就为他作诔。士死后有人为他们作诔，就是从这时开始的。

车骑，汉画像石，四川成都出土。

曾子卧病不起，病得十分严重。乐正子春坐在他的床下，曾元、曾申坐在他的脚旁，一个小孩坐在角落里，手上端着蜡烛。小孩子说："多么华丽光润呀！这是大夫才能用的席子吧？"子春说："别做声！"曾子听见了，忽然惊醒过来，发出嘘气之声，小孩子又说："多么华丽光润呀！这是大夫才能用的席子吧？"曾子说："是的，那是季孙氏送的，我身体虚弱，没能及时地换掉它。元！起来把席子换掉！"曾元说："您老人家的病已经很危急了，不能移动。希望能等到天亮，再恭谨小心地调换。"曾子说："你对我的爱还比不上那个小孩子。一个有德行的人，他爱别人，就要成全别人的美德；只有小人爱别人，才会苟且讨人喜欢。我现在还企求什么呢？我只盼望端端正正地死了，就这样罢了。"于是，他们扶起曾子，给他更换席子。等到再把他放回席子，还没安定下来，他就死了。

亲人刚去世的时候，真是痛不欲生，好像一切都已到尽头。殡以后，神情不安，好像在寻找什么，却又什么都没找到的样子。下葬以后，栖栖皇皇若有所失，好像在等待亲人，而又没等到的样子。小祥过后，就感慨时间过得太快。大祥过后，还觉得空虚冷清。

邾娄国的人用箭来招魂,是从井陉之战以后开始的。鲁国的妇女去掉发巾、露着发髻去吊丧,是从壶鲐战败以后开始的。

南宫绦的妻子死了婆婆,孔子就教她做丧髻的格式说:"你不要做得过高,你也不要做得过大,要用榛木做一尺长的簪子,而束发的带子只能垂下八寸。"

孟献子行过禫祭后,将乐器挂着,而不愿奏乐;到能够让妻妾陪侍时,仍然不肯进房门。孔子说:"献子确实超过别人一等啊!"

孔子在祥祭五天以后弹琴,声调还不和谐。但十天以后吹笙,就把曲子吹得十分和谐了。

有子在大祥刚结束,就马上穿起有丝饰的鞋子,戴起有组缨的帽子来。

人死了可以不去吊丧的有三种情形:受了冤屈而轻生自杀的,不当心被压死的,涉水被淹死的。

子路穿姊妹的丧服,到九个月期满的时候可以除掉丧服,可是他却不肯除掉。孔子就问他:"为什么还不除掉丧服呢?"子路回答说:"我兄弟少,所以不忍心很早就除掉它啊。"孔子说:"这是先王制定的礼仪,凡是仁义之人都有不忍之心。"子路听了,就除掉丧服。

太公封在营丘,可是直到五世的子孙,死后都还送回周地埋葬。君子说:"音乐,是表现人们发自内心的情感;礼的基本精神,也就在于不忘根本。古人有句俗话说:'狐狸死了,它的头必定正好对着狐穴的方向。'这也是仁的表现。"

伯鱼的母亲去世了,已经满了周年,可是他还在哭泣。孔子听见了就问道:"是谁在哭呀?"他的弟子回答说:"是鲤。"孔子嘻了一声说:"那太过分了。"伯鱼听到这话以后,就除掉丧服不再哭了。

舜葬在苍梧山中,大概他的三位妃子都没有跟去合葬。季武子说:"大概从周公开始才有夫妇合葬的事。"

曾子家办丧事,是在厨房浴尸的。

服大功丧服的,就得中止学业。可是也有人说:"服大功的,还可以诵读。"

子张病得很厉害,把申祥叫到跟前,对他说:"德行高尚的君子去世叫'终',而普通的人只能叫'死';我现在差不多可以说'终'了吧?"

曾子说:"刚死时所设的奠,或可以用庋阁上所剩的现成食品。"

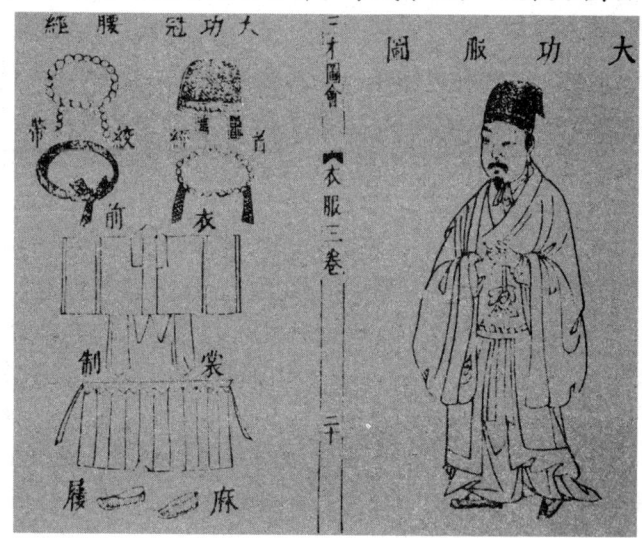

大功丧服,选自《三才图会》。

曾子说:"小功的丧服,不按序列亲疏之位而号哭,这是小巷里不备礼的老百姓所行的。子思哭他的嫂子就在规定的位上,而且由妇女领头跳跃顿足号哭的。申祥哭言思也是这样。"

古代的冠都是直缝的,现在却是横缝的。而把直缝的作为丧冠,所以丧冠就与吉冠相反,那并不是古制。

曾子告诉子思说:"伋,我为父亲守丧,七天没喝一口水、米汤。"子思说:"先王制定礼仪,就是要让做得过分的人委屈自己来迁就它,让那些做不到的人勉力来达到它。所以君子在为亲人守丧的时候,只是三天不喝水、米汤,扶着丧杖能站起来。"

曾子说:"小功的丧服,在丧期已过才听到,就不用补服丧服。那么,凡远道的从祖兄弟最后就没有丧服了,这样行吗?"

伯高家办丧事,孔家吊丧的使者还没有到,于是冉子就代为准备了一束帛四匹马,装作是奉了孔子的命令前去吊丧的。孔子说:"这不一样啊!那样做是徒然使我失去了对伯高的诚意。"

伯高死在卫国。向孔子报丧,孔子说:"我在哪里哭他呢?如果是兄弟,我在祖庙里哭他;如果是父亲的朋友,我就在庙门外面哭他;如果是老师,我就在自己住的正室里哭他;如果是朋友,我就在正室的门外哭他;如果只是一般的泛泛之交,我就在郊外哭他。至于我和伯高的关系,在郊外哭他,嫌太疏远;在正室又嫌太重。他只是由子贡介绍和我见过面,我还是到子贡家去哭他吧!"于是就叫子贡做丧主,并说:"来吊丧的人,如果是为了你的关系而来哭的,你就拜谢;为了和伯高有交情而来哭的,就不用你来拜谢。"

曾子说:"居丧的时候如果生病了,可以吃肉喝酒,但一定要加草木的味道。"这里说的是用姜桂等香料来调味。

子夏因为死了儿子而哭瞎了眼睛。曾子去慰问他,并说:"我听说过:朋友丧失了视力,就应该去安慰他,替他难过。"说着说着,曾子就哭了。子夏也跟着哭了起来。子夏说:"天啊!我是没有什么罪过的啊!"曾子生气地说:"商!你怎么没有罪过呢?我和你曾一起在洙水和泗水之间事奉老师。老师去世后,你回到西河之上度晚年,却让西河人民以为你比得上老师,这是你的第一件罪过;过去你为亲长守丧期间,在百姓中并没有好名声,这是你的第二件罪过;现在你又因为死了儿子而哭瞎了眼睛,这是你的第三件罪过。你还要说你没有什么罪过吗?"子夏丢开手杖拜谢说:"我错了!我错了!我离开同道好友,独自居住的时间也已经太长久了。"

如果大白天还睡在屋里,亲朋好友就可以去探望他的病;如果夜里睡在中门外,亲朋好友就可以前去吊丧。因此,君子非遭到大的变故,不夜宿于中门之外;除非是祭祀前的戒斋,或者是生病,否则也不会日夜都睡在屋里。

高子皋在为父亲守丧的时候,暗暗地落了三年泪,从来没有笑过,君子都认为这是很难做到的。

至于穿丧服,如果丧服的规格,或者孝子的心情举止和穿的丧服不一致,那就不如不穿丧服。穿着齐衰，就不能偏倚而坐；穿着大功，就不能出来办事。

孔子路过卫国，刚巧碰上过去的馆舍主人的丧事，便进去吊丧，哭得很伤心。出来后，就叫子贡解下马车的骖马赠送给丧家。子贡说："对于门人的丧事，就从来没有解下马来助丧的事，现在倒要解下马匹来为馆舍主人助丧，这不是太过分了吗？"孔子说："我刚才进去吊丧，正好触动了心里的悲哀而流下泪来。我不愿意光流泪而没有别的表示。你还是照我的话去做吧！"

孔子在卫国的时候，碰到有人送葬，孔子就在一旁观看，并且说："这丧事办得太好了，可以作为榜样了。你们要好好记着。"子贡说："老师为什么称赞这件丧事办得好呢？"孔子回答说："那孝子在送柩时，就像小孩追随父母一样哭叫着；下葬回来时，又像在哀痛亲人的魂灵还在墓穴，没有跟他回家，因而迟疑不前。"子贡说："这还不如赶快回家举行安神的虞祭吧？"孔子说："你们要好好记着这好榜样，我还未必能做到呢！"

脱骖馆人，选自《孔子圣迹图》。

为颜渊办丧事的时候，丧家送来大祥的祭肉，孔子到门外去接受了祭肉。他回到屋里，弹过琴以后才吃祭肉。

孔子和门人一起站在那里，他拱手的样子是用右手掩着左手，弟子们也都跟着用右手掩着左手。孔子说："你们真是太喜欢学我了，我是因为有姊姊的丧事的缘故才这样子的。"于是弟子们都改过来，用左手掩着右手。

孔子一大早就起来了，背着手，拖着手杖，一边自由自在地在门口散步，一边唱着歌："泰山要坍了吧？梁木要坏了吧？哲人要凋落了吧？"唱完歌就回到屋里，对着门坐下。子贡听到歌声说："如果泰山崩坍了，那我们将要仰望什么呢？如果梁木坏了，哲人凋落了，那我们将要仿效谁呢？老师大概要生病了吧！"于是就快步走了进去。

孔子说:"赐!你为什么来的这样迟呢?夏代停柩在东阶上,那还是在主位上;殷人停柩在东西两楹之间,那是处在宾主位之间;周人停柩在西阶上,那就像把它当做宾客一样。而我是殷人,前日夜里我梦到自己安坐在东西两楹之间。既然没有圣明的王者出世,天下又有谁会尊崇我坐在两楹之间的尊位上呢?这样看来,我大概是快要死了吧!"孔子卧病七天以后就去世了。

给孔子办丧事时,弟子们都不知道应该穿哪一等丧服。子贡说:"过去老师在处理颜渊的丧事时,就像死了儿子一样,但不穿丧服。处理子路的丧事也是这样。现在请大家对老师的丧事,就像对父亲的丧事一样悲哀痛悼,但不必穿戴丧服,只需在头上和腰间系上麻带就行了。"

孔子的丧事,是公西赤主办的。他用三代样式装饰棺柩;在柩帷外设置了翣和披,这是周人的样式;设置崇牙旌旗,这是殷人的样式;设置了用素绸缠绕旗竿的魂幡,这是夏人的样式。

梦奠两楹,选自《孔子圣迹图》。

子张的丧事,是公明仪主办的。用红布做成覆棺的帐幕,并在四角画上像蚁行往来交错的纹路,这是殷代的士礼。

子夏问孔子说:"对于杀害父母的仇人,应该怎么办?"孔子回答说:"夜里睡在草垫上,枕着盾牌,不去做官,和仇人不共戴天。如果在市上或公门遇到了,立即取出随身携带的兵器和他决斗。"又问道:"请问对于杀害兄弟的仇人,应该怎么办?"回答说:"不和仇人在同一个国家做官,如果身负君命出使他国时,遇上了仇人的话,也不可以和他决斗。"又问道:"请问对于杀害堂兄弟的仇人,应该怎么办呢?"回答说:

"不必自己带头去报仇，但如果死者的亲人能去报仇的话，那么自己就拿着武器，跟在后面协助。"

孔子之丧，弟子们在家在外，都在头上和腰间扎上麻绖。弟子之间有丧，在家里则扎麻绖，而出门就不扎了。

芝治墓地，并不是古来就有的习俗。

子路说："我听老师说过：'举办丧礼，与其内心缺少悲哀的感情而过分地去讲究礼仪的完备，还不如让礼仪欠缺些而使内心充满悲哀的感情；举行祭礼，与其内心缺少敬意而过分地去讲求礼仪的完备，还不如让礼仪欠缺些而使内心充满敬意。'"

曾子到负夏吊丧，主人已经行过祖奠，在枢上也设置了池，见曾子来吊丧，就把枢车推回原位，让妇人退到阶下，然后行礼。随从的人问曾子说："这合乎礼吗？"曾子回答说："祖奠是一种暂时的程序，既然是暂时的，为什么不可以把枢车推回原位呢？"随从的人又去问子游："这合乎礼吗？"子游回答说："在室内窗下饭含，在室内对着门的地方小殓，在堂上主位大殓，在客位停枢，在庙前庭里祖奠，最后葬于墓，这种过程是为了表示逐渐远去。所以丧事只能是有进而无退的。"曾子听见了这话以后，说："他说的出祖的礼，比我说的好多了。"

曾子以袭裘的装束去吊丧，而子游却以裼裘的装束去吊丧。于是曾子指着子游给别人看，并说："这个人是讲求礼仪的人，怎么却敞开外衣来吊丧呢？"小殓以后，主人袒露左臂，用麻束发。子游这才快步出去，改换成袭裘的装束，在头上和腰间扎上葛带，然后进来。曾子见到后，连忙说："是我错了，是我错了，这个人的做法是对的。"

子夏服满除丧后去见孔子，孔子递给他一张琴，他却没有办法调整好琴柱，使五音和谐，而且弹起来也不成声调。他站起来说："虽然我内心悲哀的感情还没有忘掉，但先王既然制定了礼仪，所以我不敢超过规定的期限，只得除掉丧服。"子张居丧期满后去见孔子，孔子递给他一张琴，他一调整弦柱，五音就和谐了，而且一弹就成乐调。他站起来说："虽然我心中的悲哀已经淡薄了，但先王既然已制定了礼仪，那么我也不敢不依照礼的规定去做。"

司寇惠子家里办丧事，子游穿着麻衰，又加上牡麻绖，前去吊丧。文子辞谢说："过去辱蒙您与我弟弟交往，现在又屈尊来为他吊丧，实在不敢当。"子游说："我只不过是依礼行事罢了。"文子只好退回原位继续哭泣。于是子游快步走向家臣们的位置。文子又辞谢说："过去辱蒙您与我弟弟交往，现在又委屈你为他穿吊服，而且还屈尊来参加他的丧礼，实在不敢当。"子游说："请务必不要客气。"文子这才退下去，扶出惠子的适子虎就主位，南面而立，说："辱蒙您和我弟弟交往，又委屈您为他穿吊服，而且还屈尊来参加他的丧礼，虎怎么敢不就主位来拜谢呢！"子游这才快步就宾客的位置。

将军文子去世的那次丧事，在已经服满除丧以后，又有越人来吊丧。主人穿着麻衣，戴着练冠，在祖庙里受吊，流着眼泪鼻涕。子游见了说："将军文子的儿子，可算懂得礼了吧！这些常礼所没有的礼，他的举止是那样恰当。"

年幼时称呼名，二十岁行过冠礼之后就称呼字，五十岁以后就按照他的排行，称他为伯为仲，死后称谥号，这是周代的制度。头上和腰间扎上麻经，是用来表达内心真诚的哀思。在室内中央挖个坑来浴尸，毁掉灶而用灶砖来拘牵死者的脚；到了出葬的时候，毁掉庙墙，越过行神的坛位，不经中门就直接把柩车拉出，这是殷人举行丧礼的方式。而那些向孔子学习的人，也都跟着仿效殷人举行丧礼的方式。

子柳的母亲去世了，子硕请求置办葬具。子柳说："拿什么钱去置办葬具呢？"子硕回答说："把庶弟的母亲卖了。"子柳说："怎么能卖别人的母亲来葬自己的母亲呢？不能这样做。"下葬之后，子硕又想要用剩余的赙金置办祭器。子柳说："不能这样做，我听说：'君子是不愿意靠丧事来谋取私利的，还是把剩余的赙金分给兄弟中贫困的人吧。'"

君子说："指挥军队作战，如果打了败仗，就应该以身殉国。负责治理国家，如果使国家动荡不安，就应该受到斥谪，放逐外出。"

公叔文子登上瑕丘，蘧伯玉也跟他一起登上去。文子说："这座山丘风景真好，我死了，愿意就葬在这里。"蘧伯玉说："你这样喜欢这里，那么我愿死在您前面，抢先葬在这里。"

弁地有人死了母亲，像婴儿一样尽情地痛哭。孔子说："他这样做是尽情地表达他的悲哀感情了，但这不是一般人所能达到的。作为礼，是能普及大众的，是要人人都能做到的。所以说丧礼的哭踊是有一定节度的。"

叔孙武叔的母亲去世了，小殓以后，举尸者把尸体抬出室户至堂上，叔孙武叔也跟着出户，急忙袒露左臂，再把戴的帽子甩掉，用麻束发。子游说："这也算懂得礼吗？"

国君有病，搀扶国君的是：仆人扶右边，射人扶左边。国君刚去世时，仍由他们抬正尸体。

甥对姨夫、甥对舅母，对这两种人相互应该服什么丧服，从前知礼的君子，都没有说。有人说：如果在一个锅里吃饭的话，就应该互为对方穿缌麻服。

办理丧事，都希望尽快地办好；筹办吉事，都想从从容容地办。所以丧事虽然急迫，但却不能凌越节次，草率从事；吉事虽然舒缓，可以稍事停息，但却不可以懈怠。因此，过分急迫了，就显得粗鄙失礼；过分拖沓了，就会像不懂礼节的小人一样太不庄重。明达礼仪的君子无论办丧事，还是办吉事，都能适中得体。

送死的棺木、衣物等，君子是不愿意预先置办齐全的。那些一两天内可以赶制出来的送死的东西，君子是绝对不预先置办好的。

按丧服的规定，兄弟的儿子就和自己的众子一样，服丧一年，这样是为了加深伯叔侄间的感情而使之更亲近些；嫂叔之间无服，这样是为了避免嫌疑而推得更疏远些；姑、姊妹出嫁以后，降等服大功，这样做是为了让娶她的人一并将深恩重服承受过去。

在有丧服的人旁边用膳，从来就没有吃饱过。

曾子和客人站在大门旁边，有个弟子快步走出门去。曾子问他说："你要上哪儿去？"弟子回答说："我父亲去世了，我正要到巷子里去哭。"曾子说："回到你自己的房间里去哭吧。"然后曾子北面就宾位向他致吊。

孔子说："送葬而看作他全无知觉，这太缺乏仁爱之心了，不能这样做；送葬而看作他还像活人那样，那又太缺少理智了，也不能这样做。因此作为陪葬的明器应该是这样的：竹器没边框，不好使用；陶器没有烧过，不能盛水洗脸；木器没有加过工，不好使用；琴瑟张了弦，但没有调正，不能弹；竽笙齐备了，但音调却不调和，不能吹；有了钟磬，但没有木架，不能敲。这样的器物就称作'明器'，意思是把死者当做神明来侍奉。"

有子问曾子说："你听到过老师说失去官职以后该怎么办吗？"曾子回答说："我听他提到过这件事：仕而失去了官职，最好要尽快贫困下来；死了，最好是快点烂掉。"有子说："这不像德行高尚的君子说的话。"曾子说："这是我亲耳从老师那里听到的。"有子仍然说："这不像德行高尚的君子说的话。"曾子说："我和子游都

商代明器陶埙，1951年河南辉县琉璃阁150号墓出土。

听到这句话的。"有子说："是的，但那一定是老师针对什么特定的事情而说的。"曾子把这些话告诉子游，子游说："真是了不得，有子的口气真像老师。以前，老师在宋国，看到桓司马亲自设计石椁，匠人用了三年时间还没有磨琢成功。老师就说：'一个人死了，如果要像这样糜费，那还不如快点腐烂好。'人死了，最好快点烂掉的话，那是针对桓司马说的。南宫敬叔失去了官职以后，每次回朝，总是带着财物宝货来，谋求官位，老师见了就说：'如果像他这样用许多财物宝货来谋求官位。那么在失去官职以后，还不如尽快贫困的好。'失去官职，最好尽快贫困的话，是针对南宫敬叔说的。"

曾子把子游的话告诉了有子，有子说："这就对了，我本来就说这不是老师的一贯主张。"曾子说："你怎么知道的？"有子说："以前，老师在做中都宰时曾制定下法度，棺要四寸厚，椁要五寸厚，就凭这一点，我知道老师不主张人死了要尽快腐烂。当年老师失去鲁国司寇的职位，要到楚国去的时候，记得是先派子夏去安排，紧接着又派冉有去看楚国是否可仕。根据这种态度，我就知道他不主张失去官职就想尽快贫困的。"

陈庄子死了，向鲁国发了讣告，鲁君想不为他哭。因此鲁缪公召见县子，征询他的意见。县子说："古代的大夫，连赠送十条干肉这样微薄的礼物都不出境——和外国根本没有私交，因此就是想为他们的丧事而哭，又根据什么礼而哭呢？现在的大夫，把持国家大权，和中原各国相互交结，因此就是想不为他们哭，又怎么能办得到呢？

况且我听说过，哭的原因有两种：有的是因为爱他而哭，有的则是因为怕他才哭。"缪公说："是的，我就是因为怕他才哭。可是怎样哭法才行呢？"县子说："那就请到异姓的宗庙里去哭吧！"于是缪公就到县氏的宗庙里去哭了。

仲宪对曾子说："夏代用不能使用的明器，是让人民知道死者是没有知觉的；殷人用可以使用的祭器，是让人民知道死者是有知觉的；周人兼用明器和祭器，表示对这一点还疑惑不定。"曾子说："大概不是这样的吧！大概不是这样的吧！明器是孝子为先人的鬼魂特设的器具，而祭器则是人们使用的器具。古代的人怎么会忍心认定去世了的亲人毫无知觉呢？"

公叔朱有个同母异父的兄弟死了，他向子游请教应该服什么丧服，子游说："大概服大功服吧？"狄仪也有个同母异父的兄弟死了，他去向子夏请教应该服什么丧服，子夏说："我从来没听说过有什么规定，不过鲁国人的习惯是服齐衰服。"于是狄仪就服了齐衰服。现在为同母异父兄弟服齐衰服，就是从狄仪这一问才确定下来的。

子思的母亲死在卫国。柳若对子思说："您是圣人的后代，四方的人都要看您怎样办丧事，您要慎重些啊！"子思说："我有什么可慎重的？我听说过：'懂得礼仪而缺少钱财，君子是无法办丧事的；懂得礼仪，也有钱财，但没有行礼的可能，君子也无法办丧事。'我有什么可慎重的！"

县子琐说："我听说过：'古代并不因为自己的地位尊贵，就将丧期一年以下的丧服降等，而是不管长辈或晚辈都根据原来的亲属关系服丧服。'例如殷代滕伯文为孟虎服齐衰，因为孟虎是他的叔父；又为孟皮服齐衰，因为他是孟皮的叔父。"

后木说："办丧事的事，我听县子说过：'办理丧事，不可不深思远虑，买棺材，一定要内外都平滑精致。'我死了以后也希望能这样。"

曾子说："尸体还没穿殓服，所以在灵堂上设置帷，小殓之后就撤去帷。"仲梁子说："死者刚去世时，夫妇正忙乱着还没就位，所以要在灵堂上设置帷，小殓之后，主人夫妇已经就位了，于是就撤去帷。"

关于小殓的丧祭，子游说："在东方设奠。"曾子说："在西方，而且小殓后的奠就应设席。"小殓的丧祭在西方举行，是沿用鲁国后期错误的礼节。

县子说："丧服用粗葛作衰，用细而疏的布作下裳，这不是古代的习俗。"

子蒲去世了，有个哭丧的人哭着喊他的名字"灭"。子皋说："这太不明礼了。"于是那个人就改正过来了。

杜桥母亲的丧事，殡宫中没有赞礼的人，懂礼的人都认为太简略了。

孔子说："亲戚刚去世，穿羔裘戴玄冠去吊丧，应赶快改为素冠深衣。"孔子从不穿戴羔裘玄冠去吊丧。

子游向孔子请教为死者送终的礼仪及衣棺器具的标准。孔子说："与家里财力的厚薄相当就行了。"子游说："各依家里财力的厚薄，怎么能合乎统一的标准呢？"孔子说："如果家计殷实，也不要超过标准而厚葬；如果家境贫寒，就只要衣衾足以掩藏形体，而且殓毕立即下葬，用手拉着绳子下棺就行了。像这样尽力去做，又怎么会有人

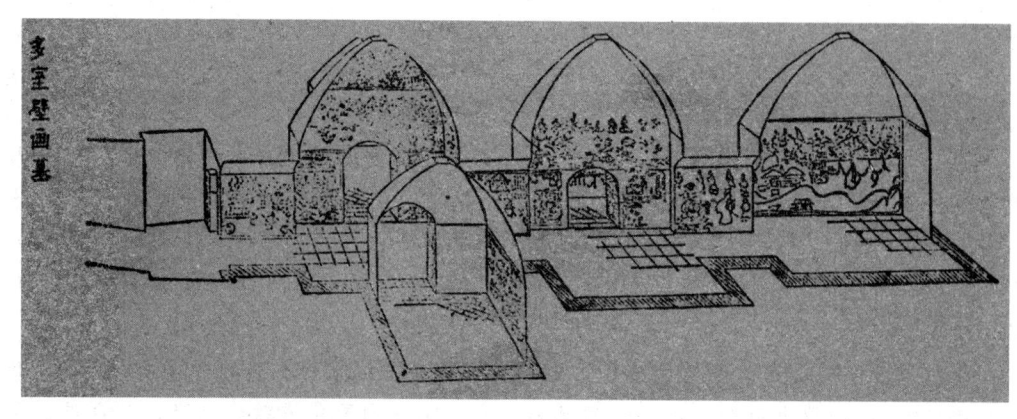

内蒙古和林格尔大墓，地面上修有多个墓室，墓室壁上画有墓主人平生经历的重要场面。

责备他失礼呢？"

司士贲告诉子游说："我想在床上给死者穿衣。"子游说："可以。"县子听了这话就说："叔氏太骄矜自大了，听他的口气，好像礼仪都是由他制定的。"

宋襄公给他的夫人送葬时，陪葬了一百瓮醋、酱。曾子说："陪葬的器物既称作'明器'，却又装上实物。"

孟献子去世的那次丧事，家臣司徒使下士把多余的助丧的钱财归还给四方。孔子说："这件事办得对。"

在柩车将行时，向死者宣读助葬财物账册，曾子说："这不是古来就有的习俗，这是第二次向死者报告了。"

成子高卧病不起，庆遗进去请示说："您的病已经很危急了，如果再加重，那么该怎么办呢？"子高说："我听说过：'活着的时候要多为别人做好事，死了以后也不害人。'我即使活着的时候没能为别人做过多少有益的事，难道我可以死了以后去做对别人有害的事吗？我死了以后，就找一块不能耕种的地，把我埋葬了吧！"

子夏听到孔子说："在君母或君妻丧事时，日常生活、言谈和饮食，都像平时自在的样子就行了。"

有位远方来的客人没地方住宿。孔子说："活着可以住在我家，就是死了也不妨殡在我家。"

国子高说："葬，是藏的意思；藏的目的，是希望人们不能看见。因此，衣衾足以裹住身体，内棺足以包住衣衾，外棺足以包住内棺，墓圹足以包住外椁就行了，何必还要在墓地上堆土造坟和栽种树木呢？"

在为孔子办丧事时，有个人从燕国赶来观看葬礼，住在子夏家里。子夏对他说："这是圣人在主持葬人吗？不是的，这是普通的人在葬圣人啊！你有什么好观看呢？以前听老师说过这样的话：'我见过把坟筑成像堂屋那样四方而高的样子，见过像堤防那样纵长而横狭的样子，见过夏屋那样宽广而卑下的样子，见过像刀刃朝上的斧子那样长而高的样子。我赞成像刃朝上的斧子的那种样子，也就是俗间所说的马鬣封。'现在我们给他筑坟，一天之内就换了三次板，很快就将坟筑成了，这大概还算是遂了老师的心愿吧!"

妇女在居丧期间,一直不用葛带。

五谷时物新出时,有荐新的奠,这种奠的礼仪规格和朔奠一样。

下葬以后,各等亲属都除下原先的丧服,而改服较轻的服。

柩车上"池"的规格,就比照他生前宫室的重霤。

诸侯一即位,就要为他准备好内棺,每年都得漆一次,棺内还要经常放些东西。

复、楔齿、缀足、饭、设饰、帷堂,这些都是在死者断气之后,同时进行的。报丧的人,一般都是由叔伯或堂兄派遣的。

为国君招魂,应该在小寝、大寝、四亲庙、太祖庙、库门、四郊等地方举行。

丧事中的奠馈都不露着的吗?只是祭肉吧?

殡后十天,就得备办椁材与明器。

朝奠应在太阳刚出时进行,夕奠应在太阳落山前举行。

父母去世后,不时地哭泣。出使回来后,必须设祭告知父母。

小祥以后所穿的练服,是用涷布做中衣,并用黄色的料子做衬里,滚浅红色的边;用葛做腰带;穿麻鞋,但仍没有装饰鞋鼻;瑱是角质的;鹿裘的袖子加宽加长,而且还可以在袖口滚边。

家里有丧事,正停柩待葬,如果听到远房兄弟去世了,即使是最疏远的族兄弟,也要赶去吊丧;如果不是同族兄弟,即使是住在邻近,也不必去吊丧。相识的朋友,他遇上不同居的兄弟的丧事,凡相识者也应该去慰问他。

天子的棺有四重:第一重是用水兕革做的贴身的棺,有三寸厚;第二重是用椴木做的棺;外面还有两重梓木做的棺。这四重棺都是上下四周密封起来

爵弁,选自《三才图会》。

的。束棺的皮带是纵二横三,皮带要正好束在棺的榫头的地方。用柏木垒叠在棺外做椁,每段柏木长六尺。

诸侯死了,天子哭他时,所用的服饰是戴着爵弁,穿着黑色衣服。另一种说法是:天子派属员代他哭,吃饭时不奏乐。

天子的殡礼是:在柩的四周堆木,然后涂上白土;在载柩车的辕上画上龙,再在积木外面加椁;在椁边张着绣上黑白相次的花纹的缪幕;再在椁上面加上屋状的顶,

然后整个涂饰起来。这就是天子殡的礼制。

只有在天子的丧事里，才是分别姓的不同，而就不同的位来哭的。

鲁哀公诔孔丘说："上天不留下这位受人尊敬的老人，现在没有人帮助我治理国家了！呜呼哀哉，尼父！"

国家的大县邑丧失了，公、卿、大夫、士都要戴着厌冠到太庙去一连哭三天，而且在这期间国君不能用杀牲盛馔。另外还有一种说法是：国君享用杀牲盛馔是可以的，但必须向土神号哭。

孔子厌恶那种不在应处的位上哭的人。

还没有获得官职的人，不敢用财物去助丧；如果想要用财物助丧，就必须征得父兄的同意，秉承他们的意思去做。

国君的丧事，群臣要朝夕哭踊，等到士到齐后，全体才开始踊。

大祥以后就可以戴缟冠。禫祭的下个月就可以奏乐了。

国君对于士，可以恩赐他柩上承尘的小帐幕。

檀弓下第四

【原文】

君之适长殇，车三乘。公之庶长殇，车一乘。大夫之适长殇，车一乘。

公之丧，诸达官之长杖。

君于大夫将葬，吊于宫；及出，命引之，三步则止。如是者三，君退。朝亦如之，哀次亦如之。

五十无车者，不越疆而吊人。

季武子寝疾，蟜固不说齐衰而入见，曰："斯道也，将亡矣！士唯公门说齐衰。"武子曰："不亦善乎！君子表微。"及其丧也，曾点倚其门而歌。

大夫吊，当事而至，则辞焉。吊于人，是日不乐。妇人不越疆而吊人。行吊之日，不饮酒食肉焉。吊于葬者必执引；若从柩，及圹，皆执绋。丧，公吊之；必有拜者，虽朋友、州里舍人可也。吊曰："寡君承事。"主人曰："临。"君遇柩于路，必使人吊之。大夫之丧，庶子不受吊。

妻之昆弟为父后者死，哭之适室。子为主，袒、免、哭、踊。夫入门右。使人立于门外，告来者。狎则入哭。父在，哭于妻之室。非为父后者，哭诸异室。

有殡，闻远兄弟之丧，哭于侧室；无侧室，哭于门内之右。同国则往哭之。

子张死，曾子有母之丧，齐衰而往哭之。或曰："齐衰不以吊。"曾子曰："我吊也与哉？"

有若之丧，悼公吊焉，子游摈由左。

齐（谷）〔告〕王姬之丧，鲁庄公为之大功。或曰：由鲁嫁，故为之服姊妹之服。或曰：外祖母也，故为之服。

晋献公之丧，秦穆公使人吊公子重耳，且曰："寡人闻之，亡国恒于斯，得国恒于斯。虽吾子俨然在忧服之中，丧亦不可久也，时亦不可失也，孺子其图之！"以告舅犯。舅犯曰："孺子其辞焉。丧人无宝，仁亲以为宝。父死之谓何！又因以为利，而天下其孰能说之？孺子其辞焉！"公子重耳对客曰："君惠吊亡臣，重耳身丧父死，不得与于哭泣之哀，以为君忧。父死之谓何！或敢有他志，以辱君义？"稽颡而不拜，哭而起，起而不私。子显以致命于穆公。穆公曰："仁夫公子重耳！夫稽颡而不拜，则未为后也，故不成拜。哭而起，则爱父也。起而不私，则远利也。"

帷殡非古也，自敬姜之哭穆伯始也。

丧礼，哀戚之至也。节哀，顺变也，君子念始之者也。

复，尽爱之道也；有祷祠之心焉，望反诸幽，求诸鬼神之道也。北面，求诸幽之义也。

拜稽颡，哀戚之至隐也。稽颡，隐之甚也。

饭用米贝，弗忍虚也。不以食道，用美焉尔。

铭，明旌也。以死者为不可别已，故以其旗识〔识〕之。爱之，斯录之矣；敬之，斯尽其道焉耳。

重，主道也。殷主缀重焉。周主重彻焉。

奠以素器，以生者有哀素之心也。唯祭祀之礼，主人自尽焉尔。岂知神之所飨？亦以主人有齐敬之心也。

辟踊，哀之至也。有算，为之节文也。

袒括发，变也。愠，哀之变也。去饰，去美也。袒括发，去饰之甚也。有所袒，有所袭，哀之节也。

弁、绖葛而葬，与神交之道也。有敬心焉。

周人弁而葬，殷人冔而葬。

歠主人、主妇、室老，为其病也，君命食之也。

反哭升堂，反诸其所作也。主妇入于室，反诸其所养也。

反哭之吊也，哀之至也。反而亡焉，失之矣！于是为甚。殷既封而吊，周反哭而吊。孔忆曰："殷已悫，吾从周。"

葬于北方北首，三代之达礼也，之幽之故也。

既封，主人赠，而祝宿虞尸。

既反哭，主人与有司视虞牲。有司以几筵舍奠于墓左，反。日中而虞。

葬日虞，弗忍一日离也。是月也，以虞易奠。

卒哭曰"成事"。是日也，以吉祭易丧祭。明日，祔于祖父。其变而之吉祭也，比至于祔，必于是日也接，不忍一日末有所归也。

殷练而祔，周卒哭而祔，孔子善殷。

君临臣丧，以巫祝桃茢执戈，恶之也，所以异于生也。

丧有死之道焉，先王之所〔以〕难言也。

丧之朝也，顺死者之孝心也。其哀离其室也，故至于祖考之庙而后行。殷朝而殡于祖，周朝而遂葬。

孔子谓：为明器者，知丧道矣，备物而不可用也。哀哉！死者而用生者之器也，不殆于用殉乎哉？其曰明器，神明之也。涂车、刍灵，自古有之，明器之道也。孔子谓"为刍灵者善"；谓："为俑者不仁，〔不〕殆于用人乎哉？"

穆公问于子思曰："为旧君反服，古与？"子思曰："古之君子，进人以礼，退人以礼，故有旧君反服之礼也。今之君子，进人若将加诸膝，退人若将队诸渊。毋为戎首，不亦善乎？又何反服（之礼）之有！"

悼公之丧，季昭子问于孟敬子曰："为君何食？"敬子曰："食粥，天下之达礼也。吾三臣者之不能居公室也，四方莫不闻矣。勉而为瘠，则吾能，毋乃使人疑夫不以情居瘠者乎哉？我则食食。"

卫司徒敬子死。子夏吊焉，主人未小敛，绖而往。子游吊焉，主人既小敛，子游出，绖反哭。子夏曰："闻之也与？"曰："闻诸夫子：主人未改服，则不绖。"

曾子曰："晏子可谓知礼也已，恭敬之有焉。"有若曰："晏子一狐裘三十年，遣车一乘，及墓而反。国君七个，遣车七乘；大夫五个，遣车五乘。晏子焉知礼？"曾子曰："国无道，君子耻盈，礼焉。国奢，则示之以俭；国俭，则示之以礼。"

国昭子之母死。问于子张曰："葬及墓，男子妇人安位？"子张曰："司徒敬子之丧，夫子相：男子西乡，妇人东乡。"曰："噫！毋！"曰："我丧也，斯沾。尔专之。宾为宾焉，主为主焉，妇人从男子皆西乡。"

穆伯之丧，敬姜昼哭。文伯之丧，昼夜哭。孔子曰："知礼矣。"

文伯之丧，敬姜据其床而不哭，曰："昔者吾有斯子也，吾以将为贤人也。吾未尝以就公室。今及其死也，朋友诸臣未有出涕者，而内人皆行哭失声。斯子也，必多旷于礼矣夫！"

季康子之母死，陈亵衣。敬姜曰："妇人不饰，不敢见舅姑。将有四方之宾来，亵衣何为陈于斯？"命彻之。

有子与子游立，见孺子慕者。有子谓子游曰："予壹不知夫丧之踊也，予欲去之久矣。情在于斯，其是也夫！"子游曰："礼有微情者，有以故兴物者。有直情而径行者，戎狄之道也。礼道则不然。人喜则斯陶，陶斯咏，咏斯犹，犹斯舞；（舞斯愠，）愠斯戚，戚斯叹，叹斯辟，辟斯踊矣！品节斯，斯之谓礼。人死，斯恶之矣；无能也，斯倍之矣。是故制绞衾，设蒌翣，为使人勿恶也。始死，脯醢之奠。将行，遣而行之，既葬而食之，未有见其飨之者也。自上世以来，未之有舍也，为使人勿倍也。故子之所刺于礼者，亦非礼之訾也。"

吴侵陈，斩祀杀厉。师还出竟，陈大宰嚭使于师。夫差谓行人仪曰："是夫也多言，盍尝问焉？师必有名，人之称斯师也者，则谓之何？"大宰嚭曰："古之侵伐者，不斩祀，不杀厉，不获二毛。今斯师也，杀厉与？其不谓之杀厉之师与？"曰："反尔地，归尔子，则谓之何？"曰："君王讨敝邑之罪，又矜而赦之，师与有无名乎？"

颜丁善居丧：始死，皇皇焉，如有求而弗得；及殡，望望焉，如有从而弗及；既葬，慨焉如不及其反而息。

子张问曰："《书》云：'高宗三年不言，言乃欢。'有诸？"仲尼曰："胡为其不然也！古者天子崩，王世子听于冢宰三年。"

知悼子卒，未葬。平公饮酒，师旷、李调侍，鼓钟。杜蒉自外来，闻钟声，曰："安在？"曰："在寝。"杜蒉入寝，历阶而升，酌，曰："旷饮斯！"又酌，曰："调饮斯！"又酌，堂上北面坐饮之，降，趋而出。平公呼而进之，曰："蒉！曩者尔心或开予，是以不与尔言。尔饮旷何也？"曰："子卯不乐。知悼子在堂，斯其为子卯也大矣！旷也大师也，不以诏，是以饮之也。""尔饮调何也？"曰："调也，君之亵臣也。为一饮一食，忘君之疾，是以饮之也。""尔饮何也？"曰："蒉也宰夫也，非刀匕是共，又敢与知防，是以饮之也。"平公曰："寡人亦有过焉。酌而饮寡人！"杜蒉洗而扬觯。公谓侍者曰："如我死，则必无废斯爵也！"至于今，既毕献，斯扬觯，谓之"杜举"。

公叔文子卒，其子戍请谥于君，曰："日月有时，将葬矣，请所以易其名者。"君曰："昔者卫国凶饥，夫子为粥与国之饿者，是不亦惠乎？昔者卫国有难，夫子以其死卫寡人，不亦贞乎？夫子听卫国之政，修其班制，以与四邻交，卫国之社稷不辱，不亦文乎？故谓夫子'贞惠文子'。"

石骀仲卒，无适子，有庶子六人。卜所以为后者，曰："沐浴佩玉则兆。"五人者皆沐浴佩玉。石祁子曰："孰有执亲之丧而沐浴佩玉者乎？"不沐浴佩玉。石祁子兆，卫人以龟为有知也。

陈子车死于卫。其妻与其家大夫谋以殉葬，定而后陈子亢至，以告，曰："夫子疾，莫养于下，请以殉葬。"子亢曰："以殉葬，非礼也。虽然，则彼疾当养者，孰若妻与宰？得已，则吾欲已；不得已，则吾欲以二子者之为之也。"于是弗果用。

子路曰："伤哉贫也！生无以为养，死无以为礼也。"孔子曰："啜菽饮水，尽其欢，斯之谓孝。敛（手）〔首〕足形，还葬而无椁，称其财，斯之谓礼。"

卫献公出奔，反于卫，及郊，将班邑于从者而后入。柳庄曰："如皆守社稷，则孰执羁靮而从？如皆从，则孰守社稷？君反其国而有私也，毋乃不可乎！"弗果班。

卫有大史曰柳庄，寝疾。公曰："若疾革，虽当祭必告。"公再拜稽首，请于尸曰："有臣柳庄也者，非寡人之臣，社稷之臣也。闻之死，请往。"不释服而往，遂以襚之，与之邑裘氏与县潘氏，书而纳诸棺曰："世（世）万子孙无变也！"

陈乾昔寝疾，属其兄弟，而命其子尊己曰："如我死，则必大为我棺，使吾二婢子夹我。"陈乾昔死，其子曰："以殉葬，非礼也，况又同棺乎？"弗果杀。

仲遂卒于垂，壬午犹绎，万入去籥。仲尼曰："非礼也，卿卒不绎。"

季康子之母死，公输若方小。敛，般请以机封。将从之。公肩假曰："不可！夫鲁有初：公室视丰碑，三家视桓楹。般！尔以人之母尝巧，则岂不得以？其（母）〔毋〕以尝巧者乎？则病者乎？噫！"弗果从。

战于郎。公叔禺人遇负杖入保者息，曰："使之虽病也，任之虽重也，君子不能为谋也，士弗能死也，不可。我则既言矣！"与其邻（重）〔童〕汪踦往，皆死焉。鲁人欲勿殇（重）〔童〕汪踦，问于仲尼，仲尼曰："能执干戈以卫社稷，虽欲勿殇也，不亦可乎！"

子路去鲁，谓颜渊曰："何以赠我？"曰："吾闻之也：去国，则哭于墓而后行；反其国不哭，展墓而入。"谓子路曰："何以处我？"子路曰："吾闻之也：过墓则式，过祀则下。"

工尹商阳与陈弃疾追吴师，及之。陈弃疾谓工尹商阳曰："王事也。子手弓而可。"手弓。"子射诸！"射之，毙一人，韔弓。又及，谓之；又毙二人。每毙一人，掩其目。止其御曰："朝不坐，燕不与。杀三人，亦足以反命矣！"孔子曰："杀人之中，又有礼焉。"

诸侯伐秦，曹（桓）〔宣〕公卒于会。诸侯请含。使之袭。

襄公朝于荆，康王卒。荆人曰："必请袭！"鲁人曰："非礼也！"荆人强之。巫先拂柩，荆人悔之。

滕成公之丧，使子叔敬叔吊、进书，子服惠伯为介。及郊，为懿伯之忌不入。惠伯曰："政也。不可以叔父之私，不将公事。"遂入。

哀公使人吊蕢尚，遇诸道，辟于路，画宫而受吊焉。曾子曰："蕢尚不如杞梁之妻之知礼也！齐庄公袭莒于夺，杞梁死焉。其妻迎其柩于路而哭之哀，庄公使人吊之。对曰：'君之臣不免于罪，则将肆诸市朝，而妻妾执。君之臣免于罪，则有先人之敝庐在。君无所辱命。'"

孺子𪏆之丧，哀公欲设拨，问于有若。有若曰："其可也。君之三臣犹设之。"颜柳曰："天子龙辅而椁帱，诸侯辅而设帱，为榆沉，故设拨。三臣者废辅而设拨，窃礼之不中者也。而君何学焉？"

悼公之母死，哀公为之齐衰。有若曰："为妾齐衰，礼与？"公曰："吾得已乎哉！鲁人以妻我。"

季子皋葬其妻，犯人之禾。申祥以告，曰："请庚之。"子皋曰："孟氏不以是罪予，朋友不以是弃予，以吾为邑长于斯也。买道而葬，后难继也。"

仕而未有禄者，君有馈焉，曰献。使焉，曰"寡君"。违而君薨，弗为服也。

虞而立尸，有几筵。卒哭而讳，生事毕而鬼事始已。

既卒哭，宰夫执木铎以命于宫曰："舍故而讳新。"自寝门至于库门。

二名不（偏）〔遍〕讳。夫子之母名"征在"，言"在"不称"征"，言"征"不称"在"。

军有忧，则素服哭于库门之外。赴车不载櫜韔。

有焚其先人之室，则三日哭。故曰：新宫火，亦三日哭。

孔子过泰山侧。有妇人哭于墓者而哀，夫子式而听之。

使子（路）〔贡〕问之，曰："子之哭也，壹似重有忧者。"而曰："然。昔者吾舅死于虎，吾夫又死焉，今吾子又死焉。"夫子曰："何为不去也？"曰："无苛政。"

夫子曰："小子识之：苛政猛于虎也！"

鲁人有周丰也者，哀公执挚请见之。而曰："不可。"公曰："我其已夫！"使人问焉，曰："有虞氏未施信于民而民信之，夏后氏未施敬于民而民敬之，何施而得斯于民也？"对曰："墟墓之间，未施哀于民而民哀。社稷宗庙之中，未施敬于民而民敬。殷人作誓而民始畔，周人作会而民始疑。苟无礼义、忠信、诚悫之心以莅之，虽固结之，民其不解乎？"

丧不虑居，毁不危身。

丧不虑居，为无庙也。毁不危身，为无后也。

延陵季子适齐，于其反也，其长子死，葬于嬴博之间。

孔子曰："延陵季子，吴之习于礼者也。"往而观其葬焉。

其坎深不至于泉。其敛以时服。既葬而封，广轮掩坎，其高可隐也。既封，左袒，右还其封且号者三，曰："骨肉归复于土，命也。若魂气则无不之也，无不之也！"而遂行。

孔子曰："延陵季子之于礼也，其合矣乎！"

邾娄考公之丧，徐君使容居来吊含，曰："寡君使容居坐含，进侯玉。其使容居以含。"有司曰："诸侯之来辱敝邑者，易则易，于则于。易于杂者，未之有也。"容居对曰："容居闻之：事君不敢忘其君，亦不敢遗其祖。昔我先君驹王西讨，济于河，无所不用斯言也。容居鲁人也，不敢忘其祖。"

子思之母死于卫。赴于子思。子思哭于庙。门人至，曰："庶氏之母死，何为哭于孔氏之庙乎？"子思曰："吾过矣！吾过矣！"遂哭于他室。

天子崩，三日，祝先服；五日，官长服；七日，国中男女服；三月，天下服。

虞人致百祀之木、可以为棺椁者，斩之。不至者，废其祀，刎其人。

齐大饥，黔敖为食于路，以待饿者而食之。

有饿者蒙袂辑屦，贸贸然来。黔敖左奉食，右执饮，曰："嗟来！食！"扬其目而视之，曰："予唯不食嗟来之食以至于斯也了！"从而谢焉，终不食而死。

曾子闻之，曰："微与！其嗟也可去，其谢也可食。"

邾娄定公之时，有弑其父者，有司以告。公瞿然失席，曰："是寡人之罪也！"曰："寡人尝学断斯狱矣：臣弑君，凡在官者，杀无赦；子弑父，凡在宫者杀无赦；杀其人，坏其室，洿其宫而猪焉。盖君逾月而后举爵。"

晋献文子成室，晋大夫发焉。张老曰："美哉轮焉！美哉奂焉！歌于斯，哭于斯，聚国族于斯。"文子曰："武也得歌于斯，哭于斯，聚国族于斯，是全要领以从先大夫于九（京）〔原〕也。"北面再拜稽首。君子谓之善颂善祷。

仲尼之畜狗死，使子贡埋之，曰："吾闻之也：敝帷不弃，为埋马也；敝盖不弃，

为埋狗也。丘也贫，无盖。于其封也，亦予之席，毋使其首陷焉。"路马死，埋之以帷。

季孙之母死，哀公吊焉。曾子与子贡吊焉，阍人为君在，弗内也。曾子与子贡入于其厩而修容焉。子贡先入，阍人曰："乡者已告矣。"曾子后入，阍人辟之。涉内霤，卿大夫皆辟位，公降一等而揖之。君子言之曰："尽饰之道，斯其行者远矣。"

阳门之介夫死，司城子罕入而哭之哀。晋人之觇宋者，反报于晋侯曰："阳门之介夫死，而子罕哭之哀，而民说，殆不可伐也。"

孔子闻之曰："善哉觇国乎！《诗》云：'凡民有丧，扶服救之。'虽微晋而已，天下其孰能当之！"

鲁庄公之丧，既葬，而绖不入库门。士大夫既卒哭，麻不入。

孔子之故人曰原壤，其母死，夫子助之沐椁。原壤登木曰："久矣予之不托于音也！"歌曰："狸首之斑然，执女手之卷然。"

夫子为弗闻也者而过之。从者曰："子未可以已乎？"夫子曰："丘闻之：亲者毋失其为亲也，故者毋失其为故也。"

赵文子与叔誉观乎九原。文子曰："死者如可作也，吾谁与归？"叔誉曰："其阳处父乎？"文子曰："行并〔廉〕植于晋国，不没其身，其知不足称也。""其舅犯乎？"文子曰："见利不顾其君，其仁不足称也。我则随武子乎！利其君，不忘其身；谋其身，不遗其友。"晋人谓文子知人。

文子其中退然如不胜衣，其言呐呐然如不出诸其口。所举于晋国，管库之士七十有馀家。生不交利，死不属其子焉。

叔仲皮学子柳。叔仲皮死，其妻鲁人也，衣衰而缪绖。叔仲衍以告，请缟衰而环绖。曰："昔者吾丧姑、姊妹亦如斯，末吾禁也。"退，使其妻缟衰而环绖。

成人有其兄死而不为衰者，闻子皋将为成宰，遂为衰。成人曰："蚕则绩而蟹有匡，范则冠而蝉有绥，兄则死而子皋为之衰。"

乐正子春之母死，五日而不食，曰："吾悔之！自吾母而不得吾情，吾恶乎用吾情！"

岁旱，穆公召县子而问然，曰："天久不雨，吾欲暴尪而奚若？"曰："天久不雨，而暴人之疾子，虐，毋乃不可与！""然则吾欲暴巫而奚若？"曰："天则不雨，而望之愚妇人，于以求之，毋乃已疏乎！""徙市则奚若？"曰："天子崩，巷市七日。诸侯薨，巷市三日。为之徙市，不亦可乎！"

孔子曰："卫人之祔也离之。鲁人之祔也合之，善夫！"

【译文】

国君的适子在十六至十九岁时夭折，在葬礼中就用三辆遣车，而国君的庶子只用一辆，大夫的适子也用一辆。

公的丧事，凡是被直接任命的卿大夫，都要服斩衰持丧杖。

国君对于大夫的丧事,在将要下葬的时候,先至殡宫吊丧,等到柩车拉出殡宫门的时候,就命人执绋拉柩车,拉了三步就停一下,这样连续三次,国君才离开。在朝庙时也是如此,经过孝子居丧的庐舍的地方也要这样。

五十岁以上而没有车的人,可以不必越境去吊丧。

季武子卧病在床,蟜固不脱掉齐衰就进去看他,并向他说明:"这种礼仪,现在快要没有人去实践了:士只有在进入公门才脱掉齐衰。"季武子说:"你这样做不是很好吗?君子就是要发扬光大那些衰微了的好事。"等到季武子去世了,曾点就倚在他门上唱歌。

大夫来吊丧,当主人正忙于大小殓殡等事时,就派人出来向他说明,请他稍待一会。在去向人吊丧时,这一天都不奏乐。妇人不必越境去吊丧。吊丧的那天,整天都不能饮酒吃肉。在出丧时去吊丧,就一定要抓着绳子帮忙拉柩车,如果跟着柩车到墓圹,都要拉着绳子帮忙下葬。诸侯的臣子死在异国,在办丧事时,如果主国的国君去吊丧,虽然没有亲人为丧主,但也一定要有代替的人出来拜谢。虽然只是死者的朋友、同乡、管家等也可以。国君的介就说:"敝国国君来帮助办理丧事。"那个代替主人的人就说:"辱蒙大驾光临。"如果国君在路上碰到柩车,就必须派人过去慰问。大夫的丧事,庶子不能做丧主而接受慰问。

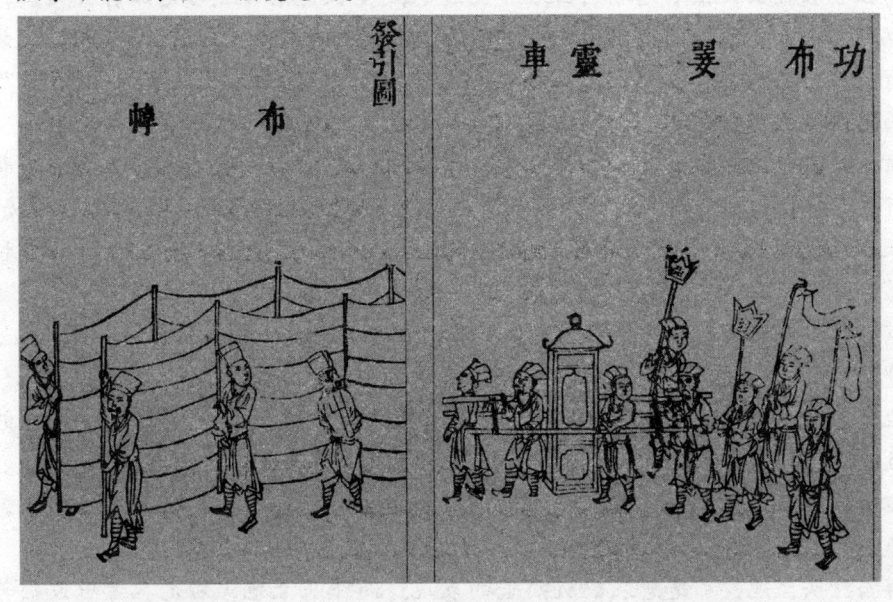

送葬队伍当中的布帟、灵车、翣、布功,选自《三才图会》。

妻子的兄弟,而且又是岳父的继承人死了,就在自己的正寝哭他,并让自己的儿子做这里的丧主。他袒露左臂,戴上"免"这种丧饰,号哭跳脚,而自己则进去站在门的右边,还派人站在门外,向来吊丧的人说明死者的身份。只有特别亲近的人,才须进去慰问。如果父亲还健在,就只能在妻子的寝室哭;如果死者不是岳父的继承人,就只能在别的房间哭他。家里有丧事,正停柩待葬,如果这时听到远房兄弟去世了,就要在偏房哭他；如果没有偏房，就要在门内的右侧哭他；如果他死在国内，就应该赶去哭他。

子张去世的时候，曾子正好在为母亲服丧，于是就穿戴齐衰前去哭子张。有人说："自己有齐衰服在身，就不必去吊丧。"曾子说："难道我是去吊丧吗？"

为有若办丧事时，悼公亲自去吊丧，子游作为赞助丧礼的相，由左边上下。

王姬死了，齐国向鲁国报丧，鲁庄公为她服大功。有人说："王姬是经由鲁国出嫁的，所以为她服姊妹的丧服。"也有人认为"王姬是庄公的外祖母，所以为她服大功"。

晋献公去世后，秦穆公派使者去慰问出亡在外的公子重耳，并且对他说："我听说过：失去君位常常在这个时候，得到君位也常常在这个时候。虽然你现在正专心处于居忧服丧期间，但居丧也不宜太久。机不可失，请你考虑一下这件事。"重耳把这些告诉给了舅舅子犯。舅舅子犯说："你还是辞谢他的一番好意，不要接受他的建议吧。出亡在外的人是没有什么可宝贵的东西了，只有敬爱自己的亲长是最可宝贵的了。父亲去世，这是何等重大的变故，反而趁这个机会谋取私利，这样做怎么能向天下人解说清楚呢？你还是辞谢了他的一番盛意吧。"

于是公子重耳就答复来使说："贵国国君这样仁慈惠爱，还派人来慰问我这个出亡在外的臣子。我出亡在外，而现在父亲去世了，只恨不能到他的灵位前去哭泣，以表达心里的哀痛，并使贵国国君有所忧虑。可是，父亲死了，这是何等重大的变故，怎么敢有一丝一毫私念，去玷辱贵国国君所给与我的厚义呢？"说完以后，就只叩头稽颡，而不敢像主人一样地拜谢。然后哭着站起来，站起来以后也不再和使者私下里商量事情。使者子显向穆公复命。穆公说："公子重耳真是仁厚！他只叩头至地而不拜谢，可见不敢以继承人自居，所以不成拜；哭着站起来，可见他是很爱自己的父亲的；站起来以后也不再和使者私下里说话，可见他一点也没有趁父亲去世而谋取私利的念头。"

殡时不掀起帷幕而哭，并不是古来就有的习俗，而是从敬姜哭穆伯时开始的。

守父母之丧期间，孝子的心情是极其悲哀的；用种种礼节来节制他的悲哀，就是顺着他悲哀的感情，使他逐渐适应这种剧变。这样做是由于君子考虑到生养他的父母的缘故。

招魂，是表示至爱的方式，怀有求神的诚心；盼望先人从幽暗的地方回来，这是祈求鬼神的方法。所以招魂时向着北方，就是向幽暗中祈求的意思。

拜与叩头至地，都是悲哀中极痛苦的表现；而叩头至地，则是二者中最痛苦的表现了。

饭含，用生米和贝壳，这是不忍心让先人空着口；不用活着的人吃的熟食，是因为天然生成的米、贝更美好。

铭，是神明的旌旗，因死者的形貌已不可见到，所以用旗帜来做标志。因为爱他，所以记他的姓名，使魂灵有所依凭；因为敬他，所以用奠这种方式，像事奉生者那样事奉他。重，和后来的神主牌的意义是一样的。不过殷人作了神主，仍然将"重"与它连接在一起,而周人作了神主,就将"重"埋掉了。

用朴素的器皿盛奠馈,是因为活着的人怀有真诚的哀痛感情的缘故。只有在祭祀的吉礼中,主人才加以文饰,备办周全。哪里知道神灵之所享必须有文饰之器呢?这也是因为主人怀有严肃恭敬的诚心,才这样做的。

捶胸顿足,是悲哀到极点的表现,但却有一定的次数,这样做是为了有所节制,使其适度。

解开上衣露出左臂、去笄缅而改用麻束发,这都是孝子在形貌服饰上的变化;忧郁愠恚,这是孝子悲哀感情的变化。除去修饰,就是摒弃华美。袒露左臂、改用麻束发,都是摒弃修饰的极端方式。但有时要袒,也有时要袭,这是为了对悲哀的感情有所节制。

戴着缠着葛绖的弁行葬礼,这是和神明交往的礼节,是尊敬神明的意思。所以周人戴着弁行葬礼,殷人戴着爵行葬礼。

亲人去世三天以后,就应该使主人、主妇及老家臣喝些稀粥,因为他们都又饥又累,疲惫不堪了,所以国君命令他们必须吃点东西。

送葬队伍当中的铭旌与明器、食案,选自《三才图会》。

送葬以后回到祖庙号哭,主人是到堂上哭,也就是回到亲长生前行礼的地方哭;主妇则是进入室内哭,也就是回到她奉养亲长的地方哭。送葬后回到祖庙里号哭的时候,亲友都要前来慰问,因为这是最悲哀的时候。回来以后,看到亲长不在了,这才真正感到他是永远地离去了,这时哀痛的感情是最强烈的了。殷人是在下窆以后就慰问孝子,而周人是在葬后回到祖庙里号哭时才前去慰问孝子的。孔子说:"殷人的做法太质朴了,我赞成周人的做法。"

葬在北郊,头朝北方,这是三代以来通行的做法,这是因为鬼神是要到幽暗的地方去的缘故。下窆后,主人赠死者束帛,并放入圹中,而祝则先回去预先安排充任虞祭的尸。回到家里号哭过以后,主人和执事就去查看虞祭的牺牲。执事还要在墓的左边放置几席,进行奠祭。回来后,在正午举行安神的虞祭。下葬的那天就举行虞祭,是因为孝子不忍心和亲长有一天的分离。就在这个月,将奠祭改为用尸的祭。到了卒哭的时候,祝就会致辞说,现在已是吉祭了。在这一天,就用吉祭代替丧祭。第二天就于祖庙进行祔祭,希望他的魂灵能与祖父在一起。在将丧祭变成吉祭,一直到举行祔祭的过程中,一定要一天接着一天地进行,这是因为孝子不忍心亲长的魂灵有一天无所归依的缘故。殷人在周年练祭以后才举行祔祭,周人则在卒哭以后就举行祔祭,孔子赞成殷人的做法。

国君去臣子家吊丧的时候,要让巫祝拿着桃枝、扫帚和戈来护卫着,因为厌恶死

孝子跪于灵前，清人绘。

人的凶邪之气，这就是礼仪与对待生人不同的原因。办丧事，另有对待死人的礼节，这却是先王所不便于说明的了。

在丧礼中，出葬前要先朝祖庙，这是顺从死者"出必告"的孝心，因为对即将离开故居感到很悲哀，所以先到祖父、父亲的庙里告辞，然后才启程。殷人是在朝庙以后就殡于祖庙。而周人却在朝庙以后就出葬。

孔子认为用明器殉葬的人，是懂得办丧事的道理的，既置备了各种器物，却又不能实用。如果用活着的人使用的器物，这不是已接近于用活人殉葬了吗？把殉葬的器物叫做"明器"，就是奉死者为神明的意思。像泥做的车子，草扎的人形，自古就有了，这就是"明器"的道理了。孔子认为用草扎的刍灵，心地仁慈，而认为用木雕刻的俑，太不仁慈了，不是更接近于用活人殉葬吗？

穆公问子思说："已经离职的臣子回来为旧君服齐衰三个月，这是古来就有的礼节吗？"子思回答说："古代的国君，在任用臣子的时候是依礼行事的，在免去臣子官职的时候也是依礼行事的，所以才有为旧君服丧的礼节。而现在的国君，在招致人才的时候，像要把他抱到膝上似的宠爱，而罢免臣下官职的时候，又好像要把他推下深渊似的。像这样做，离职的臣子不带领别国的军队来攻打故国，也就不错了，又哪里还有为旧君服丧的呢？"

鲁悼公去世时办丧事，季昭子问孟敬子说："为国君的丧事，应该吃什么？"敬子回答说："应该喝稀粥，这是天下通行的做法。但是我们仲孙、叔孙、季孙三家向来不

山型住宅模型，东汉明器。

能用事君的礼节来事奉国君，四方的人没有不知道的，要我勉强节食，变成消瘦的样子，我也能做到，但那样做不是更让人怀疑我不是内心真正感到悲哀，而是故意使自己外表消瘦了吗？我还是照常吃饭。"

卫国的司徒敬子死了，子夏前去吊丧，在主人还没有举行小殓之前，他就戴着绖进去了。而子游却穿着常服去吊丧，在主人行过小殓之后，子游才出去，戴上绖再回到屋里号哭。子夏问他说："你听前人说过这样的做法吗？"子游回答说："我听老师说过，在主人还没有改服之前，宾客不应该戴绖。"

曾子说："晏子可以说是很懂得礼的人了，他处理事情恭敬严谨。"有若说："晏子一件狐皮袍子穿了三十年，办理丧事时，只用一辆遣车，一下子就下葬完毕回家了。依礼，为国君祖奠的牲体有七个，遣车也用七辆；大夫是五个，遣车五辆，晏子怎么能算得上是懂得礼呢？"曾子说："如果国君骄侈淫逸，那么君子就不愿把礼文实行得那样详尽充分了；在国人竞相奢侈的时候，就应表现出节俭的作风；在国人崇尚节俭的时候，就要表现出切实按照礼的规定去做的态度。"

国昭子的母亲去世了，他向子张请教说："出葬到墓地后，男子和妇人应该就什么位置？"子张说："司徒敬子的丧事，是由我的老师相礼的，那是男子面向西，妇人面向东。"国昭子说："啊！不能这样做。"又说："我办丧事，会有许多宾客来观礼的。丧事由你来主持，但是宾客要就宾位，主人要就主位，主人这边的妇人就跟在男子后面一律面向西。"

穆伯死了，在办丧事时，敬姜只在白天哭；文伯死了，在办丧事时，她白天夜里都哭。孔子说："她懂得礼了。"文伯死了，敬姜靠着他的床而不哭，她说："以前我有了这个孩子，我以为他会成为有才德的人，所以我从未到他的公室去；现在他死了，朋友众臣中没有为他落泪的，而他的妻妾女御们都为他失声痛哭。这孩子必定早就把礼抛弃了。"

季康子的母亲去世了，在小殓之前，连内衣都陈列出来了。敬姜就说："妇人没有打扮一下，还不敢见公婆，何况现在就要有各处的宾客来吊丧，内衣怎么能陈列在这里呢？"于是就下令撤去它。

有子和子游站在那儿，看见一个孩子啼哭着找自己的父母。于是，有子就对子游

汉代玉佩

说："我一直不明白丧礼中为什么要有踊的规定，我老早就想应该废除这种规定。孝子悲哀思慕的感情就和这孩子一样，就像这孩子那样尽情地号哭就行了。"子游说："礼的各种规定，有的是用来节制人们的感情，有的是借外在的事物来引发内在的情感。感情不加节制，衣服没有规定，这是野蛮人的做法。如果依礼而行，就和这不同。人们遇到可喜的事，就感到高兴，高兴得很，就唱歌，歌唱还不能尽兴，就摇动身躯，摇动身躯还觉得不够时，就跳舞；人们愠怒过后，就感到愤怒，心中愤怒，就会叹息，叹息还不能得到充分地抒泄，就捶胸，捶胸还不够，就要顿足了。将这些情绪和行动加以区别、节制，这就叫做'礼'。人死了，别人就会厌恶他了。而且死人无能为力了，人们就要背弃他了。所以，制作束衣的布带和覆尸的盖被来敛尸，又在柩车上设置了盖子和遮掩四周的扇形屏障。就是为了使人们不要见了死者而生厌。人刚死的时候，用肉脯肉酱来祭奠他，出葬前又有送行的遣奠，下葬后还有虞祭等各种祭祀，虽然从来没有看见鬼神来享用，但是自古以来却也没有人废止这种做法。这样做为的是使人们不背弃他。所以你所批评的这些礼仪，实在并不是礼仪的缺点了。"

吴国入侵陈国，砍伐方社的树木，杀害患病的百姓。在吴军退出陈国国境的时候，陈国派行人仪出使到吴军。夫差对大宰嚭说："这个使者很会说话，我们何不考问他一下，凡是军队必须有个好名声，问他，别人对我们的军队将怎样评论？"行人仪回答说："古代的军队在讨伐敌国时，不砍敌国的社树，不杀害患病的百姓，不俘虏鬓发斑白的老人。而现在贵国的军队，不是在杀害患病的百姓吗？那不就成了杀害病人的军队了吗？"又问："那么现在把攻占的土地还给你们，把俘获的子民还给你们，你又怎样评论我们的军队呢？"回答说："贵国君王因为敝国有罪，而兴师讨伐，现在又同情并赦免我们，像这样的军队，还怕有不好的名声吗？"

颜丁在居丧期间的态度十分合情合理：在亲人刚去世的时候，他惶惶不安，好像热切希望亲人康复，然而希望又终于破灭的样子；到了行殡礼的时候，他茫然若失，好像要追随亲人而去，但已不可能的样子；在送葬以后，他神情怅惘，好像担心亲人的魂灵来不及跟他一起回家的样子，因而边走边停地等待着。

子张请教说："《书》上记载说：'殷高宗居丧期间，三年不和臣子说话，等到他除服开口，大家都十分欢喜。'真有这样的事吗？"孔子说："为什么不能这样呢？古代天子去世，王太子听命冢宰三年，当然可以不与臣子说话。"

知悼子去世了，还没下葬，晋平公就喝起酒来了，而且还有师旷、李调作陪，敲钟奏乐。杜蒉从外面进来，听到钟声，就问侍卫说："国君在哪儿？"回答说："在正寝。"杜蒉进入正寝，登阶而上，倒了一杯酒，说："旷，喝了这杯酒。"又倒了一杯酒，说："调，把这杯酒喝了。"接着又倒了一杯酒，在堂上向北面坐着自己喝了。然后走下台阶，快步出了正寝。

平公喊住他，命他进来，说："蒉，刚才我以为你或许存心想要启发我，所以没跟你讲话。你为什么要师旷喝酒呢？"回答说："甲子、乙卯是君王的忌日，尚不敢奏乐。现在知悼子还停柩在堂上，这比逢上甲子、乙卯的日子更要重大得多了。师旷是掌乐的太师，而不把这个道理报告给您知道，所以我罚他喝杯酒。""那你为什么又要李调喝酒呢？"回答说："李调是您亲近的臣子，可是为了有吃喝，就不管您的过失，所以我也要罚他喝一杯酒。""那么你自己为什么也要喝一杯酒呢？"回答说："蒉只是个宰夫，不去摆弄宰刀等，却胆敢越职谏诤，所以自己也该罚一杯酒。"平公说："我也有过失，倒杯酒来，也应该罚我一杯酒。"杜蒉洗净酒杯，倒了一杯酒，然后举起酒杯。平公对侍者说："即使我死了以后，也不要废弃这只酒杯。"就是这个缘故，直到现在，凡是献完酒，像这样举起酒杯，就叫做"杜举"。

公叔文子去世后，他的儿子戍向国君请求赐予谥号，说："葬的月日已经定了，很快就要出葬，请赐给他一个谥号。"灵公说："以前卫国发生饥荒，先生施粥赒济百姓，这不是仁爱好施的表现吗？以前卫国发生叛乱，先生拼死保卫我，这不是很忠贞的表现吗？先生在主持卫国朝政的时候，总是依照礼制序列尊卑的次序，以此和邻国交往，使卫国的社稷没有受到玷辱，这不是博文知礼的表现吗？所以可以称呼先生'贞惠文子'。"

石骀仲去世了，没有适子，只有六个庶子，所以只好用龟卜决定继承人。卜人说："只有先洗个澡，然后佩戴上玉，龟甲上才会显示出吉兆。"于是其中的五个人赶忙洗好澡，佩戴上玉。而只有石祁子说："哪有居丧期间，而洗澡佩玉的呢？"他没有洗澡佩玉。可是，龟兆却显示出石祁子应该做继承人。因此，卫国人都认为龟兆很灵验。

陈子车客死在卫国。他的妻子与家宰商量着要用活人殉葬，已经决定了，后来陈子亢奔丧到卫国。他们就把用活人殉葬的决定告诉了他，说："夫子有病，没有人在地下伺候他，所以决定用活人殉葬。"子亢说："用活人殉葬，是违背礼的。虽然如此，可是他有病，那么在地下伺候他的，有谁能比他妻子和家宰更合适呢？如果能取消这个决定，那么我同意取消它；假如不能取消，那么我认为就用你们两个人殉葬吧！"这样一来，殉葬的事也就没有实行。

子路说："贫穷真让人伤心啊！父母活着时没法供养他们；他们去世了，又没有法子举办丧事。"孔子说："尽管是喝豆粥，饮清水，但是如果能使父母在精神上愉快满足，这就是'孝'了；他们去世后，只要有衣衾足以掩藏首足，殓毕即葬，虽然没有椁，但能根据自己的财力来办丧事，这就合乎'礼'了。"

卫献公被逐逃亡，后来终于返回卫国复位。到了城郊，他就要把一些封地赏赐给跟随他出亡的臣子，然后才进城。柳庄对他说："如果大家都留下来守护社稷，那么还会有谁为您执缰驾车跟随您出亡呢？然而如果大家都跟着您逃亡，那又有谁来守护社稷呢？您一回国就有了私心，这样做恐怕不合适吧？"于是没有进行颁赏。

卫国有个太史叫柳庄，患重病卧床不起。卫君说："如果病情危急，即使是在我主持祭礼时,也要立即向我讣告。"后来,柳庄在卫君主祭时去世了。卫君拜了两拜,叩头,然后向祭祀中的尸请求说:"有个叫柳庄的臣子,他不只是我个人的臣子,也是国家的重臣,刚才得到他去世的消息,请特准我前去吊丧。"他来不及脱下祭服就连忙赶到柳庄家,于是脱下自己身上的祭服,作为送给死者的襚。并且将裘氏邑和潘氏县封给柳庄,还订了誓约放进棺里。誓约上说:"世世代代子子孙孙万代相传,永不改变。"

陈乾昔病得起不了床,于是就嘱咐他的兄弟,并命令他的儿子尊己说:"如果我死了,一定要给我做个大棺材,让我的两个妾躺在我的两边。"陈乾昔死了以后,他的儿子说:"用活人殉葬,已经与礼相违背了,何况还要躺在一个棺材里呢?"结果没有将两个妾殉葬。

仲遂在垂这个地方去世了;壬午,讣闻已经到达,鲁宣公还在举行绎祭,万舞照常进行,只是将籥舞取消了。仲尼说:"这样做是违背礼的,国中有卿去世了,就不应该再举行绎祭了。"

季康子的母亲去世了,当时匠师公输若尚年幼,主持葬事。公输般建议用自己新设计的机械来下棺。主人正要答应时,公肩假却说:"不行!下棺的方式鲁国早就有先例,国君是比照四座大碑的方式,仲孙、叔孙、季孙三家是比照四根大柱子的方式。般!你用别人的母亲来试验你的技巧,这难道是不得已吗?难道你不借这次机会来试验你的技巧,你就觉得难受吗?唉!"结果主人就没有听从公输般的建议。

齐与鲁在郎邑作战,鲁国的公叔禺人见到一个扛着兵杖的士卒走进城堡去休息。于是感慨地说:"虽然徭役已经使百姓很辛苦了,赋税也使百姓的负担很沉重了,可是那些卿大夫都不能谋划周全,担任公职的人又没有牺牲精神,这样下去是不行的!我是已经这样说了。"于是他就和邻居的少年汪锜一齐奔赴战场,结果两个人都战死了。鲁国人想不用孩子的丧礼来办汪锜的丧事,但是没有先例。于是向孔子请教。孔子说:"他既然能够拿着武器保卫社稷,那么你们想不用孩子的丧礼给他办丧事,这不是很好吗?"

子路将要离开鲁国,他对颜渊说:"你打算用什么话作为临别赠言呢?"颜渊说:"我听说过:要离开国境,就应该先到祖先的墓前哭告一番,然后上路;回来时,不必在祖先的墓前哭告,只要在墓地周围省视一番就可以进城。"颜渊对子路说:"那么你打算把什么话留给我作为安身的原则呢?"子路说:"我也听说过:驾车经过别人家的墓地时,就应凭轼致敬;经过土神的社坛时,也应下车,表示敬意。"

工尹商阳和陈弃疾一起追赶吴国的军队,很快赶上了敌人。陈弃疾对工尹商阳说:"这是君王交给的使命,你现在可以把弓拿在手里。"工尹商阳这才把弓拿在手里。"你可以放箭射他们了。"于是他向敌人射箭,射死一个敌人,就把弓箭放回弓袋。很快又赶上了敌人,陈弃疾又对他说了以上的话,他又射死了两个敌人。每射死一个人,他都把自己的眼睛遮起来,不忍心看。他让御者停车,说:"我们只是朝见时没有座位,大宴时没有席位的人,现在已经杀了三个敌人了,也就足够交差的了。"孔子说:"即使是在杀人这件事里面,也还是有礼节的。"

诸侯联合起来讨伐秦国，曹宣公死在军中。诸侯要求为宣公行"饭含"之礼，而曹人也就趁机让诸侯为死者穿衣。鲁襄公到楚国去拜会楚君，刚好碰上康王去世了。楚人说："请您务必为康王穿衣。"襄公的随员说："这样做是不符合礼的规定的。"然而楚人还是勉强襄公这样做。于是襄公就先让巫拂柩驱除不祥，然后才给尸穿衣。楚人对这件事很后悔。

在为滕成公办丧事时，鲁国派子叔敬叔去吊丧，并且送递鲁君赠物之书，子服惠伯做他的助手。等到了滕国近郊，遇懿伯的忌日，所以敬叔想缓一日进城。惠伯说："这是国君交给我们的使命，不能因为叔父私忌，就不办公事了。"于是就进城。

蕢尚办丧事，哀公派人去慰问蕢尚，却巧在路上相遇了。蕢尚让开道，就地画了殡宫的图，然后就位接受吊问。曾子说："蕢尚还不如杞梁的妻子懂礼呢！齐庄公派人从狭路袭击莒国，杞梁在这次战斗中牺牲了。他的妻子在路上迎接他的灵柩，哭得十分悲伤。齐庄公就派人去路上慰问她，她却回答说：'如果君的臣子杞梁有罪，就应该在市朝陈尸示众，并把他的妻子拘捕起来；如果他没有罪，那么我们还有先人留下的一所旧屋可供行礼。现在却不敢劳您的大驾。'"

在为小儿子郭办丧事时，哀公想在殡车上加上拉棺的拨，就问有若这样做是否合适。有若回答说："这样做是可以的，你的三家大臣都已经这样做了。"颜柳说："天子用的是车辕上画龙的殡车，再加上椁和帷，诸侯的殡车，加上帷。因为他们的殡车是榆木做的，很沉重，所以要配上拨来拉车。三家大臣既不敢用这种殡车，却又配上拨，这是盗用天子、诸侯的礼而又没做对，您又何必学他们的做法呢？"

悼公的母亲去世了，哀公为她服齐衰。有若说："为妾服齐衰，这符合礼的规定吗？"哀公说："我有什么办法呢？鲁国人把她当做我的妻看待。"

季子皋安葬他妻子的时候，损坏了人家田里的禾苗。申祥把损坏的情形告诉他说："请您赔偿人家的损失。"子皋说："孟氏并没有因为这件事责怪我，朋友也没有因为这件事而疏远我，由于我是本邑的主管。就算我出了买路钱而葬，但是恐怕以后就难办了。"

刚来此国做官，但还没有定俸禄的人，如果国君送东西给他，就得像对宾客一样称作"献"，使者传达君命，也还得称国君为"寡君"；如果离开国境后，而国君去世了，那就不必为国君服丧。

在虞祭时，才开始有尸，设有几、席。卒哭以后才开始讳称死者的名，因为用活着的人的礼节对待他，到此已结束了，而开始用鬼神的礼节来待他了。在卒哭结束后，宰夫就摇着木铎在宫中宣布说："旧的忌讳已经取消了，新的忌讳开始了。"从路门一直喊到库门。

两个字的名，不必都避讳。如孔夫子的母亲名徵在，说"在"字，就讳"徵"字；说"徵"字，就讳"在"字。

军队打了败仗，国君就率领群臣戴着缟冠到库门外号哭，回来报告战败消息的车上的战士都不把铠甲、弓箭装进袋囊里。

宗庙被烧毁了，就要哭三天。所以《春秋》说："新建的宗庙失火，国君哭三天。"

孔子从泰山旁边经过，看见一个妇人在墓前哭得十分伤心。孔子停车，将手靠在轼上致意，并听她哭泣。然后让子路去向她说："听您的哭声，很像有许多痛苦的样子。"妇人回答说："是的。过去我公公是被老虎咬死的，我丈夫又被老虎咬死了，现在我的儿子仍然没能逃脱虎口。"孔子说："那你为什么不离开这里呢？"她回答说："因为这地方没有繁重的赋税和徭役。"于是孔子对弟子们说："你们要好好记着，繁重的赋税和徭役比老虎还凶恶啊！"

泰山问政，选自《孔子圣迹图》。

鲁国有个叫周丰的人，哀公拿着礼物要去拜访他，他却说不行。哀公说："那我就不去了吧。"于是就派了一个人去向他请教，说："有虞氏并没有教导人民诚信，而人民却信任他；夏后氏并没有教导人民诚敬，而人民却敬重他，他们究竟是推行的什么政教而得到人民的信任和敬重的呢？"周丰回答说："在先民的遗迹前或祖先的墓地上，并没有人教导人民要悲哀，而他们却自然地流露出悲哀的感情；在神社或宗庙里，并没有人教导人民要肃敬，而他们却自然地表现出肃敬的神情。殷人兴起设誓，而人民才开始背弃盟约；周人热衷于会盟，而人民才开始互相不信任。如果没有用礼义忠信诚实的心去治理人民，即使用了种种方法去团结人民，难道人民就不会离散了吗？"

为了办丧事不能卖掉祖居，为丧事憔悴却不能损害健康。为了丧事不能卖掉祖居，否则先人的神灵就没有宗庙可以依托；为丧事憔悴不能损害健康，不然的话，先人就会失去继承人。

延陵季子到齐国聘问，在回国的路上，他的大儿子死了，就准备葬在嬴邑和博邑之间。孔子说："延陵季子是吴国最精通礼的人。"于是前去参观他办的葬礼。只见墓圹的深度还没掘到有泉水的地方；殓时用的也只是平时穿的衣服；下葬以后还要在墓上堆上土堆，土堆的长阔和圹的长阔刚好相当，高度也只是一般人可用手凭靠着那么高；堆好坟堆以后，他解开上衣，袒露左臂，然后向左转绕着坟堆走，并且还哭喊了三次，说："亲生骨肉又回到土里去了，这是命该如此，至于你的魂魄精神却是没有什么地方不可以去的，是无所不在的。"哭喊完以后就上路了。孔子说："延陵季子所行的礼应该说是很合理的吧！"

邾娄在为定公办丧事时，徐国国君派容居来吊丧，并行饭含之礼。容居致辞说："敝国的国君派我来坐着行饭含之礼，致送侯爵所含的玉璧。现在请让我来行饭含之礼。"邾娄的臣子说："劳驾各国诸侯屈尊来到敝国，如果派大夫来的，我们也就采用简略的礼节。如果国君亲自光临，那么我们就采用隆重的礼节。至于不按规矩胡乱行礼，这可是从来没有过的。"容居回答说："我听说过：代表国君办事，就不敢忘掉国君的身份，也不敢忘记他的祖先。过去我们的先君驹王向西扩张领土，还渡过了黄河，他向来都是用这种口气说话的。我虽然很鲁钝，但是不敢忘记祖先的规矩。"

子思的母亲改嫁后，死在卫国。有人向子思报丧，子思就到祖庙里去哭。他的弟子进来说："庶氏人家的母亲去世了，为什么要跑到孔氏的祖庙里哭呢？"子思连忙说："我错了！我错了！"于是就到别的屋子里去哭。

天子去世后，三天，襄助丧礼的祝先穿丧服；五天，大夫、士穿丧服；七天，王畿内的庶民百姓穿丧服；三个月，天下诸侯的大夫穿丧服。掌管山泽的虞人要负责罗致王畿内各地神社的木材，凡是适合做棺椁的树都砍下来用。那些不肯献上木材的地方，就把当地的神社废掉，杀掉那里的主管人员。

齐国发生严重的饥荒，黔敖就在路边煮饭，用来给过路的饥民充饥。有一个饥民，以袖蒙面，拖着鞋子，眼光迷迷糊糊地捱着走来。黔敖左手端着饭，右手执着汤罐，用怜悯的口气喊道："喂！吃吧！"那个饥民抬起眼睛看看他说："我就是因为不愿意吃这种没有好声气的饭，才落到这步田地。"黔敖听了连忙向他道歉，但他还是不肯吃，因而饿死了。曾子听到这件事以后，就说："这恐怕不对吧？人家没有好声气地叫你吃，你当然可以离去；但是既然人家已经道歉了，那就应该吃。"

邾娄定公在位的时候，有个人杀了自己的父亲。主管刑狱的官吏把这件事报告定公。定公惊惶得瞪大了眼睛，连坐都坐不稳了，说："我教民无方，这是我的罪过。"然后又说："我曾学过判决这类案子：如果做臣子的杀了国君，那么凡是在官府担任公职的人都可以把他抓来杀死，决不宽赦；如果做儿子的杀了父亲，那么凡是在家的人都可以把他抓住杀死，决不宽赦。不仅要处死凶手，而且还要拆除他的房舍，并把地基挖个坑，灌满水。国君也得过了这个月以后，才能举杯喝酒。"

晋国国君庆贺文子新居落成，晋大夫都去送礼庆贺。张老致辞说："这高大的屋宇多壮丽呀！这明亮的居室多漂亮呀！今后主人就要在这里祭祀奏乐，在这里居丧哭泣，在这里和僚友宗族聚会宴饮了。"文子说："我能在这里祭祀奏乐，在这里居丧哭泣，在这里和僚友宗族聚会宴饮，这表明我将得到善终，能跟先人合葬在九原。"说完后就朝北面再拜叩头表示感谢。懂得礼的人都说他们一个善于赞美，一个善于祈福。

孔子养的家狗死了，叫子贡把它拖出去埋掉，还吩咐说："我听说过：'破旧的帷幔不要丢掉，因为可以用来埋马；破旧的车盖也不要丢掉，因为可以用来埋狗。我很穷，没有破旧的车盖。可是在把狗放进坑里的时候，也得用张席子裹着才行，不要使它的头直接埋在土里。'"至于国君辂车的马死了，是用帷幔裹好了再掩埋的。

　　季孙的母亲去世了，鲁哀公去吊丧。曾子和子贡也去吊丧。守门人因为哀公在那里，不让他们进去。曾子和子贡就到马房里把自己的仪容修饰了一番。子贡先进去，守门人说："刚才已通报过了。"曾子随后也进去，守门人让开了路。走到寝门之内的檐下时，卿大夫都让开位置，哀公就从阼阶上走下一级，作揖，请他们就位。精通礼的君子在谈论到这件事时说："尽力修饰仪容的做法，它的作用是十分深远的。"

　　宋国都城阳门的一个卫士死了，司城子罕到他的灵堂前哭得很伤心。当时晋国的一个刺探宋国情况的探子，向晋侯报告说："阳门有个卫士死了，而子罕哭得很伤心，他这样做很得人心。恐怕现在不能去讨伐他们。"孔子听到这件事以后说："这个探子真会观察国情呀！《诗》说：'凡是邻里有了灾祸，我都应尽力去帮助他们。'不只是晋国，天下有哪个国家敢和团结一致的宋国为敌呢？"

　　在办鲁庄公的葬事时，在下葬以后，宾客就可以不再戴着首绖进入库门了；而士大夫也在卒哭以后就可以不再戴着首绖进入公门了。

　　孔子有个老朋友叫原壤，他的母亲去世了，孔子去帮助他修治椁材。原壤敲着木头说："我已经好久没有用歌声来表达自己内心的感情了。"于是就唱起歌来，歌词的意思是说："这椁材的文理就像狸头上的花纹一样漂亮，我多想握着您的手来表达我内心的喜悦。"孔子装作没听见的样子就走过去了。但他的随从却说："您还不该和他断绝关系吗？"孔子说："我听说，亲人总归是亲人，老朋友也总归是老朋友。"

　　赵文子和叔向一起到晋国卿大夫的墓地九原去巡视。文子说："死人如果能够复活，我跟随谁好呢？"叔向说："阳处父怎么样？"文子说："他在晋国专权而刚直，不得善终，他的智慧不值得称赞。""舅犯怎么样？"文子说："见到利就不顾君主了，他的仁爱不值得称许。我还是跟随武子吧，他既能为国君着想，又能顾全自身的利益；既为自己打算，又不忘记朋友。"晋国的人因此都说文子很了解别人的性格。文子的身体柔弱得像架不起衣裳，讲起话来迟钝得像说不出口。他推荐了七十几个人为晋国管库房，但在生前却从来不与他们有钱财的交往，死的时候也不把孩子托付给他们。

　　叔仲皮平时教他的儿子子柳学习。叔仲皮去世了，子柳的妻子虽然是个鲁钝的人，但也能按照礼的规定为舅服齐衰繐绖。可是子柳的叔父叔仲衍却认为这样做不对，并把这种情形告诉了子柳，要子柳之妻改服繐衰环绖。并且说："以前我为姑、姑姊妹也服这种丧服，并没有人阻止我这样做。"子柳于是回到家里，要他的妻子改服繐衰环绖。

　　成邑有个人，哥哥去世了却不肯为他服齐衰，但是一听到子皋要来当邑宰，就赶快为哥哥服齐衰。于是成邑的百姓就编了首歌谣，唱道："蚕儿吐丝，螃蟹有筐子；蜂儿戴帽，蝉儿垂带子。有人死了哥，却要子皋来了才肯服齐衰。"

　　乐正子春的母亲去世了，他勉强五天不吃东西。后来他说："我很后悔这样做，我对母亲尚且不能表达我的真情，我还向谁表达我内心的真实感情呢？"

　　一年没下雨了，旱情严重，穆公请县子来，向他请教说："天很久没有下雨了，我打算把有病的人放到烈日底下去晒,您看怎么样?"县子回答说:"天很久没下雨,就把别人有病的孩子放到烈日底下晒,这样做太残酷了,怕是不可以吧?那么晒女巫师怎么样?"回答说:"天不下雨,却寄望于愚蠢的女人,这样去求雨,不是太不切实了么?"又问:"那么罢市怎么样?"回答说:"天子去世,罢市七天;诸侯去世,罢市三天。为了求雨而罢市,这样做不是不可以吧?"

孔子说:"卫人祔葬的方式,是分为两个墓圹下葬;鲁人祔葬的方式,是两副棺椁安葬在同一个墓圹里。鲁人的方式很好。"

王制第五

【原文】

王者之制禄爵,公侯伯子男,凡五等。诸侯之上大夫卿、下大夫、上士、中士、下士,凡五等。

天子之田方千里,公侯田方百里,伯七十里,子男五十里。不能五十里者,不合于天子,附于诸侯,曰附庸。天子之三公之田视公侯,天子之卿视伯,天子之大夫视子男,天子之元士视附庸。

制农田百亩,百亩之分,上农夫食九人,其次食八人,其次食七人,其次食六人,下农夫食五人。庶人在官者,其禄以是为差也。

诸侯之下士视上农夫,禄足以代其耕也;中士倍下士,上士倍中士,下大夫倍上士;卿,四大夫禄。君,十卿禄。次国之卿,三大夫禄;君,十卿禄。小国之卿,倍大夫禄,君十卿禄。

次国之上卿,位当大国之中,中当其下,下当其上大夫。小国之上卿,位当大国之下卿,中当其上大夫,下当其下大夫。其有中士、下士者,数各居其上之三分。

凡四海之内九州,州方千里。州建百里之国三十,七十里之国六十,五十里之国百有二十,凡二百一十国。名山大泽不以封,其余以为附庸、间田。八州,州二百一十国。

天子之县内,方百里之国九,七十里之国二十有一,五十里之国六十有三,凡九十三国。名山大泽不以朌。其余以禄士,以为间田。

凡九州,千七百七十三国,天子之元士、诸侯之附庸,不与。

天子百里之内以共官,千里之内以为御。

千里之外设方伯。五国以为属,属有长;十国以为连,连有帅;三十国以为卒,卒有正;二百一十国以为州,州有伯。八州八伯,五十六正,百六十八帅,三百三十六长。八伯各以其属属于天子之老二人,分天下以为左右,曰二伯。

千里之内曰甸。千里之外曰采、曰流。

天子三公、九卿、二十七大夫、八十一元士。大国三卿，皆命于天子，下大夫五人，上士二十七人。次国三卿，二卿命于天子，一卿命于其君，下大夫五人，上士二十七人。小国二卿，皆命于其君，下大夫五人，上士二十七人。

天子使其大夫为三监，监于方伯之国，国三人。

天子之县内诸侯，禄也；外诸侯，嗣也。

制三公一命卷，若有加，则赐也，不过九命；次国之君不过七命，小国之君不过五命，大国之卿不过三命，下卿再命，小国之卿与下大夫一命。

凡官民材，必先论之，论辨然后使之，任事然后爵之，位定然后禄之。

爵人于朝，与士共之。刑人于市，与众弃之。是故公家不畜刑人，大夫弗养，士遇之涂弗与言也。屏之四方，唯其所之，不及以政，亦弗故生也。

诸侯之于天子也，比年一小聘，三年一大聘，五年一朝。

天子五年一巡守。岁二月，东巡守，至于岱宗，柴而望祀山川。觐诸侯，问百年者，就见之。命大师陈诗，以观民风。命市纳贾，以观民之所好恶，志淫好辟。命典礼考时月，定日，同律、礼、乐、制度、衣服，正之。山川神祇有不举者为不敬，不敬者君削以地；宗庙有不顺者为不孝，不孝者君绌以爵；变礼易乐者为不从，不从者君流；革制度衣服者为畔，畔者君讨。有功德于民者，加地进律。

五月，南巡守，至于南岳，如东巡守之礼。八月，西巡守，至于西岳，如南巡守之礼。十有一月，北巡守，至于北岳，如西巡守之礼。归，假于祖祢，用特。

天子将出，类乎上帝，宜乎社，造乎祢。诸侯将出，宜乎社，造乎祢。

天子无事与诸侯相见曰朝。考礼，正刑，一德，以尊于天子。天子赐诸侯乐，则以柷将之；赐伯、子、男乐，则以鼗将之。诸侯，赐弓矢然后征，赐铁钺然后杀，赐圭瓒然后为鬯。未赐圭瓒，则资鬯于天子。

天子命之教，然后为学。小学在公宫南之左，大学在郊。天子曰辟雍，诸侯曰頖宫。

天子将出征，类乎上帝，宜乎社，造乎祢，祃于所征之地。受命于祖，受成于学。出征，执有罪，反，释奠于学，以讯馘告。

天子诸侯无事，则岁三田：一为干豆，二为宾客，三为充君之庖。无事而不田曰不敬，田不以礼曰暴天物。天子不合围，诸侯不掩群。天子杀则下大绥，诸侯杀则下小绥，大夫杀则止佐车，佐车止则百姓田猎。獭祭鱼，然后虞人入泽梁；豺祭兽，然后田猎；鸠化为鹰，然后设罻罗；草木零落，然后入山林。昆虫未蛰，不以火田。不麛，不卵，不杀胎，不殀夭，不覆巢。

冢宰制国用，必于岁之杪。五谷皆入，然后制国用。用地小大，视年之丰耗。以三十年之通制国用，量入以为出。

祭用数之仂。丧三年不祭，唯祭天地社稷为越绋而行事。丧用三年之仂。丧祭，用不足曰暴，有馀曰浩。祭，丰年不奢，凶年不俭。

国无九年之蓄，曰不足；无六年之蓄，曰急；无三年之蓄，曰国非其国也。

三年耕，必有一年之食。九年耕，必有三年之食。以三十年之通，虽有凶旱水溢，民无菜色，然后天子食，日举以乐。

天子七日而殡，七月而葬。诸侯五日而殡，五月而葬。大夫、士、庶人三日而殡，三月而葬。

三年之丧，自天子达。

庶人县封，葬不为雨止，不封不树。丧不贰事，自天子达于庶人。丧从死者，祭从生者。支子不祭。

天子七庙，三昭三穆，与大祖之庙而七。诸侯五庙，二昭二穆，与大祖之庙而五。大夫三庙，一昭一穆，与大祖之庙而三。士一庙。庶人祭于寝。

天子诸侯宗庙之祭，春曰礿，夏曰禘，秋曰尝，冬曰烝。

天子祭天地，诸侯祭社稷，大夫祭五祀。

天子祭天下名山大川：五岳视三公，四渎视诸侯。诸侯祭名山大川之在其地者。天子诸侯祭因国之在其地而无主后者。

天子犆礿，祫禘、祫尝、祫烝。诸侯礿则不禘，禘则不尝，尝则不烝，烝则不礿。诸侯礿犆，禘一犆一祫，尝祫，烝祫。

天子社稷皆大牢。诸侯社稷皆少牢。大夫、士宗庙之祭，有田则祭，无田则荐。庶人春荐韭，夏荐麦，秋荐黍，冬荐稻；韭以卵，麦以鱼，黍以豚，稻以雁。祭天地之牛角茧栗，宗庙之牛角握，宾客之牛角尺。诸侯无故不杀牛，大夫无故不杀羊，士无故不杀犬豕，庶人无故不食珍。

庶羞不逾牲。燕衣不逾祭服。寝不逾庙。

古者公田藉而不税；市，廛而不税；关，讥而不征。林麓川泽，以时入而不禁。夫圭田无征。

用民之力岁不过三日。

田里不粥，墓地不请。

司空执度度地，居民山川沮泽，时四时，量地远近，兴事任力。

凡使民，任老者之事，食壮者之食。

凡居民材，必因天地寒暖燥湿、广谷大川异制，民生其间者异俗，刚柔、轻重、迟速异齐，五味异和，器械异制，衣服异宜。修其教，不易其俗；齐其政，不易其宜。

中国戎夷，五方之民，皆有性也，不可推移。东方曰夷，被发文身，有不火食者矣。南方曰蛮，雕题交趾，有不火食者矣。西方曰戎，被发衣皮，有不粒食者矣。北方曰狄，衣羽毛穴居，有不粒食者矣。中国、夷、蛮、戎、狄，皆有安居、和味、宜服、利用、备器。

五方之民，言语不通，嗜欲不同。达其志，通其欲：东方曰寄，南方曰象，西方曰狄鞮，北方曰译。

凡居民，量地以制邑，度地以居民。地、邑、民居，必参相得也。无旷土，无游民，食节事时，民咸安其居，乐事劝功，尊君亲上，然后兴学。

司徒修六礼以节民性，明七教以兴民德，齐八政以防淫，一道德以同俗，养耆老以致孝，恤孤独以逮不足，上贤以崇德，简不肖以绌恶。

命乡简不帅教者以告。耆老皆朝于庠。元日，习射上功，习乡上齿，大司徒帅国之俊士与执事焉。不变，命国之右乡简不帅教者移之左，命国之左乡简不帅教者移之右，如初礼。不变，移之郊，如初礼。不变，移之遂，如初礼。不变，屏之远方，终身不齿。

命乡论秀士，升之司徒，曰选士。司徒论选士之秀者而升之学，曰俊士。升于司徒者不征于乡；升于学者不征于司徒，曰造士。

乐正崇四术，立四教，顺先王《诗》、《书》、《礼》、《乐》以造士。春秋教以《礼》、《乐》，冬夏教以《诗》、《书》。王大子、王子、群后之大子、卿大夫元士之适子、国之俊选，皆造焉。

凡入学以齿。将出学，小胥、大胥、小乐正简不帅教者以告于大乐正，大乐正告于王。

王命三公、九卿、大夫、元士皆入学。不变，王亲视学。不变，王三日不举，屏之远方，西方曰棘，东方曰寄，终身不齿。

大乐正论造士之秀者以告于王，而升诸司马，曰进士。

司马辨论官材，论进士之贤者以告于王，而定其论。论定然后官之，任官然后爵之，位定然后禄之。大夫废其事，终身不仕，死以士礼葬之。

有发，则命大司徒教士以车甲。

凡执技，论力，适四方，赢股肱，决射御。凡执技以事上者，祝、史、射、御、医、卜及百工。凡执技以事上者，不贰事，不移官，出乡不与士齿。仕于家者，出乡不与士齿。

司寇正刑明辟，以听狱讼，必三刺。有旨无简，不听。附从轻，赦从重。

凡制五刑，必即天论，邮罚丽于事。

凡听五刑之讼，必原父子之亲、立君臣之义以权之；意论轻重之序，慎测浅深之量以别之；悉其聪明，致其忠爱以尽之。

疑狱，氾与众共之；众疑，赦之。必察小大之比以成之。

成狱辞，史以狱成告于正，正听之，正以狱成告于大司寇，大司寇听之棘木之下。大司寇以狱之成告于王，王命三公参听之。三公以狱之成告于王，王三又，然后制刑。

凡作刑罚，轻无赦。刑者侀也，侀者成也，一成而不可变，故君子尽心焉。

析言破律，乱名改作，执左道以乱政，杀。作淫声、异服、奇技、奇器以疑众，杀。行伪而坚，言伪而辩，学非而博，顺非而泽以疑众，杀。假于鬼神、时日、卜筮以疑众，杀。此四诛者，不以听。

凡执禁以齐众，不赦过。

有圭璧金璋，不粥于市。命服命车，不粥于市。宗庙之器，不粥于市。牺牲不粥于市。戎器不粥于市。用器不中度，不粥于市。兵车不中度，不粥于市。布帛精粗不中数，幅广狭不中量，不粥于市。奸色乱正色，不粥于市。锦文、珠玉成器，不粥于市。衣服饮食，不粥于市。五谷不时，果实未熟，不粥于市。木不中伐，不粥于市。禽兽鱼鳖不中杀，不粥于市。

关执禁以讥，禁异服，识异言。

大史典礼，执简记，奉讳恶。

天子齐戒受谏。

司会以岁之成质于天子，冢宰齐戒受质。大乐正、大司寇、市三官，以其成从质于天子，大司徒、大司马、大司空齐戒受质。百官各以其成质于三官，大司徒、大司马、大司空以百官之成质于天子，百官齐戒受质。然后，休老劳农，成岁事，制国用。

凡养老，有虞氏以燕礼，夏后氏以飨礼，殷人以食礼，周人修而兼用之。五十养于乡，六十养于国，七十养于学，达于诸侯。八十拜君命，一坐再至，瞽亦如之。九十使人受。

五十异粻，六十宿肉，七十贰膳，八十常珍，九十饮食不离寝，膳饮从游可也。

六十岁制，七十时制，八十月制，九十日修；唯绞、衿、衾、冒，死而后制。

五十始衰，六十非肉不饱，七十非帛不暖，八十非人不暖，九十虽得人不暖矣。

五十杖于家，六十杖于乡，七十杖于国，八十杖于朝，九十者天子欲有问焉，则就其室，以珍从。

七十不俟朝，八十月告存，九十日有秩。

五十不从力政，六十不与服戎，七十不与宾客之事，八十齐丧之事弗及也。

五十而爵，六十不亲学，七十致政，唯衰麻为丧。

有虞氏养国老于上庠，养庶老于下庠。夏后氏养国老于东序，养庶老于西序。殷人养国老于右学，养庶老于左学。周人养国老于东胶，养庶老于虞庠，虞庠在国之（西）〔四〕郊。

有虞氏皇而祭，深衣而养老。夏后氏收而祭，燕衣而养老。殷人冔而祭，缟衣而养老。周人冕而祭，玄衣而养老。

凡三王养老皆引年。八十者一子不从政。九十者其家不从政。废疾非人不养者一人不从政。父母之丧，三年不从政。齐衰、大功之丧，三月不从政。将徙于诸侯，三月不从政。自诸侯来徙家，期不从政。

少而无父者谓之孤，老而无子者谓之独，老而无妻者谓之矜，老而无夫者谓之寡。此四者，天民之穷而无告者也，皆有常饩。

瘖、聋、跛、躃、断者、侏儒，百工各以其器食之。

道路，男子由右，妇人由左，车从中央。

父之齿随行，兄之齿雁行，朋友不相逾。

轻任并，重任分，班白者不提挈。

君子耆老不徒行，庶人耆老不徒食。

大夫祭器不假。祭器未成，不造燕器。

方一里者为田九百亩。方十里者为方一里者百，为田九万亩。方百里者为方十里者百，为田九十亿亩。方千里者为方百里者白，为田九万亿亩。

自恒山至于南河，千里而近。自南河至于江，千里而近。自江至于衡山，千里而遥。自东河至于东海，千里而遥。自东河至于西河，千里而近。自西河至于流沙，千里而遥。西不尽流沙，南不尽衡山，东不尽东海，北不尽恒山，凡四海之内，断长补短，方三千里，为田八十万亿一万亿亩。方百里者，为田九十亿亩。山陵、林麓、川泽、沟渎、城郭、宫室、途巷，三分去一，其余六十亿亩。

古者以周尺八尺为步，今以周尺六尺四寸为步。古者百亩，当今东田百四十六亩三十步。古者百里，当今百二十一里六十步四尺二寸二分。

方千里者，为方百里者百。封方百里者三十国，其余方百里者七十。又封方七十里者六十，为方百里者二十九，方十里者四十。其余方百里者四十，方十里者六十。又封方五十里者百二十，为方百里者三十。其余方百里者十，方十里者六十。名山大泽不以封。其余以为附庸闲田。诸侯之有功者，取于闲田以禄之。其有削地者，归之闲田。

天子之县内方千里者，为方百里者百。封方百里者九，其余方百里者九十一。又封方七十里者二十一，为方百里者十，方十里者二十九。其余方百里者八十，方十里者七十一。又封方五十里者六十三，为方百里者十五，方十里者七十五。其余方百里者六十四，方十里者九十六。

诸侯之下士禄食九人，中士食十八人，上士食三十六人，下大夫食七十二人，卿食二百八十八人，君食二千八百八十人。次国之卿食二百一十六人，君食二千一百六十人。小国之卿食百四十四人，君食千四百四十人。次国之卿，命于其君者，如小国之卿。天子之大夫为三监，监于诸侯之国者，其禄视诸侯之卿，其爵视次国之君，其禄取之于方伯之地。方伯为朝天子，皆有汤沐之邑于天子之县内，视元士。

诸侯世子世国，大夫不世爵，使以德，爵以功。未赐爵，视天子之元士，以君其国。诸侯之大夫，不世爵禄。

六礼：冠、昏、丧、祭、乡、相见。

七教：父子、兄弟、夫妇、君臣、长幼、朋友、宾客。

八政：饮食、衣服、事为、异别、度、量、数、制。

【译文】

天子为臣下制定俸禄和爵位，分为公、侯、伯、子、男五等。诸侯为臣属制定俸禄和爵位，也分为上大夫卿、下大夫、上士、中士、下士五等。天子的禄田一千里见方，公、侯的禄田一百里见方，伯的禄田七十里见方，子、男的禄田五十里见方。禄田不足五十里见方的小诸侯，不朝会于天子，而附属于诸侯，叫附庸。天子的三公——太师、太傅、太保的禄田比照公、侯，天子的卿的禄田比照伯，天子的大夫的禄田比照子、男，天子的上士的禄田比照附庸。

分配土地的规定：每个农户受田一百亩。百亩之田按土质肥瘠分成三等，上农夫每一百亩田养活九人，稍次一些的养活八人；中农夫每一百亩田养活七人，稍次一些的养活六人；下农夫每一百亩养活五人。在官府当差的平民，他们的俸禄也参照这个等差受田。诸侯的下士的俸禄比照上农夫，使他们的俸禄能够抵得上他们耕种所得的收获；中士的俸禄是下士的两倍；上士是中士的两倍；下大夫是上士的两倍。大国的卿的俸禄是大夫的四倍；国君的俸禄是卿的十倍。中等诸侯国的卿的俸禄是大夫的三倍；国君的俸禄是卿的十倍。小国的卿的俸禄是大夫的两倍，国君的俸禄是卿的十倍。中等诸侯国的上卿，其爵位相当于大国的中卿；中卿相当于大国的下卿；下卿相当于大国的上大夫。小国的上卿，相当于大国的下卿；中卿相当于大国的上大夫；下卿相当于大国的下大夫。

天下一共有九个州，每个州一千里见方。每州之内分封一百里见方的大诸侯国三十个，七十里见方的中等诸侯国六十个，五十里见方的小诸侯国一百二十个，一共二百一十个诸侯国。名山大泽不分封给诸侯。剩余之地就作为附庸，或者闲置备用。这样的州一共八个，每个州都是二百一十个诸侯国。天子王畿所在的州，只分封一百里见方的大国九个，七十里见方的中等诸侯国二十一个，五十里见方的小诸侯国六十三个，一共是九十三个国。名山大泽不分给诸侯。剩余的地作为士的禄田或闲置备用。

农人耕作，选自清刊本《耕织图》。

九个州一共有一千七百七十三个国，而天子的上士的封地、诸侯的附庸都不算在里边。

天子百里见方的王城之内，所入赋税用作官府的各项开销。王城之外的千里见方之地，所入赋税用作王宫的日用开销。千里见方的王畿以外的各个州，每州设一长，称为方伯。一州之中，五个诸侯国为一属，设一属长；十个诸侯国为一连，设一连帅；三十个诸侯国为一卒，设一卒正；二百一十个诸侯国为一州，设一方伯。八州有八个方伯，五十六个卒正，一百六十个连帅，三百三十六个属长。八个方伯各人统辖自己州内的诸侯而又受天子的二老统领。二老分管左右各四州，称做二伯。千里见方的王畿也可统称为甸；王畿以外的地方，近的叫做采，远的叫做流。

  天子的官属，有三公，九卿，二十七大夫，八十一上士。大诸侯国的官属，有三卿，都由天子直接任命，五个下大夫，二十七个上士。中等诸侯国的官属，有三卿，其中两个是由天子直接任命的，一个是国君任命的，五个下大夫，二十七个上士。小诸侯国的官属，有三卿，其中一个是由天子直接任命的，其余两个是国君任命的，五个下大夫，二十七个上士。至于天子、诸侯的中士和下士，其数量各为上级官员的三倍。

  天子任命他的大夫做三监，到各个方伯的封地去监察方伯的政务。每个方伯的封地派遣三人。天子畿内的诸侯封地，是作为禄田分给的，不能世袭；而王畿外的诸侯封地是可以世袭的。命服的规定：三公加赐一命可以穿衮衣；如再遇恩宠，只特赐器物而不加命数，因不能超过九命。中等诸侯的国君不得超过七命，小诸侯国的国君不得超过五命。大诸侯国的卿，不得超过三命；下卿不得超过二命。小诸侯国的卿和下大夫都是一命。

  凡是选用平民中有才能的人做官，必定要先考察他，考察明白之后再试用；若能胜任其事，再授予相应的爵位；爵位既定，然后给予相应的俸禄。在朝廷上铨定一个人的爵位；让朝士共同参加，以示公正无私；在闹市上处决犯人，让众人都厌弃他，以示刑法严明。所以公卿的家里不使用受过刑的人，大夫也不收留受过刑的人，士在路上碰到受过刑的人也不和他答话。把受过刑的人流放到边远地区，随便他们到哪儿去，国家也不向他们征役，就是不要他们活在世上的意思。

  诸侯对天子，每年派大夫去聘问一次，每三年派卿去聘问一次，每五年诸侯亲自朝见一次。

  天子每隔五年出外巡察一次。巡察的那一年二月出发，先到东岳泰山，在山上燔柴祭天，又望祀当地的大山大川，接受东方各诸侯的觐见，登门拜访问候当地年近百岁的老人。命令诸侯国掌管音乐的太师进呈当地的民歌民谣，从而考察人民的风化习俗。命令管理市场的官员进呈当地的物价，从而了解人民喜爱和嫌弃的物品，如果民风不正，那么人民喜欢的都是邪僻之物。命令掌管礼典的官员，校定当地的季节、月份、日期，并对音律、五礼六乐、各种制度和衣服式样等进行订正。山川及各种神灵没有全部祭祀就是不敬，有不敬的，国君就被削减封地。宗庙排列和祭祀不按顺序就是不孝，有不孝的，国君就被降低爵位。随便改换礼乐就是不服从，有不服从的，国君就要被流放驱逐。擅自变革制度服饰就是反叛，有反叛的，国君就要被讨伐。对人民有功德的国君，就给他加封土地或进级。

五月向南巡察，到达南岳衡山，所行礼节与在东岳一样。八月向西巡察，到达西岳华山，所行礼节与在南岳一样。十一月向北巡察，到达北岳恒山，所行礼节与在西岳一样。巡察结束回宫后，到各祖庙和父庙祭祀告归，用特牲。

天子将外出，要祭祀上帝、社稷、宗庙。诸侯将外出，要祭祀社稷和宗庙。天子不是为了征伐之事而与诸侯相见统称为"朝"。朝，可以考校礼仪，订正刑法，统一道德规范，使诸侯尊崇天子。天子把成套的乐器赏赐给诸侯时，用枑作为代表物授予诸侯。天子赏给伯、子、男乐器时，用鼗鼓为代表物授予被赐者。诸侯被天子赏赐了弓矢后，才有权力征伐；被赏赐了铁钺，才有权力刑杀；被赏赐了圭瓒，才能自己酿造鬯酒，如果没有被赏赐圭瓒，就等待天子资助鬯酒。

天子命令办教育，然后才设立学校。小学设在王宫的东南，大学设在郊外。天子的大学叫辟雍，诸侯的大学叫頖宫。

天子将出征，先祭祀上帝、社稷、宗庙；开战前在阵地上祭祀造军法的人，以壮军威。出发前在祖庙中接受祖先的征伐命令，到大学里听取先师的计谋。出征就是要捉拿那些有罪的人。征伐回来后，再到大学里设奠祭祀先师，报告捕获的俘虏和杀死敌人的数目。

天子、诸侯在没有战争的时候，每年田猎三次。首先为祭祀准备供品，再次为招待宾客准备菜肴，第三才是为充实天子、诸侯日常膳食所用。没有特殊的情况而不举行田猎就是不敬；田猎时不按规定杀戮野兽就是损害天物。田猎的规定：天子不能把四面都包围起来打猎，诸侯不能把整群的野兽杀光。天子猎取后便放下指挥的大旗，诸侯猎取后放下指挥的小旗，大夫猎取后就命令副车停止追赶，副车停下后，百姓开始打猎。正月以后，渔人才可到川泽里捕鱼。九月以后，才能举行田猎。八月以后，才能张网捕飞鸟。秋后草木黄落，才能进入山林采伐。昆虫未蛰居地下之前，不能放火烧野草而猎取野兽。田猎时不能捕杀幼兽，不取鸟卵，不杀怀胎的母兽，不杀小兽，不掀翻鸟巢。

大宰编制下一年的国家开支总预算，必定在年终进行。因为要等五谷入库之后才能编制预算。根据国土大小和年成好坏，用三十年收入的平均数作依据制定预算，根据收入的多少预算开支。祭祀所用，占每年收入的十分之一。遇有父母之丧，服丧的三年中不祭宗庙，只有祭天地、社稷不受丧事的限制，照常举行，所以丧事的开支也可以用三年收入的平均数的十分之一。丧事和祭祀的开支超出预算的就叫"暴"，用后有余叫做"浩"。祭祀不能因丰年而奢华，不能因荒年而节俭。

一个国家没有九年的积蓄，可以说是不富足；没有六年的积蓄，可以说是拮据；没有三年的积蓄，就不像个国家了。耕种三年，必定有一年的余粮；耕种九年，必定有三年的余粮。以三十年的平均收入来制定预算，即使遇到饥荒水旱等灾害，老百姓也不会挨饿，达到这样的水平后，天子的膳食，可以每天宰杀牲畜，吃饭时也可以奏乐了。

天子死后七天入殡，第七个月入葬。诸侯死后五天入殡，第五个月入葬。大夫、

士及平民死后三天入殡,第三个月入葬。为父母守丧三年,从天子到平民都是一样。平民下葬时,用绳索把棺柩悬吊入坑内,埋葬之事不因下雨而停止,墓穴之上不堆土为坟,也不种树。服丧期间不做别的事情,从天子到平民都一样。丧事的规格根据死者的爵位而定,而祭祀的规格要根据主持祭祀者的爵位而定。不是嫡长子就不能主持祭祀。

天子设立七庙:文王世室、高祖、祖父三个昭庙,武王世室、曾祖、父三个穆庙,加上一个太祖庙,共七庙。诸侯为祖宗立五庙:高祖、祖父二个昭庙,曾祖、父二个穆庙,加上太祖庙,共五庙。大夫为祖宗立三庙:一个昭庙,一个穆庙,加上太祖庙,共三庙。士只设一庙。平民无庙,祭祀祖宗就在居室内进行。

天子、诸侯宗庙四时祭:春祭叫礿,夏祭叫禘,秋祭叫尝,冬祭叫烝。天子祭祀天神、地祇及其他大小神灵;诸侯祭祀土神、谷神及其他神灵;大夫祭祀门神、灶神、行神、户神、中雷神等五种小神。天子祭祀天下的名山大川,祭祀五岳用享三公的九献礼,祭祀四渎用享诸侯的七献礼。诸侯只祭祀在自己封地内的名山大川。天子、诸侯都要祭祀境内已经灭亡而又没有后嗣的古国先君。天子的春祭是分别遍祭各庙,夏祭、秋祭、冬祭都是合祭。诸侯每年只举行三次时祭,

清嘉庆帝出猎图,清宫廷画家绘,故宫博物馆藏。

如举行春礿,就不举行夏禘;举行夏禘就不举行秋尝;举行秋尝就不举行冬烝;举行冬烝就不举行春礿。诸侯的春礿是分别遍祭各庙,夏祭则一年分别遍祭各庙,一年合祭群庙,秋祭和冬祭都是合祭群庙。

天子祭祀土神和谷神用牛、羊、猪三牲。诸侯祭祀土神和谷神用羊、猪二牲。大夫和士祭祀宗庙,有封地的用祭礼,没有封地的用荐礼。平民祭祀祖宗的荐礼:春天荐祭韭菜,夏天荐祭麦,秋天荐祭黍,冬天荐祭稻。韭菜配以鸡蛋,麦配以鱼,黍配以小猪,稻配以鹅。祭祀天神地神用小牛,牛角只能有蚕茧或栗子大小;祭祀宗庙用中牛,牛角可以有一握粗;宴享宾客用大牛,牛角一尺多长也行。如果不是为了祭祀,诸侯不能杀牛作膳食;大夫不能杀羊作膳食;士不能杀狗或猪作膳食;平民不能吃时

鲜美味。平常吃的菜肴不能比祭祀用的牲牢好，平常穿的衣服不能比祭祀的礼服好，平常居住的房屋不能比宗庙好。

古时候，农夫都助耕公田，不另缴田租。市场上，商贩缴纳地皮税后，不再缴所得税。物品出入关口，只稽查是否违禁，而不抽关税。在规定的时限内进入山林川泽采伐渔猎，就不加禁止。余夫耕种卿大夫的圭田也不必缴税。分派平民服劳役，每人每年不超过三天。公家分配的农田和宅地不准买卖。国家有公共墓地，不得申请另处安葬。

司空掌管用度测量土地安置人民，观测山陵、河川、低湿地、沼泽的地势，测定四季的气候寒暖。测量土地的远近，建造都邑，分派劳役。凡役使人民，按老年人能担任的标准分派任务，而按青壮年的标准分发给养。凡是储备用以安置人民的物品，必须根据居住地的气候寒暖和地势高下决定。如大峡谷两边与大河两岸的气候和地势不一样，两地人民的风俗就不同：性格的刚柔、身体的轻重、行动的快慢都不一样，口味各有偏爱，器具形制各异，衣服式样质料各有所宜。对人民重在教化，不必改变他们的风俗；重在统一刑政，不必改变他们原有的习俗。

中原和四周边远地区的人民，各有不同的生活习性，而且不能改变。住在东方的叫夷人，他们把头发剪短，身上刺着花纹，其中有不吃熟食的人。住在南方的叫蛮人，他们额头上刺着花纹，走路时两脚拇趾相对而行，其中有不吃熟食的人。住在西方的叫戎人，他们披散着头发，用兽皮做衣服，其中有不以五谷为食的人。住在北方的叫狄人，他们用羽毛连缀成衣，住在洞穴中，其中有不以五谷为食的人。中原、东夷、南蛮、西戎、北狄的人民，都有安逸的住处，偏爱的口味，舒适的服饰，便利的工具，完备的器物。东西南北中五方的人民，虽然言语不通，嗜好不同，但当他们要表达心意、互相交流的时候，有懂得双方语言的人帮助沟通。这种人，在东夷叫寄，在南蛮叫象，在西戎叫狄鞮，在北狄叫译。

凡安置人民，必须根据土地大小确定城邑的规格，决定安置人民的数量，使土地多少、城邑大小、人民多少三者互相配合得当，做到没有空闲的土地，没有无业的游民。人民的食用有节制，农事、役事按季节进行，人民就会安居乐业，勉于功事，尊敬君长，然后兴办学校教育他们。

司徒掌管修订六礼，用来节制人民的性情；颁明七教，用来提高人民的道德；统一八政，以防僭越；提倡统一的道德规范，以造成共同的社会风尚，赡养老人，以促进人民的孝心；怜恤孤独，救济他们的不足；尊重有贤德的人，以提倡崇尚德行；检举邪恶的人，以摒弃罪恶。

命令六乡的长官纠举不听教诲的人，向司徒汇报。司徒选定一个吉日，把乡里德高望重的老年人召集到乡里的学校中，演习乡射礼而尊重射箭本领好的人；演习乡饮酒礼而尊重年龄大的人。大司徒率领国学的大学生来帮忙。经过这样的感化教育而不改恶习，就命令右乡纠举出不听教诲的人，把他们迁到左乡；命令左乡纠举出不听教诲的人，把他们迁到右乡，接受同样的感化教育。如若仍不改，就把他们迁到乡外的

郊地，再接受同样的感化教育。如果还不悔改，就从郊地迁到更远的遂地，用同样的方法教育，几经教育仍不悔改，就放逐出境，终身不复录用。

命令六乡的长官考察乡里德才出众的人，把他们举荐给司徒。被举荐的人叫选士。司徒再修考察并选出其中的优秀者，推举入国学。进入国学的人叫俊士。凡由乡里举荐给司徒的人，就不承担乡里的劳役；进入国学的人就不承担司徒分派的国家劳役，这种人叫造士。

乐正尊崇四种教育途径，因而设立四门课程，即用先王传下来的《诗》、《书》、《礼》、《乐》培养人才，春秋二季教授《礼》、《乐》，冬夏二季教授《诗》、《书》。天子的太子和庶子、三公和诸侯的嫡长子、卿大夫和上士的嫡长子，以及挑选出来的俊士和选士，都到国学里接受教育。进入国学以后，就以年龄大小排座次，不以地位高低。大学即将毕业的时候，小胥、大胥和小乐正纠举国学中不遵守教法的贵族子弟，向大乐正汇报，大乐正再向天子汇报。天子召集三公、九卿、大夫、上士等官员到国学中演习射礼和饮酒礼，来感化被纠举者。如果没有改变，天子就亲自视察国家督促他们。如果还不改变，天子为这事三天不杀牲盛宴，把他们流放到远方去，向西流放的为棘，向东流放的为寄，终身不再录用。

大乐正考察评定国学毕业的优秀学生，汇报给天子，并荐举给司马。被荐举的学生称进士。司马再辨察审定进士的德才，把特别优秀的报给天子，对进士的才能作出结论。根据结论委派官职试用，能胜任其职的，就给予爵位，爵位确定之后再发给俸禄。

大夫因不称职而被废黜的，终身不得再出仕做官，死后用士一级的丧礼。国家有兵戎之事征发兵役时，就派大司徒教练士卒乘车穿甲等事。凡是依靠技艺为官府服务的人，只考查他们的技能。要派他们到各地去时，就裸露四肢，比赛射箭、驾车等技能，以挑选合适的人选。凡是依靠技艺为官府或主人服务的人，有祝、史、射、御、医、卜以及各种工匠。凡依靠技艺为官府或主人服务的人，不能兼做别的事，也不能改行。他们离开家乡外出，不能跟士人论辈分年龄。大夫的家臣，离开家乡出外，也不能跟士人论辈分年龄。

司寇的职责是正定刑法，明断罪行，受理诉讼。审断诉讼时，一定要向群臣、群吏、民众三方面征求意见。如果只有犯罪动机而无犯罪事实的，概不受理。量刑时，可轻可重者则从轻；赦免时，原判较重的先赦。凡是判定五等刑罚，一定要合乎天理，使刑罚与罪行相当。凡是受理五刑诉讼时，一定要根据父子之亲、君臣之义来衡量，再按罪行轻重确定刑罚。考虑论定罪行大小，谨慎地拟定刑罚轻重，从而区别各种诉讼。根据耳闻目睹的材料，本于忠君爱亲的心情，悉心推究罪案。遇有疑而不决的案子，就与民众共同审理，如果民众也不能定夺，那就赦免当事者。总之，一定要做到明察案情，依法量刑。

判决书拟好之后，负责审判记录的书吏就把它交给六乡中审理狱讼的官员——正。正再审理一遍，然后转交大司寇。大司寇在外朝公开审理，并向天子报告，天子命令三公参与审理。三公把审理的结果向天子报告，天子又命令要赦免三种人，如果不在赦免之列，就公布刑罚。凡是被判定要受刑罚的人，罪行再轻也不能赦免。所谓刑，就是定型的意思。所谓定型，就是不可更改的意思。正因为判定之后不能更改，所以君子都尽心尽力地审理各种案件。

断章取义曲解法律，变换名称而擅改规格，用邪道扰乱政令的人，处以死刑。作靡靡之音、奇装异服、怪诞之技、怪异器物而蛊惑民心的人，处以死刑。行为诈伪而顽固不化且影响恶劣、言辞虚伪而能迷惑听众、所学不是正道而旁征博引、明知故犯而掩过饰非，从而迷惑民众的人，处以死刑。借助鬼神、时日和卜筮欺骗民众的人，处以死刑。对这四种该杀的人，不再受理他们的申诉。凡是推行禁令，要使民众一律遵守，即使是过失犯禁，也不赦免。

圭、璧、琮、璋为尊贵之物，不准在市场上买卖。天子赏赐的命服命车，不准在市场上买卖。宗庙中的祭祀器具，不准在市场上买卖。用于祭祀的牲畜，不准在市场上买卖。军队所用的武器，不准在市场上买卖。农具和饮食器具不合规格的，不准在市场上买卖。兵车不合规格的，不准在市场上买卖。布帛的丝缕精粗不合规定、宽度不合尺寸的，不准在市场上买卖。掺有杂色的颜料，不准在市场上买卖。有纹彩的布帛、珠玉和精美的器物，不准在市场上买卖。华美的服装以及珍馐饮食，不准在市场上买卖，未成材的树，不准在市场上买卖。幼小的和有孕的禽兽鱼鳖，不准在市场上买卖。各处关卡要执行禁止严格稽查，禁止奇装异服，识别各地的方言。

太史主管一切礼仪，执掌各种典籍，记录违避的名字、忌日、灾异等。天子听受太史的劝谏之前要斋戒。司会于每年年终将一年的收支总报表呈请天子考核。太宰斋戒后佐天子接受报表。大司乐、大司寇和管理市场的官将各自的报表附于司会的报表之后呈请天子考核。大司徒、大司马、大司空斋戒后接受报表进行考核，他们所统领的百官也把各自的情况上报给这三个大官考核。大司徒、大司马、大司空把考核的结果向天子报告。百官斋戒后听候天子宣布考核结果，然后举行养老的宴会，举行蜡祭慰劳农夫。到这时，一年的农事都已完成，可以编制下一年的预算了。

养老之礼，有虞氏用燕礼，夏后氏用飨礼，殷代用食礼，周代遵循古法而三礼兼用。五十岁就能参加乡里的养老宴，六十岁能参加国家在小学举行的养老宴，七十岁以上能参加大学里的养老宴。这种规定从天子到诸侯国都适用。八十岁的老人拜受君命时只要跪下去磕头两次就可以了，盲人拜受君命也可这样，九十岁的老人可以让别人代拜君命。五十岁以上可以吃与壮年人不同的细粮，六十岁以上可以有预备的肉食，七十岁以上可有两份膳食，八十岁以上可以常吃时鲜珍馐，九十岁以上可以在寝室里就餐，出游时也可让人随带食物。

人到六十岁，就开始置备需一年时间才能做好的丧葬用品，七十岁以后开始置备一个季度能做好的丧葬用品，八十岁以后开始置备一个月能做好的丧葬用品，九十岁以后就置备一天能做好的丧葬用品，只有装殓尸体用的绞、纻、衾、冒等，到死后才制作。人到五十岁以后就开始衰老，六十岁以后没有肉食就营养不足，七十岁以后没有丝绸就不得温暖，八十岁以后没人陪睡就不暖和，九十岁以后即使有人陪睡也不觉暖和了。五十岁以后可以在家中用手杖，六十岁以后可以在乡里挂手杖走路，七十岁以后可以在国中挂手杖走路，八十岁以后可以挂手杖上朝，九十岁以后，天子若有事询问，就派人到家里请教，并且要带时鲜珍品为见面礼。七十岁以后，朝见天子时可以提早退出，八十岁以后，天子每月派人问候安康，九十岁以后，天子每天派人送膳食到家里。五十岁以后不服劳役，六十岁以后不参与征战，七十岁以后不参与会见宾客，八十岁以后不参与祭祀，不为人服丧。五十岁后得到封爵，六十岁后不亲自向别人求教，七十岁后辞官告老，遇到丧事只服丧服，不参加丧事仪式。

有虞氏的时代，在上庠宴飨国老，在下庠宴飨庶老。夏后氏在东序宴飨国老，在西序宴飨庶老。殷代在右学宴飨国老，在左学宴飨庶老。周代在东胶宴飨国老，在虞庠宴飨庶老，虞庠在王城的西郊。有虞氏的时代，祭祀时戴"皇"，养老时穿深衣。夏代祭祀时戴"收"，养老时穿燕衣。殷代祭祀时戴"冔"，养老时穿纯白的深衣。周代祭祀时戴"冕"，养老时穿玄衣白裳。

夏、殷、周三代的天子，都根据户籍核定年龄，确定参加养老会的人员。家有八十岁的老人，可以有一人不应力役之征。家有九十岁的老人，全家都可不应力役征召。家中有需人照顾生活的残疾人，可以有一人不应力役征召。父母死丧，服丧三年间不应力役征召；遇到齐衰、大功丧服，三个月不应征召。将从天子王畿移居诸侯国的家庭，临行前三个月不应征召。从诸侯国迁居王畿的家庭，来后一年内不应征召。

年幼而无父的人叫做孤，年老而无子孙的人叫做独，老而无妻的人叫做鳏，老而无夫的人叫做寡。这四种人是世上生活困难而又无处告求的人，要经常分发粮饷。哑巴、聋子、瘸子、不能走路的人、四肢断残的人、特别矮小的人，也在抚恤的范围内。各种工匠都凭自己制造器物的技艺而取得粮饷。

在道路上，男子靠右走，妇女靠左走。车辆在路中央行驶，遇到与自己父亲年龄差不多的行人，就跟在他后面走；遇到比自己年龄略大的行人，可以稍后一些并排而行；与朋友同行，不能超越争先。老人挑着轻担子，年轻人应把他的担子并到自己的担子上；老少都是重担，年轻人应帮老人分担一些；不要让头发花白的老人提着东西走路。有官爵的老人出行必有车，不徒步行走；年老的平民吃饭必有肉。大夫以上都自备祭器，不向别人借用，所以祭器没有备齐之前，就不造日常用器。

一里见方的土地，折合为九百亩。十里见方的土地，有一百个十里见方，折合为九百万亩。千里见方的土地，有一百个百里见方，折合为九亿亩。从北面的恒山向南到黄河，有将近千里。从黄河向南到长江，有将近千里。从长江向南到衡山，有一千多里。从东黄河向东到东海，有一千多里。从东黄河向西到西黄河，不足千里。从西黄河向西到西域沙漠地带，有一千多里。西域沙漠不是西边的尽头，衡山不是南边的尽头，东海不是东边的尽头，恒山不是北边的尽头，这样，把多出来的地方填补不足的地方，四海之内的土地，有三千里见方，折合为八十一亿亩。百里见方的土地本应有田九百万亩，而山脉、森林、江河湖泊、沟渠水道、城镇乡村、纵横道路等约占三分之一，所以只剩下六百万亩可耕地。

古时候的一步是周尺八尺，现在汉代的一步是周尺六尺四寸，所以古时候的一百亩相当于现在汉代东方齐鲁的一百四十六亩余三十平方步；古时候的一百里相当于现在汉代的一百二十里余六十步四尺二寸二分。

千里见方的州，有一百个一百里见方的区域。分封出三十个百里见方的诸侯国，余下七十个百里见方的地方。再分封出六十个七十里见方的诸侯国，折合为二十九个方百里又四十个方十里，剩下四十个方百里又六十个方十里。又分封出一百二十个五十里见方的诸侯国，折合为三十个百里见方之地，还剩下十个方百里又六十个方十里的土地。名山大泽不分封给诸侯。剩下的土地或者作为附庸小国，或者作为闲田。诸侯有功，就从闲田中拿出土地作为奖赏；诸侯有罪，被削减的土地则并入闲田。

天子的王畿千里见方，也就是一百个百里见方。分封出九个百里见方的诸侯国，余下九十一个百里见方的土地。再分封出二十一个七十里见方的诸侯国，折合为十个方百里又二十九个方十里，剩下八十个方百里又七十一个方十里的土地。再分封出六十三个五十里见方的诸侯国，折合为十五个方百里又七十五个方十里，最后剩下六十四个方百里又九十六个方十里的土地。

诸侯的下士所得俸禄可以养活九人，中士的俸禄可以养活十八人，上士的俸禄可以养活三十六人，下大夫的俸禄可以养活七十二人。大诸侯国的卿，所得俸禄可以养活二百八十八人，国君的俸禄可以养活二千八百八十八。中等诸侯国的卿，所得俸禄可以养活二百一十六人，国君的俸禄可以养活二千一百六十人。小诸侯国的卿，所得俸禄可以养活一百四十四人，国君的俸禄可以养活一千四百四十人。中等诸侯国的由国君所任命的卿，所得俸禄与小诸侯国中由天子任命的卿一样多。

天子的大夫被派到诸侯国去做三监的，他们的俸禄比照大国的卿，他们的爵位比照中等诸侯国的国君，俸禄从各方诸侯之长那儿支取。各方的诸侯之长为着朝见天子，在天子的王畿内有专供斋戒沐浴的土地。汤沐邑的大小与天子的上士的禄地一样。天子王畿外的诸侯，他的嫡长子可以世袭君位。天子的大夫的爵位不能世袭，有德行才让他们当大夫，有功劳才赐给爵位。诸侯的嫡长子继位时如果没有被赐爵位，地位相当于天子的上士，他以这种身份统治他的国家。诸侯的大夫的爵位和俸禄都不能世袭。

六礼，是冠礼、婚礼、丧礼、祭祀礼、乡饮酒礼和相见礼。七教，是父子、兄弟、夫妇、君臣、长幼、朋友、宾客之间的关系。八政，是饮食、衣服、工艺的法式，器物的品类，以及长度、重量的标准，数码的进位制，器用、布帛的规格。

月令第六

【原文】

孟春之月：日在营室，昏参中，旦尾中。其日甲乙。其帝大皞，其神句芒。其虫鳞。其音角，律中大蔟。其数八。其味酸，其臭膻。其祀户，祭先脾。

东风解冻，蛰虫始振，鱼上冰，獭祭鱼，鸿雁来。

天子居青阳左个；乘鸾路，驾仓龙，载青旂，衣青衣，服仓玉，食麦与羊，其器疏以达。

是月也，以立春。先立春三日，太史谒之天子，曰："某日立春，盛德在木。"天子乃齐。立春之日，天子亲帅三公、九卿、诸侯、大夫，以迎春于东郊。还反，赏公卿、诸侯、大夫于朝。命相布德和令，行庆施惠，下及兆民，庆赐遂行，毋有不当。乃命大史，守典奉法，司天日月星辰之行，宿离不贷，毋失经纪，以初为常。

是月也：天子乃以元日祈谷于上帝。乃择元辰，天子亲载耒耜，措之（于参）〔参于〕保介之御间；帅三公、九卿、诸侯、大夫，躬耕帝藉。天子三推，（三）公五推，卿、诸侯九推；反，执爵于大寝，三公、九卿、诸侯、大夫皆御，命曰"劳酒"。

是月也，天气下降，地气上腾，天地和同，草木萌动。王命布农事，命田舍东郊，皆修封疆，审端（经）〔径〕术。善相丘陵、阪险、原隰，土地所宜、五谷所殖，以教道民。必躬亲之。田事既饬，先定准直，农乃不惑。

是月也，命乐正入学习舞，乃修祭典。命祀山林川泽，牺牲毋用牝。禁止伐木，毋覆巢，毋杀孩虫、胎夭、飞鸟，毋麛毋卵。毋聚大众，毋置城郭。掩骼埋胔。

是月也，不可以称兵，称兵必天殃。兵戎不起，不可从我始。毋变天之道，毋绝地之理，毋乱人之纪。

孟春行夏令，则〔风〕雨（水）不时，草木蚤落，国时有恐。行秋令，则其民大疫，猋风暴雨总至，藜莠蓬蒿并兴。行冬令，则水潦为则，雪霜大挚，首种不入。

仲春之月：日在奎，昏弧中；旦建星中。其日甲乙。其帝大皞，其神句芒。其虫鳞。其音角，律中夹钟。其数八。其味酸，其臭膻。其祀户，祭先脾。

始雨水。桃始华。仓庚鸣，鹰化为鸠。

天子居青阳大庙，乘鸾路，驾仓龙，载青旂，衣青衣，服仓玉，食麦与羊。其器疏以达。

是月也，安萌牙。养幼少，存诸孤。择元日，命民社。命有司，省囹圄，去桎梏，毋肆掠，止狱讼。

是月也，玄鸟至。至之日，以大牢祠于高禖，天子亲往。后妃帅九嫔御。乃礼天子所御，带以弓韣，授以弓矢，于高禖之前。

是月也，日夜分，雷乃发声，始电。蛰虫咸动，启户始出。先雷三日，奋（木）铎以令兆民，曰："雷将发声，有不戒其容止者，生子不备，必有凶灾！"日夜分，则同度量，钧衡石，角斗甬，正权概。

是月也，耕者少舍，乃修阖扇，寝庙毕备。毋作大事，以妨农（之）事。

是月也，毋竭川泽，毋漉陂池，毋焚山林。天子乃鲜羔开冰，先荐寝庙。上丁，命乐正习舞，释菜；天子乃帅三公、九卿、诸侯、大夫，亲往视之。仲丁，又命乐正入学习（舞）〔乐〕。

是月也，祀不用牺牲，用圭璧，更皮币。

仲春行秋令，则其国大水，寒气总至，寇戎来征。行冬令，则阳气不胜，麦乃不孰，民多相掠。行夏令，则国乃大旱，暖气早来，虫螟为害。

季春之月，日在胃，昏七星中，旦牵牛中。其日甲乙。其帝大皞，其神句芒。其虫鳞。其音角，律中姑洗。其数八。其味酸，其臭膻。其祀户，祭先脾。

桐始华，田鼠化为（驾）〔鴽〕，虹始见，萍始生。

天子居青阳右个，乘鸾路，驾仓龙，载青旂；衣青衣，服仓玉；食麦与羊。其器疏以达。

清雍正帝临雍讲学图

是月也，天子乃荐鞠衣于先帝。命舟牧覆舟，五覆五反，乃告舟备具于天子焉。天子始乘舟。荐鲔于寝庙，乃为麦祈实。

是月也，生气方盛，阳气发泄，句者毕出，萌者尽达。不可以内。天子布德行惠，命有司发仓廪，赐贫穷，振乏绝；开府库，出币帛，周天下；勉诸侯，聘名士，礼贤者。

是月也，命司空曰："时雨将降，下水上腾。循行国邑，周视原野，修利堤防，道达沟渎，开通道路，毋有障塞。田猎罝罘，罗罔毕翳，餧兽之药，毋出九门。"

是月也，命野虞无伐桑柘。鸣鸠拂其羽，戴胜降于桑。具曲植籧筐。后妃齐戒，亲东乡躬桑，禁妇女毋观，省妇使，以劝蚕事。蚕事既登，分茧称丝效功，以共郊庙之服，无有敢惰。

是月也，命工师令百工审五库之量：金、铁，皮、革、筋，角、齿，羽、箭、干，脂、胶、丹、漆，毋或不良。百工咸理，监工日号："毋悖于时，毋或作为淫巧，以荡上心！"

是月之末，择吉日，大合乐。天子乃率三公、九卿、诸侯、大夫亲往视之。

是月也，乃合累牛腾马、游牝于牧。牺牲驹犊，举书其数。命国难，九门磔攘，以毕春气。

季春行冬令，则寒气时发，草木皆肃，国有大恐。行夏令，则民多疾疫，时雨不降，山林不收。行秋令，则天多沉阴，淫雨蚤降，兵革并起。

清雍正帝祭先农坛时的仪仗队

孟夏之月：日在毕，昏翼中，旦婺女中。其日丙丁。其帝炎帝，其神祝融。其虫羽。其音徵，律中中吕。其数七。其味苦，其臭焦。其祀灶，祭先肺。

蝼蝈鸣，蚯蚓出，王瓜生，苦菜秀。

天子居明堂左个，乘朱路，驾赤骝，载赤旂，衣朱衣，服赤玉，食菽与鸡，其器高以粗。

是月也，以立夏。先立夏三日，太史谒之天子曰："某日立夏，盛德在火。"天子乃齐。立夏之日，天子亲帅三公、九卿、大夫以迎夏于南郊。还反，行赏，封诸侯。庆赐遂行，无不欣悦。乃命乐师，习合礼乐，命太尉，赞桀俊，遂贤良，举长大，行爵出禄，必当其位。

是月也，继长增高，毋有坏堕。毋起土功，毋发大众，毋伐大树。

是月也，天子始絺。命野虞出行田原，为天子劳农劝民，毋或失时。命司徒巡行县鄙，命农勉作，毋休于都。

是月也，驱兽，毋害五谷，毋大田猎。农乃登麦，天子乃以彘尝麦，先荐寝庙。

是月也，聚畜百药。靡草死，麦秋至。断薄刑，决小罪，出轻系。蚕事（既）毕，后妃献茧。乃收茧税，以桑为均，贵贱长幼如一，以给郊庙之服。

是月也，天子饮酎，用礼乐。

孟夏行秋令，则苦雨数来，五穀不滋，四鄙入保。行冬令，则草木蚤枯，后乃大水，败其城郭。行春令，则（蝗虫）〔虫蝗〕为灾，暴风来格，秀草不实。

仲夏之月，日在东井；昏亢中，旦危中。其日丙丁。其帝炎帝，其神祝融。其虫羽。其音徵，律中蕤宾。其数七。其味苦，其臭焦。其祀灶，祭先肺。

小暑至，螳螂生，（鵙）〔鶪〕始鸣，反舌无声。

天子居明堂太庙，乘朱路，驾赤駵，载赤旂；衣朱衣，服赤玉，食菽与鸡。其器高以粗。养壮佼。

是月也，命乐师修鞀鞞鼓，均琴瑟管箫，执干戚戈羽，调竽笙篪簧，饬钟磬柷敔。命有司为民祈祀山川百源，大雩帝，用盛乐。乃命百县，雩祀百辟卿士有益于民者，以祈谷实。农乃登黍。

农家务蚕桑，选自清《耕织图册》。

是月也，天子乃以雏尝黍，羞以含桃，先荐寝庙。令民毋艾蓝以染。毋烧灰，毋暴布。门闾毋闭，关市毋索。挺重囚，益其食。游牝别群，则絷腾驹，班马政。

是月也，日长至。阴阳争，死生分。君子齐戒，处必掩身，毋躁；止声色，毋或进；薄滋味，毋致和；节嗜欲，定心气。百官静事毋（刑）〔徑〕，以定晏阴之所成。鹿角解，蝉始鸣，半夏生，木堇荣。

是月也，毋用火南方。可以居高明，可以远眺望，可以升山陵，可以处台榭。

仲夏行冬令，则雹冻伤谷，道路不通，暴兵来至。行春令，则五谷晚孰，百螣时起，其国乃饥。行秋令，则草木零落，果实早成，民殃于疫。

季夏之月，日在柳；昏火中，旦奎中。其日丙丁。其帝炎帝，其神祝融。其虫羽。其音徵，律中林钟。其数七。其味苦，其臭焦。其祀灶，祭先肺。

温风始至，蟋蟀居壁，鹰乃学习，腐草为萤。

天子居明堂右个，乘朱路，驾赤駵，载赤旂；衣朱衣，服赤玉，食菽与鸡，其器高以粗。命渔师伐蛟、取鼍、登龟、取黿。命泽人纳材苇。

是月也，命四监，大合百县之秩刍，以养牺牲。令民无不咸出其力，以共皇天上帝、名山大川、四方之神，以祠宗庙社稷之灵，以为民祈福。

是月也，命妇官染采，黼黻文章必以法故，无或差贷。黑黄仓赤，莫不质良，毋敢诈伪。以给郊庙祭祀之服，以为旗章，以别贵贱等（给）〔级〕之度。

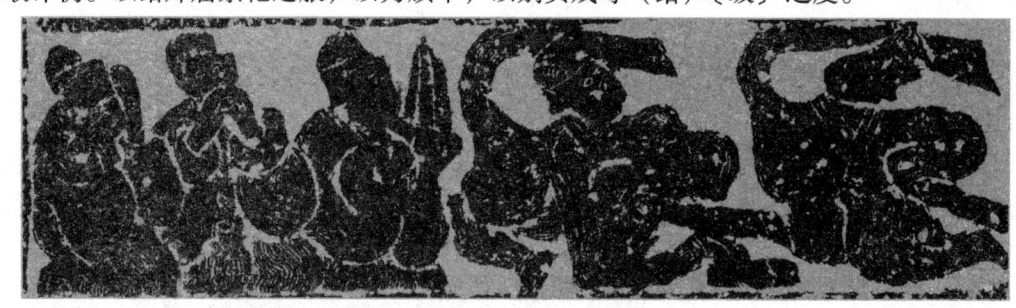

乐舞，汉画像石，山东苍山县城前村。

是月也，树木方盛，乃命虞人入山行木，毋有斩伐。不可以兴土功，不可以合诸侯，不可以起兵动众。毋举大事，以摇养气。毋发令而待，以妨神农之事也。水潦盛昌，神农将持功，举大事则有天殃。

是月也，土润溽暑，大雨时行，烧薙行水，利以杀草，如以热汤。可以粪田畴，可以美土疆。

季夏行春令，则谷实鲜落，国多风咳，民乃迁徙。行秋令，则丘隰水潦，禾稼不孰，乃多女灾。行冬令，则风寒不时，鹰隼蚤鸷，四鄙入保。

中央土：其日戊己。其帝黄帝，其神后土。其虫倮。其音宫，律中黄钟之宫。其数五。其味甘，其臭香。其祀中霤，祭先心。

天子居大庙大室，乘大路，驾黄骝，载黄旂，衣黄衣，服黄玉；食稷与牛。其器圜以闳。

孟秋之月，日在翼；昏建星中，旦毕中。其日庚辛。其帝少皞，其神蓐收。其虫毛。其音商，律中夷则。其数九。其味辛，其臭腥。其祀门，祭先肝。

凉风至，白露降，寒蝉鸣，鹰乃祭鸟，用始行戮。

天子居总章左个，乘戎路，驾白骆，载白旂，衣白衣，服白玉，食麻与犬。其器廉以深。

是月也，以立秋。先立秋三日，太史谒之天子曰："某日立秋，盛德在金。"天子乃齐。立秋之日，天子亲帅三公、九卿、诸侯、大夫以迎秋于西郊；还反，赏军帅武人于朝。天子乃命将帅选士厉兵，简练桀俊，专任有功以征不义，诘诛暴慢以明好恶，顺彼远方。

是月也，命有司修法制，缮囹圄，具桎梏，禁止奸，慎罪邪，务搏执。命理瞻伤、察创、视折、审断，决狱讼，必端平，戮有罪，严断刑。天地始肃，不可以赢。

是月也，农乃登谷。天子尝新，先荐寝庙。命百官始收敛。完堤防，谨壅塞，以备水潦。修宫室，培墙垣，补城郭。

是月也，毋以封诸侯、立大官。毋以割地、行大使、出大币。

孟秋行冬令，则阴气大胜，介虫败谷，戎兵乃来。行春令，则其国乃旱，阳气复还，五谷无实。行夏令，则国多火灾，寒热不节，民多疟疾。

仲秋之月：日在角，昏牵牛中，旦觜觿中。其日庚辛。其帝少皞，其神蓐收。其虫毛。其音商，律中南吕。其数九。其味辛，其臭腥。其祀门，祭先肝。

盲风至，鸿雁来，玄鸟归，群鸟养羞。

天子居总章大庙；乘戎路，驾白骆，载白旂；衣白衣，服白玉；食麻与犬。其器廉以深。

是月也，养衰老，授几杖，行糜粥饮食。乃命司服，具饬衣裳，文绣有恒，制有小大，度有（长）短〔长〕。衣服有量，必循其故。冠带有常。乃命有司申严百刑，斩杀必当，毋或枉桡，枉桡不当，反受其殃。

是月也，乃命宰祝循行牺牲，视全具；案刍豢，瞻肥瘠；察物色，必比类；量小大，视长短，皆中度。五者备当，上帝其飨。天子乃难，以达秋气；以犬尝麻，先荐寝庙。

龙灯祈雨，选自《点石斋画报》。

是月也，可以筑城郭，建都邑，穿窦窖，修囷仓。乃命有司趣民收敛，务畜菜，多积聚。乃劝种麦，毋或失时，其有失时，行罪无疑。

是月也，日夜分，雷〔乃〕始收（声），蛰虫坏户；杀气浸盛，阳气日衰，水始涸。日夜分，则同度量，平权衡，正钧石，角斗甬。

是月也，易关市，来商旅，纳货贿，以便民事。四方来集，远乡皆至，则财不匮，上无乏用，百事乃遂。凡举大事，毋逆（大）〔天〕数，必顺其时，慎因其类。

仲秋行春令，则秋雨不降，草木生荣，国乃有恐；行夏令，则其国乃旱，蛰虫不藏，五谷复生；行冬令，则风灾数起，收雷先行，草木蚤死。

季秋之月，日在房，昏虚中，旦柳中。其日庚辛。其帝少皞，其神蓐收。其虫毛。其音商，律中无射。其数九。其味辛，其臭腥。其祀门，祭先肝。

鸿雁来，宾爵入大水为蛤，鞠有黄华，豺乃祭兽戮禽。

天子居总章右个；乘戎路，驾白骆，载白旂；衣白衣，服白玉；食麻与犬。其器廉以深。

是月也，申严号令，命百官贵贱无不务内，以会天地之藏，无有宣出；乃命冢宰：农事备收，举五谷之要，藏帝藉之收于神仓，祗敬必饬。

给丝织品淬色、攀花，选自清《耕织图册》。

是月也，霜始降，则百工休。乃命有司曰："寒气总至，民力不堪，其皆入室！"上丁，命乐正入学习吹。

是月也，大飨帝，尝，牺牲告备于天子。合诸侯，制百县，为来岁受朔日与诸侯所税于民轻重之法、贡职之数，以远近土地所宜为度，以给郊庙之事，无有所私。

是月也，天子乃教于田猎，以习五戎，班马政；命仆及七驺咸驾，载旌旐，授车以级，整设于屏外。司徒搢扑；北面〔以〕誓之。天子乃厉饰，执弓挟矢以猎；命主祠祭禽于四方。

是月也，草木黄落，乃伐薪为炭。蛰虫咸俯在（内）〔穴〕，皆墐其户。乃趣狱刑，毋留有罪。收禄秩之不当、供养之不宜者。

是月也，天子乃以犬尝稻，先荐寝庙。

季秋行夏令，则其国大水，冬藏殃败，民多鼽嚏；行冬令，则国多盗贼，边竟不宁，土地分裂；行春令，则暖风来至，民气解惰，师兴不居。

孟冬之月，日在尾，昏危中，旦七星中。其日壬癸。其帝颛顼，其神玄冥。其虫介。其音羽，律中应钟。其数六。其味咸，其臭朽。其祀行，祭先肾。

水始冰，地始冻，雉入大水为蜃，虹藏不见。

天子居玄堂左个；乘玄路，驾铁骊，载玄旂；衣黑衣，服玄玉；食黍与彘。其器闳以奄。

是月也，以立冬。先立冬三日，大史谒之天子曰："某日立冬，盛德在水。"天子乃齐。立冬之日，天子亲帅三公、九卿、大夫以迎冬于北郊；还反，赏死事，恤孤寡。

是月也，命大史衅龟策占兆，审卦吉凶。是察阿党，则罪无有掩蔽。

是月也，天子始裘。命有司曰："天气上腾，地气下降，天地不通，闭塞而成冬。"命百官谨盖藏。命司徒循行积聚，无有不敛。坏城郭，戒门闾，修键闭，慎管龠，固封疆，备边境；完要塞，谨关梁，塞徯径。饬丧纪，辨衣裳；审棺椁之薄厚，（茔）

〔营〕丘垄之（大）小〔大〕、高卑、（厚）薄〔厚〕之度，贵贱之等级。

是月也，命工师效功，陈祭器，案度程。毋或作为淫巧以荡上心；必功致为上。物勒工名，以考其诚。功有不当，必行其罪，以穷其情。

是月也，大饮烝。天子乃祈来年于天宗，大割祠于公社及门闾。腊先祖五祀。劳农以休息之。天子乃命将帅讲武，习射御，角力。

是月也，乃命水虞渔师，取水泉池泽之赋。毋或敢侵削众庶兆民，以为天子取怨于下，其有若此者，行罪无赦。

孟冬行春令，则冻闭不密，地气上泄，民多流亡。行夏令，则国多暴风，方冬不寒，蛰虫复出。行秋令，则雪霜不时，小兵时起，土地侵削。

仲冬之月：日在斗，昏东壁中，旦轸中。其日壬癸。其帝颛顼，其神玄冥。其虫介。其音羽，律中黄钟。其数六。其味咸，其臭朽。其祀行。祭先肾。

冰益壮，地始坼，鹖旦不鸣，虎始交。

天子居玄堂大庙；乘玄路，驾铁骊，载玄旂；衣黑衣，服玄玉；食黍与彘。其器闳以奄。饬死事。命有司曰：土事毋作，慎毋发盖，毋发室屋及起大众，以固而闭。地气（沮）〔且〕泄，是谓发天地之房，诸蛰则死，民必疾疫，又随以丧。命之曰畅月。

是月也，命奄尹申宫令，审门（间）〔闾〕，谨房室，必重闭。省妇事，毋得淫，虽有贵戚近习，毋有不禁。乃命大酋：秫稻必齐，麴糵必时，湛炽必洁，水泉必香，陶器必良，火齐必得。兼用六物，大酋监之。毋有差贷。天子命有司祈祀四海、大川、名源、渊泽、井泉。

是月也，农有不收藏积聚者，马牛畜兽有放佚者，取之不诘。山林薮泽，有能取蔬食、田猎禽兽者，野虞教道之；其有相侵夺者，罪之不赦。

是月也，日短至，阴阳争，诸生荡。君子齐戒，处必掩身。身欲宁，去声色，禁耆欲，安形性，事欲静，以待阴阳之所定。芸始生，荔挺出，蚯蚓结，麋角解，水泉动。日短至，则伐木取竹箭。

是月也，可以罢官之无事、去器之无用者，涂阙廷门闾，筑囹圄，此〔所〕以助天地之闭藏也。

仲冬行夏令，则其国乃旱，氛雾冥冥，雷乃发声；行秋令，则天时雨汁，瓜瓠不成，国有大兵；行春令，则蝗虫为败，水泉咸竭，民多疥疠。

季冬之月，日在婺女，昏娄中，旦氐中。其日壬癸。其帝颛顼，其神玄冥。其虫介。其音羽，律中大吕。其数六。其味咸，其臭朽。其祀行，祭先肾。

雁北乡，鹊始巢，雉雊，鸡乳。

天子居玄堂右个：乘玄路，驾铁骊，载玄旂；衣黑衣，服玄玉；食黍与彘。其器闳以奄。命有司大难，旁磔，出土牛，以送寒气。征鸟厉疾。乃毕山川之祀，及帝之大臣、天之神祇。

是月也，命渔师始渔，天子亲往。乃尝鱼，先荐寝庙。冰方盛，水泽腹坚。命取

冰，冰以入。令告民出五种。命农计耦耕事，修耒耜，具田器。命乐师大合吹而罢。乃命四监收秩薪柴，以共郊庙及百祀之薪燎。

是月也，日穷于次，月穷于纪，星回于天，数将几终，岁且更始。专而农民，毋有所使。天子乃与公卿、大夫共饬国典，论时令，以待来岁之宜。乃命大史次诸侯之列，赋之牺牲，以共皇天上帝社稷之飨。乃命同姓之邦，共寝庙之刍豢；命宰历卿大夫至于庶民土田之数，而赋牺牲，以共山林名川之祀。凡在天下九州之民者，无不咸献其力，以共皇天上帝、社稷寝庙、山林名川之祀。

季冬行秋令，则白露蚤降，介虫为妖，四鄙入保；行春令，则胎夭多伤，国多固疾，命之曰"逆"；行夏令，则水潦败国，时雪不降，冰冻消释。

【译文】

初春正月：太阳运行于室星的位置，黄昏时，参星位于南天正中；拂晓，尾星位于南天正中。春季的日子是甲乙，于五行属木。主管的帝是木德的太皞，辅佐的神是木官句芒。动物与木相配的是有鳞的鱼族。五音与木相配的是"角"，与正月相应的是十二律中的太蔟。与木相配的数是八。五味是酸，气味是膻。五祀中祭祀"户"神，祭品中以五行属木的脾为上。

开始刮东风，冰逐渐融化，深藏土中的虫豸开始复苏动弹，鱼从水深处浮到冰下，水獭陈放鱼于岸边，好像在祭祀，大雁从南方来。

正月天子居住于明堂东部青阳的北室，乘的是有鸾铃的车子，驾的是青色的大马，车上插的是青色的绘有龙纹的旗，穿的是青色的衣服，冠饰和所佩的玉都是青色的，食品是麦和羊。使用的器物，镂刻的花纹粗疏，而且是由直线组成的图案。

这个月的节气，是立春。在立春前三天，太史向天子禀告，说："某一天是立春，木德当令。"天子开始斋戒。到了立春这一天，天子亲自率领三公、诸侯、大夫，到东郊举行迎春之礼。回朝后，在朝中赏赐公卿、诸侯、大夫。命令三公发布教令、禁令，实行奖励和赈济，下及于庶民，对所有褒奖和赏赐的，都做得很恰当。于是命令太史掌管六典、执行八法；又命令太史观察日月星辰的运行，其度数位置，要做到没有错误，一切和往常一样。

在这个月里，天子于第一个辛日祭祀上帝，祈求五谷丰登。又于亥这个吉日，天子放置耒耜在自己的车上，放置的位置在穿甲衣的车右和御者中间，并率领三公九卿诸侯大夫，亲自耕种籍田，天子起土三次，公起土五次，卿和诸侯起土九次。回宫后，在大寝举杯宴饮，三公九卿诸侯大夫全部参加陪侍，这次宴饮称为"劳酒"。

在这个月里，天气往下降，地气往上升，天地的气和合混同，草木就开始萌芽生长。天子下令布置春耕之事，命令田官住到东郊，令农夫都整治疆界，审察修整小路和沟渠。认真视察山地、坡地、高而平的地、低湿地，各种地适宜种植的作物，以及种植的方法，将这些教导给农民。田官一定要亲去做这些事。田事都已整饬完备，都因事先订立了标准，农事才进行得有条不紊。

这个月，命令乐官之长到太学教练舞蹈。修订祭祀的典则。下令祭祀山林川泽，祭牲不用母畜。禁止砍伐树木，不要毁鸟窠，不要杀害幼虫，已怀胎的母畜，刚出母体的小兽，刚会飞的小鸟，不要伤害小兽及各种鸟蛋。不要举行群众集会，不要修建城廓。掩埋枯骨尸体。在这个月，不可用兵作战，用兵作战，一定会遭到天的惩罚。要解甲休兵，更不可由我方发动战争。这样做是为了不改变天道，不破坏地理，不扰乱人的纲纪。

春季正月，如果施行夏天的政令，就会造成该下雨时不下雨，草木过早地凋零，城市中经常有惊恐之事发生。如果施行了秋天的政令，人民就流行大瘟疫，旋风暴雨一起到来，蒺藜、莠草、蓬蒿等野草生长茂盛。如果施行冬天的政令，就会出现毁灭性的洪涝灾害，庄稼受到大雪霜冻等伤害，第一茬作物无法种入土中。

仲春二月：太阳运行于奎星的位置；黄昏时，弧星位于南天的正中；拂晓，建星位于南天的正中。春季的日子是甲乙，于五行属木。主管的帝是木德的太皞，辅佐的神是木官句芒。动物与木相配的是有鳞的鱼族。五音与木相配的是"角"，与二月相应的是十二律中的夹钟。与木相配的数是八。五味是酸，气味是膻。五祀中祭祀"户"神，祭品以五行属木的脾为上。

开始下雨，桃树开始开花，黄鹂鸟开始鸣叫，老鹰变成布谷鸟。

天子居住于明堂东部青阳的中室，乘的是有鸾铃的车子，驾的是青色的大马，车上插的是青色的绘有龙纹的旗，穿的是青色的衣服，冠饰和所佩的玉都是青色的，食品是麦和羊。使用的器物，镂刻的花纹粗疏，而且是由直线组成的图案。

这个月，不要损害植物发芽。加强对幼儿小孩的养育，慰问抚恤孤儿。于第一个"甲"日，命令人民祭祀土神。命令官吏，释放牢狱中罪轻的囚犯，去掉罪人的手铐脚镣，死刑处决后不陈尸示众，禁止对罪犯拷打，调解诉讼之事。

这个月，燕子飞回。在燕子来的日子，用太牢祭祀禖神，天子亲自去致祭。后妃率领天子后宫侍从同去。向怀孕的嫔妃行礼，在禖神前给她们佩带弓套、弓箭。

这个月，昼夜一样长，有了雷声，开始闪电。冬天躲藏在泥土中的动物全部开始活动，钻出洞穴，回到地面。于春分前三天，摇动木铎向广大人民发布教令，说："将要开始打雷，有人不注意节制房事，生下的儿子就要有生理缺陷，自身也一定会有灾祸。"昼夜一样长，校正度量衡器具，平正衡器，不使有轻重之差；校斗斛，不使有大小之别；验证秤锤和平斗木。

这个月，从事农耕的有短期间息，要抓紧整修一下门户，庙门和寝门都要完整无缺。不要兴兵和搞大规模的劳役，以免妨碍农耕之事。

这个月，不要将河泽中的水放完，不要让蓄水池干竭，不要焚烧山林。天子用羔羊祭祀司寒之神，并开窖取冰，进献寝庙。于本月上旬丁日，命乐官之长教练舞蹈，并行释菜礼，天子率领三公九卿诸侯大夫，亲自到太学去观看。中旬的丁日，又命令乐官之长到太学中去教练音乐和舞蹈。这个月，祭祀不用牲，用圭璧和皮帛。

仲春二月，如果行施秋天的政令，国家就会发生大水，寒气就会突然到来，有外寇来征伐。如行施冬天的政令，阳气就会经受不住阴气的袭击，麦子不能成熟，人民出现掠夺的事。如施行夏天的政令，国家就会出现大旱，炎热的气候提前来到，螟虫为害。

暮春三月：太阳运行于胃星的位置；黄昏时，星宿位于南天的正中；拂晓，牵牛星位于南天的正中。春季的日子是甲乙，于五行属木。主管的帝是木德的太皞，辅佐的神是木官句芒。动物与木相配的是有鳞的鱼族。五音与木相配的是"角"，与三月相应的是十二律中的姑洗。与木相配的数是八。五味是酸，气味是膻。五祀中祭祀"户"神，祭品以五行属木的脾为上。

梧桐开始开花，田鼠变化为鹌鹑一类的鸟，虹开始出现，水中开始生浮萍。

这个月，天子居住在明堂东部青阳的南室，乘的是有鸾铃的车子，驾的是青色的大马，车上插的是青色的绘有龙纹的旗，穿的是青色的衣服，冠饰和所佩的玉都是青色的，食品是麦和羊。使用的器物，镂刻的花纹粗疏，而且是由直线组成的图案。

这个月，天子向太皞等古帝献上黄色的礼服。命令主管船只的人将船翻转过来检查，翻过来检查五遍，才向天子报告舟船准备停当。天子乘舟，向宗庙进献时鲜的鲟鱼，祈求麦子丰收。

这个月，生气正旺盛，阳气发散，蜷曲的芽全部都长出来，直的芽也全部破土而出。本月不宜聚敛收藏。天子要广施恩泽和惠爱，命令官员，打开谷仓，赐予贫穷的人，救济有困难的人；打开物库，拿出布帛等财物，周济天下困难者。勉励诸侯对名士进行慰问，礼待贤德的人。

这个月，天子对司空下命令说："多雨的时候就将到，地下水开始上涌。要亲自巡视都城，对郊区的广大田野都要普遍进行考察，修理加固堤防，疏通沟渠，修通道路，沟渠和道路都不要有阻塞。打猎用的捕兽的网、捕鸟的网、长柄的网和射猎用的隐蔽工具，毒害野兽的毒药，一概不能出各个城门。"

这个月，给主管田野山林的官下命令：禁止砍伐桑树、柘树。斑鸠拍打着翅膀飞向高空，戴胜鸟飞来停在桑树上，准备好养蚕的蚕箔、蚕箔架、圆的方的采桑筐。后妃都要斋戒，亲自往城东采桑，禁止妇女打扮，减轻妇女劳役，使她们尽力于蚕桑之事。告诫养蚕的人，蚕事完毕后，要将各人收获的蚕茧分开缫，缫成的丝都要过秤，以评定各人的劳绩，蚕丝为供制作祭服之用，不得有所怠慢。

这个月，指令百工之长下命百工，审察五库物资的质量：即铜铁、皮革、牛筋、兽角、象牙、羽毛、箭杆、油脂、胶、朱砂、油漆等库，不可混入次品。百工开始制造，监工的工师每日都要号令："不要违背时令节气，不要造作过分奇巧的产品，以至动荡天子的心。"

这个月的月底，选择吉日，举行大规模的歌舞。天子带领三公九卿诸侯大夫等亲自去观看。

这个月，把公牛公马与放在外面的牝牛、牝马进行交配。可用作祭祀用的牲畜、以及小马、小牛，全部都登记数目。命令国都居民举行驱逐疫鬼的仪式，在国城九门

驱鬼，汉画像石，山东安丘董家庄。

外行磔牲之祭，消除灾害，制止春季不正之气。

暮春时，如果施行冬季的政令，就会引起寒气时时出现，草木的叶子干枯衰落，国内百姓震恐。如果施行夏季的政令，就会导致人民多病，时疫流行，下雨的时节不下雨，山地和高地的庄稼没有收成。如果施行秋季的政令，就会导致多阴沉沉的天气，秋雨连绵的现象提前来到，战乱四起。

初夏四月：太阳运行于毕星的位置；黄昏时，翼星位于南天的正中；拂晓，婺星位于南天的正中。夏季的日子是丙丁，于五行属火。主管的帝是火德的炎帝，辅佐的神是火官祝融。动物与火相配的是有翅的羽族。五音与火相配的是"徵"，与四月相应的是十二律中的中吕。与火相配的数是七。五味是苦，气味是焦。五祀中祭祀"灶"神，祭品中以五行属火的肺为上。

蛤蟆开始鸣叫，蚯蚓从土里钻出，草挈出土生长，苦菜开花。

这个月，天子居住在明堂南部的东侧室，乘的是朱红色的车子，驾的是赤色的马，车上插的是赤色的绘有龙纹的旗帜，穿的是朱红色的衣服，冠饰和佩玉都是赤色的，食品是豆类和鸡，使用的器物，高而粗大。

这个月，为立夏节气。在立夏前三天，太史向天子禀告说："某一天是立夏，火德当令。"天子于是斋戒。立夏这一天，天子亲自率领三公九卿大夫，到南郊举行迎夏之礼。回朝后，进行奖赏，分封诸侯。所有该褒奖和赏赐的统统兑现，没有不感到喜悦的。于是命令乐师，将礼仪和音乐配合起来练习。命令太厨，擢拔才能突出的人，晋升道德品质优异的人，选用身体魁伟的人，颁行爵等，给予俸禄，都与功德相切合。

这个月，要促进草木茁壮生长，不要进行毁坏和糟蹋。不要大兴土木，不要征发人民大众，不要砍伐大树。

这个月，天子开始穿细葛布的夏服。命令主管田野山林的官离开城邑，下到各处田间，代表天子慰劳农夫、鼓励民众，务使所有的人都不要延误农活的时令节气。命令司徒，巡视县鄙，令农夫努力耕作，不可仍留在城邑休息。

这个月，要驱赶野兽，务使不要糟蹋谷物，不要举行大规模的打猎。农官进献新麦，天子于是用猪肉配食，尝新麦。尝新前，先进献祖庙。

这个月，要聚集储存各种药品。荠草枯死，麦子成熟的时节到来。减轻刑罚，审理和释放轻罪。蚕桑之事结束，后妃们献蚕茧。并向妇女征收蚕税，以分配桑树的多少作为标准，无论高贵贫贱、年长年幼都遵照统一标准。以征收的蚕茧，制作祭天祭祖的祭服。这个月，天子饮用醇酒，按礼仪规定，配合音乐与群臣共饮。

初夏四月，如果施行秋季的政令，就会造成多雨成灾，五谷不能生长，边境的人民都进入城堡。如果施行冬季的政令，就会造成草木早枯，又有洪水灾害，冲毁了城郭。如果施行春季的政令，就会有蝗虫为灾，暴风袭来，植物虽然开花，却不结籽。

仲夏五月：太阳运行于东井星的位置，黄昏时，亢星位于南天的正中，拂晓，危星位于南天的正中。夏季的日子是丙丁，于五行属火。主管的帝是火德的炎帝，辅佐的神是火官祝融。动物与火相配的是有翅的羽族。五音与火相配的是"徵"，与五月相应的是十二律中的蕤宾。与火相配的数是七。五味是苦，气味是焦。五祀中祭祀"灶"神，祭品中以五行属火的肺为上。

小暑的节气到来，螳螂出生，伯劳鸟开始鸣叫，百舌鸟的叫声听不到了。

这个月，天子居住在明堂南部的中室大庙，乘的是朱红色的车子，驾的是赤色的马，车上插的是赤色的绘有龙纹的旗帜，穿的是朱红色的衣服，冠饰和佩玉都是赤色的，食品是豆类和鸡，使用的器物，高而粗大。

这个月，收养身强多力之士。命令主管音乐的官吏，检查修理鞀鞞鼓等乐器，调节琴瑟管箫等乐器，拿起武舞的舞具干戚戈和文舞的舞具羽练习，又调谐竽笙竾等簧乐器，整饬钟磬柷敔等击打乐器。命令有关官员祭祀名山大川及各条河流的发源地，又举行求雨的雩祭，雩祭时，种种乐器和武舞文舞一齐登场。于是下命令给各县长官，也举行雩祭求雨，并祭祀有功勋的前代公卿，祈求谷物有好的收成。农官进献黍子。这个月，天子以雏鸡为佐食来尝黍，向天子进献樱桃。在尝新前，都要先进献于祖庙。

命令百姓，不要割蓝草用来染布。不要烧灰，不要晒布。里门不关闭，关卡和市中不进行搜索。减轻刑罚，增加罪犯的饮食。放牧牝马要与公马分开，要把公马系住，颁布关于养马的政令。

这个月，白天是一年中最长的。阳气阴气相争，万物有生有死，即在此时分别。君子要静处斋戒，平日家居时要处于深邃的室屋中，不要急躁好动；停止声色之事，不要嫔妃进御；吃清淡的食品，不要将食品调和得美味香郁；节制各种嗜欲，平心静气。百官减少事务，不要施用刑罚，以待阴气的安定和成事。这个月，鹿角脱落，蝉开始叫，半夏长出苗，木堇开花。

这个月，不要在南方用火。可以居住在高爽明亮的楼观之上，可以登高远眺，可以登山，可以居住在台榭之上。

仲夏之时，如果施行冬季的政令，就会有冰雹冻伤谷物，道路不畅通，盗贼到来。如果施行春季的政令，就会造成五谷推迟成熟，各种害虫都出现，国家就要遭到饥荒。如果施行秋季的政令，就会造成草木凋零，植物提前结实，人民遭到时疫流行的灾祸。

季夏六月：太阳运行于柳星的位置；黄昏时，火星位于南天的正中；拂晓，奎星位于南天的正中。夏季的日子是丙丁,于五行属火。主管的帝是火德的炎帝,辅佐的神是火官祝融。动物与火相配的是有翅的羽族。五音与火相配的是"徵",与六月相应的是十二律中的林钟。与火相配的数是七。五味是苦,气味是焦。五祀中祭祀"灶"神,祭品中以五行属火的肺为上。

温湿的风开始到来,蟋蟀居处其洞穴之壁,雏鹰开始练习搏击,腐烂的草变为萤火虫。

这个月,天子居住在明堂南部的西室,乘的是朱红色的车子,驾的是赤色的马,车上插的是赤色的绘有龙纹的旗帜,穿的是朱红色的衣服,冠饰和佩玉都是赤色的,食品是豆类和鸡,使用的器物,高而且大。

命令主管水产的官吏斫杀蛟、捕取鼍、敬献上龟和鼋。命令主管湖塘的官吏缴纳蒲苇。这个月,命令主管山林川泽的官吏全部汇集各乡邑应上缴的牧草,用来饲养牺牲。命令全体人民出力割牲草,用来饲养供祭祀皇天上帝、名山大川、四方之神,及祭祀祖宗、土神、谷神的牺牲,为替人民祈求福利。

这个月,命令染人染五色丝,染制黼黻文章各种花纹,一定严格按照过去的成法工序,不可有差误。所染的黑黄苍赤等各种颜色,没有不质地优良的,不敢有欺骗假冒,因为所染的布帛要供制作祭天祭祖的祭服,用来制作各种旗帜标识的,这些都是用来分别贵贱等级高低的。

这个月,树木生长正旺盛,于是命令主管山林的官吏,进山巡视护林,不许有人砍伐。不可以大兴土木,不可以会合诸侯,不可以兴师动众。不要发动大规模的徭役,因而分散生养之气。不要发布违背时令的命令,这样会妨害农业生产。雨水充足,土神将于此时成就农事,如果发动大规模的徭役,天会降下灾祸。

这个月,土地潮湿地温很高,经常下大雨,齐根割草,再将干草烧掉又经水浸泡,对于消灭杂草十分有利,譬如用开水来浇一样。这样,可以使田地肥沃,可以改善板结的土地。

季夏六月,如果施行春季的政令,就会发生谷类的颗粒未熟就脱落,国内因风寒而咳嗽的人很多,人民纷纷迁居搬家。如果施行秋季的政令,就会发生无论高地和洼地都遭水灾。各种粮食作物不能成熟,妇女们流产的增多。如果施行冬季的政令,寒风不依节气提前到来,鹰隼等猛禽提早搏击,四境受侵扰,人民退居城堡。

一年之中,于五行属土。中央的日子是戊己,主管的帝是黄帝,辅佐的神是土官后土。与土相配的动物是无羽毛鳞甲的倮类。与它相配的五音是"宫",相应的律是黄钟之宫。与土相配的数是五。五味是甘甜,气味是香。五祀中祭祀中霤,祭品中以五行属土的心为上。

天子居住在明堂中心的大室,乘的是大辂车,驾车的是黄马,车上插的是黄色的绘有龙纹图案的旗帜,穿黄色的衣服,冠饰和佩玉都是黄色的,吃的是谷子和牛肉。用的器具,是圆形的,而且宏大。

孟秋七月:太阳运行于翼星的位置;黄昏时,建星位于南天正中;拂晓,毕星位

于南天正中。秋季的日子是庚辛，于五行属金。主管的帝是金德的少皞，辅佐的神是金官蓐收。与金相配的动物是长毛之兽。与金相配的五音是"商"，与本月相应的是十二律中的夷则。与金相配的数是九。五味是辛，气味是腥。五祀中祭祀"门"神，祭品中以五行属金的肝为上。

开始刮西南风，有了露水，寒蝉开始鸣叫，鹰祭鸟，开始对犯人杀戮处决。

天子居住在明堂西部总章的南室，乘的是兵车，驾的是白马，车上插的是白色的绘有龙纹的旗，穿的是白色的衣服，冠饰和所佩的玉都是白色的，食品是麻籽和狗肉。使用的器物，有棱角而且深。

这个月的节气，是立秋。在立秋前三天，太史向天子禀告说："某日是立秋，金德当令。"天子于是斋戒。到立秋这一天，天子率领三公九卿诸侯大夫等人，于西郊行迎秋之礼。回朝后，天子在朝堂奖赏将军和武士。天子给将帅们下命令：挑选士兵、磨砺兵器，简选杰出的人材加以训练，任用有战功的人，去征讨不义的人，对暴虐人民、不敬天子的人问罪诛戮，藉此分别善恶，使远方的人归顺。

这个月，命令官吏修习法令制度、修理监狱、制作刑具，禁止奸恶，严厉打击邪恶之徒，务必逮捕归案。命令法官：亲自察看罪犯肢体伤、创、折、断等情况；对案件的判决，一定要做到公正准确；对须判杀戮的罪犯，应十分严肃地量刑。天地开始对万物肃杀，不可以太宽大。

这个月，农官献上谷子，天子品尝新谷，先奉献给祖庙。命令百官开始收获官田庄稼。完善堤防，仔细检查河道有无阻塞，以防备水潦灾害。修缮宫殿室屋，填补弥合屋墙和围墙，修补内城外城。

这个月，不要分封诸侯和委任大官。不要赏赐土地给有功的人，不要派遣使节和赐予大量币帛礼品。

孟秋七月，如果施行冬季的政令，就会造成阴气压倒阳气，介壳类动物毁坏谷物，故军来侵扰。如果施行春季的政令，就会给国家带来旱情，阳气重新回归，使五谷不能结实。如果施行夏季的政令，国内多火灾，天气冷热无常，人民多患疟疾。

仲秋八月：太阳运行于角星的位置；黄昏时，牵牛星位于南天正中；拂晓，觜觿星位于南天正中。秋季的日子，五行属金。主管的帝是金德的少皞，辅佐的神是金官蓐收。与金相配的动物是长毛之兽。与金相配的五音是"商"，与本月相应的是十二律中的南昌。与金相配的数是九。五味是辛，气味是腥。五祀中祭祀"门"神，祭品中以五行属金的肝为上。

开始刮大风，鸿雁从北来，燕子回归南方，群鸟藏食物过冬。

天子居住在明堂西部总章的中室，乘的是兵车，驾的是白马，车上插的是白色的绘有龙纹的旗，穿的是白色的衣服，冠饰和所佩的玉都是白色的，食品是麻籽和狗肉。使用的器物，有棱角而且深。

这个月，加强对衰弱老人的护养，给他们凭几和扶杖，赐粥供他们饮食。命令司服，制备祭衣祭裳，祭服的文绣都按照常制，礼服的大小、长短，衣服的数量，都要遵照过去的，冠和带子也都有常制。命令有关官员，重申严肃对待各种刑罚，特别是对判斩杀的，一定要做到十分恰当，不要有宽严的偏差，倘有冤屈不恰当的，执法的一定要遭到灾殃。

这个月，命令太宰、太祝巡视祭祀用的牲畜，察看牲口是否完好无损；喂养牲口的草和料是否充足，观察牲口的肥瘦；察看毛色，一定要切合各类祭祀的需要，衡量牺牲的大小、长短，都要符合祭祀的规定。以上五个方面都切合标准，上帝才来飨。天子举行傩祭，用以引导秋气通畅舒发。用狗肉来尝新收获的麻籽，在尝新前，要先敬献给祖庙。

这个月，可以修筑城郭，修建都邑，挖掘地窖；修建各种粮仓。下令给官吏，催促人民收获庄稼，务必贮藏各种干菜，尽量多积蓄以备荒。鼓励多种麦子，不要错过节气，如有错过节气，要实行处罚，毫不迟疑。

这个月，昼夜的时间一样长，雷声消失，蛰伏越冬的动物在洞口培土，肃杀之气渐渐旺盛，而阳气一天天衰退，河水开始干涸。当日夜等分之时，要校正统一度量衡的各种器具；平正秤锤秤杆，校正斗斛等，不使有大小差异。

这个月，对关市要减轻征税，使外地的客商来，运入各种货物，藉以方便人民。四面八方的客商都云集而来，穷乡僻壤的人都来交易，这样各种物资就不会匮缺，国君的财富充足，兴办各种事情没有不成功的。凡是国家有大的举动，一定不要违背自然界的规律，必然顺应时令，千万要根据时令的要求行施合乎其类的事。

仲秋八月，如果施行春季的政令，就会造成该降的秋雨不下，草木又重新开花，国内发生惊慌之事。如果施行夏季的政令，国家就发生旱灾，藏入地下过冬的动物不进入地穴藏身，各种作物又重新生长。如果施行冬季的政令，就会发生多次风灾，雷声提前消失，草木提早枯死。

季秋九月：太阳运行于房星的位置；黄昏时，虚星位于南天正中；拂晓，柳星位于南天正中。秋季的日子，五行属金。主管的帝是金德的少皞，辅佐的神是金官蓐收。与金相配的动物是长毛的兽。与金相配的五音是"商"，与本月相应的是十二律中的无射。与金相配的数是九。五味是辛，气味是腥。五祀中祭祀"门"神，祭品中以五行属金的肝为上。

大雁继续从北往南飞，雀进入大海变化为蛤蜊，菊开黄花，豺捕杀野兽，陈放着如同祭祀。

天子居住在明堂西部总章的北室，乘的是兵车，驾的是白马，车上插的是白色的绘有龙纹的旗，穿的是白色的衣服，冠饰和所佩的玉都是白色的，食品是麻籽和狗肉。使用的器物，有棱角而且深。

这个月，再一次严明各种号令。命令百官卿大夫和士们统统从事收割聚敛的工作，以便合于天地进入收藏的时期，不要再有宣泄疏散的行动。又命令冢宰，农作物全部收获，收入都要有账簿登记，籍田的收获贮藏于神仓之中，态度十分严肃认真，存放务求整饬严密。

这个月，开始下霜，各种工匠都停工休息。并对官吏下命令说："寒气很快就要到来，百姓们将受不了寒冷，让他们都从野外的庐舍中搬回家里。"在本月的第一个丁日，命令乐官到太学去教练吹奏管乐。

这个月，天子要遍祀五帝，祭祀宗庙，要向天子禀告祭牲等已全部准备好。下令各诸侯及直属的乡邑，授予下一年的历法、各诸侯国向人民征收税收多少的法令，及向天子贡奉的数目。这些数目的确定，是根据诸侯国离京城的远近和土地适宜种植某种作物为标准，以供祭祀天地祭祀祖庙的需要，不能留作己用。

这个月，天子举行田猎，教民战阵，训练五种兵器的运用，并颁布乘马的政令。命令御者和管理车马的人，将车统统驾好，车上插好旌和旂等旗帜，按等级地位分配车辆，然后将车辆人众按一定的队形排列在军门的屏外，司徒腰际插着刑杖，面北宣布戒律。天子穿着戎服，执着弓矢射猎。猎毕，命令主管祭祀的官员，将猎获的禽兽用来祭祀四方之神。

这个月，草枯黄，树叶落，于是砍伐柴木烧炭。在土穴中越冬的动物全部藏于洞穴，并用土封塞洞口。督促结案和处决囚犯，不要留下没有判决的罪人。俸禄和官爵有不合适的，凡不应由官府供给衣食的，均核实收回取消。这个月，天子食狗肉来品尝新收的稻谷，在尝新前，要先献给祖庙。

季秋九月，如果施行夏季的政令，这个国家就会发大水，冬天窖藏的东西都要败坏，百姓患鼻塞伤风的病人增多。如果施行冬季的政令，国内盗贼增多，边境地区不安定，土地被侵占。如果施行春季的政令，温暖的风就会刮来，百姓的情绪懈怠，爆发战争，人民无法安居。

孟冬十月，太阳运行于尾星的位置；黄昏时，危星位于南天正中；拂晓，七星位于南天正中。冬季的日子是壬癸，五行属水。主管的帝是水德的颛顼，辅佐的神是水官玄冥。与水相配的动物是介壳类。与水相配的五音是"羽"，与本月相应的是十二律中的应钟。与水相配的数是六。五味是咸，气味是腐味。五祀中祭祀"行"神，祭品中以五行属水的肾为上。

水开始结冰，地开始上冻，野鸡潜入大水化为大蛤，天空中的虹不再出现。

天子居住在明堂北部玄堂的西室，乘的是黑色的车，驾车的是黑马，车上插的是黑色的绘有龙纹的旗，穿的是黑色的衣服，冠饰和佩玉都是黑色的，食品是黍米和猪肉。用的器具，中间大而口小。

这个月，有立冬节气。在立冬前三天，太史向天子禀告说："某一天是立冬，水德当令。"天子于是斋戒。到立冬这一天，天子亲自率领三公九卿大夫到北郊行迎冬之礼。回朝后，奖赏死于国事的人，对死者所遗的孤儿寡妇进行抚恤。

这个月，命令太史杀牲用血涂龟甲蓍草，通过占卜、算卦得知吉凶。查察是否有阿谀奉承、结党营私的人，使得犯有这些错误的人，无法掩饰。

这个月，天子开始穿袭皮衣服。命令官吏说："阳气上升，阴气下沉，天地阴阳互不交往，各自闭藏阻塞而形成冬季。"命令百官们对收藏的物品都要小心盖藏。命令司徒巡查堆积在外的禾稼、柴草,要全部入库收藏起来。加固城郭,城门和里门要加强戒备,修理门锁,要谨慎保管钥匙,巩固封疆,加强边防,缮修要塞,严防关卡桥梁,堵塞小路。整饬丧事的各种制度,明辨给死者装殓时所穿衣裳的多少,审察内棺外椁的厚薄,营造坟墓封土的大小高低厚薄的尺寸等,务使切合各人贵贱的等级。

这个月,命令百工之长检查劳动成果,将所做的祭器陈列起来,检察祭器样式是否合于法度。检查有没有制做过分细巧华丽的器物,因而使君上产生奢侈的想法,一定要以做工精致为上等。器物上都要刻上工匠的名字,以便将来查考有无偷工减料,如发现工艺不合要求,一定要对制作者进行处罚,并且追究他为什么要这样干。

这个月,举行大饮,并于俎中放置全牲。天子祭祀日月星辰以祈求明年的丰收,大量杀牲祭祀社神及门、里门之神。以猎物祭祀祖先及门户中霤灶行等五祀。慰劳农夫并且让他们休息。天子命令将帅们讲习武事,练习射箭驭车,相互较量勇力。

这个月,命令掌管水利及水产的官员,收缴池泽的赋税,如果有人侵扰盘剥百姓,以此人民归怨天子,如有这种情况,一定加以处罪,决不宽贷。

孟冬十月,如果施行春季的政令,就会土地封冻不结实,地里的水气往上散发,有很多人民外出流亡。如果施行夏季的政令,国内暴风增多,冬季不寒冷,进入地下过冬的动物又从地下钻出。如果施行秋季的政令,造成不及时下雪降霜,经常有小规模的战争,国土被人侵占。

仲冬十一月,太阳运行于斗星的位置;黄昏时,东壁星位于南天正中;拂晓,轸星位于南天正中。冬季的日子是壬癸,五行属水。主管的帝是水德的颛顼,辅佐的神是水官玄冥。与水相配的动物是介壳类。与水相配的五音是"羽",与本月相应的是十二律中的黄钟。与水相配的数是六。五味是咸,气味是腐味。五祀中祭祀"行"神,祭品中以五行属水的肾为上。

冰增厚,地开始被冻裂,鹖旦鸟夜里不再鸣叫,老虎开始交配。

天子居住在明堂北部玄堂的中室,乘的是黑色的车,驾车的是黑马,车上插的是黑色的绘有龙纹的旗,穿的是黑色的衣服,冠饰及佩玉都是黑色的,食品是黍米和猪肉。用的器具,中间大而口小。

警戒战士,要树立为国而死的思想。命令有关官员说:"不能兴办土建工程,千万不要揭掉苫盖的东西,不要揭掉房顶进行修理,不要兴办动用大批劳力之事,藉以坚固自然界的闭藏。"如地气因遭受破坏而泄散,这种情况称为揭了天地的房顶,各种藏匿于土中过冬的动物就会冻死,人民一定会染上各种疾病,而且导致死亡。这个月被称为"畅月"。

这个月,命令阉人之长重申宫中的法令,审视各处门户小心各处房屋,内外的门都要紧闭。减省妇女的劳作,禁止妇女制作过分细巧靡丽之物,即使是皇亲国戚、左右亲近的人,毫无例外一律禁止。命令酒官之长:造酒的黏稷和稻谷一定都要纯净,酒曲要及时,浸泡米和炊蒸一定要做到清洁,用的水一定是香甜的,使用的瓦器一定是精良的,火候一定要适当。酿好酒,一定要做到以上六件事,酒官之长负责监察,务使不要有差错。天子命令官吏祭祀四海，江河、大河的源头、湖泽、井泉等神以求福。

这个月，农夫如有不收藏积聚的禾稼，或有将马牛等家畜随便散放的，有人拿走了，官府不加追问。山林泽畔，有能去采摘草木果实及打猎射鸟的，主管的官员加以引导指教，其间如有掠夺侵占他人劳动成果的，定加处罚，决不宽恕。

这个月，是一年中白天最短的，阴气阳气互相消长之时，各种生物开始萌动。君子斋戒，居于深邃之处，身体要安静少动，摒除声色，禁绝一切嗜好欲念，安定性情，遇事要冷静，以静待阴阳的消长。芸草开始萌生，荔挺草开始长芽，蚯蚓在土中屈曲身体活动，麋鹿的角脱落，干涸的水泉开始涓涓流动。白天最短，宜于伐木和砍大小竹子。

这个月，可以免去冗散无事的官员，去掉没有用处的器物，用土填补台阙、门闾、修筑监狱，通过这些事来帮助天地闭藏之气。

仲冬十二月，如果施行夏季的政令，就会使国家遭到旱灾，浓雾使天空昏暗，冬天出现雷声。如果施行秋季的政令，就会出现雨雪交加，瓠瓜等不能成熟，国内将发生大的战争。如果施行春季的政令，就会发生蝗虫毁坏庄稼，河水泉水都干涸，百姓多生疥疮等皮肤病。

季冬十二月：太阳运行于婺女星的位置；黄昏时，娄星位于南天正中；拂晓，氐星位于南天正中。冬季的日子壬癸，

狩猎，选自《猎骑图册》，清人绘。

五行属水。主管的帝是水德的颛顼，辅佐的神是水官玄冥。与水相配的动物是介壳类。与水相配的五音是"羽"，与本月相应的是十二律中的大吕，与水相配的数是六。五味是咸，气味是腐味。五祀中祭祀"行"神，祭品中以五行属水的肾为上。

雁从南向北飞，鹊开始筑窠，野鸡发出叫声，鸡开始下蛋，鹰鸟凶猛迅捷。

天子居住在明堂北部玄堂的东室，乘的是黑色的车，驾车的是黑马，车上插的是黑色的绘有龙纹的旗，穿的是黑色的衣服，冠饰及佩玉都是黑色的，食品是黍米和猪肉。用的器具，中间大而口小。

命令官员举行大规模的傩祭，在国门旁磔牲以祭神，制作泥牛送寒气。对列入祭祀的山川之神，五帝之佐神，一切天神、地神都祭祀完毕。

这个月，命令渔官开始捕鱼，天子亲自到捕鱼的地方，并品尝鲜鱼，在品尝前，

先敬献给祖庙。冰正厚，无论是流动的水，还是不流动的水泽都冻得又厚又结实，命令凿取冰块，并且将冰贮入冰窖。出令农官告示百姓，从库中将五谷的种子取出，命令农官组合耦耕之事，修理耒耜，并将一切耕种的农具都准备好。命令乐官在学校里举行一次大合奏，然后结束全年的学习。又命令四监大夫征收常例薪柴，以便供应祭祀天地祖庙的蒸炊祭品和照明之用。

这个月，太阳于十二次运行完毕，月亮与太阳在十二次相会合也完毕，二十八宿等星在天空回旋了一周，一年的日子接近结束，将要辞旧迎新开始新的一年。让农民专心务农，不要对他们有所派遣和徭役。天子和公卿大夫等，共同整顿完善国家的典章制度，讨论各个季节的行事，以切合新一年的具体情况。又命令太史，编排各诸侯国大小的等第，确定应贡牺牲的数额，以供祭祀上帝、土神、谷神之需，又命同姓的诸侯国，供给对祖庙祭祀所需的牺牲。命令小宰编制自卿大夫至平民所占土地的数额，按占地多少来确定应贡献牺牲的数额，用以供给对山林、名川的祭祀所需。凡是生活在中国九州之内的人，无一例外地都要贡献他们的力量，用来供给祭祀上帝、土神、谷神、祖庙、山林、名川之神所需的牺牲。

季冬十二月，如果施行秋季的政令，就会产生白露提前出现，龟鳖等兴妖害人，四面边境的人民要进入城堡避敌。如果施行春季的政令，胎儿小产死亡的增加，国内久治不愈的病人增加，这种现象被称作反常。如果施行夏季的政令，就会出现大水毁坏国家设施，该下雪时不下雪，冰冻都融化。

曾子问第七

【原文】

曾子问曰："君薨而世子生，如之何？"孔子曰："卿、大夫、士，从摄主，北面于西阶南。大祝裨冕，执束帛，升自西阶，尽等，不升堂，命毋哭。祝声三，告曰：'某之子生，敢告。'升，奠币于殡东几上，哭降。众主人、卿、大夫、士，房中皆哭，不踊，尽一哀，反位。遂朝奠。小宰升，举币。

"三日，众主人、卿、大夫、士如初位，北面；大宰、大宗、大祝皆裨冕；少师奉子以衰，祝先，子从，宰、宗人从，入门，哭者止。子升自西阶，殡前北面。祝立于殡东南隅。祝声三，曰：'某之子某，从执事，敢见。'子拜稽颡哭。祝、宰、宗人、众主人、卿、大夫、士，哭踊，三者三；降东反位。皆袒。子踊，房中亦踊，三者三；袭衰杖；亦出。大宰命祝、史以名遍告于五祀山川。"

曾子问曰："如已葬而世子生，则如之何？"孔子曰："大宰、大宗从大祝而告于祢。三月，乃名于祢，以名遍告及社稷、宗庙、山川。"

孔子曰："诸侯适天子，必告于祖，奠于祢。冕而出视朝，命祝史告于（社稷）宗庙、山川。乃命国家五官而后行，道而出。告者五日而遍，过是非礼也。凡告用牲币，反亦如之。

"诸侯相见，必告于祢。朝服而出视朝，命祝史告于五庙、所过山川。亦命国家五官道而出。反必亲告于祖祢。乃命祝史告至于前所告者，而后听朝而入。"

曾子问曰："并有丧，如之何？何先何后？"孔子曰："葬，先轻而后重；其奠也，先重而后轻：礼也。自启及葬不奠。行葬不哀次。反葬奠，而后辞于殡，遂修葬事。其虞也，先重而后轻，礼也。"孔子曰："宗子虽七十，无无主妇。非宗子，虽无主妇可也。"

曾子问曰："将冠子，冠者至，揖让而入，闻齐衰、大功之丧，如之何？"孔子曰："内丧则废，外丧则冠而不醴，彻馔而扫，即位而哭。如冠者未至，则废。如将冠子而未及期日，而有齐衰、大功、小功之丧，则因丧服而冠。""除丧不改冠乎？"孔子曰："天子赐诸侯、大夫冕弁服于大庙；归设奠，服赐服，于斯乎有冠醮，无冠醴。父没而冠，则已冠扫地而祭于祢，已祭而见伯父、叔父，而后飨冠者。"

曾子问曰："祭如之何则不行旅酬之事矣？"孔子曰："闻之：小祥者，主人练祭而不旅，奠酬于宾，宾弗举，礼也。昔者鲁昭公练而举酬行旅，非礼也。孝公大祥，奠酬弗举，亦非礼也。"

曾子问曰："大功之丧，可以与于馈奠之事乎？"孔子曰："岂大功耳！自斩衰以下皆可，礼也。"曾子曰："不以轻服而重相为乎？"孔子曰："非此之谓也。天子、诸侯之丧，斩衰者奠。大夫，齐衰者奠。士则朋友奠，不足则取于大功以下者，不足则反之。"曾子问曰："小功可以与于祭乎？"孔子曰："何必小功耳！自斩衰以下与祭，礼也。"曾子曰："不以轻丧而重祭乎？"孔子曰："天子诸侯之丧祭也，不斩衰者不与祭。大夫，齐衰者与祭。士祭不足，则取于兄弟大功以下者。"曾子问曰："相识有丧服，可以与于祭乎？"孔子曰："缌不祭，又何助于人？"

曾子问曰："废丧服，可以与于馈奠之事乎？"孔子曰："说衰与奠，非礼也。以摈相可也。"

曾子问曰："昏礼既纳币，有吉日，女之父母死，则如之何？"孔子曰："婿使人吊。如婿之父母死，则女之家亦使人吊。父丧称父，母丧称母。父母不在，则称伯父、世母。婿已葬，婿之伯父致命女氏曰：'某之子有父母之丧，不得嗣为兄弟，使某致命。'女氏许诺而弗敢嫁，礼也。婿免丧，女之父母使人请，婿弗取而后嫁之，礼也。女之父母死，婿亦如之。"

曾子问曰："亲迎，女在途，而婿之父母死，如之何？"孔子曰："女改服，布深衣，缟总，以趋丧。女在途，而女之父母死，则女反。""如婿亲迎，女未至，而有齐衰、大功之丧，则如之何？"孔子曰："男不入，改服于外次。女入，改服于内次。然后即位而哭。"

曾子问曰："除丧则不复昏礼乎？"孔子曰："祭，过时不祭，礼也。又何反于初？"

孔子曰："嫁女之家，三夜不息烛，思相离也。取妇之家，三日不举乐，思嗣亲也。三月而庙见，称来妇也。择日而祭于祢，成妇之义也。"

曾子问曰："女未庙见而死，则如之何？"孔子曰："不迁于祖，不祔于皇姑，婿不杖，不菲，不次，归葬于女氏之党，示未成妇也。"曾子问曰："取女有吉日而女死，如之何？"孔子曰："婿齐衰而吊，既葬而除之。夫死亦如之。"

曾子问曰："丧有二孤，庙有二主，礼与？"孔子曰："天无二日，土无二王。尝禘郊社，尊无二上。未知其为礼也。昔者齐桓公亟举兵，作伪主以行；及反，藏诸祖庙。庙有二主，自桓公始也。丧之二孤：则昔者卫灵公适鲁，遭季桓子之丧，卫君请吊，哀公辞不得命；公为主，客入吊，康子立于门右，北面；公揖让，升自东阶，西乡；客升自西阶吊，公拜，兴哭，康子拜稽颡于位，有司弗辩也。今之二孤，自季康子之过也。"

曾子问曰："古者师行必以迁庙主行乎？"孔子曰："天子巡守，以迁庙主行，载于齐车，言必有尊也。今也取七庙之主以行，则失之矣。当七庙五庙无虚主。虚主者，唯天子崩、诸侯薨与去其国，与祫祭于祖，为无主耳。吾闻诸老聃曰：'天子崩，国君薨，则祝取群庙之主而藏诸祖庙，礼也。卒哭成事，而后主各反其庙。君去其国，大宰取群庙之主以从，礼也。祫祭于祖，则祝迎四庙之主。主出庙、入庙，必跸。'老聃云。"

曾子问曰："古者师行无迁主，则何主？"孔子曰："主命。"问曰："何谓也？"孔子曰："天子诸侯将出，必以币帛皮圭告于祖祢，遂奉以出。载于齐车以行，每舍奠焉，而后就舍。反必告，设奠；卒，敛币玉，藏诸两阶之间，乃出。盖贵命也。"

子游问曰："丧慈母如母，礼与？"孔子曰："非礼也。古者男子外有傅，内有慈母，君命所使教子也，何服之有？昔者鲁昭公少丧其母，有慈母良；及其死也，公弗忍也，欲丧之。有司以闻曰：'古之礼慈母无服。今也君为之服，是逆古之礼而乱国法也。若终行之，则有司将书之，以遗后世。无乃不可乎？'公曰：'古者天子练冠以燕居。'公弗忍也，遂练冠以丧慈母。丧慈母，自鲁昭公始也。"

曾子问曰："诸侯旅见天子，入门，不得终礼，废者几？"孔子曰："四。""请问之。"曰："大庙火，日食，后之丧，雨沾服失容，则废。如诸侯皆在而日食，则从天子救日，各以其方色与其兵。大庙火，则从天子救火，不以方色与兵。"

曾子问曰："诸侯相见，揖让入门，不得终礼，废者几？"孔子曰："六。""请问之。"曰："天子崩，大庙火，日食，后、夫人之丧，雨沾服失容，则废。"

曾子问曰："天子尝、禘、郊、社、五祀之祭，簠簋既陈，天子崩，后之丧，如之何？"孔子曰："废。"曾子问曰："当祭而日食、大庙火，其祭也如之何？"孔子曰："接祭而已矣。如牲至未杀，则废。天子崩，未殡，五祀之祭不行。既殡而祭，其祭也；尸入，三饭不侑、酳不酢而已矣。自启至于反哭，五祀之祭不行。已葬而祭，祝毕献而已。"

曾子问曰："诸侯之祭社稷，俎豆既陈，闻天子崩、后之丧，君薨、夫人之丧，如

之何？"孔子曰："废。自薨比至于殡，自启至于反哭，奉帅天子。"

曾子问曰："大夫之祭，鼎俎既陈，笾豆既设，不得成礼，废者幾？"孔子曰："九。""请问之。"曰："天子崩，后之丧，君薨，夫人之丧，君之大庙火，日食，三年之丧，齐衰，大功，皆废。外丧自齐衰以下，行也。其齐衰之祭也，尸入，三饭不侑、酳不酢而已矣。大功，酢而已矣。小功，缌，室中之事而已矣。士之所以异者，缌不祭。所祭，于死者无服则祭。"

曾子问曰："三年之丧，吊乎？"孔子曰："三年之丧，练不群立，不旅行。君子礼以饰情，三年之丧而吊哭，不亦虚乎！"

曾子问曰："大夫、士有私丧，可以除之矣；而有君服焉，其除之也如之何？"孔子曰："有君丧服于身，不敢私服，又何除焉？于是乎有过时而弗除也。君之丧服除而后殷祭，礼也。"

曾子〔问〕曰："父母之丧，弗除可乎？"孔子曰："先王制礼，过时弗举，礼也。非弗能勿除也，患其过于制也，故君子过时不祭，礼也。"

曾子问曰："君薨既殡，而臣有父母之丧，则如之何？"孔子曰："归居于家，有殷事则之君所，朝夕否。"

曰："君既启，而臣有父母之丧，则如之何？"孔子曰："归哭而反送君。"曰："君未殡，而臣有父母之丧，则如之何？"孔子曰："归殡，反于君所，有殷事则归，朝夕否。大夫，室老行事；士则子孙行事。大夫内子有殷事，亦之君所，朝夕否。"

贱不诔贵，幼不诔长，礼也。唯天子，称天以诔之。诸侯相诔，非礼也。

曾子问曰："君出疆，以三年之戒，以椑从；君薨，其入如之何？"孔子曰："共殡服，则子麻弁绖、疏衰、菲、杖。入自阙，升自西阶。如小敛，则子免而从柩。入自门，升自阼阶。君、大夫、士一节也。"

曾子问曰："君之丧既引，闻父母之丧，如之何？"孔子曰："遂，既封而归，不俟子。"

曾子问曰："父母之丧既引，及途，闻君薨，如之何？"孔子曰："遂，既封，改服而往。"

曾子问曰："宗子为士，庶子为大夫，其祭也如之何？"孔子曰："以上牲祭于宗子之家，祝曰：'孝子某，为介子某，荐其常事。'若宗子有罪居于他国，庶子为大夫，其祭也，祝曰：'孝子某，使介子某，执其常事。'摄主不厌祭，不旅，不假，不绥祭，不配。布奠于宾，宾奠而不举。不归肉，其辞于宾曰：'宗兄（宗弟、宗子）在他国，使某辞。'"

曾子问曰："宗子去在他国，庶子无爵而居者可以祭乎？"孔子曰："祭哉！""请问其祭如之何？"孔子曰："望墓而为坛，以时祭。若宗子死，告于墓，而后祭于家。宗子死，称名不言孝，身没而已。子游之徒有庶子祭者，以此若义也。今之祭者，不首其义，故诬于祭也。"

曾子问曰："祭必有尸乎？若厌祭亦可乎？"孔子曰："祭成丧者必有尸。尸必以孙，孙幼则使人抱之；无孙则取于同姓可也。祭殇必厌，盖弗成也。祭成丧而无尸，是殇之也。"

孔子曰："有阴厌，有阳厌。"曾子问曰："殇不祔祭，何谓阴厌阳厌？"孔子曰："宗子为殇而死，庶子弗为后也。其吉祭特牲。祭殇不举〔肺〕，无肵俎，无玄酒，不告利成，是谓阴厌。凡殇与无后者，祭于宗子之家，当室之白，尊于东房，是谓阳厌。"

曾子问曰："葬引〔既〕至于堩，日有食之，则有变乎？且不乎？"孔子曰："昔者吾从老聃助葬于巷党，及堩，日有食之。老聃曰：'丘！止柩就道右，止哭以听变。'既明，反而后行。曰：'礼也。'反葬而丘问之曰：'夫柩不可以反者也。日有食之，不知其已之迟数，则岂如行哉？'老聃曰：'诸侯朝天子，见日而行，逮日而舍奠。大夫使，见日而行，逮日而舍。夫柩不蚤出，不莫宿。见星而行者，唯罪人与奔父母之丧者乎！日有食之，安知其不见星也？且君子行礼，不以人之亲痁患。'吾闻诸老聃云。"

曾子问曰："为君使而卒于舍，礼曰'公馆复，私馆不复'；凡所使之国，有司所授舍，则公馆已，何谓'私馆不复'也？"孔子曰："善乎问之也！自卿、大夫、〔士〕之家曰私馆，公馆与公所为曰公馆。'公馆复'，此之谓也。"

曾子问曰："下殇，土周葬于园，遂舆机而往，途迩故也。今墓远，则其葬也如之何？"孔子曰："吾闻诸老聃曰：'昔者史佚有子而死，下殇也，墓远。召公谓之曰："何以不棺敛于宫中？"史佚曰："吾敢乎哉？"召公言于周公。周公曰："岂不可？"史佚行之。'下殇用棺衣棺，自史佚始也。"

曾子问曰："卿大夫将为尸于公，受宿矣，而有齐衰内丧，则如之何？"孔子曰："出舍于公馆以待事，礼也。"孔子曰："尸弁冕而出，卿、大夫、士皆下之，尸必式。必有前驱。"

子夏问曰："三年之丧，卒哭，金革之事无辟也者，礼与？初有司与？"孔子曰："夏后氏三年之丧，既殡而致事。殷人既葬而致事。〔周人卒哭而致事。〕《记》曰：'君子不夺人之亲，亦不可夺亲也。'此之谓乎！"

子夏曰："金革之事无辟也者，非与？"孔子曰："吾闻诸老聃曰：'昔者鲁公伯禽有为为之也。'今以三年之丧从其利者，吾弗知也！"

【译文】

曾子问道："国君死后灵柩停在殡宫，而世子出生，怎样行礼呢？"孔子回答说："世子出生的那天，卿、大夫、士都跟着摄主到殡宫，脸朝北方，站在西阶的南面。太祝身穿裨冕，双手端着束帛，登上西阶的最高一级，但不跨入堂内，命令不要哭泣，然后长喊三声，再向灵柩报告说：'夫人某氏已生世子，敢以禀告。'说完走上堂去，把束帛放在灵柩东西的供几上，接着哭泣一阵，然后下堂。众主人、卿、大夫、士以及房中的妇女都一齐哭泣，但不踩脚。众人尽情哭泣一次之后，都回到平常朝夕哭泣的位置。于是举行朝奠。礼毕，小宰走上堂，把供几上的束帛等供物拿起来埋在东西

两阶之间。第三天，众主人和卿、大夫、士又都来到殡宫，站在前天站的位置，面向北。太宰、太宗和太祝都穿裨冕，少师抱着世子和世子的孝服。太祝走在最前面，少师抱着世子跟从太祝，太宰和太宗跟着世子。进门后，众人停止哭泣，少师抱着世子从西阶登堂，走到灵柩前，面向北站立。太祝站在殡的东南角，先长喊三声，再向灵柩报告说：'夫人某氏所生世子，让执事陪同着来拜见。'少师便抱着世子向灵柩稽颡再拜，并哭泣。太祝、太宰、宗人、众主人和卿、大夫、士也跟着哭泣踊脚，三哭三踊脚，如此重复三次。少师抱着世子下堂，回到东面的原定位置上。众人都袒露左臂。少师抱着世子踊脚时，房中的妇女也跟着踊脚，都是三哭三踊脚，重复三次。接着给孝子披上孝服，让他握着哭丧棒，举行朝奠。礼毕退出，太宰命令祝和史，把世子的名字遍告五祀及山川诸神。"

曾子问道："如果国君的灵柩已入葬而世子出生，怎样行礼呢？"孔子答道："太宰、太宗跟着太祝到殡宫向死者的神主禀告。再过三个月，又去拜见神主，并给世子取名，然后把世子的名字遍告社稷、宗庙及山川诸神。"

孔子说："诸侯将去朝见天子，必须备礼祭告各祖庙和父庙，穿着冕服出来上朝，命令祝、史向社稷、宗庙、山川诸神祭告，把国中事务托付给五大夫后再出发。出发时，还要举行道祭。各种祭告必须在五天内结束，超过五天，就不合礼。凡是举行告祭，都用牲币，外出返回的告归祭祀也一样。诸侯外出相互聘问，也必须告祭父庙，然后穿着朝服上朝，命令祝、史祭告五庙和所要经过的山川，也把国中事务托付给五大夫。出发时，也举行道祭。返回时的告归祭祀，必须亲祭所有祖庙、父庙，再命祝、史向出发前曾祭告过的山川诸神告归，然后回到朝廷听理政事。"

曾子问道："如果有两个亲人同月而死，怎么办呢？操办丧事谁先谁后呢？"孔子说："葬事，以恩轻者在先，恩重者在后；他们的祭奠，应先祭恩重的，后祭恩轻的。这样才合正礼。先葬者恩轻，从启殡到入葬之间不设奠，灵柩直接移至墓地，不在门外举行踊袭受吊。葬毕回来后，设奠，决定恩重者的启殡日期，然后把日期告知宾客，于是为恩重者举行葬礼。葬后的虞祭，必须先祭恩重者，后祭恩轻者，这样才合正礼。"

孔子说："宗子即使到七十岁，也不能没有主妇；如不是宗子，即使没有主妇也可。"

曾子问道："将要为儿子举行加冠礼，参加冠礼的宾客都已经来，并且已把他们请到行礼的庙中，这时突然遇到有齐衰或大功丧服关系的亲属的丧事，怎么办呢？"孔子说："如果死者是与自己同一宗庙的族亲，那就废止加冠礼；如果不是同一宗庙的族亲，那就继续行加冠礼，但要省去用醴酒祝贺新加冠人的仪节，礼毕把陈设的物品器具都收走，再把庙中打扫一下，然后站到相应的位置上为死者哭泣。假如参加冠礼的宾客还没有来，那就废止加冠礼。假如将要为儿子举行加冠礼，但还没有到选定的日子，却先遇到齐衰或大功或小功丧服关系的丧事，那么将要加冠的儿子照样按亲属关系穿戴丧服，到时给他加丧冠。"

曾子接着问道："加丧冠的人在除丧之后是否要补行加冠礼呢？"孔子说："天子在太庙赐给未冠的诸侯、大夫冕服、弁服，诸侯、大夫回到家庙设奠祭告祖宗，然后就穿戴起受赐的冠服。在那样的情况下也只用清酒宴饮宾客，而不用醴酒。据此推论，似乎不必补行冠礼。至于父亲死后而行加冠礼的，要在冠礼三加之后撤除行礼器物，打扫庙堂，改行祭告父庙之礼，祭后去拜见伯父、叔父，然后再设宴酬谢参加冠礼的宾客。"

曾子问道："祭祀在什么情况下才不举行'旅酬'呢？"孔子说："我听说过的。小祥的时候，主人服练冠练服祭祀死者，不应行旅酬，主人回敬宾的酒，宾接过就放下来，不举起来劝别人，这是合乎正礼的。从前，鲁昭公练祭的时候行旅酬，这是失礼的。鲁昭公在大祥时不举杯旅酬，这也不合礼。"

曾子问道："自己有大功丧服，可以穿着丧服去参加别人的祭奠吗？"孔子说："岂止大功可以！从斩衰以下都可以参加祭奠，这样做是合乎正礼的。"曾子又问："这不是看轻自己的丧服而注重别人的祭奠吗？"孔子说："不能这样说。比如天子、诸侯死了，服斩衰的臣下要去祭奠；大夫死了，服齐衰的家臣要去祭奠；士死了，服大功的朋友要去祭奠。如果人数不够，才由服大功以下丧服的人补足；如果还不够，就让每个人多做几件事。"

曾子问道："有小功丧服的人可以参加出殡以后的祭祀吗？"孔子回答说："何止小功能参加？从斩衰以下参加祭祀是正礼。"曾子又问："这不是看轻丧服而注重祭祀吗？"孔子说："天子、诸侯的丧祭，不是斩衰丧服的人还没资格参加呢；大夫的祭祀，只有服齐衰的人才能参加；士的祭祀，只有人数不足时，才让兄弟大功以下的人参加。"

曾子问道："相识的人之间，一方有丧服在身，可以参加另一方的丧祭吗？"孔子回答说："只要有丧服，哪怕是最轻的缌麻丧服，都不能去祭祀自己的宗庙，又怎么能去帮助别人举行丧祭呢？"曾子又问道："除去丧服后，可以参加别人的丧奠吗？"孔子说："刚除丧服就去参加别人的丧奠，这是不合礼的，但去协助别人是可以的。"

曾子问道："婚礼已经进行到送过聘礼，又有了迎娶的日期，女方的父或母死了，该怎么办呢？"孔子回答说："男方要派人去吊丧。假如男方的父或母死了，女方也要派人吊丧，如果是男方的父亲死，女方就以父亲的名义吊丧；如果是母亲死亡，女方就以母亲的名义吊丧。如果女方的父母已亡，就用伯父伯母的名义吊丧。男方在死者埋葬之后，由男方的伯父出面向女方致意，说：'某人的儿子因为有父（或母）的丧服在身，不能和府上结亲，特地派我来说明。'女家同意，但不把女儿另嫁他人，这是正礼。到了男方除丧以后，女方的父母请人重提婚事，如果男方不准备娶过去了，女家便把女儿另嫁他人，这也是合礼的。如果女方的父或母死亡，男方也要这样。"

曾子问道："结婚的那天，新娘已经上路，突然接到新郎的父亲或母亲的讣告，怎么办呢？"孔子说："新娘就换掉新装改穿深衣去吊丧。如果新娘在半路上听到自己父母的讣告，就返回娘家。"曾子又问："假如新郎亲自去接新娘，新娘未到男家，而新郎有齐衰或大功的亲属之丧,该怎么办呢?"孔子说:"新郎不入大门,在外次换上丧服;新娘则进入大门内在内次换上丧服;然后站到哭位上哀哭。"曾子问道:"这样的情况到除丧后是否要重新举行婚礼呢?"孔子说:"祭祀,过了日期就不补祭,这是合乎礼的;婚礼为什么要补办呢?"

孔子说:"嫁女的人家,一连三夜不熄灯就寝,表示想到女儿就要离别了。娶媳妇的人家三天不击鼓奏乐,表示是为了接续后代才娶媳妇的。男方在父母死后成亲的,结婚三个月后,新娘要备礼到庙中拜见公婆的亡灵,祭告时新娘称'来妇'。选取吉日祭告父庙后,才正式成为这家的媳妇。这就是庙见礼的意义。"曾子问道:"如果新娘未行庙见礼就死去,怎么办呢?"孔子说:"她的灵柩不要移到男方祖庙中去朝祖宗,她的神主也不放在皇姑的后面,她的丈夫也不为她执丧杖、穿丧鞋、居丧庐。把她葬在她娘家的墓地,表示她没有成为男家的媳妇。"

曾子问道:"已经选好迎娶的日期,而女的死了,怎么办呢?"孔子说:"男的要服齐衰丧服去吊丧,等到她下葬之后就可除去丧服。如果有吉日之后男的死了,女的也应如此。"

曾子问道:"丧事有二丧主,庙中同一人有两个神主,符合礼吗?"孔子说:"天上没有两个太阳,地上没有两个天子,尝禘郊社所祭祀的鬼神,也只有一个是最尊贵的。我没听说过这是合礼的。从前齐桓公经常出兵征伐,做了个假神主带着同行。到了征伐回来以后,又把假神主也供在祖庙中。一庙之中有两个神主,是从齐桓公开始的。至于丧事有二主的由来,那是先前卫灵公到鲁国来,正好遇上鲁国大夫季桓子的丧事,卫灵公要吊丧,鲁哀公推辞不了。于是哀公做丧主,灵公做客人吊丧。季桓子的儿子康子站在大门西面,面向北;哀公揖请客人升堂,自己从东阶上升堂,面向西站立;客人从西阶升堂吊丧,哀公拜客人后,站起来哭泣,而季康子也站在自己的位置上向客人行稽颡礼,当时司仪也没加纠正。现在丧事有两个丧主,是从季康子那次违礼开始的。"

曾子问道:"古代天子诸侯出师,必定带着迁庙主同行吗?"孔子说:"天子出外巡守,把迁庙主装在斋车上带着同行,表示有所尊崇。而现在呢,却把七个庙主全部带着外出征伐,就错了。天子七庙,诸侯五庙,不该空着没有神主。庙中没有神主的情况,只有在天子崩驾的时候,诸侯死亡或被迫离开自己国家的时候才会出现;再就是在太祖庙中合祭群庙神主的时候,其他庙中也无神主。我听老聃说过:天子崩驾,诸侯死亡,太祝把各庙的神主都集中到太祖庙中,这是礼的规定。等到下葬后举行了卒哭的祭祀,又把各庙神主送回各自庙中。诸侯离开本国,由太宰带着各庙神主跟随同行,这也是礼的规定。在太祖庙中合祭祖先,就让太祝到父庙、祖庙、曾祖庙、高祖庙去迎请神主。神主出庙入庙时,必须清除道路,禁止闲人通行。这都是老聃说的。"

曾子接着问:"古代诸侯出师,如果没有迁庙主,用哪一个神主呢?"孔子说:"那就不用神主而用神主的命令。"曾子问:"什么是神主的命令呢?"孔子说:"天子、诸侯将要出征,必须用币帛皮圭等礼物祭告祖庙、父庙,祭告完毕,就捧着这些币玉出来，装载在斋车上同行。每到一个休息的地方，都要祭奠那币玉之后才休息。回来的时候也要祭祀祖先告归，祭奠完毕，把那些币玉埋在东西两台阶之间，然后走出来。这样做大概就是尊重祖先的命令吧！"

子游问道："天子诸侯死了慈母就像死了生母一样示哀，合乎礼吗？"孔子说："不合乎礼。从古到今，君王的儿子在外面有师傅，在家有慈母，他们是奉君王命令教育孩子的，孩子与他们哪有什么丧服关系呢？先前，鲁孝公年幼时死了母亲，他的慈母待他很好。等到慈母死，孝公忍心不下，要为她服孝。掌管礼典的官听到后，对孝公说：'古代礼法，慈母死，不为她服丧，你现在要为慈母服丧，这是违背古礼而扰乱国家法令啊！如果你要坚持这样做，那么礼官就要记载下来流传后世，大概不能这样做吧？'孝公说：'没有关系，古时候天子为生母服丧平常是戴练冠的。'"孝公不忍心不服丧，于是为慈母戴练冠服丧。诸侯为慈母服丧，是从鲁孝公开始的。"

曾子问道："众多诸侯一同朝见天子，已经进入行礼的太庙门，但不能行礼完毕，中途而废的情况有几种？"孔子说："共有四种。"曾子说："请问是哪四种？"孔子说："就是太庙失火，出现日食，王后死亡，大雨淋湿衣服不能保持仪容，这四种情况下就停止行礼。如果所有的诸侯都来朝见天子而遇到日食，那就跟从天子去救太阳，诸侯们要穿上自己国家所在方位的颜色的衣服，拿着相应方位的兵器。如果是太庙失火，就跟着天子去救火，对衣服颜色和兵器没有要求。"

曾子又问："诸侯互相聘问，主国已把来宾请入大庙门，但不能行礼完毕，中途而废的有几种情况？"孔子说："共有六种。"曾子说："请问是哪六种？"孔子说："那就是天子崩驾，诸侯的太庙失火，出现日食，王后或诸侯的夫人突然死亡，大雨淋湿衣服不能保持仪容，遇到这六种情况就中止行礼。"

曾子问道："天子准备举行尝、禘、郊、社、五祀的祭祀，所有的供品都已陈设齐备，忽然听到天子或王后死亡的消息，该怎么办呢？"孔子说："那就废止祭祀。"曾子又问："如果正在祭祀的时候出现了日食，或者太庙失火，又该怎么办呢？"孔子说："那就简捷地祭祀，尽快结束。如果牲口牵来还未杀，就废止祭祀。天子崩驾，灵柩未入殡宫之前，不可以祭五祀；棺柩在殡宫期间，可以祭祀，但祭祀的程序要简省，尸被请入座后，吃三把饭后告饱就不再劝食，酳尸后，尸也不回敬主人，祭祀就算结束了。从启殡到葬后反哭期间，不能祭五祀，反哭之后虽可祭祀，但只进行到向太祝敬酒为止。"

曾子问道："诸侯准备举行祭祀社稷等礼时，供品都已陈设好，忽然听到天子崩驾，或是王后、国君及夫人死亡的讣告，怎么办呢？"孔子说："那就不举行祭祀。从死日到入殡，从启殡到反哭期间，都遵从天子遇丧时的祭法。"

曾子问道："大夫将要举行宗庙祭祀，鼎俎笾豆等祭品都已陈列好的时候，遇到哪几种情况就停止祭祀呢？"孔子回答说："共有九种。"曾子问："请问是哪九种呢？"孔子说："那就是天子崩驾，王后死亡，国君逝世，国君夫人死亡，国君的太庙失火，日食，父母死亡，伯叔父母死亡，堂兄弟死亡，这九种情况下都应停止祭祀。如果遇到的不是同宗庙的外丧，只要是齐衰以下，都可继续祭祀。遇齐衰关系的外丧，而继续举行的祭祀，尸入室以后，三饭告饱，就不再劝饭；献酒酢尸，尸饮完不回敬主人，祭祀即告结束。遇大功关系的外丧而继续举行的祭祀，进行到'尸回敬主人'这一节为止。遇到小功或缌麻关系的亲戚，外丧而继续举行的祭祀，可以把室中进行的节目都行完为止。士与大夫不同的地方是，即使遇到有缌麻丧服关系的丧事，都不能举行祭祀，但是如果所祭祀的祖先与死亡的人没有丧服关系，那可以照常举行祭祀。"

曾子问道："自己身上有服期三年的丧服，可以给别人吊丧吗？"孔子说："有三年丧服的人，即使服满一年到举行小祥祭祀的时候，也不与众人立在一起，或一起行路。有地位的人遵从礼仪就是为了表达自己的感情，自己有三年的丧服不守丧，而赶着去为别人吊丧哭泣，那种吊丧哭泣不也是虚假的吗？"

曾子问道："大夫和士为自己亲属服丧，到了可以除丧的时候，又遇到国君死亡，必须为国君服丧，这时怎样除去私丧呢？"孔子说："做臣子的有国君的丧服在身，就不敢再为自己的亲属服丧，还除什么丧呢？所以，在这种情况下有过了丧期而不脱去丧服的，为国君所服丧服除去以后，才能为自己的亲属举行小祥大祥等盛大的祭祀，这是正礼。"曾子又问："为父母服丧，丧期满而不除丧服可以吗？"孔子说："先王制定的礼仪，过了时限就不举行，这是合礼的；不是说非除不可，而是担心超过礼的规定，所以君子不举行错过了时间的祭祀，这就是遵守礼法。"

曾子问道："国君死，灵柩已入殡宫，臣子遇到父母的丧事，该怎么办呢？"孔子说："臣子应该回家料理父母的丧事，并守丧。每逢初一、十五就到国君的殡宫参加祭奠，每天早晚的祭奠可以不去。"曾子又问："国君的灵柩已启殡，准备入葬，这时臣子的父母死了，臣子该怎么办呢？"孔子说："应先回家为父母哭泣致哀，然后再赶去为国君送葬。"曾子又问："如果国君刚死，尚未入殡，而臣子的父母死了，臣子该怎么办呢？"孔子说："应该回家料理丧事，父母入殡后再返回为国君守丧。每逢初一、十五就回家去祭奠，每天早晚不必回去祭奠。早晚的祭奠，大夫家里，由他的总管代祭；士的家里，由子孙代祭。大夫的嫡妻每逢初一、十五也要到国君的殡宫参加祭奠，每天早晚不要去。"

地位低的人不能为尊贵的人写诔文，晚辈不能为长辈作诔文，这是礼法所规定。只有天子死后，臣子祭告上帝，以上帝的名义作诔文。诸侯的地位相等，诸侯为诸侯作诔文是失礼的，应由天子作诔。

曾子问道："国君到国界外面去都要预备不测的后事，要随带内棺。如果真的死了，棺柩怎样运回来呢？"孔子说："供应随从人员的殡服，国君的儿子要头戴麻弁加麻绖，身穿齐衰丧服，脚穿草鞋，手拿丧棒，迎接灵柩。灵柩从打坏的墙的阙口进入，从堂的西阶抬上殡宫。如果尸体是小殓后运回来的，他的儿子就用布条结住头发，跟着棺柩从大门进来。灵柩从堂的东阶抬上殡宫。国君、大夫、士，遇到这样的情况，都用一样的仪节。"

曾子问道："国君的灵柩已经从祖庙中拉出，臣子忽然听到父母之丧，该怎么办？"

孔子说："应该把国君的灵柩送到墓地，等到灵柩入土之后再回去料理丧事，不必等国君的儿子同回。"曾子又问："父母的灵柩已经拉出，在运往墓地的途中，听到国君之丧，该怎么办？"孔子说："也应把灵柩送到墓地，等入土之后，改换服装去宫中奔丧。"

曾子问道："宗子的爵位是士，而庶子是大夫，庶子祭祀祖先时该用什么等级呢？"孔子说："用大夫的礼，备少牢到宗子家去祭祀，但祝词要说：'孝子某某为介子某某向祖先进献通常的祭奠。'如果宗子有罪而避居在别国，

孔子向老子问礼，选自《孔子圣迹图》。

庶子是大夫，祭祀的时候，祝词就该说：'孝子某某让介子某某来代行祭奠。'凡是代理主人的祭祀不用餍祭。不旅酬，尸不向代主人祝福，代主人不绥祭，祝在请神时不说以某妃配食某氏。代主人向宾劝酒时，宾不把酒端起来行旅酬，祭祀结束不向来宾分送祭肉，只对宾客说：'我的宗兄（宗弟）是宗子，如今在别的国家，所以派我代主祭祀，特向众位致意。'"

曾子问道："宗子离开本国而住在别国，住在本国而没有爵位的庶子，可以代替宗子祭祀祖先吗？"孔子说："可以祭祀。"曾子说："请问怎么祭祀呢？"孔子说："朝着祖先墓地方向筑土坛，一年四季按时祭祀。如果宗子已经死了，就要先到祖先墓上去禀告，然后再在家里祭祀，宗子死后，祭祀的祝词中就不用'孝'字而只称宗子的名字，这种称呼沿用到庶子死亡为止。子游的学生中，有人以庶子的身份代祭时，就用这种礼法。如今庶子的祭祀，不推求古礼的意义，所以祭祀时都随意乱来。"

曾子问曰："祭祀一定是有尸吗？像餍祭那样也可以吗？"孔子说："祭祀成年死者必须有尸。尸一定是死者的孙子辈充当，如果孙子年龄太小，就让人抱着他。假如死者无嫡孙，选一个同姓的孙子辈做尸也可以，祭祀未成年死者，就没有尸，用餍祭，因为他尚未成年。如果祭祀成年死者没有尸，那就是把他当做殇了。"

孔子说："祭殇有阴餍，也有阳餍。"曾子问道："祭殇不用尸，是不完备的祭礼，

怎么会有阴厌阳厌之分呢？"孔子说："宗子未成年而死，庶子不能做他的后嗣。举行卒哭祔庙等吉祭时，用一条牛；祭祀不用尸，所以没有举肺脊、献胏俎的节目，也不用玄酒，祝不向神报告供品进献完毕，这就是阴厌。凡是一般未成年而死的，以及死而没有子嗣的人，对他们祭祀都是在宗子的家庙里。祭品摆在室内西北角透光处，而酒尊设在东房内。这就是阳厌。"

曾子问道："灵柩出葬，已在途中，忽然遇到日食，是改变葬礼呢？还是不改变呢？"孔子说："从前我跟着老聃在巷党帮人家出葬，柩车在途中时，碰到日食，老聃就喊道：'孔丘，快叫柩车停下来，靠在路右边，叫大家停止哭泣，等待天象变了，再向前走。'后来，太阳重新出来之后，柩车才继续前进。老聃说：'这样做是合乎礼的。'到送葬回来，我问老聃：'灵柩既已出殡，是不能再返回去的，而日食现象，谁也不知道它结束得是快还是慢，还不如继续前进好吧？'老聃说：'诸侯去朝见天子，早晨太阳出来

招魂，汉画像石。

才上路，傍晚太阳未下山就歇宿，祭奠行主。大夫出使，也是日出才行，日未落就歇宿。灵柩出葬，不能起早出门，不能天黑才止宿。披星戴月地赶路，只有逃犯和奔父母之丧的人才这样！遇到日食，不见阳光，怎么知道天上没有星星呢，如果继续前进，岂不与夜行一样吗？况且有德行的人行礼，不能让别人的父母遭灾祸。'我听到老聃是这样说的。"

曾子问道："奉国君的命令出使别国，死在馆舍里，礼书上说：'死在公家的馆舍里可以招魂，死在私人馆舍就不招魂。'凡是出使到别的国家，由负责接待的人安排馆舍，那就都是公家的馆舍。那么礼书所说'死在私人馆舍不招魂'是指什么呢？"孔子说："你这个问题问得好！卿大夫以下的家庙都叫私馆，国君的宗庙和国君指定的馆舍都叫公馆。所谓'死于公馆可以招魂'是指这些馆舍。"

曾子问道："八岁到十一岁的小孩死后，在菜园中挖个坑，坑中四周用砖砌上，再用'机'把尸体抬到那儿大殓入葬，这是因为路途很近的原因。假如离得很远，葬法该怎样呢？"孔子说："我听老聃说过：'从前史佚有个儿子死了，也是下殇，葬得很远，召公对史佚说：'为什么不在家里大殓入棺后再入葬呢？'史佚说：'我不敢那样做。'召公就去问周公，周公说：'那有什么不可以的呢？'于是史佚就照召公的话做

了。下殡在家大殓入棺再出葬的事,是从史佚开始的。"

曾子问道:"卿大夫即将要做国君祭祀的尸,已经接受了邀请并斋戒了,突然遇到自己家族中有服齐衰的丧事,该怎么办呢?"孔子说:"那就离开家,住到国君的馆舍里去等待国君的祭祀,这是合乎礼法的。"孔子又说:"做尸的人冠戴而出家门,卿大夫碰见他,都要下车致敬,做尸的人必须倚靠着车轼答礼。做尸的人出门,前面必定要有开道的人。"

子夏问道:"为父母守丧的人,到了卒哭之后,接到参加征战的命令就不能推辞,这是礼的规定呢?还是从前主管的人规定的呢?"孔子说:"为父母守丧,在夏代是父母入殡后就告假守丧。在殷代是父母入葬后告假,到周代是卒哭之后告假。古《记》上说:'有德行的人不剥夺别人对父母的哀情,也不剥夺自己的哀情',说的就是这个吧。"子夏接着问:"这么说来,卒哭之后不能辞避战争征召,是不合礼的了?"孔子说:"我听老聃说过:从前鲁国的伯禽曾在特定情况下,卒哭之后兴兵讨伐过。但现在许多人在守丧期间,为了私利而从事战争,我就不知道合礼性何在了。"

文王世子第八

【原文】

文王之为世子,朝于王季日三。鸡初鸣而衣服,至于寝门外,问内竖之御者曰:"今日安否何如?"内竖曰:"安。"文王乃喜。及日中又至,亦如之。及莫又至,亦如之。其有不安节,则内竖以告文王,文王色忧,行不能正履。王季复膳,然后亦复初。

食上,必在视寒暖之节。食下,问所膳,命膳宰曰:"末有原。"应曰:"诺!"然后退。

武王帅而行之,不敢有加焉。文王有疾,武王不说冠带而养。文王一饭,亦一饭;文王再饭,亦再饭。旬有二日乃间。

文王谓武王曰:"女何梦矣?"武王对曰:"梦帝与我九龄。"文王曰:"女以为何也?"武王曰:"西方有九国焉,君王其终抚诸。"文王曰:"非也。古者谓'年龄',齿亦龄也。我百,尔九十,吾与尔三焉。"文王九十七乃终,武王九十三而终。

成王幼,不能莅阼。周公相,践阼而治;抗世子法于伯禽,欲令成王之知父子、君臣、长幼之道。成王有过,则挞伯禽,所以示成王世子之道也。

——文王之为世子也

凡学世子及学士,必时。春夏学干戈,秋冬学羽籥,皆于东序。小乐正学干,大胥赞之;籥师学戈,籥师丞赞之。胥鼓《南》。春诵夏弦,大师诏之。瞽宗秋学礼,执礼者诏之。冬读《书》,典书者诏之。礼在瞽宗,《书》在上庠。

凡祭与养老乞言、合语之礼，皆小乐正诏之于东序。大乐正学舞干戚、语说、命乞言，皆大乐正授数。大司成论说在东序。

凡侍坐于大司成者，远近间三席，可以问。终则负墙。列事未尽，不问。

凡学，春官释奠于其先师，秋、冬亦如之。凡始立学者，必释奠于先圣先师，及行事必以币。凡释奠者，必有合也，有国故则否。

凡大合乐，必遂养老。

凡语于郊者，必取贤敛才焉，或以德进，或以事举，或以言扬。曲艺皆誓之，以待又语。三而一有焉，乃进其等，以其序；谓之郊人，远之于成均，以及取爵于上尊也。

始立学者，既兴器用币，然后释菜，不舞不授器；乃退，傧于东序，一献，无介语。可也。

——教世子。

文王世子

凡三王教世子必以礼乐。乐所以修内也，礼所以修外也。礼乐交错于中，发形于外，是故其成也怿，恭敬而温文。立大傅、少傅以养之，欲其知父子、君臣之道也。大傅审父子、君臣之道以示之。少傅奉世子以观大傅之德行而审喻之。大傅在前，少傅在后，入则有保，出则有师，是以教喻而德成也。师也者，教之以事而喻诸德者也。保也者，慎其身以辅翼之，而归诸道者也。《记》曰："虞、夏、商、周，有师保，有疑丞。设四辅及三公，不必备，唯其人。"语使能也。君子曰："德，德成而教尊，教尊而官正，官正而国治，君子谓也。"

仲尼曰："昔者周公摄政，践阼而治，抗世子法于伯禽，所以善成王也。闻之曰：'为人臣者，杀其身，有益于君，则为之。'况于其身以善其君乎？周公优为之。是故知为人子，然后可以为人父；知为人臣，然后可以为人君；知事人，然后能使人。成王幼，不能莅阼，以为世子，则无为也。是故抗世子法于伯禽，使之与成王居，欲令成王之知父子、君臣、长幼之义也。

"君之于世子也，亲则父也，尊则君也。有父之亲，有君之尊，然后兼天下而有之。是故养世子不可不慎也。行一物而三善皆得者，唯世子而已，其齿于学之谓也。故世子齿于学，国人观之曰：'将君我而与我齿让，何也？'曰：'有父在则礼然。'然而众知父子之道矣。其二曰：'将君我而与我齿让，何也？'曰：'有君在则礼然。'然而众著于君臣之义也。其三曰：'将君我而与我齿让，何也？'曰：'长长也。'然而众知长幼之节矣。故父在斯为子，君在斯谓之臣，居子与臣之节，所以尊君亲亲也。故学之为父子焉，学之为君臣焉，学之为长幼焉。父子、君臣、长幼之道得而国治。语曰：'乐正司业，父师司成。一有元良，万国以贞。'世子之谓也。"

——周公践阼

庶子之正于公族者，教之以孝弟、睦友、子爱，明父子之义、长幼之序。其朝于公，内朝则东面北上，臣有贵者以齿；其在外朝，则以官，司士为之。其在宗庙之中，则如外朝之位，宗人授事，以爵以官。其登馂、献、受爵，则以上嗣。

庶子治之，虽有三命，不逾父兄。其公大事，则以其丧服之精粗为序，虽于公族之丧亦如之，以次主人。若公与族燕，则异姓为宾，膳宰为主人；公与父兄齿。族食，世降一等。

其在军，则守于公祢。公若有出疆之政，庶子以公族之无事者守于公宫，正室守大庙，诸父守（贵宫）贵室，诸子诸孙守下宫下室。

五庙之孙，祖庙未毁，虽为庶人，冠、取妻必告，死必赴，练、祥则告。族之相为也，宜吊不吊，宜免不免，有司罚之。至于赗赙承含，皆有正焉。

公族其有死罪，则磬于甸人。其刑罪，则纤剸，亦告于甸人。公族无宫刑。狱成，有司谳于公，其死罪，则曰："某之罪在大辟。"其刑罪，则曰："某之罪在小辟。"公曰："宥之。"有司又曰："在辟。"公又曰："宥之。"有司又曰："在辟。"及三宥，不对，走出，致刑于甸人。公又使人追之，曰："虽然，必赦之。"有司对曰："无及也。"反命于公。公素服不举，为之变；如其伦之丧，无服，亲哭之。

公族朝于内朝，内亲也。虽有贵者以齿，明父子也。外朝以官，体异姓也。宗庙之中，以爵为位，崇德也。宗人授事以官，尊贤也。登馂、受爵以上嗣，尊祖之道也。丧纪以服之轻重为序，不夺人亲也。公与族燕则以齿，而孝弟之道达矣。其族食世降一等，亲亲之杀也。战则守于公祢，孝爱之深也。正室守大庙，尊宗室，而君臣之道著矣。诸父诸兄守贵室，子弟守下室，而让道达矣。

五庙之孙，祖庙未毁，虽及庶人，冠、取妻必告，死必赴，不忘亲也。亲未绝而列于庶人，贱无能也。敬吊、临、赙、赗，睦友之道也。古者庶子之官治，而邦国有伦；邦国有伦，而众乡方矣。公族之罪，虽亲不以犯有司，正术也，所以体百姓也。刑于隐者，不与国人虑兄弟也。弗吊，弗为服，哭于异姓之庙，为忝祖，远之也。素服居外，不听乐，私丧之也，骨肉之亲无绝也。公族无宫刑，不翦其类也。

天子视学，大昕鼓征，所以警众也。众至，然后天子至，乃命有司行事，兴秩节，祭先师先圣焉。有司卒事反命，始之养也。适东序，释奠于先老，遂设三老、五更、群老之席位焉。适馔省醴，养老之珍具，遂发咏焉；退，修之以孝养也。反，登歌《清庙》；既歌而语，以成之也，言父子、君臣、长幼之道，合德音之致：礼之大者也。下管《象》，舞《大武》，大合众以事，达有神，兴有德也。正君臣之位、贵贱之等焉，而上下之义行矣。有司告以乐阕，王乃命公、侯、伯、子、男及群吏曰："反，养老（幼）于东序。"终之以仁也。

是故圣人之记事也，虑之以大，爱之以敬，行之以礼，修之以孝养，纪之以义，终之以仁。是故古之人一举事，而众皆知其德之备也。古之君子举大事必慎其终始，而众安得不喻焉?《兑命》曰:"念终始典于学。"

　　《世子》之《记》曰:"朝夕至于大寝之门外,问于内竖曰:'今日安否何如?'内竖曰:'今日安。'世子乃有喜色。其有不安节,则内竖以告世子,世子色忧不满容;内竖言'复初'然后亦复初。朝夕之食上,世子必在视寒暖之节;食下,问所膳羞,必知所进,以命膳宰,然后退。若内竖言疾,则世子亲齐、玄而养。膳宰之馈,必敬视之;疾之药,必亲尝之。尝馈善,则世子亦能食;尝馈寡,世子亦不能饱。以至于复初,然后亦复初。"

【译文】

　　周文王在做太子的时候,向父亲请安,每日三次。鸡叫头遍就穿好衣服,到寝门外,问宫中小臣中的值日者,说:"今天父王身体情况怎样?"值日的小臣回答说:"身体大安。"文王就高兴。等到中午又来到父王居处,像早上一样向小臣打听父王的身体情况。到了黄昏又一次到父王居处,像早上一样请安。如父王和平日的生活有不同,宫中小臣禀告文王,文王马上露出忧虑的表情,行走时都不能正常的迈步。父王恢复正常的饮食,文王才回复到平时的样子。每当饭菜送上来时,文王一定亲自察看饭菜冷热是否适度;食毕,饭菜撤下,一定问吃了些什么。命令膳宰说:"所食之余,不要再进。"膳宰答应说:"是。"文王然后才离开。

　　周武王遵循父亲文王的样子去做,不敢有什么增加。文王有了疾病,武王不脱冠、不解带一直守在身边看护。文王吃一口饭,他也吃一口饭,文王吃两口饭,他也吃两口饭,一直到十二天后,文王病愈为止。

　　文王问武王说:"你做过什么梦吗?"武王回答说:"梦见上帝给我九龄。"文王又问道:"你认为这个梦有什么暗示吗?"武王说:"西部地区有九个国家,君王您大概最终都将占有吧。"文王说:"不对,古代称一年为一龄,一个人的年齿也叫做龄,我活一百岁,你大概只有九十岁,我送给你三年。"结果文王九十七岁寿终,武王活到九十三岁寿终。

　　成王年幼,不能即位治政,周公旦任宰相,代行天子职责,治理天下。举出太子应遵守的法规,要求伯禽履行,目的是要让成王懂得父子君臣长幼之间的种种伦理;如成王有了过错,就鞭打伯禽,以此向成王示意做太子的道理。——"文王为世子。"

　　太学对太子及学士进行教育,一定要根据季节的不同。春季夏季教以干戈为舞具的武舞,秋季冬季教以羽籥为舞具的文舞。教舞蹈都在太学的东序中进行。小乐正来教执干舞,大胥帮助他;籥师教执戈舞,籥师丞都帮助他。胥击鼓伴舞,用的是《南》的乐曲。春天诵读歌词,夏天演奏琴瑟等乐器,这两项都由乐官太师来教的。秋天在太学中的瞽宗进行礼的教育,由主持礼仪的官员来教导。冬季读书,由主管书籍的官员对他们进行教导。教礼在太学中的瞽宗,读书在太学中的上庠。

　　一切祭祀的礼节和养老乞言、合语的礼节,都由小乐正在太学的东序中进行教导。大乐正教以干戚为舞具的舞蹈;合语、乞言,由大乐正指定学习的篇目,由大司成评说,都在东序进行。凡是陪侍大司成坐的,他们之间的距离要间隔三张坐席。可以向大司成提问,问完了就要退到靠墙的位置上。如大司成谈论事情还没有结束,不能打断话提问。

一切学校,在春季由掌教的官员举行释奠礼,祭先师。秋季冬季也行释奠礼。如诸侯国始创建学校,一定以释奠礼祭祀先圣和先师。在行释奠礼时用币帛。凡行释奠礼,都有乐有舞,如国家有战争灾荒等事故,则不用舞乐。凡遇举行大规模的舞乐之时,同时举行养老之礼。

凡是到乡学对学士进行考课评议的人,一定进行选取贤德和收罗人才的工作。有的因品德优异获得录取,有的因熟悉世务懂得吏治而获得录取,有的因善于言辞应对而获得录取。对于懂得医卜等技艺的人都对他们

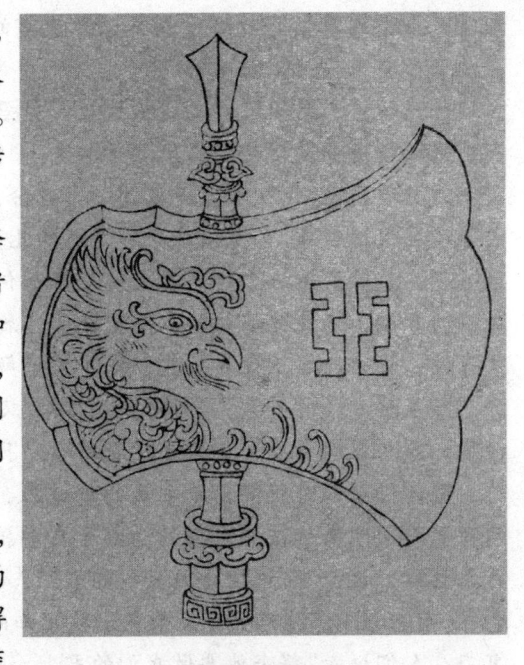

宋元时期的舞戚

一一加以勉励,要他们不要放松对技艺的学习提高,以便等待另一次考课评议,他们中如说三件事有一件事可取,就晋升等第,并称他们为"郊人",这些人与大学学生还有区别。若天子在成均中设宴,"郊人"亦可以在堂上的洒尊中取酒,参加旅酬,以示对他们的鼓励。

诸侯国初建学校,要衅用器,又用币帛祭祀先圣先师告以器成。然后举行释菜的祭祀,既不用舞蹈,就不授给作为舞具的器物。祭祀结束,大家从虞庠退出,在太学的东序招待宾客,只对宾客行一献之礼,可以不用"介"和行酒时大家论说的仪式。——"教世子"。

三代的王教育太子,必定用礼乐。乐,是用来提高人的内心世界的美;礼,使人外在的表情、态度、动作合乎礼仪的规范。礼的教育由外及内,乐的教育由内及外,都交互在心中扎根,然后显示于仪表,因而他的成长不用强迫和责罚,养成了恭敬温和文雅的气质。立太傅、少傅等职来影响教导太子,使他懂得父子君臣之间的道理。做太傅的要明辨父子君臣的道理,而且亲身示范;做少傅的侍奉太子,让他去观察太傅的种种德行,并能解释给太子听。太傅在前少傅在后,不离前后;回宫有保氏守在旁边,出门有师氏在身边,随时随地进行教导说明,从而养成了好的品德。师氏的职责,是教导太子应做些什么,并阐明各种德行。保氏的职责,是保护他的身体,并使太子的思想行为合于道德的规范。古书《记》中说:"虞夏商周各代,在太子周围设立师、保、疑、丞等官职。设立四辅和三公,但不一定要全部设立,主要是看有没有合适的人选。"这话是说要任用胜任的人。君子说:"太子要有德行。因为有了好的德行,

教育就会受到尊崇，教育受到尊崇，为官的就正直，百官正直，国家就能治理好，这是指太子将来要为国君而言的。"

仲尼说："昔日周公代成王执政，登君主之位，治理天下。拿太子法要求伯禽履行，用以使成王获得好的品德。听人说：'做一个臣子，牺牲自己生命，而对国君有好处的，就要去做。'何况仅是变通一下身份，而能使君主品德得以完善的事呢！所以周公乐于去做这件事。"只有能做一个好的儿子，然后能做一个好的父亲；知道做一个好的臣下，然后能做一个好的君主；了解如何为人服务，然后才能使唤他人服务。成王是因为年幼，不能登位执政；他做世子，履行世子法又缺乏对象。所以要求伯禽履行世子法，让他和成王住在一起，使成王了解到父子、君臣、长幼之间所应有的正确关系。君主和太子的关系，既有父子之亲，又有君臣之尊。太子能真正做到有父与子的亲爱，君与臣的尊严，然后才可以统治天下，所以对太子的教育不能不慎重啊。

做一件事同时获得三个方面的好效果，只有太子才具有的啊！这是指在学校中能对年长的同学谦让这件事说的。太子在学校中做到不依尊卑，而以年龄大小为序，国人看到后，说："将来他要做我们的君上，而现在和我们以长幼为序，这样谦让为什么呢？"有人说："因为他有父亲在，礼应如此。"这样就使人民懂得父子关系的道理了。其二，人们说："将来他要做我们的君上，而现在和我们以长幼为序，这样谦让为什么呢？"有人说："因为有国君在，礼应如此。"这样就使人民明白了君臣之道了。其三，人们说："将来他要做我们的君上，而现在和我们以长幼为序，这样谦让为什么呢？"有人说："这是尊敬年长者。"这样就使人民懂得了长幼之间的礼节了。父在，太子的身份是儿子；君在，太子的身份是臣下，必须遵守儿子和臣下应有的礼节，即对国君尊敬，对父母孝顺。所以要教导他父子之道，教导他君臣之道，教导他长幼之道。懂得了父子、君臣、长幼之道，国家就太平了。古人有这样一句话："乐正是主管太子诗书的教育，大师是主管太子的品德教育。培养一个品德善良的人，天下万国都得以走上正道。"这一个人就是指太子而言的。——"周公践阼"。

庶子的政务是管理国君同姓及卿大夫的子弟，教育他们孝悌、睦友、慈爱等伦理道德，使他们明了父子之间的道德规范，长幼之间的礼节。国君的族人朝见国君，如在内朝，则面向东以北为上位，朝见的臣子，不依高低贵贱而按年龄大小为序，由庶子具体负责。即使有三命之卿，他的位置也不能超过父兄长辈。如在外朝朝见，那就以官爵的高低列位，负责班位的是司士。如在宗庙之中，班位的序次和外朝的位次一样，由宗人分派祭祀的事务，根据爵位的高低和所任的官职。至于登堂分食祭品及向尸献酒，或接受尸的献酒，则由嫡长子承担。

如国君有丧事，班列的次序以丧服的精粗为先后的标准，一切同族人办丧事班列的次序也都是这样，以主人为排头：其后按亲疏的关系一个一个往下排。如国君和同族人饮宴，异姓的人才算是宾客，膳宰代表主人向客人献酒，在排坐次时，国君与同族的父老兄弟们统一按年龄大小为序。同族人参加国君的饮宴次数，则视世系的亲疏，亲的次数多，疏的次数少。

庶子在军中，就守卫在行主旁边。国君如离开本国去朝觐会同，庶子分派国君同族中不随行的和无具体职务的人，担任守卫国君宫廷宗庙：卿大夫的适子守卫太祖庙，叔父伯父守卫国君路寝，让子侄辈和孙辈守卫亲庙和燕寝。

同一高祖子孙，当祖庙还存，即使已沦为平民，举行冠礼、结婚等事，一定要向国君禀告，有死丧一定讣告，练祥等祭祀也禀告。同族人之间互相往来，如应该吊问而不去吊问，应该戴丧冠而不戴丧冠，主管官员庶子都要处罚他们。至于给丧家赠车马、财帛、珠玉等，庶子都使他们遵循礼的规定。

与国君同族的人犯了死罪，就交给甸人将他缢死。如判处膑、墨、劓、刖等刑的，也到甸人处行刑。对待国君同族人不判决用宫刑。罪案判决后，官员向国君报告判决书。族人犯的是死罪，报告时就说某人所犯的罪属于大辟；族人所犯的是用刑罚的罪，就说某人所犯的罪属于小辟；国君说："宽减些吧。"有关官员说："他罪有应得。"国君又说："宽减些吧。"有关官员再一次说："他罪有应得。"等到国君第三次要求从宽，官员不回答就跑出去，将犯人送到甸人处行刑。国君派人追上他说："即使如此，我要求宽减。"官员说："已经晚了。"并回头向国君报告已经用刑。国君穿素服，不举盛馔，为之改变日常的礼节。至于赙赠之类，并按照亲疏的等第，但不穿丧服，亲自哭于异姓之庙。

同族的人朝见国君在内朝，因为这是族内的亲属。即使有地位高贵的，仍按年齿为序，用以显明父辈子辈的关系。在外朝以官位高低为序，这是表示与异姓为一体。在宗庙之中，以爵位的高低来站位，这是为了尊崇品德高尚的人。负责祭祀的宗人分派事务时以官阶的高低为先后，这样做是为了尊贤。登堂分食祭品，接受尸的献酒，都由嫡长子，这是体现尊祖的道理。丧事以丧服的轻重为序，这是不超越亲疏的关系。国君和同族人宴饮以年齿坐席，这是表示孝悌之道。与同族人宴饮的次数随世系的远近区分等级，体现了对亲属远近有等差。作战时守卫行主，表现出对祖上孝爱之情。以适子守卫太庙，这是尊崇宗室，君臣之道从而得以显明。叔父堂兄守卫国君的正寝，晚辈子弟们守卫国君其他居室，这是表明了谦让之道。

同一高祖的子孙，如祖庙仍然存在，即使已沦为平民，行冠礼、结婚一定要禀告国君，死丧一定发讣告给国君，这是表示不忘记亲属关系。与国君的亲属关系还没有断绝，但已降为平民，这表示国君鄙夷无能的人。同族之人有死丧，国君亲临吊问并赠送车马财帛助葬，这表示与同族人和睦友好。古代只要庶子这个官职称职，这样国内人与人的关系就非常顺当，国内人与人的关系顺当，众人都趋向于礼义了。国君同族人有罪，即使至亲不能因此干扰司法的工作，这是正确贯彻法令，并且以此说明本族的人和其他百姓在法律面前都是一样的。行刑于甸人之处，这是不使异姓之人一起来忧虑国君的同族兄弟间的事。不到受死刑的家中吊问，不为他穿丧服，并且哭于异姓的宗庙，因为他玷辱了祖宗，不将他当做同族人看待。国君穿白色的衣服，居住在外寝，不听音乐，暗中以丧礼对待被处死的同族人，因为骨肉的至亲关系并没有断绝。对国君同族人不处以宫刑，是为了不断绝他的后代。

天子视察太学这一天，一大早就擂鼓召集学士，这是要大家早起来。众人都到齐后，然后天子才到场，就命官员开始行事，举行常规的礼仪，先祭先师、先圣。官员报告祭奠完毕，天子乃至行养老礼之东序。天子到东序，用释奠之礼祭祀先代的老人，紧接着就铺设三老、五更及群老的坐席。天子亲自去看为养老准备的各种菜肴、酒，以及各种珍美食品，乐队唱歌迎宾，举行养老之礼。当老人们反席坐定，乐队登堂唱《清庙》之歌，歌毕，诸老人互相评说，充分发挥诗的含意。所谈论的都是关于父子、君臣、长幼关系的各种道理，都符合乐曲的意旨。这是养老之礼中最重要的一节。

接着，堂下用管乐器吹奏《象》乐曲，跳着《大武》的舞蹈。这是发扬了文王武王的精神，推行了他们的德行。从而正确树立君臣之位、贵贱之间的差等，这样上下之间的行为准则就能很好地贯彻了。官员报告歌舞结束，天子于是命令参加的公侯伯子男及群吏说："回去后都要在东序举行养老之礼。"这样以天子仁爱之心结束这一养老之礼。

圣人之所以记载养老这件事，这体现他考虑这是治国的大事，以敬老体现爱，一切行为都符合礼仪，以孝养为修身之本，记述的都合于义，最后以仁爱结束这一典礼。所以古人举行一次大的典礼，使众人都知道他德行的完美无缺；古代的君子，举行大的典礼，从起始到结尾都一定十分敬慎，这样，众人怎能不明白这件事的意义呢！《尚书·说命》中说："时刻想到终和始都常在受教育。"

《世子之记》说：太子早晚到国君正寝的门外，向宫里的侍候小臣打听，问："今日父王身体如何？"宫中小臣回答说："今日安康。"太子听后面露喜色。父王如有不安适，宫中小臣将这情况告诉太子，太子面带愁容。宫中小臣说已恢复正常，然后太子亦恢复正常。早晚奉食时，太子一定亲自察看饭菜冷热是否适度，食毕饭菜搬下来，要打听父王吃了哪些菜肴，一定要知道下顿所送的菜肴，向膳宰嘱咐后，然后才离去。如果宫中小臣说父王有了疾病，太子斋戒，服玄端，亲自侍奉，对于膳宰所作的饭菜，一定认真去察看。治病的药，太子一定亲自尝过后再给父王吃。父王吃的饭菜比以前多，太子也跟着多吃；父王吃的饭菜比以前少，太子也跟着少吃，一直到父王恢复正常，然后太子恢复正常的服饰。

礼运第九

【原文】

昔者仲尼与于蜡宾，事毕，出游于观之上，喟然而叹。仲尼之叹，盖叹鲁也。

言偃在侧曰："君子何叹？"孔子曰："大道之行也，与三代之英，丘未之逮也，而有志焉。大道之行也，天下为公，选贤与能，讲信修睦，故人不独亲其亲，不独子其子,使老有所终,壮有所用,幼有所长,矜寡孤独废疾者,皆有所养。男有分,女有归。货,恶其弃于地也,不必藏于己;力,恶其不出于身也,不必为己。是故谋闭而不兴,盗窃乱贼而不作,故外户而不闭。是谓大同。"

"今大道既隐,天下为家,各亲其亲,各子其子,货力为己,大人世及以为礼。城郭沟池以为固,礼义以为纪;以正君臣,以笃父子,以睦兄弟,以和夫妇,以设制度,以立田里,以贤勇知。以功为己,故谋用是作,而兵由此起。禹、汤、文、武、成王、周公,由此其选也。此六君子者,未有不谨于礼者也。以著其义,以考其信,著有过,刑仁讲让,示民有常。如有不由此者,在势者去,众以为殃。是谓小康。"

言偃复问曰:"如此乎,礼之急也?"孔子曰:"夫礼,先王以承天之道,以治人之情,故失之者死,得之者生。《诗》曰:'相鼠有体,人而无礼!人而无礼,胡不遄死!'是故夫礼,必本于天,殽于地,列于鬼神,达于丧、祭、射、(御)〔乡〕、冠、昏、朝、聘。故圣人以礼示之,故天下国家可得而正也。"

言偃复问曰:"夫子之极言礼也,可得而闻与?"孔子曰:"我欲观夏道,是故之杞,而不足征也;吾得《夏时》焉。我欲观殷道,是故之宋,而不足征也,吾得《坤乾》焉。《坤乾》之义,《夏时》之等,吾以是观之。夫礼之初,始诸饮食。其燔黍捭豚,汙尊而抔饮,蒉桴而土鼓,犹若可以致其敬于鬼神。及其死也,升屋而号,告曰:'皋,某复!'然后饭腥而苴孰。故天望而地藏也,体魄则降,知气在上。故死者北首,生者南乡。皆从其初。昔者先王未有宫室,冬则居营窟,夏则居橧巢。未有火化,食草木之实,鸟兽之肉,饮其血,茹其毛。未有(麻)丝〔麻〕,衣其羽皮。后圣有作,然后修火之利,范金,合土,以为台榭宫室牖户。以炮以燔,以亨以炙,以为醴酪。治其(麻)丝〔麻〕,以为布帛,以养生送死,以事鬼神上帝。皆从其朔。故玄酒在室,醴醆在户,粢醍在堂,澄酒在下,陈其牺牲,备其鼎俎,列其琴瑟管磬钟鼓,修其祝嘏,以降上神与其先祖,以正君臣,以笃父子,以睦兄弟,以齐上下,夫妇有所。是谓承天之祐。作其祝号,玄酒以祭,荐其血毛,腥其俎,孰其殽;与其越席,疏布以幂;衣其浣帛;醴醆以献,荐其燔炙。君与夫人交献,以嘉魂魄,是谓合莫。然后退而合亨,体其犬、豕、牛、羊,实其簠、簋、笾、豆、铏、羹。祝以孝告,嘏以慈告,是谓大祥。此礼之大成也。"

孔子曰:"呜呼哀哉!我观周道,幽、厉伤之,吾舍鲁何适矣!鲁之郊禘,非礼也,周公其衰矣!

"杞之郊也,禹也;宋之郊也,契也。是天子之事守也。故天子祭天地,诸侯祭社稷,祝嘏莫敢易其常古,是谓大假。

"祝嘏辞说,藏于宗祝巫史,非礼也,是谓幽国。醆斝及尸君,非礼也,是谓僭君。冕弁兵革,藏于私家,非礼也,是谓胁君。大夫具官,祭器不假,声乐皆具,非礼也,是谓乱国。故仕于公曰臣,仕于家曰仆。三年之丧与新有昏者,期不使。以衰裳入朝,与家仆杂居齐齿,非礼也,是谓君与臣同国。故天子有田以处其子孙,诸侯有国以处其子孙,大夫有采〔地〕以处其子孙,是谓制度。故天子适诸侯,必舍其祖

庙，而不以礼籍入，是谓天子坏法乱纪。诸侯非问疾吊丧而入诸臣之家，是谓君臣为谑。是故礼者，君之大柄也，所以别嫌明微、傧鬼神、考制度、别仁义，所以治政安君也。故政不正，则君位危；君位危，则大臣倍，小臣窃。刑肃而俗敝，则法无常；法无常而礼无列，礼无列则士不事也。刑肃而俗敝，则民弗归也。是谓疵国。

"故政者君之所以藏身也。是故夫政必本于天，殽以降命。命降于社之谓殽地，降于祖庙之谓仁义，降于山川之谓兴作，降于五祀之谓制度。此圣人所以藏身之固也。

"故圣人参于天地，并于鬼神，以治政也。处其所存，礼之序也；玩其所乐，民之治也。故天生时而地生财，人其父生而师教之。四者君以正用之。故君者立于无过之地也。

"故君者，所明也，非明人者也。君者，所养也，非养人者也。君者，所事也，非事人者也。故君明人则有过，养人则不足，事人则失位。故百姓则君以自治也，养君以自安也，事君以自显也。故礼达而分定，故人皆爱其死而患其生。故用人之知去其诈，用人之勇去其怒，用人之仁去其贪。故国有患，君死社稷，谓之义；大夫死宗庙，谓之变。

"故圣人耐以天下为一家，以中国为一人者，非意之也，必知其情，辟于其义，明于其利，达于其患。然后能为之。何谓人情？喜，怒，哀，惧，爱，恶，欲，七者弗学而能。何谓人义？父慈，子孝，兄良，弟弟，夫义，妇听，长惠，幼顺，君仁，臣忠，十者谓之人义。讲信修睦，谓之人利。争夺相杀，谓之人患。故圣人之所以治人七情，修十义，讲信修睦，尚辞让，去争夺，舍礼何以治之？饮食男女，人之大欲存焉。死亡贫苦，人之大恶存焉。故欲、恶者，心之大端也。人藏其心，不可测度也。美恶皆在其心，不见其色也，欲一以穷之，舍礼何以哉？

"故人者，其天地之德、阴阳之交、鬼神之会、五行之秀气也。故天秉阳、垂日星，地秉阴、窍于山川，播五行于四时，和而后月生也。是以三五而盈，三五而阙。五行之动，迭相竭也。五行、四时、十二月，还相为本也。五声、六律、十二管，还相为宫也。五味、六和、十二食，还相为（质）〔滑〕也。五色、六章、十二衣，还相为质也。故人者，天地之心也，五行之端也，食味、别声、被色而生者也。

"故圣人作则，必以天地为本，以阴阳为端，以四时为柄，以日星为纪，月以为量，鬼神以为徒，五行以为质，礼义以为器，人情以为田，四灵以为畜。以天地为本，故物可举也。以阴阳为端，故情可睹也。以四时为柄，故事可劝也。以日星为纪，故事可列也。月以为量，故功有艺也。鬼神以为徒，故事有守也。五行以为质，故事可复也。礼义以为器，故事行有考也。人情以为田，故人以为奥也。四灵以为畜，故饮食有由也。

"何谓四灵？麟、凤、龟、龙，谓之四灵。故龙以为畜，故鱼鲔不淰；凤以为畜，故鸟不（獝）〔矞〕；麟以为畜，故兽不狘；龟以为畜，故人情不失。

"故先王秉蓍龟，列祭祀，瘗缯，宣祝嘏辞说，设制度。故国有礼，官有御，事有职，礼有序。故先王患礼之不达于下也，故祭帝于郊，所以定天位也；祀社于国，所以列地利也；祖庙，所以本仁也；山川，所以傧鬼神也；五祀，所以本事也。故宗祝在庙，三公在朝，三老在学，王前巫而后史，卜筮瞽侑皆在左右，王中心无为也，以守至正。故礼行于郊，而百神受职焉；礼行于社，而百货可极焉；礼行于祖庙，而孝慈服焉；礼行于五祀，而正法则焉。故自郊社、祖庙、山川、五祀，义之修而礼之藏也。

"是故夫礼，必本于大一，分而为天地，转而为阴阳，变而为四时，列而为鬼神。其降曰命，其官于天也。夫礼必本于天，动而之地，列而之事，变而从时，协于分艺。其居人也曰养，其行之以货力、辞让、饮食、冠昏、丧祭、射（御）〔乡〕、朝聘。故礼义也者，人之大端也。所以讲信修睦，而固人之肌肤之会、筋骸之束也；所以养生、送死、事鬼神之大端也；所以达天道、顺人情之大窦也。故唯圣人为知礼之不可以已也。故坏国、丧家、亡人，必先去其礼。

"故礼之于人也，犹酒之有蘖也，君子以厚，小人以薄。故圣王修义之柄、礼之序，以治人情。故人情者，圣王之田也，修礼以耕之，陈义以种之，讲学以耨之，本仁以聚之，播乐以安之。故礼也者，义之实也；协诸义而协，则礼虽先王未之有，可以义起也。义者，艺之分、仁之节也。协于艺，讲于仁，得之者强。仁者，义之本也，顺之体也，得之者尊。故治国不以礼，犹无耜而耕也；为礼不本于义，犹耕而弗种也；为义而不讲之以学，犹种而弗耨也；讲之以学而不合之以仁，犹耨而弗获也；合之以仁而不安之以乐，犹获而弗食也；安之以乐而不达于顺，犹食而弗肥也。四体既正，肤革充盈，人之肥也；父子笃，兄弟睦，夫妇和，家之肥也；大臣法，小臣廉，官职相序，君臣相正，国之肥也；天子以德为车，以乐为御，诸侯以礼相与，大夫以法相序，士以信相考，百姓以睦相守，天下之肥也。是谓大顺。大顺者，所以养生、送死、事鬼神之常也。故事大积焉而不苑，并行而不缪，细行而不失；深而通，茂而有间，连而不相及也，动而不相害也：此顺之至也。故明于顺，然后能守危也。故礼之不同也，不丰也，不杀也，所以持情而合危也。

"故圣王所以顺，山者不使居川，不使渚者居中原，而弗敝也。用水、火、金、木，饮食必时。合男女，颁爵位，必当年德。用民必顺。故无水旱昆虫之灾，民无凶饥妖孽之疾。故天不爱其道，地不爱其宝，人不爱其情。故天降膏露，地出醴泉，山出器车，河出马图，凤皇麒麟皆在郊棷，龟龙在宫沼，其余鸟兽之卵胎皆可俯而窥也。则是无故，先王能修礼以达义、体信以达顺故。此顺之实也。"

【译文】

从前孔子参与蜡祭的宾，祭事完毕后，出来到观楼上游览，不禁发出叹息。孔子的叹息，大盖是哀叹那时的鲁国。言偃在一旁问道："君子为什么还要叹息？"孔子说："大道施行的时代，以及三代英杰执政的时代，我都没能赶上，但我有志于他们那样的业绩。大道施行的时代，天下为人们共有。选择有贤德的人、推举有才能的人治理国家。讲究诚信，维护和睦。所以人们不仅仅敬奉自己的双亲，也不仅仅慈爱自己的子

女，而是使老年人都能安度晚年，壮年人都能发挥作用、幼年人都能健康成长，鳏寡、孤独者和残废人都能得到抚养。男子各有其职分，女子都能出嫁成家。开发货财，只是由于不愿让它遗弃在地上，并非一定是为自己收藏；出力劳作，只是不愿让自己身上的力气无处施展，并非一定是为自己谋利。因此奸谋机诈不会兴起，盗窃和暴力行为也不会出现，家家门户对外开着，不必锁闭。这就叫'大同'社会。如今大道已经衰微，天下为一家所占有。人们各自敬奉自己的双亲，各自慈爱自己的子女。开发货财，出力劳作，都是为自己。诸侯以父子兄弟世代相传作为礼法，还修建了城郭沟池来卫护自己。把礼义作为纲纪，用以确定君臣之间的名分，加重父子之间的慈孝，融洽兄弟之间的友情，调和夫妻之间的恩爱，设立少长贵贱之间的各项制度，划分田地和居宅，推崇勇气和智慧。建立事功都是为了自己，于是谋算欺诈兴起了，刀兵武力由此产生了。禹、汤、文、武、成王、周公便是在这时出现的一些杰出人物。这六位君子没有一个不是谨慎地按照礼来办事的，他们按照礼来明确大义，考察诚信，指明过错，效法仁爱，讲求辞让，向人民展示做人的常道。如果有不照此去做的人，即使有势位也要被罢黜，众人就会视他为祸害。这样的社会就叫做'小康'社会。"

观蜡论俗，选自《孔子圣迹图》。

言偃又问道："礼难道真是如此紧要吗？"孔子说："礼，是先王用来遵循天道，治理人的性情的。所以离开了礼就要死，得到了礼才能生。《诗经》上说：'老鼠尚且有形体，人类怎能没有礼！做人如果没有礼，何不赶紧就去死！'所以这个礼，必定是本源于天，效法于地，参验于鬼神，贯彻于丧、祭、射、乡、冠、婚、朝、聘等各项仪式之中。圣人用礼来昭示天下，所以天下国家才能治理得好。"

言偃又问道："先生这样极言礼的重要，是否可以让我知道礼的具体情况呢？"孔子说："我想考察夏代的礼，所以到杞国去，但那里的情况已不足验证；在那里我只得到一部《夏时》。我想考察殷代的礼，所以到宋国去，但那里的情况也已经不足以验证，在那里我只得到一部《坤乾》。《坤乾》的义理，《夏时》的次序，我就是根据这些材料去考察从前的礼的。礼的初期，是从饮食开始的。上古时候，人们在火石上烤谷物和小猪，在地上掏个窟窿当做盛酒之器，用手捧着喝，用土抟成鼓槌，筑起土堆充作鼓，这样也似乎可以向鬼神表达敬意。到了人死的时候，登上屋顶招魂，说：'啊！某某人你回来呀！'然后在死人嘴里放进生米，又用草苇裹着烧熟的鱼肉，为死者送行。向着天上招魂，又把死人埋在地里。躯体虽然下降入地，而灵魂却在天上飞翔。北方为阴，南方为阳，所以死者头向北，活人面朝南。所有这些礼仪，都是遵从远古的礼仪。从前先王没有宫殿和居室，冬天就居住在用土垒成的洞穴里，夏天就居住在用柴木搭成的窠巢中。还没有学会用火煮食物，生吃草木的果实和鸟兽的肉，连血也喝下去，毛也吞下去。还没有学会纺织丝麻，就穿戴鸟兽的皮毛。后来有圣人起来，然后才知道利用火的好处，用火来铸造金属、烧制泥土，建造了台榭宫室门窗，又用火烧烤烹煮食物，酿制甜酒和乳酪。又学会了纺织丝麻，制成麻布和丝绸，用来供养活人，葬送死者，敬奉鬼神和上帝。所有这些也都是从古时候传下来的。所以，祭祀时玄酒放在室内，醴和盏放在门旁，粢醍放在堂上，澄酒放在堂下。陈列着牺牲，准备好鼎俎，排列琴、瑟、管、磬、钟、鼓，拟定祝嘏之辞，用以迎接上天之神和祖先之灵的降临，并通过祭祀仪式明确君臣之位，加深父子之情，融洽兄弟关系，调剂上下感情，使夫妇各得其所。这样的祭祀，便可以说是承受到天赐之福了。制定祝辞的名号，然后用玄酒祭神，将所杀牲畜的血毛献上，再献上盛放着牲畜生肉的俎，又献上煮得半熟的牲畜的骨体。祭祀的人踏在蒲席上，用粗布覆盖酒樽，身穿澣帛，进献醴酒和盏酒，奉上烤肉和烤肝。主人和主妇交替向神进献祭祀，使祖先的灵魂得亨欢乐，这就叫人与鬼神在冥冥之中会合。祭祀完毕后将祭品取下合在一处重新煮熟，然后区分犬猪牛羊的骨体，分别放入簋、簠、笾、豆、铏羹，以招待宾客和兄弟。祝辞要代表人向神表达孝敬之意，嘏辞则要表达神对人的慈爱之心。这就叫大吉大祥。这就是礼的圆满完成。"

孔子说："真可悲哀啊！我想考察周代之礼，而周礼已经被幽王、厉王损坏了。我除开鲁国，又能到什么地方去考察呢？但是鲁国举行郊天、禘祖的仪式，都是不符合周礼的。周公制定的礼，看来真是衰微了。杞国郊天、禘禹，宋国郊天、禘契，那是因为它们是夏商两代天子的后裔，所以能保留着天子的职事。只有天子才可以祭天地，诸侯只能祭祀自己国土上的社神与稷神。祝辞和嘏辞不敢随意改变过去的常式，这才叫大吉大祥。若是祝辞、嘏辞藏在宗伯太祝、巫官史官家里，这就不合礼仪，这就叫昏暗之国。一般诸侯国用斝罍两种酒器来献尸，也不合礼仪，这就叫做僭越之君。冕冠皮弁和兵器装备藏在大夫私人的家中，也不合礼仪，这就叫威胁国君。大夫家中设立各项官职，自备了整套祭器和乐器，不必外借，这也不合礼仪，这样的国家就叫做乱国。在国君朝廷上任职的叫做'臣'，在大夫家中任职的叫做'仆'。臣仆若是遇到父母之丧，或者是新婚者，在一年之内不服役受差遣。穿着丧服到朝廷上去，或是与家中仆人杂居一处，不分上下，这也都是不合礼仪的，这就叫君与臣共同占有国家。所以天子有田来安置他的子孙，诸侯有国家来安置他的子孙，大夫有采邑来安置他的子孙，这就叫制度。天子到诸侯国去，一定是住宿在诸侯的祖庙里，但是进去的时候如果不遵照礼籍的有关规定，不顾及该国的各项忌讳，那就叫做天子败坏法纪。诸侯若不是问候疾病，吊唁死丧，就随便进入大臣家中，就叫做君臣互相戏谑。所以说礼是国君应该掌握的关键，是用来区别嫌疑，明察毫微，接待鬼神，考正制度，决定赏罚的，是用来治理政事，稳定君权的。所以政事如果不以礼为准则，君主的地位就危险了。君位危险，大臣就要背叛，小臣就要盗窃。这时即使刑罚严肃，而世风却败坏了，这样就会法令无常。法令无常，礼节也就跟着混乱起来。礼节混乱，士人就无法行事，刑罚严酷而世风败坏，民众就不会归顺。这样的国家就叫做疵病之国了。政事，是国君用来安身的东西，所以国君的政事一定要以天为本，效法着天道来发布政令。发布于社神之祭的政令，叫做效法于地；发布于祖庙祭祀的政令，称之为仁义；发布于山川之祭的政令，叫作'兴作'；发布于'五祀'之祭的政令，就叫做'制度'。像这样施行政治，圣人用以安身的地位就稳固了。所以圣人参验于天地，仿效于鬼神，以此来治理政事。依照着天地鬼神存在的次第，便有了礼的秩序；玩味天地鬼神的喜乐，便知道民众如何治理。天有四时，地生财货；人有父母生养，有师长教育。这四个方面已经具备，人君只需恰当地运用它们。这样人君也就站在不会出差错的地位上了。所以，人君是供人效法的人，而不是效法别人的人。人君是被人供养的人，而不是供养别人的人。人君是被人服侍的人，而不是服侍别人的人。人君效法别人，就一定会有过错；供养别人，则不可能满足众人的需求；服侍别人，就要失去地位。而百姓却是效法人君来约束自己，供养人君来安定自己，服侍人君来使自己得到显贵。这样才能使礼教通达，名分确定，人人都乐于为人君献出自己的生命而耻于苟且求生。所以人君用别人的智慧，但要别除其巧诈；用别人的勇敢，但要别除其中的怒气；用别人的仁爱，但要别除其贪心。当国家有患难时，人君为社稷而死，称之为合宜；大夫为宗庙而死，称之为正当。圣人所以能够把天下治理得像一家，把国中治理得像一个人，并不是凭主观臆想，而是必须懂得'人情'，通晓'人义'，明白'人利'，看清'人患'，这样才能做得到。什么叫做'人情'？喜、怒、哀、惧、爱、恶、欲，这七种不学就会的情感就是'人情'。什么叫做'人义'？父亲慈爱，儿子孝敬，兄长和悦，幼弟恭顺，丈夫守义，妻子顺从，长者惠下，幼者顺上，君主仁慈，臣子忠诚，这十个方面就是'人义'。讲究信用，维持和睦，就叫做'人利'。彼此争夺，互相残杀，就叫做'人患'。圣人用来治理七种'人情'，维护十种'人义'，讲究信用，维护和睦，崇尚礼让，消除争夺的方法，除了礼，还能用什么呢？饮食男女，是人的大欲之所在；死亡贫苦，则是人的大恶之所在。欲和恶两者就是人们心理上的大端。人们隐藏自己的心思，使别人不能猜测。美好和丑恶都藏在心中，不表现在外貌上。人君要想完全掌握人们心中的好恶之情，除了礼，还能用什么方法呢？人，是天地造化的功德，是阴阳相交，鬼神相合的产物，是五行的精萃之气。天持阳气，垂示日月星辰的光芒；地持阴气，借山河为孔穴而吞吐呼吸。分布五行于春夏秋冬四季，四季节气调和而有十二月。所以月亮在一月之中十五日由缺而圆，十五日由圆而缺。五行的运转，依次互为终结。五行四季十二月，依次交替为本始；五声、六律、十二管，依次交替为宫声；五味、六和、十二食，依次交替为主味；五色、六章、十二衣，依次交替为主色。所以说，人是天地的心灵，是五行万物之首，品尝美味，辨别声音，披服彩色而生活着。圣人起来了，就以天地为本源，以阴阳为两端，以四季为权衡，以日星为纲纪，以月份为限量，以鬼神为徒属，以五行为材质，以礼义为工具，以人情为田地，以'四灵'为养畜。以天地为本源，所以万物都能包罗；以阴阳为两端，所以情伪可以考察，以四季为权衡，所以农事得以劝勉；以日星为纲纪，所以事功可以有条理；以月份为度量，所以功业就有准则；以鬼神为徒属，所以职事不会失守；以五行为材质，所以工作可以循环；以礼义为工具，所以行为可以考核；以人情为田地，所以人成为主体；以四灵为养畜，所以饮食有来源。什么叫做'四灵'？麟、凤、龟、龙，叫做'四灵'。畜养了龙，群鱼就不会乱窜了；畜养了凤，群鸟就不会乱飞了；畜养了麟，群兽就不会乱逃了；畜养了龟，用来占卜人事，就不会有差错了。所以先王手持蓍草和龟甲，安排祭礼的事，埋币帛以祀神，宣读祝嘏辞说，建立制度，于是国家有礼仪，百官各治其事，百事各有职守，礼仪各有次序。先王担忧礼教不能普及于民众，于是祭天帝于郊，用来确定天的至尊地位；祭祀土神于国中，用来显示地给予人类的利益；祭祀祖庙，用来推行以孝为本的仁道；祭祀山川，用来接遇鬼神；举行'五祀'，用来追本各项事功及制度之源。宗祝在宗庙，三公在朝廷，三老在学校。王者前有巫官，后有史官，卜筮之人和乐师谏官跟随在左右，王者处于中央，心思无需多用，只需恪守中正之道而已。像这样，礼施行于郊祀，天上众神就会各司其职；礼施行于社祭，各项财货资源就能为人们所用；礼施行于祖庙，孝慈之道就能被人们接受；礼施行于"五祀"，各种制度法则就会端正。所以郊、社、祖庙、山川、五祀等项祭祀，包含着丰富的意义，是各种礼仪的根本。礼的依据必定本于太一，太一分化而成为天地，运转而成为阴阳，递变而形成四时，陈列而显现为鬼神，下降到人事，便是君主的政教命令，这就是取法于天。所以礼必定以天理为本源，运转而落实到现实世界，分列为具体事项，其变化以四时为法则，符合自然的准则。体现在人身上便是理性之'义'，借助财货物力和辞让精神来推行，具体表现为饮食、冠、婚、丧、祭、射、乡、朝、聘等项礼仪。所以说礼义是人之所以为人的根本。是用来讲求信用、维护和睦、坚固人的肌肤、约束人的筋骨的；是用来养生送死、敬奉鬼神的基本手段；是用来贯通天道和人情的根本通道。只有圣人知道礼是不能废止的，那些国破、家亡、身败名裂的人，一定是由于毁弃了礼。所以礼对于人来说，好比酿酒一定要曲。但君子品德醇厚，如浓酒；小人品德浅薄，如薄酒。因而圣人操持着'义'的标准，制定礼的次序，来治理人情。人情就好比是圣王的田地，圣王用礼来耕耘，用'义'来播种，用讲学的手段来养护，用仁爱的心理来收获，用音乐来使人安心接受。所以礼是义的果实，符合义就是适宜的。因此即使在先王时代还没有的礼仪，也可以依据'义'

来创制。义是区分是非的标准，又是衡量仁的尺度。符合标准的，符合仁义的，做得到就会强大。仁又是义的根源，是顺应天理人情的体现，得到了仁就会受到尊敬。治理国家不依靠礼，就好比没有用农具就去耕田；制礼而不以义为根本，就好比耕田而不播种；有了义而不学习，就好比播了种而不去锄草；学习了但不用仁来统一，就好比虽然锄了草却没有收获；统一于仁而不通过音乐来使人安心接受，就好比虽有收获却不食用；有音乐使人安心接受但不能达到"顺"的境界，就好比虽然食用，却没有使人身体健壮。四肢安然，皮肉丰满，这是个人的健壮；父子情笃，兄弟友爱，夫妻和睦，这是一家的健壮；大臣守法，小臣廉洁，官职合理安排，君臣相互督促，这是一国的健壮；天子把德行当做车辆，把乐教作为手段来驾驭，诸侯按照礼仪互相交往，大夫依照法度排列次序，士人根据信用考察功绩、百姓友好和睦共同生活，这就是天下的健壮。这也就是'大顺'的境界。'大顺'是用来养生、送死、敬奉鬼神的常道。达到了'大顺'，万物聚积也不会淤塞，诸事并起也不会错乱，细小行为不会有过失，深奥之理也会通达，茂密纷繁却能有条不紊，互相联系却又不相干扰，一同动作却不互相妨害。这便是'顺'的至上境界。明白了'顺'的含义，然后才会谨慎戒惧，守住君主的高位。礼因等级差别而有不同，该俭约的不能增添，该繁缛的不得减损。这样才可以既维持情理，又调和矛盾。圣王制礼都是因顺着天理人情，惯于山居的人不使他在水边生活，惯于水居的人不使他在中原生活，这样，人民就不会感到疲敝困乏。使用水、火、金、木以及饮食，必定按照时节。男女相配，一定按照年龄。颁发爵位，一定依据德行。使用人民一定顺应自然规律。这样就不会遭受水涝干旱螟蝗侵扰的灾害，也不会遭受凶年饥岁妖孽作怪的祸患。因此天不隐藏其道，地不隐藏其宝，人不隐藏其智慧。所以天降下甘露，地流出醴泉，山中生产物资制成器物车辆，河里有龙马背着图书出现，凤凰和麒麟也来到郊野，灵龟和神龙也可以养在官池中，其他鸟兽的幼子胎儿也任人窥视而不受惊吓。这种太平景象的实现，只是由于先王能够通过修礼来贯彻'义'的精神，以诚信的态度来顺循天理人情，因此这才是'顺'的实质。"